Richtung Gönningen
Reutlingen
Hauptbahnhof
Bahnsteig 2

Bürnheim · Württembergische Eisenbahn-Gesellschaft

WEG

Hermann Bürnheim
Wolfgang Fiegenbaum (Herausgeber)

Württembergische Eisenbahn-Gesellschaft

Die Geschichte einer bedeutenden Privatbahn

Motorbuch Verlag Stuttgart

Einbandgestaltung: Siegfried Horn

Vorsatzbild vorne:
Dampfzug der Nebenbahn Reutlingen–Gönningen in Reutlingen Hbf. (Sammlung Archiv WEG/WNB)

Vorsatzbild hinten:
Vergleichsfahrt zwischen VT 410 WNB und DB-VT 627 102-7 in Weissach (Foto M. Aschpalt)

ISBN 3-613-01145-X

1. Auflage 1986

Eine Abteilung des Buch- und Verlagshauses Paul Pietsch GmbH & Co. KG.

Satz und Druck: Druckerei Maisch + Queck, 7016 Gerlingen.
Bindung: Verlagsbuchbinderei Karl Dieringer, 7016 Gerlingen.
Printed in Germany.

Inhalt

Vorwort

Vor etwa 100 Jahren war die Entwicklung des Eisenbahnnetzes der Länderbahnen im damaligen Deutschen Reich mit rund 40000 km Streckenlänge weitgehend abgeschlossen. Dabei waren die meisten großen und größeren Städte an das Netz angeschlossen. Es fehlten aber vielfach noch Eisenbahnstrecken, die zu den kleineren Städten und in die ländlichen Gebiete führten. Die Länderbahnen waren nicht bereit, diese Lücken auszufüllen, da hier keine ausreichende Rentabilität zu erwarten war. So wurde die Erschließung dieser Regionen Aufgabe der Kommunen und von privaten Unternehmern. Es bildeten sich in den Jahrzehnten um die Jahrhundertwende durch deren Initiative zahlreiche Eisenbahn-Gesellschaften, die nach und nach ein Netz von Neben- und Kleinbahnen bauten und betrieben. Dieses Netz ging bei der Verreichlichung der Länderbahnen im Jahre 1920 nicht an die aus den Länderbahnen entstandene Deutsche Reichsbahn (DR) über, sondern blieb selbständig.

Das Netz der Neben- und Kleinbahnen des öffentlichen Verkehrs hatte in den dreißiger Jahren seine größte Ausdehnung erreicht. Im Jahre 1936 gab es im Deutschen Reich 68 private Eisenbahn-Unternehmen des öffentlichen Verkehrs mit 127 Betrieben und 181 nebenbahnähnliche Kleinbahnen mit 299 Betrieben. Diese Bahnen besaßen zusammen ein Schienennetz von 14102 km, entsprechend 20,6% des deutschen Eisenbahnnetzes. Sie beförderten im gleichen Jahr 80 Millionen t Güter, entsprechend 20% der Beförderungsleistungen der DR und 123 Millionen Personen, entsprechend 8% der im deutschen Eisenbahn-Personenverkehr beförderten Reisenden.

Dieses Netz war die Basis der in der Bundesrepublik Deutschland bestehenden sog. »Nichtbundeseigenen Eisenbahnen« (NE), die später fast alle im »Bundesverband Deutscher Eisenbahnen« (BDE) zusammengefaßt wurden. In den fünfziger Jahren begann das NE-Netz infolge der Zunahme des Individualverkehrs mit Kraftfahrzeugen mehr und mehr zu schrumpfen. 1953 gab es noch 240 NE des öffentlichen Verkehrs, die im Güterverkehr 4550 km und im Personenverkehr 4500 km Strecke betrieben. Viele NE verlegten nach und nach ihren Personenverkehr ganz oder teilweise von der Schiene auf die Straße. Dabei entstanden etwa 90 Kraftverkehrsbetriebe, die den Eisenbahnbetrieben angeschlossen oder deren Tochtergesellschaften sind.

In den folgenden Jahrzehnten schrumpfte das Schienennetz der NE weiter und es bestanden 1985 nur noch 114 Betriebe, deren Streckennetz im Güterverkehr auf 3010 km und im Personenverkehr auf 1050 km zusammengeschmolzen war. Die von nur noch 45 NE betriebenen Schienenstrecken mit Personenverkehr liegen meist in den Ballungsgebieten oder in deren Randbereichen, aber auch vereinzelt ganz im ländlichen Raum. Im Personenverkehr werden fast nur noch Berufstätige und Schüler als Pendler befördert; der allgemeine Reiseverkehr hat nur noch geringe Bedeutung und dient in der Hauptsache der Verbindung mit dem Fernverkehr.

Nach dem Zweiten Weltkrieg ist der früher vorherrschende Dampfbetrieb vollständig auf Dieselbetrieb umgestellt worden, wobei heute weitgehend moderne Triebwagen zum Einsatz kommen. Dabei wurden auch weitere Rationalisierungsmaßnahmen aller Art soweit als irgend möglich durchgeführt.

Von den 1985 noch bestehenden 114 NE liegen allein 26 im Bundesland Baden-Württemberg. Vergleichbare Zahlen gibt es nur in Niedersachsen mit 24 und in Nordrhein-Westfalen mit 31 NE. Die Schlußlichter sind bei dieser Verteilung der NE in der Bundesrepublik: Hessen und das Saarland mit je 1 NE.

Zwei wichtige NE in Baden-Württemberg sind die »Württembergische Eisenbahn-Gesellschaft« (WEG) und die »Württembergischen Nebenbahnen« (WNB), wobei die WNB 1984 mit der WEG verschmolzen wurde und beide gemeinsam unter der Firma WEG weiterbestehen. Dieses bedeutende NE-Unternehmen ist Gegenstand der Ausführungen im vorliegenden Buch.

Die ursprüngliche WEG wurde 1899 gegründet und hat in den Jahren 1900 bis 1913 insgesamt 6 Normalspurstrecken und eine Meterspurstrecke gebaut sowie eine meterspurige Straßenbahnstrecke übernommen. Zur Zeit ihrer größten Ausdehnung zwischen den beiden Weltkriegen besaß die WEG ein Streckennetz von 85 km Normalspur, 19 km Meterspur und 11,5 km Straßenbahnen.

Die WNB entstand 1905 durch Umbenennung der seit 1884 bestehenden Filderbahngesellschaft, nachdem diese die Konzessionen für außerhalb der Filder gelegene Strecken übernommen hatte. Zur Zeit ihrer größten Ausdehnung im Ersten Weltkrieg verfügte die WNB über ein Netz von 126 km Länge, wovon 39 km normalspurig waren. Zur WNB gehörten damals 2 normalspurige und eine meterspurige Strecke sowie die Filderbahn, die teils meterspurig, teils normalspurig war und sogar eine Zahnradbahnstrecke besaß.

Nach dem Verkauf der Filderbahnstrecken und -anlagen blieben der WNB zunächst 2 Normalspurstrecken und eine Meterspurstrecke. Die letztere mußte 1972 stillgelegt werden.

Nach der Verschmelzung der WNB mit der WEG im Jahre 1984 mußten nochmals eine normalspurige und die letzte meterspurige Strecke stillgelegt werden, so daß die heutige WEG noch über 7 normalspurige Strecken verfügt. Die Beförderungsleistungen der WEG im Schienenverkehr sind beachtlich; sie beliefen sich 1984 auf 2095910 Reisende und 248975 t Güter. Im Personenverkehr haben sich besonders zwei Strecken gut entwickelt, die als Zubringer zum »Verkehrs- und Tarif-Verbund Stuttgart« (VVS) fungieren.

Zur Zusammenfassung des bei der WEG schon seit 1928 bestehenden Busverkehrs wurde 1955 als WEG-Tochter die »WEG-Kraftverkehrs-Gesellschaft« (WEG-KVG) gegründet, die 1984 fast 6 Millionen Fahrgäste befördert hat.

Die WEG ist somit ein NE-Unternehmen, das sich sowohl beim Schienenverkehr als auch beim Straßenverkehr durchaus sehen lassen kann. Daß die WEG auch den Interessen der Eisenbahnfreunde sehr aufgeschlossen gegenübersteht, geht u.a. aus dem Umstand hervor, daß sie auf einigen ihrer Strecken die Durchführung von Sonderfahrten, insbesondere mit Dampfloks und historischen Wagen, ermöglicht, die einigen Eisenbahnamateur-Vereinigungen gehören, z.B. der »Gesellschaft für die Erhaltung historischer Schienenfahrzeuge« in Stuttgart (GES).

Der Autor hat in den vergangenen Jahrzehnten die verschiedenen WEG- und WNB-Strecken oftmals besucht und bereist, wodurch er sich ein ausführliches Bild von den betrieblichen und technischen Besonderheiten machen konnte. Bei der Beschaffung von ergänzenden Angaben, die bei der Besichtigung der Strecken nicht ohne weiteres erlangt werden konnten, wurde er in bereitwilliger Weise von dem Prokuristen der WEG, Herrn Manfred Aschpals, und den Betriebsleitern der einzelnen Bahnen unterstützt. Zur Vollständigkeit des Bildmaterials haben die in den Bildunterschriften erwähnten Bildautoren in dankenswerter Weise beigetragen. Gedankt sei ferner Herrn Dipl.-Ing. Gerd Wolff, der sein reichhaltiges Archiv zur Auswertung zur Verfügung gestellt hat.

Das Ergebnis aller dieser Bemühungen ist in dem vorliegenden Buch über die WEG niedergelegt, dessen Inhalt leider aus Kostengründen nicht so ausführlich sein konnte, wie es bei der Vielzahl der verfügbaren Dokumente und Unterlagen an sich möglich gewesen wäre.

Mammendorf, im März 1986 — Dr. Hermann Bürnheim

1. Die Württembergische Eisenbahn-Gesellschaft mbH (WEG)

1.1. Vorgeschichte

Um die Jahrhundertwende entstanden im damaligen Deutschen Reich nach Verabschiedung entsprechender Gesetze durch die Regierungen der einzelnen Staaten nach und nach zahlreiche private Eisenbahnen, die die Gebiete zwischen den Strecken der Länderbahnen erschlossen und die mit den bestehenden Staatsbahnstrekken mindestens an dem einen Ende verbunden waren. Bei den Privatbahnen handelte es sich entweder um Unternehmen, die nur eine einzige Strecke betrieben, oder aber um größere Gesellschaften, die mehrere voneinander unabhängige Strecken bauten, betrieben und besaßen. Im Gebiet des damaligen Königreichs Württemberg galt das Gesetz vom 18. 4. 1843 betreffend den Bau von Eisenbahnen. Hier spielten allerdings die Privatbahnen nicht die Rolle wie in anderen Staaten des Deutschen Reichs, weil die württembergische Regierung den Bau und Betrieb von Eisenbahnen selbst in die Hand genommen hatte. Dadurch blieben aber manche Gebiete von den Strecken der württembergischen Staatsbahn unberührt, weil sich der Staat wegen der geringen wirtschaftlichen Bedeutung solcher Gegenden oft keinen genügenden Verkehr und deshalb auch keinen genügenden Gewinn versprach. Erst als der Staat um die Jahrhundertwende erkannte, daß der Einsatz privater Initiative und privaten Kapitals auch im lokalen Bereich die Realisierung der von ihm nicht erfüllbaren Möglichkeiten zu verwirklichen versprach, ging er von dem reinen Staatsbahnprinzip ab. Der damalige Präsident der Generaldirektion der Königlich Württembergischen Staatseisenbahn, Staatsrat von Balz, der lange keine Privatbahnen zulassen wollte, hatte sich schließlich von den Interessenvertretungen der bisher nicht erschlossenen Gebiete umstimmen lassen, und es war letztlich ihm zu verdanken, daß sich bei den staatlichen Instanzen diese Auffassung allmählich durchsetzte und sich dadurch ein Eisenbahnnetz auch in den dünner besiedelten Gegenden mit geringem Verkehrsaufkommen entwickeln konnte. Dieser Wandel hat sicher erheblich dazu beigetragen, daß bisher unbedeutende Ortschaften zu beachtlichen Städten heranwachsen konnten.

Den Privatbahnen war durch ihren einfacheren Betrieb die Möglichkeit gegeben, die Baukosten auf ⅓ bis ⅙ der Kosten einer Staatsbahnstrecke zu senken, weil sie größere Neigungsgrade und kleinere Krümmungsradien zulassen konnten, wodurch der Umfang der nötigen Erdbewegungen beim Bahnbau vermindert werden konnte. Auch konnten der Oberbau leichter, die Bahnhofsanlagen bescheidener und die Fahrbetriebsmittel einfacher und billiger gehalten werden. Endlich war der Personalaufwand bei Privatbahnen wegen ihrer unkomplizierteren Organisation und Betriebsabwicklung niedriger.

Neben zahlreichen kleinen Privatbahn-Unternehmen, die jeweils nur eine einzige Strecke bauten und betrieben, ergriffen im Königreich Württemberg auch größere Bau- und Betriebsgesellschaften die Initiative, indem sie nach und nach mehrere Einzelstrecken bauten, die aber unter einer oder mehreren Dachgesellschaften zusammengefaßt waren. Hier seien einige besonders aktive und bedeutende Privatbahn-Gesellschaften erwähnt, die sich u.a. auch in Württemberg betätigten: die »Westdeutsche Eisenbahn-Gesellschaft« in Köln (zum Unterschied gegenüber der »Württembergischen Eisenbahn-Gesellschaft«

Regierungsblatt Nr. 37 vom 7. 11. 1899 (4 Seiten)

№ 37.

Regierungsblatt

für das

Königreich Württemberg.

Ausgegeben Stuttgart, Dienstag den 7. November 1899.

Inhalt:

Bekanntmachung des Ministeriums der auswärtigen Angelegenheiten, Abtheilung für die Verkehrsanstalten, betreffend die Konzessionsertheilung zum Bau und Betrieb von Nebeneisenbahnen von Ebingen nach Onstmettingen, von Gaildorf nach Untergröningen und von Amstetten nach Laichingen.

Vom 24. Oktober 1899.

Nachdem vermöge Allerhöchster Entschließung Seiner Königlichen Majestät vom 19. Oktober 1899 der Württembergischen Eisenbahn-Gesellschaft in Stuttgart die Konzession zum Bau und Betrieb der drei an die Staatsbahn anschließenden Nebeneisenbahnen von Ebingen nach Onstmettingen, von Gaildorf nach Untergröningen und von Amstetten nach Laichingen ertheilt worden ist, wird die Konzessionsurkunde nachstehend zur allgemeinen Kenntniß gebracht.

Stuttgart, den 24. Oktober 1899.

Mittnacht.

Konzessionsurkunde

für

Nebeneisenbahnen von Ebingen nach Onstmettingen, von Gaildorf nach Untergröningen und von Amstetten nach Laichingen.

In Gemäßheit der Allerhöchsten Entschließung Seiner Königlichen Majestät vom 19. Oktober 1899 wird auf Grund des Art. 6 des Gesetzes vom 18. April 1843, betreffend den Bau von Eisenbahnen, die Konzession zum Bau und Betrieb von an die Staatsbahn anschließenden Nebeneisenbahnen für den öffentlichen Personen- und Güterverkehr zwischen

1) Ebingen und Onstmettingen,
2) Gaildorf und Untergröningen,
3) Amstetten und Laichingen

der Aktiengesellschaft „Württembergische Eisenbahn-Gesellschaft" mit dem Sitz in Stuttgart unter den nachstehenden Bedingungen ertheilt:

§. 1.

Der Unternehmer ist den bestehenden wie den künftig ergehenden Reichs- und Landesgesetzen ohne Weiteres unterworfen.

§. 2.

Für die Ausführung dieser Bahnen gewährt der Staat der Gesellschaft einen einmaligen unverzinslichen und nicht rückzahlbaren Beitrag und zwar:

1) Für die Linie Ebingen—Onstmettingen 10 000 ℳ

Zehntausend Mark

für das Kilometer Bahnlänge, von Mitte des Verwaltungsgebäudes des Bahnhofs Ebingen an gerechnet, im Ganzen nicht mehr als 82 500 ℳ

Zweiundachtzigtausendfünfhundert Mark.

2) Für die Linie Gaildorf—Untergröningen 18 000 ℳ

Achtzehntausend Mark

für das Kilometer Bahnlänge, von Mitte des Verwaltungsgebäudes des Bahnhofs Gaildorf an gerechnet, im Ganzen nicht mehr als 343 300 ℳ

Dreihundertdreiundvierzigtausenddreihundert Mark.

§. 8.

Für die zwangsweise Abtretung des zur Ausführung der Bahnen erforderlichen Grundeigenthums kommt das Gesetz vom 20. Dezember 1888, betreffend die Zwangsenteignung von Grundstücken und von Rechten an Grundstücken (Reg.Blatt S. 446), zur Anwendung.

§. 9.

Für den Bau insbesondere gelten folgende Bestimmungen:

1) Die Spurweite der Bahn von Ebingen nach Onstmettingen soll 1,435 m betragen. Die Feststellung der Spurweite der beiden anderen schmalspurigen Bahnen bleibt der Entschließung des Ministeriums der auswärtigen Angelegenheiten, Abtheilung für die Verkehrsanstalten, vorbehalten. Der Bau dieser beiden Bahnen muß so eingerichtet werden, daß mit Hilfe von Rollschemeln normalspurige Wagen auf dieselben übergehen können.

2) Der Halbmesser der Krümmungen darf bei der Bahn von Ebingen nach Onstmettingen nicht kleiner als 150 m und bei den beiden schmalspurigen Bahnen auf freier Strecke nicht kleiner als 80 m und innerhalb der Stationen nicht kleiner als 50 m sein.

   Die Ueberhöhung des äußeren Strangs in den Krümmungen soll bei der Bahn von Ebingen nach Onstmettingen nicht mehr als 100, bei den beiden schmalspurigen Bahnen nicht mehr als 50 mm betragen.

3) Die Längsneigung der Bahn soll bei der Bahn von Ebingen nach Onstmettingen das Verhältniß von 1:40, bei den beiden schmalspurigen Bahnen das Verhältniß von 1:25 nicht überschreiten. Am Visirwechsel sind entsprechende Uebergangsbögen anzulegen.

4) In angemessener Entfernung von den in gleicher Ebene mit der Bahn liegenden verkehrsreichen Wegübergängen sind Warnungstafeln mit der bei der Staatsbahn üblichen Aufschrift anzubringen.

5) Dem Ministerium der auswärtigen Angelegenheiten, Abtheilung für die Verkehrsanstalten, bleibt vorbehalten:

   die Bestimmung der Umgrenzung des lichten Raums, welcher für die auf dem Bahngleis zu bewegenden Züge mindestens frei zu halten ist, ebenso die

Vorschriften über die Vollstreckung von Entscheidungen der Verwaltungsbehörden maßgebend.

§. 32.

Die Sportel für die Ertheilung der Konzession wird nach Maßgabe der Nr. 21 des Sporteltarifs auf den Betrag von 1000 ℳ festgesetzt.

Stuttgart, den 24. Oktober 1899.

Mittnacht.

Gedruckt bei G. Hasselbrink (Chr. Scheufele).

hier mit WDEG bezeichnet) mit ihrer süddeutschen Tochtergesellschaft, der »Badischen Lokaleisenbahn-Gesellschaft« (BLEAG) in Karlsruhe, die Eisenbahnunternehmung »Vering & Waechter« in Berlin, aus der später die »Deutsche Eisenbahn-Betriebs-Gesellschaft« (DEBG) hervorging und in der 1931 die BLEAG aufging, die »Süddeutsche Eisenbahn-Gesellschaft« (SEG), eine Tochter des bekannten Eisenbahnunternehmers Herrmann Bachstein, die »Localbahn-Aktiengesellschaft« München (LAG) und als für Württemberg wichtigste die »Württembergische Eisenbahn-Gesellschaft AG« und die »Württembergischen Nebenbahnen AG«, beide in Stuttgart ansässig.

Gegenstand des vorliegenden Buches soll die Beschreibung der Entstehung, Geschichte und Bedeutung dieser beiden wichtigen württembergischen Privatbahngesellschaften, WEG und WNB, und der einzelnen von ihnen betriebenen Nebenbahnen sein. Außerdem soll kurz die am 18. März 1955 gegründete Kraftverkehrts-Gesellschaft der WEG (WEG-KVG) besprochen werden. Bei diesen Ausführungen werden die den Eisenbahnfreund interessierenden Aspekte im Vordergrund stehen und wirtschaftliche sowie gesellschaftspolitische Gesichtspunkte nur insoweit berührt werden, als sie für die Entwicklung dieser Bahngesellschaften eine besondere Rolle spielen.

Bei der Besprechung der Geschichte der WEG und WNB müssen wir kurz auf einige in der Zeit um die Jahrhundertwende im Deutschen Reich auf dem Eisenbahngebiet tätige Bahnunternehmen zurückgreifen, die auch bei der Entstehung der WEG und WNB mitgewirkt haben. Um die Betrachtungen aber nicht allzu kompliziert werden zu lassen, soll zunächst nur die »Württembergische Eisenbahn-Gesellschaft« WEG behandelt und die »Württembergischen Nebenbahnen AG« ausgeklammert werden; letztere wird in einem weiteren Teil des Buches gesondert abgehandelt werden; sie wird im Zusammenhang mit der WEG nur da erwähnt werden, wo sich besondere Beziehungen zur WEG ergeben.

Von den alten Eisenbahn-Unternehmungen der Zeit um die Jahrhundertwende sei zunächst auf die »Aktiengesellschaft für Bahn-Bau- und Betrieb« in Frankfurt/Main (BBB) hingewiesen, die 1897 gegründet worden war. Aus dieser Gesellschaft ging im Juni 1898 als Effekten-Holding-Gesellschaft die »Deutsche Eisenbahn-Gesellschaft« in Frankfurt/Main (DEAG) hervor, die ihrerseits wiederum 1929 mit der am 31. 12. 01 gegründeten »Aktiengesellschaft für Verkehrswesen« (AGV) eine Fusion einging.

Original-WEG-Aktie Serie B über 1000,– Mark vom 28. 6. 1900

1.2. **Geschichte**

Die »Württembergische Eisenbahn-Gesellschaft AG« (WEG) war am 13. 5. 99 als Aktiengesellschaft in Stuttgart unter der Leitung der Firma Artur Koppel, Fabrik schmalspuriger Bahnen, in Berlin und unter Beteiligung einer kräftigen Finanzgruppe gegründet worden. Die neue Gesellschaft beantragte und erhielt nach und nach die Konzessionen für folgende Nebenbahnen:

1. Nürtingen–Neuffen, eröffnet 1900,
2. Ebingen–Onstmettingen, eröffnet 1901,
3. Amstetten–Laichingen, eröffnet 1901 (meterspurig),
4. Gaildorf–Untergröningen, eröffnet 1903,
5. Vaihingen–Enzweihingen, eröffnet 1904,
6. Amstetten–Gerstetten, eröffnet 1906,
7. Jagstfeld–Ohrnberg, eröffnet 1907 und 1913.

Das Aktienkapital der WEG gehörte der oben erwähnten BBB, zu deren Konzern außer der WEG noch 2 weitere Tochterunternehmen gehörten. Im Jahre 1922 ging das gesamte Kapital der BBB an deren Holding-Gesellschaft DEAG über, die somit jetzt auch Besitzerin des Kapitals der WEG war; die BBB war jetzt nur noch Betriebsführungs-Gesellschaft. Die bereits oben kurz erwähnte Westdeutsche Eisenbahn-Gesellschaft WDEG war 1925 eine Fusion mit der »Aktiengesellschaft für Verkehrswesen« eingegangen. Auch die DEAG fusionierte im Mai 1929 mit der AGV, so daß das Kapital der WEG nun in deren Händen war. Infolge der Fusion der DEAG mit der AGV wurde die Firma »Deutsche Eisenbahn-Gesellschaft« DEAG gelöscht. Andererseits aber änderte die BBB ihren Namen zur gleichen Zeit in »Deutsche Eisenbahn-Gesellschaft« AG, so daß diese Firmenbezeichnung weiter bestehen blieb. Zur Unterscheidung von der früheren DEAG wurde für die umgetaufte Gesellschaft die Kurzbezeichnung DEGA eingeführt. Diese DEGA war eine der 5 Betriebsführungs-Gesellschaften der AGV, die selbst nur Kapitalgesellschaft war. Durch die beiden Fusionen mit der AGV (WDEG und DEAG) kamen die mit der WDEG in Verbindung stehende »Württembergischen Nebenbahnen AG«, die an sich noch nichts mit der WEG zu tun hatte, mit ihr in Berührung, woraus sich später eine enge Zusammenarbeit entwickeln sollte.

Nach dem Zweiten Weltkrieg weitete die AGV ihr Tätigkeitsgebiet auf andere Wirtschaftszweige aus und nannte sich seit 1966 »Aktiengesellschaft für Industrie und Verkehrswesen« (AGIV). Sie besitzt nach wie vor den größten Teil des Aktienkapitals der WEG. Die DEGA übte die Oberaufsicht über die Betriebsführungen auch der Nebenbahnen des Konzerns aus, die ihren Betrieb selbst führen, also auch über die WEG. Die DEGA wurde nach dem Zweiten Weltkrieg in eine Gesellschaft mit beschränkter Haftung (GmbH) umgewandelt und trägt seither die Kurzbezeichnung DEG.

Vereinbarung zwischen der Gen.-Dir. der KWStE und der WEG (Titelblatt)

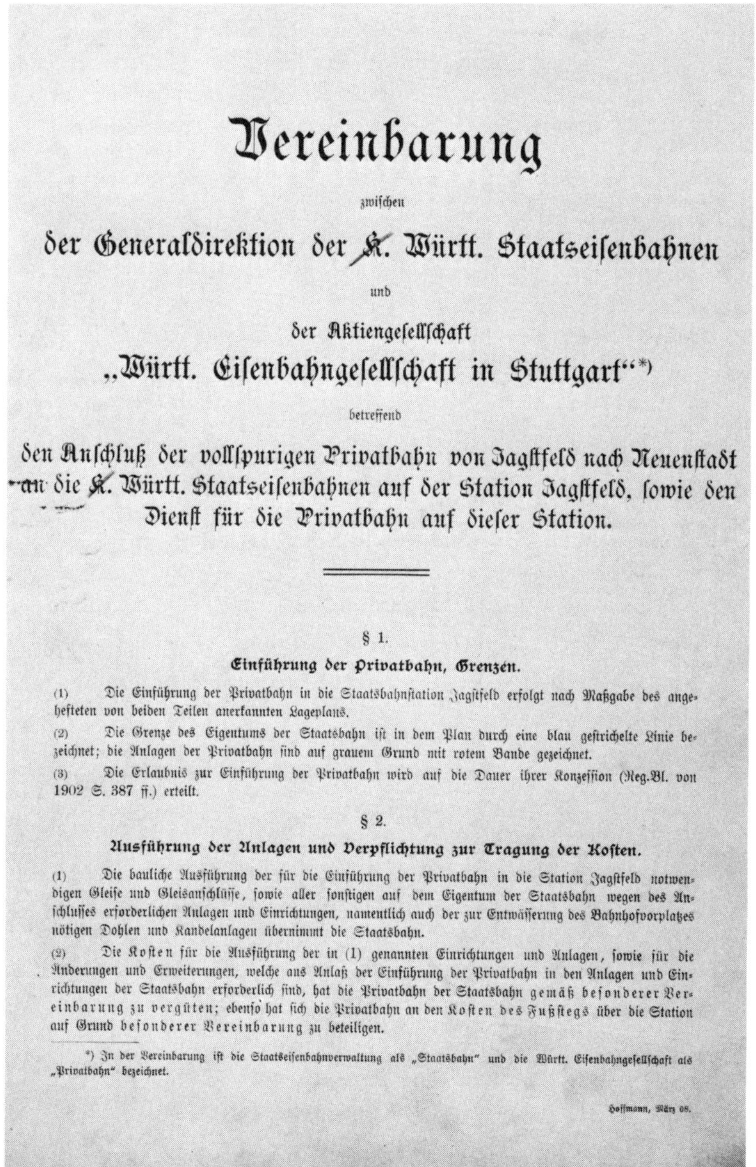

Vereinbarung

zwischen

der Generaldirektion der K. Württ. Staatseisenbahnen

und

der Aktiengesellschaft

„Württ. Eisenbahngesellschaft in Stuttgart"*)

betreffend

den Anschluß der vollspurigen Privatbahn von Jagstfeld nach Neuenstadt an die K. Württ. Staatseisenbahnen auf der Station Jagstfeld, sowie den Dienst für die Privatbahn auf dieser Station.

§ 1.

Einführung der Privatbahn, Grenzen.

(1) Die Einführung der Privatbahn in die Staatsbahnstation Jagstfeld erfolgt nach Maßgabe des angehefteten von beiden Teilen anerkannten Lageplans.

(2) Die Grenze des Eigentums der Staatsbahn ist in dem Plan durch eine blau gestrichelte Linie bezeichnet; die Anlagen der Privatbahn sind auf grauem Grund mit rotem Bande gezeichnet.

(3) Die Erlaubnis zur Einführung der Privatbahn wird auf die Dauer ihrer Konzession (Reg.Bl. von 1902 S. 387 ff.) erteilt.

§ 2.

Ausführung der Anlagen und Verpflichtung zur Tragung der Kosten.

(1) Die bauliche Ausführung der für die Einführung der Privatbahn in die Station Jagstfeld notwendigen Gleise und Gleisanschlüsse, sowie aller sonstigen auf dem Eigentum der Staatsbahn wegen des Anschlusses erforderlichen Anlagen und Einrichtungen, namentlich auch der zur Entwässerung des Bahnhofvorplatzes nötigen Dohlen und Kandelanlagen übernimmt die Staatsbahn.

(2) Die Kosten für die Ausführung der in (1) genannten Einrichtungen und Anlagen, sowie für die Änderungen und Erweiterungen, welche aus Anlaß der Einführung der Privatbahn in den Anlagen und Einrichtungen der Staatsbahn erforderlich sind, hat die Privatbahn der Staatsbahn gemäß besonderer Vereinbarung zu vergüten; ebenso hat sich die Privatbahn an den Kosten des Fußstegs über die Station auf Grund besonderer Vereinbarung zu beteiligen.

*) In der Vereinbarung ist die Staatseisenbahnverwaltung als „Staatsbahn" und die Württ. Eisenbahngesellschaft als „Privatbahn" bezeichnet.

Hoffmann, März 08.

Die Länge der Normalspurstrecken der WEG betrug maximal 84,67 km, die der Meterspurstrecke 18,96 km. Im Normalspurbereich war die Länge aller übrigen Gleise inkl. der Weichen 14,13 km. Es gab nach der Fertigstellung aller oben erwähnten Normalspurstrecken 36 Fernsprechgeräte für die Zugmeldung usw., 32 Bahnhöfe, 5 Haltepunkte, 1 Verwaltungsgebäude in Stuttgart, 30 Bahnhofsgebäude, 18 Güterschuppen und 7 Lokschuppen mit zusammen 15 Ständen.

1911 übernahm die WEG von der Gemeinde Eningen bei Reutlingen die Lokalbahn Reutlingen–Eningen (LRE), die 1899 als »Bahngesellschaft Reutlingen–Eningen« gegründet worden und nach der Liquidation im Jahre 1903 der Gemeinde Eningen zugefallen war. Die WEG elektrifizierte diese Dampfbahn 1912 und baute sie aus; es entstanden die neuen Strecken Reutlingen–Betzingen und Reutlingen–Pfullingen mit elektrischem Betrieb. 1944 wurden diese Strecken einschließlich der ursprünglichen LRE-Strecke Eningen–Reutlingen mit allem Gerät an die Stadt Reutlingen verkauft; sie schieden damit wieder aus der WEG aus.

Der weitere Verlauf des Geschehens bei der WEG wird natürlich stark von den Vorgängen bei den einzelnen Nebenbahnen beeinflußt. Der Erste Weltkrieg war das erste einschneidende Ereignis in der Geschichte der WEG, nachdem sie durch die Inbetriebnahme des letzten Streckenstücks der Nebenbahn Jagstfeld–Ohrnberg gewissermaßen komplett geworden war. Die durch den Krieg entstehenden Schwierigkeiten und Probleme sind allgemein bekannt und traten in mehr oder weniger krassem Ausmaß bei allen privaten und staatlichen Eisenbahnen auf. Soweit besondere Vorkommnisse bei einzelnen Nebenbahnen der WEG in Erscheinung traten, werden sie dort behandelt. Nach Kriegsende waren zunächst einmal alle durch die Mängel während des Krieges entstandenen Schäden zu beseitigen, was anfangs nur mit großen Schwierigkeiten möglich war. Die Inflation, durch die alle Geldwerte innerhalb nur weniger Monate

Württembergische Eisenbahn-Gesellschaft.

Gehalts-Ordnung

gültig vom 1. April 1919.

Abt.	Klasse	Amtsbezeichnung	Jahresgehalt in der Gehaltsstufe (Aufrückung alle 3 Jahre) 1	2	3	4	5	6	7	8	Wohnungsgeld Ortsklasse *) I	III	IV	davon pensionsberechtigt	Besondere Zulagen der W. E. G.
			M	M	M	M	M	M	M	M	M	M	M	M	
I	4	Stationswärter, Bremser	1100	1200	1300	1400	1500	1600				400	320	220	
I	5	Aufwärter	1200	1300	1400	1500	1600	1700						220	150 M. Hausmeisterzulage, Dienstwohnung, außerdem freie Heizung und Beleuchtung
I	6	Schaffner, fahrber. Heizer, Lokomotivheizer, Wagenführer	1300	1400	1500	1600	1700	1800					320	220	
I	8	Bahnaufseher (Oberbahnwärter)	1300	1400	1500	1600	1700	1800	1900			400	320	220	150 M. Stellenzulage 150 M. Aufwandsentschädigung
I	10	Haltestellevorsteher, Stationsaufseher	1500	1600	1700	1800	1950	2100				400	320	220	150 M. Stellenzulage, Haltestelle-Vorsteher außerdem freie Heizung und Beleuchtung
I	13	Zugführer	1500	1650	1800	1950	2100	2300					320	220	
I	17	Lokomotivführer, Oberlokomotivführer	1700	1850	2000	2200	2400	2700					320	220	Oberlokomotivführer 200 M. Stellenzulage
II	7	Eisenbahnassistenten	1800	1950	2100	2300	2500	2700	2900	3100	640	420	320	250	
III	2	Eisenbahn-Sekretäre, Bahnmeister, Werkmeister	2600	2800	3000	3300	3600	4000			750		420	320	Bahnmeister 150 M. Stellenzulage, außerdem freie Heizung u Beleucht. Werkmeister 540 M. Stellenzulage
III	3	techn. Eisenbahn-Sekretäre	2600	2800	3000	3300	3700	4100			750			320	
III	5	Bahnverwalter	2800	3100	3400	3700	4000	4300						320	150 M. Stellenzulage, Dienstwohnung, außerdem freie Heizung und Beleuchtung

*) Ortsklasse I Stuttgart, Ortsklasse III Tailfingen, Ortsklasse IV alle übrigen Orte. Soweit Dienstwohnung vorhanden ist, tritt an Stelle des Wohnungsgeldes die Dienstwohnung.

Gehaltsordnung der WEG von 1919

Personal-Verzeichnis
der Württ. Eisenbahn-Gesellschaft mit dem Zeitpunkte des Eintritts
nach dem Stand vom 1. Januar 1925

Bahnen	Nürtingen-Neuffen	Ebingen-Onstmettingen	Amstetten-Laichingen	Gaildorf-Untergröningen	Vaihingen-Enzweihingen
Bahnverwalter . . .	Pantlen 1. Mai 1901	Kiessling 4. März 1907	Müller 1. April 1907	Schneider 3. Juni 1904	~~Dorfmeister 8. April 1920~~
Assist. bezw. Sekr.	Zeh 1. Oktober 1913	Horn 19. Juni 1922			~~Wagner 1. Juli 1912~~
Gehilfen u. Anwärter		Wasserbäch 15. August 1922	Müller 1. Juni 1920	Hölzle 1 August 1920 Schneider 1. März 1923	
Stationsmeister bzw. Haltestellevorsteher	Schüle 10. September 1907	Herrmann 25. September 1906		Saup 25. Mai 1900 Hölzle 25. Juni 1901	Wagner 25. Mai 1900
Stationsaufseher . .		Eberbach 26. Oktober 1903			Blinzinger 1. Oktober 1904
Bahnaufseher . . .	Feuerbach 17. Juli 1900	Mey 14. Juli 1901	Frey 10. September 1910	Ziegelbauer 1. Juli 1907	Deufel 1. August 1920
Streckenwärter . .				Tränkle 24. März 1919	
Zugführer	Rau 6. September 1909	Burk 29. Januar 1906	Diez 5. Oktober 1903	Diez 1. Oktober 1906	Schwenkkrauss 17. Februar 1903
Schaffner u. Bremser	Stubenrauch 8. Dezember 1912	Bitzer 4. September 1918 Mey 14. November 1921		Knoll 1. Januar 1919	Kinzinger 1. Mai 1906 Lang 23. September 1912
Stationswärter . . .		Konzelmann 26. Februar 1920	Rück 1. Oktober 1901 Prinzing 1. März 1904		Schwarz 1. Oktober 1908
Stationsarbeiter . .	Wick 1. VII. 19 Kicherer 15. IX. 24	Single 1. Dezember 1924			
Oberlok.-Führer . .	Kolb 1. April 1901	Burkhardt 23. September 1905	Friedrich 15. August 1903	Baumgärtner 1. Oktober 1901	Dipping 1. Juni 1900
Lokomotivführer . .	Barth 1. November 1907 Birkmaier 1. März 1914	Grotz 1. Mai 1906	Schall I 24. Juli 1906	Hornung 1. Juni 1911	Reinhardt 1. Juni 1911
Fahrber. Heizer . .		Bauer 1. Juli 1901 Popp 15. Januar 1914	Laur 1. Oktober 1907 Schall II 1. Juni 1913	Jakob 1. Oktober 1903	
Heizer	Seidenspinner 1. September 1908 Schrade 27. April 1924	Jetter 3. September 1918	Dauner 25. November 1918	Rall 21. März 1919	Beutel 29. September 1921 Mannsperger 7. Dezember 1921
Streckenarbeiter . .				Wagner 1. Juni 1924	Auweder 20. Oktober 1922
Bahnagenten	Beck 1. Juni 1907	Strobel 1. Januar 1912	Baiker 1. November 1916 Scheifele 1. August 1923 Fink 1. März 1920 Heinkel 1. November 1910	Dalacker 1. Oktober 1903 Nagel 1. Juli 1909 Köger 1. April 1906 Wahl 1. Oktober 1903	

Bahnen	Amstetten-Gerstetten	Jagstfeld-Ohrnberg	Reutlingen-Eningen-Pfullingen
Bahnverwalter . . .	Konzelmann 18. Januar 1910	Mader 1. April 1903	Fink 1. März 1901
Assist. bezw. Sekr.		Schur 2. Januar 1921	
Gehilfen u. Anwärter			Decker 5. August 1913
Stationsmeister bzw. Haltestellevorsteher		Kirschbaum 25. Mai 1900 Fausel 24. Juni 1902	
Stationsaufseher . .	Mangold 1. Dezember 1904	Lang 1. April 1905	Bauknecht 2. Januar 1908
Bahnaufseher . . .	Held 11. Mai 1919	Jlzhöfer 24. Juni 1912	Koch 1. Februar 1906
Streckenwärter . .		Däschler 24. April 1924	
Zugführer	Böhm 1. Mai 1906	Otterbach 1. April 1908	Epple 24. September 1899
Schaffner u. Bremser	Honold 15. April 1924	Rudolph 1. August 1916 Bräuninger 16. Oktober 1919	Maier 1. III. 09 Votteler 23. VI. 12 Limberger 3. VIII. 12 Hegel 1. VIII. 14 Ott 28. VIII. 14 Bley 17. III. 19 Schlegel 21. November 1924
Stationswärter . . .			
Stationsarbeiter . .	Wörz 10. März 1919	Sinn 2. Mai 1924	
Oberlok.-Führer . .	Fuchs 11. Juni 1901	Herrmann 5. Juni 1901	Werkf. Hambrecht 1. April 1914
Lokomotivführer . .	Groninger 1. September 1907	Söll 16. Oktober 1909	Wagenführer Schmiedhäussler 25. November 1899 Guhl 1. IV. 11 Wörwag 19. IX. 11
Fahrber. Heizer . .	Junginger 7. September 1914	Strohhäcker 26. Januar 1911	Moser 18. II. 16 Rall 17. XI. 24 Schlosser Bader 23. Juni 1919
Heizer	Reiser 2. Oktober 1913	Riekert 20. Oktober 1913 Uhlmann 5. Mai 1924	W'arb. Weiwadel 25. August 1924
Streckenarbeiter . .			Keck 1. Juni 1911
Bahnagenten	Söll 13. Juli 1913 Bühler 1. Februar 1924 Lohrmann 1. Juli 1906 Held 1. September 1917	Frank 1. IX. 24 Birn 14. IX. 07 Schimmele 14. September 1907 Erhardt 1. August 1922 Müller 1. X. 23 Herbst 1. VIII. 13	

Hauptverwaltung	Werkstatt Neuffen
Verkehrsinspektor Brehm 15. Mai 1901	Werkmeister Kolb zugl. Olokf. N.-N. 1. April 1901
Verkehrskontrolleur Zimmermann 13. Mai 1901	Schlosser Sautter 17. April 1916
Hauptkassier Ohrnberger 1. April 1900	Schlosser Gneiting 15. April 1918
Bahnverwalter Weigel 15. Januar 1906	Schmied Maier zugl. fahrb. Heizer 4. März 1919
Sekretär Haase 15. Oktober 1911	Schmied Schall 17. Nov. 1919
Sekretär Schneider 15. Januar 1921	Schreiner Hoss 11. Jan. 1915
Gehilfe Pessel 1. November 1921	Schreiner Blind 22. April 1924
Gehilfe Schmid 15. November 1917	Maler Steffan 20. Februar 1922
Gehilfin Rathgeber 6. September 1917	Maschinenarbeiter Gneiting 5. Februar 1913
Gehilfin Meinhardt 22. April 1921	Werkstattarbeiter John 24. Oktober 1921
Gehilfin Brehm 1. Mai 1921	
Bürodiener Frank 1. Oktober 1899	

Personalverzeichnis der WEG von 1925

bis Ende 1923 total entwertet wurden, hatte zur Folge, daß erst einmal überhaupt nichts weiter restauriert werden konnte. Nach dem Ende der Inflation und dem Eintreten stabiler Geldverhältnisse konnten die Wiederherstellungsarbeiten an Fahrzeugen, ortsfesten Einrichtungen, besonders am Oberbau der Strecken ab 1925 ganz allmählich wieder aufgenommen werden. Bei dieser Gelegenheit wurde bei den von 1900 bis 1904 erbauten älteren Strecken der Oberbau durch den Einbau der stärkeren Schienenart Pr 6 verstärkt, was im Hinblick auf die größer gewordenen Achslasten dringend nötig war.

Zur Regelung der finanziellen Basis des Unternehmens konnte 1925 das durch die Inflation ins Unermeßliche aufgeblähte, aber total wertlose Aktienkapital auf die Ende 1923 eingeführte neue Währung Rentenmark, ab 1924 auf Reichsmark, umgestellt werden. Nach und nach konnte auf allen Strecken wieder der friedensmäßige Betrieb eingeführt werden.

Eine neue Störung des ruhigen Ablaufs der Geschehnisse trat Ende der zwanziger Jahre durch die Folgen der Weltwirtschaftskrise ein, die das gesamte Wirtschaftsleben im Deutschen Reich in Mitleidenschaft zog und auch an der WEG nicht ohne Beeinträchtigungen vorbeiging. Die allgemeine Erholung der Wirtschaft in der zweiten Hälfte der dreißiger Jahre führte auch zu einer Verkehrsbelebung bei der WEG, die sich in den Beförderungsleistungen deutlich bemerkbar machte.

Es dauerte dann aber leider nicht lange mit den ruhigen Zeiten, denn am 1. 9. 1939 brach der Zweite Weltkrieg aus, der zunächst einmal die gleichen Erschwernisse mit sich brachte wie der Erste Weltkrieg. Darüber hinaus traten aber mit fortschreitender Kriegsdauer immer mehr Schäden durch Bombenabwurf und Tiefflieger-Angriffe ein, letztere hauptsächlich in den letzten Kriegswochen. Bei einem der schweren Luftangriffe auf Stuttgart im Jahre 1944 wurde auch das Verwaltungsgebäude der WEG zerstört, wobei praktisch alle Dokumente zur Bahngeschichte und das gesamte Archiv verlorengingen. Aus diesem Grunde ist es auch heute für den Eisenbahn-Historiker kaum noch möglich, Unterlagen und Belege aus der Zeit vor 1945 zu finden, wodurch vielfach Zweifel und Unklarheiten über Einzelheiten der Bahngeschichte vor dieser Zeit nicht beseitigt werden konnten. Man ist also in dieser Hinsicht für die Zeit vor 1945 weitgehend auf die Erinnerungen des früheren Personals und auf die wenigen bei den einzelnen Bahnen, teils von Privatpersonen, erhalten gebliebenen Unterlagen angewiesen.

Der Wiederaufbau der beschädigten Strecken und Fahrzeuge war nach dem Zweiten Weltkrieg beinahe noch schwieriger als nach dem Ersten Krieg, weil die Blockierung der Materialbeschaffung und die Wiedereinstellung der aus der Kriegsgefangenschaft heimkehrenden Bediensteten länger dauerten. Trotz aller Schwierigkeiten liefen aber die Wiederherstellungs-Arbeiten baldmöglichst an und erlaubten schon relativ frühzeitig einen erst behelfsmäßigen, dann aber normalen Betrieb. Gewisse Umstellungsschwierigkeiten brachte natürlich die Währungsreform vom Juni 1948 mit sich; die durch sie verursachte Stabilisierung der Geldverhältnisse führte aber auch bald zum Beginn eines Wiederaufstiegs der deutschen Wirtschaft. Sobald als möglich wurde zur Wiederherstellung einer eindeutigen finanziellen Basis des Unternehmens WEG die DM-Eröffnungsbilanz aufgestellt, wonach nun wieder ein normales Geschäftsleben möglich war. Aufgrund dieser Bilanz wurden die später noch anzugebenden Aktienkapital-Beträge festgelegt, die dann bei der Änderung der Gesellschaftsform von der Aktiengesellschaft in eine Gesellschaft mit beschränkter Haftung (GmbH) als Stammkapital weitergeführt wurden.

Etwa ab der Mitte der fünfziger Jahre machte sich bei allen Strecken der WEG der überall zunehmende Autoverkehr für den Schienenverkehr nachteilig bemerkbar. Viele Firmen und Privatleute, die bisher ihre Gütertransporte auf dem Schienenweg durchgeführt hatten, gingen in zunehmendem Maße dazu über, sie mit dem eigenen Lastkraftwagen zu befördern oder sie beauftragten die überall neu in Erscheinung tretenden Lkw-Speditionen mit der Durchführung der Transporte. Ebenso nahm der Individualverkehr mit dem eigenen Auto mit wachsendem Wohlstand der Bevölkerung immer mehr zu, was natürlich dazu führte, daß sowohl der allgemeine Reiseverkehr als auch der Berufsverkehr zurückgingen. Diese Veränderungen fanden ihren Niederschlag in den rückläufigen Beförderungsleistungen, wie sich aus den diesbezüglichen Grafiken deutlich erkennen läßt. Die WEG bzw. die einzelnen Bahnverwaltungen bemühten sich natürlich sehr, den Rückgang aufzuhalten und sich neue Frachtkunden, z.B. durch die Anlage neuer Privatanschlußgleise, zu sichern. Bei einigen WEG-Bahnen hatten diese Bemühungen einen merkbaren Erfolg, u.a. weil nach dem Krieg manche Güter im Vergleich zur Vorkriegszeit in wesentlich verstärktem Ausmaß produziert wurden. Das gilt z.B. für die Zuckerrüben-Transporte auf der Nebenbahn Jagstfeld–Ohrnberg.

Andererseits gab es aber auch gewaltige Rückschläge durch Änderung in den Produktionsprogrammen einzelner wichtiger Frachtkunden, wie z.B. die Stillegung des Neuffener Kalksteinbruchs infolge der Betriebseinstellung bei der Nürtinger Zementfabrik. Im Personenverkehr wurde vielfach ein Ausgleich für den zurückgegangenen Berufsverkehr durch den zugenommenen Schülerverkehr zu den neu eingerichteten Mittelpunktschulen erzielt. Damit haben diese an sich umstrittenen Errungenschaften der Nachkriegszeit wenigstens für viele Bahnen einen Nutzen gebracht. Einen Einnahmenausgleich können die Schülerfahrten natürlich gegenüber dem normalen Reiseverkehr und den Berufsreisenden nicht bringen, da die Schülertarife äußerst niedrig sind. Die Anteile der verschiedenen Arten von Beförderungsfällen an den gesamten Beförderungsleistungen im Personenverkehr der WEG in den Jahren 1979 und 1983 ergeben sich aus der nachfolgenden Tabelle:

	1979		*1983*	
	Personen	*%*	*Personen*	*%*
Regeltarif	200404	13,7	132191	8,0
ermäßigter Tarif	8335	0,6	28022	1,7
Schwerbehindertentarif	4500	0,3	49400	3,0
Berufsverkehr	240220	16,4	202118	12,3
Schülerverkehr	1008566	69,0	1233682	75,0
Gesamtverkehr	1462025	100,0	1645413	100,0

Man erkennt daraus deutlich die überragende Bedeutung des Schülerverkehrs. Bei der WNB liegen die Verhältnisse, wie wir noch sehen werden, genauso.

An dieser Stelle sollen nun noch die heutigen Beziehungen zwischen der WEG und der WNB kurz erörtert werden. Die WEG führt im Rahmen einer Verwaltungs-

Württembergische Eisenbahn-Gesellschaft
(ohne Straßenbahn Reutlingen)

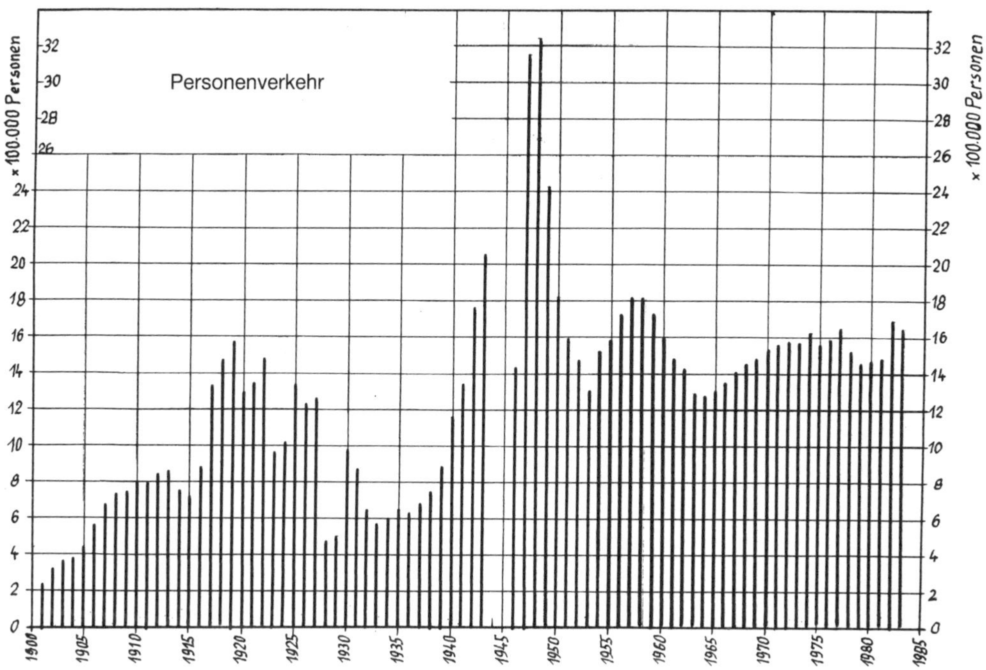

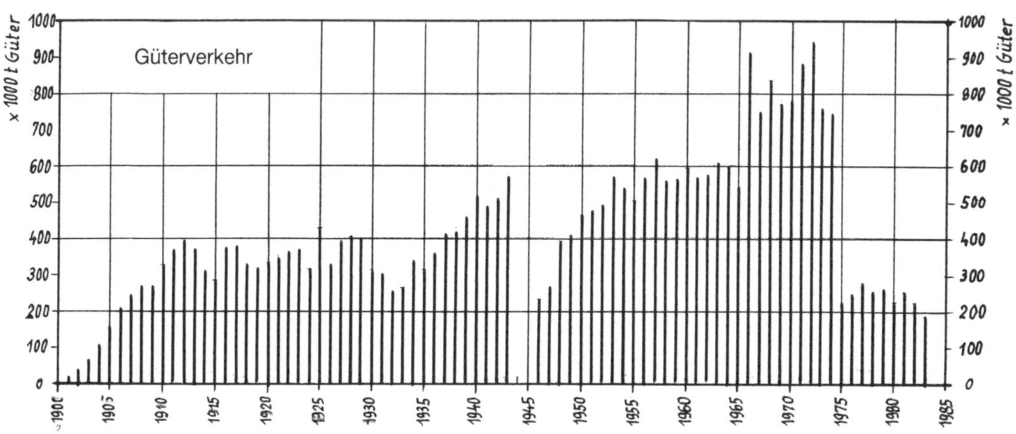

gemeinschaft die Geschäfte der WNB und außerdem der WEG-Kraftverkehrs-Gesellschaft, die beide als Töchter der WEG anzusprechen sind. Die beiden Töchter sind durch Ergebnisübernahme-Verträge, sog. Organschafts-Verträge, an die WEG gebunden. Die betriebsführende Gesellschaft der drei in Stuttgart ansässigen Unternehmen, also die WEG, hat mit der eingangs bereits erwähnten »Deutschen Eisenbahn-Gesellschaft« DEG in Frankfurt/Main seit dem 10./12. 1. 1968 einen Vertrag über »Beratung und Vertretung in Tarif- und Verkehrs-Angelegenheiten inkl. Verkehrskontrolle, Abrechnungs- und Entschädigungsdienst«. Seit dem 1. 1. 1975 führt die DEG auch die Betriebsbuchhaltung, die Lohn- und Gehaltsabrechnung und das Kassenwesen der WEG und ihrer Töchter, seit dem 1. 1. 1976 ferner die Finanzbuchhaltung. Durch den Beschluß der Hauptversammlung vom 29. 12. 1965 wurde die WEG von einer Aktiengesellschaft in eine Gesellschaft mit beschränkter Haftung (GmbH) umgewandelt, wobei das in der Bilanz von 1965 für die AG nachgewiesene Grundkapital in der Bilanz von 1966 als Stammkapital der GmbH in gleicher Höhe weitergeführt wurde. Die offizielle Umwandlung des Unternehmens in eine GmbH erfolgte bei der WEG am 31. 3. 1966. Das derzeitige Stammkapital der WEG als GmbH beträgt 3600000 DM; die Inhaber sind die »Aktiengesellschaft für Industrie und Verkehrswesen« (AGIV) in Frankfurt/Main (früher Aktiengesellschaft für Verkehrswesen [AGV]) mit 3490200 DM und das Bankhaus Sal. Oppenheim jr. in Köln mit 109800 DM. Die Aufsicht übt das Land über das Referat »Verkehr« im Innenministerium aus; es bedient sich der DB, die eine Dienststelle (LEA) eingerichtet hat.

Die seit längerer Zeit betriebene Verschmelzung der WNB mit der WEG wurde durch den von der Gesellschafter-Versammlung der beiden Unternehmen am 13. 8. 1984 beschlossenen Vertrag vollzogen. Sie wurde am 4. 10. 1984 beim Registergericht Stuttgart eingetragen und gilt rückwirkend vom 1. 1. 1984 an.

Die geographische Lage der 7 Nebenbahnstrecken der WEG ergibt sich aus der Eisenbahnkarte. Man sieht, daß die Strecken über ganz Württemberg verteilt sind. Die am weitesten im Norden liegende Strecke ist die Nebenbahn Jagstfeld–Ohrnberg, am weitesten südlich finden wir die Nebenbahn Ebingen–Onstmettingen. Im östlichen Teil des Landes verkehren die Nebenbahnen Gaildorf–Untergröningen und Amstetten–Gerstetten, während im Westen die Nebenbahn Vaihingen–Enzweihingen zu finden ist.

Die Beförderungsleistungen der WEG von der Gründung bis 1983 sind aus den beiden Grafiken zu ersehen, in denen die Zahl der beförderten Personen und Güter in Tonnen angegeben ist; dabei ist die nur zeitweise zur WEG gehörende Straßenbahn Reutlingen nicht berücksichtigt. Man erkennt, daß der Personenverkehr im Laufe der Jahrzehnte erheblichen Schwankungen unterworfen war, daß aber seit etwa 1950 keine großen Veränderungen eingetreten sind. Die Größenordnung liegt seither bei rund 1600000 jährlich beförderten Fahrgästen. Beim Güterverkehr fällt auf, daß er von 1910 bis 1939 keine allzugroßen Änderungen aufgewiesen hat, dann aber stark angestiegen ist bis 1974. Ab 1975 war der Güterverkehr dann wieder rückläufig und hält sich seither in der Größenordnung von 200000 t pro Jahr. Bedenklich ist der 1983 erneut eingetretene Rückgang.

Um im Personenverkehr den Reisenden neue Anreize zu bieten, hat die WEG am 1. 7. 1984 eine sog. »Punktekarte« (Mehrfahrtenkarte) eingeführt, die auf allen Buslinien und, außer der Nebenbahn Nürtingen–Neuffen, auf allen Nebenbahnlinien mit Personenverkehr Gültigkeit hat. Die Nebenbahn Nürtingen–Neuffen ist durch Aufstellung von Fahrkartenautomaten auf den Bahnsteigen auf schaffnerlosen Betrieb umgestellt worden. Diese Automaten können aber die Punktekarte nicht entwerten. Als Äquivalent werden durch diese Automaten im Mittel 15% verbilligte Rückfahrkarten ab 1. 1. 1985 verkauft.

Von den eingangs aufgeführten 7 Nebenbahnen der WEG sind derzeit noch die 6 normalspurigen Linien in Betrieb. Lediglich die meterspurige Nebenbahn Amstetten–Laichingen mußte 1985 stillgelegt werden. In den letzten Jahren ließ die WEG nach und nach sämtliche noch vorhandenen Bahnhofsgebäude im Innern modernisieren und äußerlich ohne Änderung des ansprechenden Erscheinungsbildes renovieren, zuletzt die Bahnhöfe Sulzbach (Kocher) der Nebenbahn Gaildorf–Untergröningen und Gussenstadt der Nebenbahn Amstetten–Gerstetten.

Auch wurden in jüngerer Zeit die Strecken überholt, dabei der Oberbau überarbeitet und teilweise schwerere Schienen eingebaut; dadurch konnte vielfach die zugelassene Strecken-Höchstgeschwindigkeit heraufgesetzt werden.

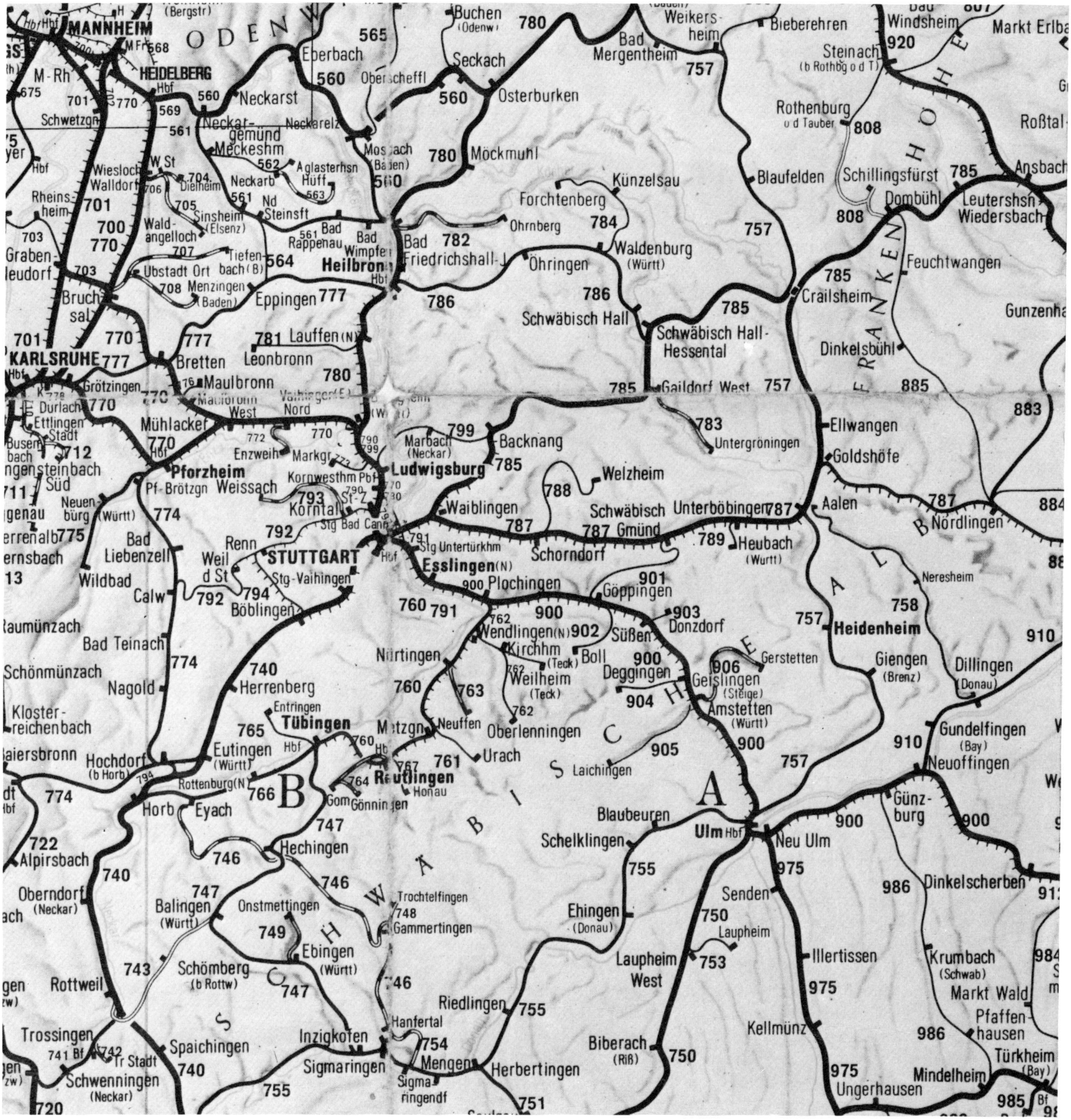

MANNHEIM
HEIDELBERG
ODENWALD
Eberbach
Buchen (Odenw)
Seckach
Osterburken
Bad Mergentheim
Weikersheim
Bieberehren
Bad Windsheim
Markt Erlbach
Steinach (b Rothbg o d T)
Rothenburg o d Tauber
Roßtal
Ansbach
Schillingsfürst
Dombühl
Leutershsn Wiedersbach
Feuchtwangen
Gunzenhausen
Crailsheim
Dinkelsbühl
FRANKENHÖHE
Blaufelden
Künzelsau
Forchtenberg
Ohrnberg
Waldenburg (Württ)
Öhringen
Schwäbisch Hall
Schwäbisch Hall-Hessental
Gaildorf West
Untergröningen
Ellwangen
Goldshöfe
Aalen
Nördlingen
Neresheim
Heidenheim
Giengen (Brenz)
Dillingen (Donau)
Gundelfingen (Bay)
Neuoffingen
Günzburg
Dinkelscherben
Krumbach (Schwab)
Markt Wald
Pfaffenhausen
Türkheim (Bay)
Mindelheim
Neckarst
Neckargemünd
Meckeshm
Neckarelz
Mosbach (Baden)
Möckmuhl
Aglasterhsn
Hüffenhardt
Neckarb
Nd Steinsft
Sinsheim (Elsenz)
Bad Rappenau
Bad Wimpfen
Bad Friedrichshall-J
Heilbronn Hbf
Schwetzgn
Wiesloch Walldorf
Rheinsheim
Graben-Neudorf
Bruchsal
Waldangelloch
Tiefenbach (B)
Ubstadt Ort
Menzingen (Baden)
Eppingen
Lauffen (N)
Leonbronn
KARLSRUHE Hbf
Grötzingen
Bretten
Maulbronn
Maulbronn West
Vaihingen (E) Nord
Durlach
Ettlingen Stadt
Mühlacker
Pforzheim
Enzweih
Markgr
Marbach (Neckar)
Backnang
Welzheim
Ludwigsburg
Kornwesthm Pbf
Korntal
Weissach
Pf-Brötzgn
Neuenbürg (Württ)
Bad Liebenzell
Wildbad
Calw
Weil d St
Renn
STUTTGART Hbf
Stg Bad Cannstatt
Stg Untertürkhm
Stg-Vaihingen
Böblingen
Waiblingen
Schorndorf
Schwäbisch Gmünd
Unterböbingen
Heubach (Württ)
Esslingen (N)
Plochingen
Göppingen
Donzdorf
Süßen
Wendlingen (N)
Kirchhm (Teck)
Boll
Weilheim (Teck)
Nürtingen
Deggingen
Geislingen (Steige)
Gerstetten
Amstetten (Württ)
Oberlenningen
Neuffen
Metzgn
Urach
Laichingen
Tübingen Hbf
Entringen
Reutlingen Hbf
Honau
Gönningen
Herrenberg
Nagold
Bad Teinach
Raumünzach
Schönmünzach
Klosterreichenbach
Baiersbronn
Hochdorf (b Horb)
Eutingen (Württ)
Rottenburg (N)
Horb
Eyach
Hechingen
Alpirsbach
Oberndorf (Neckar)
Balingen (Württ)
Onstmettingen
Ebingen (Württ)
Trochtelfingen
Gammertingen
Schömberg (b Rottw)
Rottweil
Trossingen
Tr Stadt
Schwenningen (Neckar)
Spaichingen
Inzigkofen
Hanfertal
Sigmaringen
Sigmaringendf
Mengen
Herbertingen
Riedlingen
Blaubeuren
Schelklingen
Ulm Hbf
Neu Ulm
Senden
Ehingen (Donau)
Laupheim
Laupheim West
Illertissen
Kellmünz
Biberach (Riß)
Ungerhausen
SCHWÄBISCHE ALB

1.3. Die normalspurigen Fahrzeuge der WEG

1.3.1. DAMPFLOKOMOTIVEN

Die Geschichte der Dampflokomotive der WEG ist heute leider nicht mehr lückenlos zu rekonstruieren, weil infolge Zerstörung des Verwaltungsgebäudes in Stuttgart durch Bombenwurf im Zweiten Weltkrieg praktisch alle Unterlagen und Dokumente aus der Vorkriegszeit vernichtet wurden. Immerhin kann man noch einige Angaben, insbesondere über die Dampfloks, die nach dem Krieg noch existiert haben, zusammentragen. Der Verfasser hat es vorgezogen, über die Dampfloks der WEG in dem allgemeinen Teil zu berichten, weil manche Loks mehrfach ihre Einsatzbahn gewechselt haben und nicht ständig einer bestimmten Nebenbahn zugeteilt waren. Welche Loks und zu welcher Zeit bei den einzelnen Bahnen im Einsatz waren, wird, soweit es bekannt ist, bei der Besprechung der Strecken mitgeteilt werden. Die meterspurigen Dampfloks werden in einem besonderen Kapitel, das sich an das vorliegende Kapitel über die Normalspurloks anschließt, besprochen werden.

Bei der Eröffnung der 6 Normalspurstrecken der WEG wurden offenbar jeder Strecke 2 Dampfloks zugeteilt, die fortlaufend von 1 bis 12 durchnummeriert waren. Die älteste Nebenbahn, Nürtingen–Neuffen, erhielt die Loks Nr. 1 und 2, die zweite in Betrieb genommene Strecke Ebingen–Onstmettingen, die Loks Nr. 3 und 4, Gaildorf–Untergröningen Nr. 5 und 6 usw. Die zuletzt eröffnete Nebenbahn Jagstfeld–Ohrnberg müßte demnach die Loks Nr. 11 und 12 bekommen haben. Einige dieser ursprünglichen Loks wurden offenbar aber schon bald ausgetauscht, so daß diese ursprüngliche Zuordnung nicht allzulange erhalten blieb. Einige Loks blieben aber auch ihr ganzes Leben lang bei der Bahn, der sie schon bei der Streckeneröffnung zugewiesen waren. Welche Verlegungen bzw. Umstationierungen in den Jahrzehnten vor dem Zweiten Weltkrieg im einzelnen vorgenommen wurden, läßt sich aus obigen Gründen nicht mehr vollständig ermitteln; lediglich einige zufällig überlieferte Veränderungen können noch mitgeteilt werden. Es blieb auch nicht bei den ursprünglich gelieferten 12 Loks, denn im Laufe der Zeit genügten sie nicht mehr den gestiegenen Anforderungen und dem Bedarf, so daß die WEG weitere Loks anschaffen mußte. Dies waren aber meist keine fabrikneuen Fahrzeuge mehr, sondern von anderen Bahnen gebraucht gekaufte Loks, die aber bei den WEG-Bahnen durchaus noch ihren Aufgaben gewachsen waren. Die einzige dieser Loks, die noch direkt vom Hersteller bezogen wurde, war die Nr. 13. Alle weiteren Loks, die die Nummern 14 bis 20 sowie 30, 31 hatten, wurden von fremden Bahnen übernommen. Vielfach waren dies Nebenbahnen, die zum gleichen Konzern gehörten wie die WEG.

Der ersten in Betrieb genommenen WEG-Nebenbahn Nürtingen–Neuffen waren die beiden *Cn2t-Loks Nr. 1 »Alice« und Nr. 2 »Agnes«* zugewiesen worden; es waren die einzigen WEG-Loks, die außer der Nummer auch noch Namen trugen. Die beiden kleinen Maschinen waren 1900 von der Maschinenfabrik Esslingen als Werknummern 3086 und 3087 hergestellt und direkt an die WEG geliefert worden. Über ihr Aussehen ist leider gar nichts bekannt, da es nicht einmal ein Foto von ihnen gibt. Angeblich sollen sie die gleiche Bauart gehabt haben wie die Baureihe T 3 der KWStE. Offenbar sind diese Loks nur bei der Nebenbahn Nürtingen–Neuffen tätig gewesen. Die Nr. 1 »Alice« wurde 1925 an die Eisenbahn Bremen–Thedinghausen (EBT) abgegeben. Über den Verbleib der Nr. 2 »Agnes« ist überhaupt nichts bekannt, weder wann sie von der WEG-Bahn weggekommen ist, noch was mit ihr geschehen ist. Es ist denkbar, daß sie schon 1914 oder 1922 abgegeben wurde, als stärkere Loks zur Nürtinger Bahn kamen.

Auch über die beiden folgenden Loks, *Cn2t Nr. 3 und 4*, die ursprünglich möglicherweise auf der Nebenbahn Ebingen–Onstmettingen zum Einsatz kamen, weiß man kaum etwas, denn auch von ihnen gibt es weder Fotos noch Dokumente. Es soll sich um der pr T 3 ähnliche oder gar gleiche Loks gehandelt haben, die aber nicht von Esslingen, sondern von Borsig gebaut worden sind. Das Baujahr war 1901, die Werknummern hießen 4874 und 4875. Über das weitere Schicksal dieser Loks ist lediglich bekannt, daß Nr. 3 1923 an die Kleinbahn Kaldenkirchen–Brüggen verkauft wurde und daß Nr. 4 schon 1913 in den Besitz der Eisenbahn Bremen–Thedinghausen übergegangen ist.

Die beiden nächsten fabrikneuen Loks waren die *Cn2t-Loks Nr. 5 und 6*, die offenbar zuerst der Nebenbahn Gaildorf–Untergröningen zugewiesen wurden. Auch diese beiden Maschinen waren von Borsig gebaut,

Lok Nr. 8 Dn2tv teilweise demontiert in Onstmettingen; Mai 1960 (Aufnahme H. Bürnheim)

und zwar 1903 mit den Werknummern 5187 und 5188. Von Nr. 5 gibt es zwar ein Foto, das aber recht schlecht ist; immerhin kann man erkennen, daß es sich um eine Cn2t-Lok gehandelt hat und nicht um eine Dn2tv-Lok, wie gelegentlich in der Literatur behauptet wird. Vermutlich handelt es sich um eine Verwechslung mit der WNB-Lok Nr. 5. Es kann angenommen werden, daß Nr. 5 und 6 zur Betriebseröffnung der Nebenbahn Vaihingen–Enzweihingen von Gaildorf–Untergröningen abgegeben wurden und daß die beiden folgenden Loks nach Untergröningen überstellt wurden. Bei der Vaihinger Bahn wurden die Loks 5 und 6 im Jahre 1954 abgestellt und 1958 bzw. 1959 auch dort verschrottet. Äußerlich machten die beiden Maschinen, dem schlechten Bild nach zu urteilen, den Eindruck einer pr T 8 mit verkürzten seitlichen Wasserkästen oder einer überschweren pr T 3. Beide Loks hatten eine Länge über Puffer von 9,5 m, eine Dienstmasse von 40 t und eine Höchstgeschwindigkeit von 55 km/Std.

Die beiden nächsten Loks waren erstmalig Vierkuppler mit Naßdampf-Verbund-Triebwerk, eine Bauart, bei der die WEG bei den weitaus meisten der nachfolgenden Dampfloks blieb. Es handelte sich um die *Dn2tv-Loks Nr. 7 und 8*, die 1904 von der Maschinenfabrik Esslingen als Werknummern 3314 und 3315 gebaut wurden. Sie wurden der Nebenbahn Ebingen–Onstmettingen zugewiesen, die ihre beiden Loks Nr. 3 und 4 abgegeben hatte. Die eleganten und kräftigen Maschinen in der typischen Esslinger Bauart hatten rechts den Hochdruck- und links den Niederdruck-Zylinder. Beide Maschinen blieben bei der Ebinger Bahn und wurden dort 1963 verschrottet. Da von Nr. 7 und 8 die Betriebsbücher erhalten blieben, können die wichtigsten technischen Daten angegeben werden: Länge über Puffer 9000 mm, Dienstmasse 37 t, Höchstgeschwindigkeit 40 km/Std. Weitere Angaben sind dem Abdruck der Titelseite des Betriebsbuchs zu entnehmen. Von Nr. 8 ist bekannt, daß sie 1945 eine neue Stahlfeuerbüchse erhielt.

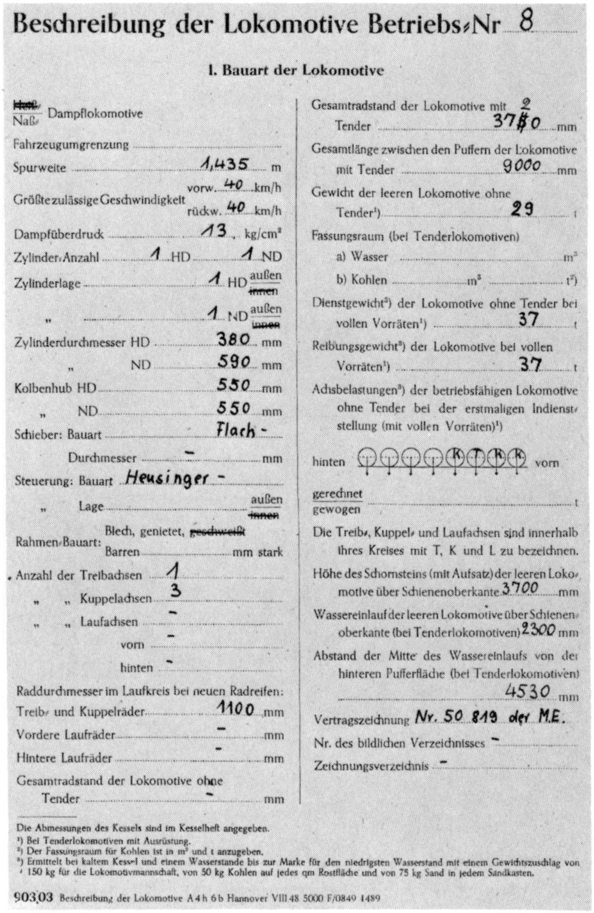

Beschreibung der Lokomotive Betriebs-Nr 8

I. Bauart der Lokomotive

~~Heiß-~~/Naß- Dampflokomotive

Fahrzeugumgrenzung

Spurweite 1,435 m

Größte zulässige Geschwindigkeit vorw. 40 km/h, rückw. 40 km/h

Dampfüberdruck 13 kg/cm²

Zylinder-Anzahl 1 HD 1 ND

Zylinderlage 1 HD außen/~~innen~~

" 1 ND außen/~~innen~~

Zylinderdurchmesser HD 380 mm

" ND 590 mm

Kolbenhub HD 550 mm

" ND 550 mm

Schieber: Bauart Flach-

Durchmesser – mm

Steuerung: Bauart Heusinger-

" Lage außen/~~innen~~

Rahmen-Bauart: Blech, genietet, ~~geschweißt~~; Barren mm stark

Anzahl der Treibachsen 1

" " Kuppelachsen 3

" " Laufachsen –

vorn –

hinten –

Raddurchmesser im Laufkreis bei neuen Radreifen:

Treib- und Kuppelräder 1100 mm

Vordere Laufräder – mm

Hintere Laufräder – mm

Gesamtradstand der Lokomotive ohne Tender – mm

Gesamtradstand der Lokomotive mit Tender 37~~8~~0 mm

Gesamtlänge zwischen den Puffern der Lokomotive mit Tender 9000 mm

Gewicht der leeren Lokomotive ohne Tender[1]) 29 t

Fassungsraum (bei Tenderlokomotiven)

a) Wasser m³

b) Kohlen m³ t[2])

Dienstgewicht[3]) der Lokomotive ohne Tender bei vollen Vorräten[1]) 37 t

Reibungsgewicht[3]) der Lokomotive bei vollen Vorräten[1]) 37 t

Achsbelastungen[3]) der betriebsfähigen Lokomotive ohne Tender bei der erstmaligen Indienststellung (mit vollen Vorräten)[1])

hinten ○ ○ ○ ○ K T K K vorn

gerechnet/gewogen t

Die Treib-, Kuppel- und Laufachsen sind innerhalb ihres Kreises mit T, K und L zu bezeichnen.

Höhe des Schornsteins (mit Aufsatz) der leeren Lokomotive über Schienenoberkante 3700 mm

Wassereinlauf der leeren Lokomotive über Schienenoberkante (bei Tenderlokomotiven) 2300 mm

Abstand der Mitte des Wassereinlaufs von der hinteren Pufferfläche (bei Tenderlokomotiven) 4530 mm

Vertragszeichnung Nr. 50 819 der M.E.

Nr. des bildlichen Verzeichnisses –

Zeichnungsverzeichnis –

Die Abmessungen des Kessels sind im Kesselheft angegeben.

[1]) Bei Tenderlokomotiven mit Ausrüstung.

[2]) Der Fassungsraum für Kohlen ist in m³ und t anzugeben.

[3]) Ermittelt bei kaltem Kessel und einem Wasserstande bis zur Marke für den niedrigsten Wasserstand mit einem Gewichtszuschlag von 150 kg für die Lokomotivmannschaft, von 50 kg Kohlen auf jedes qm Rostfläche und von 75 kg Sand in jedem Sandkasten.

903,03 Beschreibung der Lokomotive A4h 6b Hannover VIII 48 5000 F/0849 1489

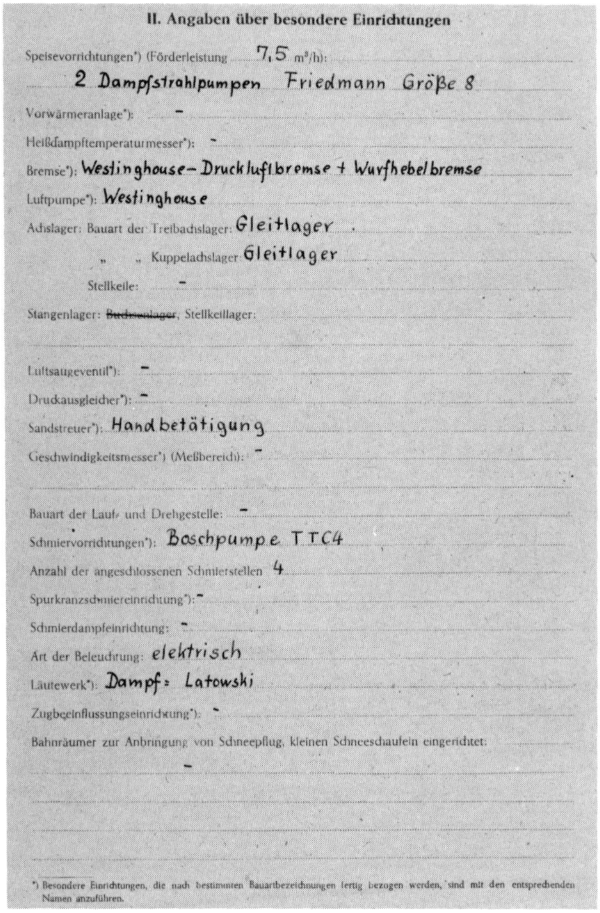

II. Angaben über besondere Einrichtungen

Speisevorrichtungen*) (Förderleistung 7,5 m³/h): 2 Dampfstrahlpumpen Friedmann Größe 8

Vorwärmeranlage*): –

Heißdampftemperaturmesser*): –

Bremse*): Westinghouse-Druckluftbremse + Wurfhebelbremse

Luftpumpe*): Westinghouse

Achslager: Bauart der Treibachslager: Gleitlager

" " Kuppelachslager: Gleitlager

Stellkeile: –

Stangenlager: ~~Buchsenlager~~, Stellkeillager:

Luftsaugeventil*): –

Druckausgleicher*): –

Sandstreuer*): Handbetätigung

Geschwindigkeitsmesser*) (Meßbereich): –

Bauart der Lauf- und Drehgestelle: –

Schmiervorrichtungen*): Boschpumpe TTC4

Anzahl der angeschlossenen Schmierstellen 4

Spurkranzschmiereinrichtung*): –

Schmierdampfeinrichtung: –

Art der Beleuchtung: elektrisch

Läutewerk*): Dampf- Latowski

Zugbeeinflussungseinrichtung*): –

Bahnräumer zur Anbringung von Schneepflug, kleinen Schneeschaufeln eingerichtet: –

*) Besondere Einrichtungen, die nach bestimmten Bauartbezeichnungen fertig bezogen werden, sind mit den entsprechenden Namen anzuführen.

Beschreibung der Lokomotive Nr. 8 (Vorder- und Rückseite)

Als nächste fabrikneue Loks wurden 4 Maschinen der Bauart *Dn2tv* in Dienst gestellt, die von der Maschinenfabrik Humboldt hergestellt waren. Von diesen 4 Einheiten wurden *Nr. 9 und 10* an die Nebenbahn Amstetten–Gerstetten geliefert; sie waren 1905 als Werknummern 263 und 264 gebaut worden. Von den Esslinger Loks der WEG waren sie leicht durch die Bauart der seitlichen Vorratsbehälter zu unterscheiden. Die praktisch gleich aussehenden *Dn2tv-Loks Nr. 11 und 12* waren 1906 als Werknummern 330 und 331 von der Maschinenfabrik Humboldt erbaut worden und kamen zuerst zur WEG-Nebenbahn Jagstfeld–Ohrnberg. Nr. 12 blieb anscheinend zeitlebens in Ohrnberg stationiert, wo sie auch 1959 verschrottet wurde. Nr. 11 wurde später zur Nebenbahn Vaihingen–Enzweihingen versetzt, wo sie ebenfalls 1959 zerlegt wurde.

Die letzte direkt vom Hersteller bezogene Lok war die *Dn2tv-Lok Nr. 13*, die wieder von der Maschinenfabrik Esslingen stammte, bei der sie 1908 als Werknummer 3506 entstanden war. Obwohl von dieser Lok kein gutes Bild vorhanden ist, wird angenommen, daß sie die gleiche Bauart hatte, wie die etwas älteren Loks Nr. 7 und 8. Anscheinend ist Nr. 13 ziemlich viel bei den einzelnen WEG-Strecken herumgekommen, denn sie ist bei der Nebenbahn Ebingen–Onstmettingen, sowie den Strecken Vaihingen–Enzweihingen, Nürtingen–Neuffen und Gaildorf–Untergröningen nachzuweisen; bei letzterer wurde sie 1956 verschrottet.

Lok Nr. 10 vor Lokschuppen Gerstetten; Juli 1958 (Aufnahme H. Bürnheim)

Lok Nr. 11 abgestellt in Enzweihingen; Juli 1962 (Aufnahme R. Ehlers)

Lok Nr. 17 Dn2tv, abgestellt in Enzweihingen; Juli 1958 (Aufnahme R. Ehlers)

Rechte Seite: **Lok Nr. 19 Dn2tv, abgestellt in Ohrnberg; Juli 1962** (Aufnahme R. Ehlers)

Nach der Abhandlung der letzten direkt vom Hersteller gekauften Lok der WEG kommen wir nun zu einer Gruppe von Loks, die die WEG bei anderen Nebenbahnen ihres Konzerns gebraucht gekauft hatte. Da sind zunächst einmal 5 Loks der Bauart Dn2tv zu nennen, die bei der WEG die *Nummern 14, 15, 17, 18, 19* bekamen. Alle 5 Maschinen waren von der Lokomotivfabrik Borsig gebaut, aber zu verschiedenen Zeiten. Nr. 14, 15, 17 hatten das Baujahr 1908 und die Werknummern 6679 bis 6681. Die WEG hat sie 1914 und 1928 von der Eisenbahn Bremen–Thedinghausen erworben, wo sie die Nummern 1, 2, 3 getragen haben. Die beiden anderen Loks, Nr. 18 und 19 waren bereits 1906 von Borsig mit den Werknummern 5909 und 5908 hergestellt und an die Eberswalde –Schöpffurter Eisenbahn (dort Nr. 2 und 1) geliefert worden. Die WEG erwarb die beiden Maschinen von der ESE im Jahre 1926. Diese 5 Loks wurden an mehrere WEG-Bahnen verteilt und wechselten auch öfters ihren Einsatzort. So waren Nr. 14 und 15 auf den Strecken Nürtingen–Neuffen und Jagstfeld–Ohrnberg tätig, während Nr. 17 auf den Nebenbahnen Ebingen–Onstmettingen, Vaihingen–Enzweihingen und Nürtingen–Neuffen beobachtet wurde; Nr. 18 war auf der Strecke Nürtingen–Neuffen und Nr. 19 ebenfalls auf dieser Strecke und außerdem auf der Nebenbahn Jagstfeld–Ohrnberg eingesetzt. Als Verschrottungsdaten werden angegeben für Nr. 14 1956 und Nr. 15 1960 beide in Ohrnberg, Nr. 17 in Neuffen 1959 und Nr. 18 schon 1950 ebenfalls in Neuffen, schließlich Nr. 19 1959 in Ohrnberg. Diese 5 Borsig-Loks waren von den anderen Dn2tv-Loks leicht an den fehlenden seitlichen Vorratsbehältern zu unterscheiden; sie besaßen nur große Wasserkästen zwischen den Rahmenwänden und Kohlenkästen an der Führerhaus-Rückwand. Nr. 15 soll später seitliche Vorratsbehälter erhalten haben, die aber wesentlich kleiner waren als bei den Esslinger Dn2tv-Loks und bei den Humboldt-Maschinen.

Dem aufmerksamen Leser wird nicht entgangen sein, daß in der Reihe der bisher besprochenen Loks die Nr. 16 fehlt. Diese Lok hat aber auch existiert, ist aber bei der Reihe der Naßdampf-Verbund-Vierkuppler gewissermaßen ein Außenseiter, denn die *Lok Nr. 16* war ein Dreikuppler mit Naßdampf-Zwillingstriebwerk, also eine *Cn2t.* Sie war 1911 von der Lokomotivfabrik Ho-

henzollern als Werknummer 2722 für die Kleinbahn Kaldenkirchen–Brüggen gebaut worden. Die WEG hat sie 1922 von dieser Bahn gekauft und auf der Nebenbahn Nürtingen–Neuffen eingesetzt. Sie kam später nach Ohrnberg, wo sie schon 1951 verschrottet wurde. Diese aus dem Rahmen fallende Lok hatte einen großen Hauptwasserbehälter zwischen den Rahmenblechen und beiderseits des hinteren Teils des Langkessels kurze Vorratsbehälter. Der linksseitige von letzteren nahm den Kohlenvorrat auf. Auffällig war der Druckluftbehälter, der als vertikaler Zylinder vor dem rechtsseitigen kurzen Vorratsbehälter aufgestellt war.

Als nächste Lok müssen wir die *Nr. 20* betrachten, die bereits ein bewegtes Leben hinter sich hatte, als sie zur WEG kam. Bei ihr handelt es sich wieder um eine *Dn2tv-Lok,* die 1914 von Hanomag als Werknummer 7186 für eine Zuckerfabrik in Kapstadt (Südafrika) gebaut worden war. Wegen des Ersten Weltkriegs konnte sie nicht ausgeliefert werden, denn Südafrika gehörte ja als britische Kolonie zu den Feindmächten. Sie wurde zunächst an die Hafenbahn Flensburg verkauft, die sie bis 1932 im Rangierdienst verwendete. Dann kam sie zur WEG, die sie der Nebenbahn Jagstfeld–Ohrnberg zuwies. Beim Streckeneinsatz stellte sich aber bald heraus, daß die Maschine eine zu geringe Dampferzeugung hatte, weshalb sie für diese relativ lange Strecke nicht geeignet war. Man benutzte sie deshalb weiterhin als Aushilfslok für jene Strecken, bei denen gerade Bedarf an einer Lok bestand, weil eine andere Lok aus irgendwelchen Gründen vorübergehend ausgefallen war. So kam Nr. 20 nacheinander zu verschiedenen WEG-Bahnen und auch auf einer Strecke der WNB wurde sie gesehen. Zuletzt war sie bei der Bahn Vaihingen–Enzweihingen, wo man sie 1963 verschrottet hat. In ihrenm äußeren Erscheinungsbild wich die Lok 20 stark von allen anderen WEG-Loks ab, da sie wegen ihrer gedrungenen Bauweise, dem hochliegenden Kessel und dem kurzen Schornstein einen etwas exotischen Eindruck machte.

Es müssen nun noch 2 gleichartige Loks betrachtet werden, die die WEG 1948 von der Deutschen Reichsbahn gebraucht gekauft hatte und als *Nr. 30 und 31* in Dienst stellte. Diese beiden waren die einzigen Heißdampfloks, die die WEG besessen hat. Sie waren 1916 von der Maschinenfabrik Esslingen als Werknummern

Tabelle 1: **Normalspurige Dampflokomotiven der WEG**

Btr.-Nr.	*Bauart*	*Hersteller*	*Werk-Nr.*	*Baujahr*	*Kaufjahr*	*Einsatzstrecken*	*Bemerkungen*
1	Cn2t	MEßl	3086	1899	1900	NN	»Alice«; 1925 verk. an EBT (Nr. 3'')
2	Cn2t	MEßl	3087	1899	1900	NN	»Agnes«; Verbleib nicht sicher
3	Cn2t	Bors	4874	1901	1901	EO	1923 verk. an KKB (Nr. 2)
4	Cn2t	Bors	4875	1901	1901	EO	1913 verk. an EBT (Nr. 1'')
5	Cn2t	Bors	5187	1903	1903	GU VE	1958 bei VE verschrottet
6	Cn2t	Bors	5188	1903	1903	GU VE NN	1959 bei VE verschrottet
7	Dn2tv	Meßl	3314	1904	1904	VE EO	1963 v. EO als Schrott verkauft
8	Dn2tv	MEßl	3315	1904	1904	VE EO	1963 bei EO verschrottet
9	Dn2tv	Humb	263	1905	1906	AG GU	Ersatzkessel 3291; 1962 verschrottet
10	Dn2tv	Humb	264	1905	1906	AG GU	Ersatzkessel 3290; 1963 verschrottet
11	Dn2tv	Humb	320	1906	1907	JO AG VE	1959 bei VE verschrottet
12	Dn2tv	Humb	321	1906	1907	JO GU	1959 bei JO verschrottet
13	Dn2tv	MEßl	3506	1908	1908	EO VE GU	1956 bei GU verschrottet
14	Dn2tv	Bors	6679	1908	1914	NN JO GU	ex EBT 1; 1956 bei JO verschrottet
15	Dn2tv	Bors	6681	1908	1914	NN JO	ex EBT 3; 1960 bei JO verschrottet
16	Cn2t	Hohz	2722	1911	1922	EO NN	ex KKB 2; 1951 bei JO verschrottet
17	Dn2tv	Bors	6680	1908	1926	EO VE NN	ex EBT 2; 1959 bei NN verschrottet
18	Dn2tv	Bors	5909	1907	1926	NN	ex ESchE 2; 1950 bei NN verschrottet
19	Dn2tv	Bors	5908	1907	1926	JO NN	ex ESchE 1; 1959 bei JO verschrottet
20	Dn2t	Hano	7186	1914	1932	NN VE JO	war für Kapstadt bestimmt, 1963 bei VE verschrottet
30	Dh2t	MEßl	3769	1916	1948	NN JO	ex DR 92002; ex KWStE T6-1402, 1963 bei NN verschrottet
31	Dh2t	MEßl	3771	1916	1948	GU NN	ex DR 92004; ex KWStE T6-1404, 1963 bei NN verschrottet
?	Bn2t	Krß	?	1899	1912	JO ?	angeblich ex LRE (1–3) auf Normalspur umgebaut!

Lok Nr. 20 Dn2t, abgestellt in Enzweihingen; Juli 1958 (Aufnahme R. Ehlers)

Lok Nr. 30 Dn2t, linke Seite (Sammlung H. Bürnheim, Autor unbekannt)

3769 und 3771 für die damalige KWStE gebaut worden und als wü T 6 – 1402 und 1404 zum Einsatz gekommen. Bei der Übernahme durch die DRG waren sie der Baureihe 92 zugewiesen worden und hatten die Bezeichnung 92002 und 92004 erhalten. Beide Maschinen hatten ein Zwillingstriebwerk, das auf 4 Kuppelachsen arbeitete. Die Bauart war somit *Dh2t.* Die Lok Nr. 30 kam bei der WEG zur Nebenbahn Nürtingen–Neuffen, wo sie bis zur Abstellung im Einsatz war. 1963 wurde sie in Neuffen verschrottet. Lok 31 wurde zunächst der Nebenbahn Gaildorf–Untergröningen zugewiesen, kam aber später ebenfalls nach Neuffen. Schließlich wurde sie nach Indienststellung eines kräftigen Triebwagens überflüssig und beendete ihr Leben ebenfalls 1963 in Neuffen.

Zum Schluß wäre noch auf eine kleine Bn2t-Lok hinzuweisen, die von der Lokalbahn Reutlingen–Eningen stammt und angeblich 1913 für den Einsatz auf der Nebenbahn Ebingen–Onstmettingen umgespurt sein soll. Näheres über ihren Einsatz ist leider nicht bekannt. Es müßte sich um eine der drei kleinen Bn2t-Loks der Lokalbahn gehandelt haben.

Sämtliche normalspurige Dampfloks der WEG waren mit Handbremse und Westinghouse-Druckluftbremse sowie einer Dampfheizeinrichtung ausgerüstet, die auf alle Personenwagen und Post/Gepäckwagen wirkten. Die Meterspur-Dampfloks und weitere Meterspur-Fahrzeuge der WEG sollen im Anschluß an die normalspurigen Fahrzeuge besprochen werden.

1.3.2. DIESELTRIEBWAGEN FÜR NORMALSPUR

Die Dieseltriebwagen der WEG und WNB sind in einem gemeinsamen Nummernsystem zusammengefaßt, wobei die Zugehörigkeit zu der einen oder anderen der beiden Gesellschaften durch die Hinzufügung ihres Kurzzeichens zur Fahrzeugnummer erkennbar ist. Unter diesen Umständen erscheint es zweckmäßig, bei der Besprechung der Triebwagen nicht eine Unterteilung in solche der WEG und WNB vorzunehmen, sondern sie gemeinsam in der Reihenfolge ihrer Nummern zu behandeln.

Die WNB hatte schon sehr frühzeitig einen Dieseltriebwagen in Dienst gestellt, zu einer Zeit, als andere Privatbahnen noch kaum an die Verwendung solcher Fahrzeuge dachten. Der erste Triebwagen der WNB war

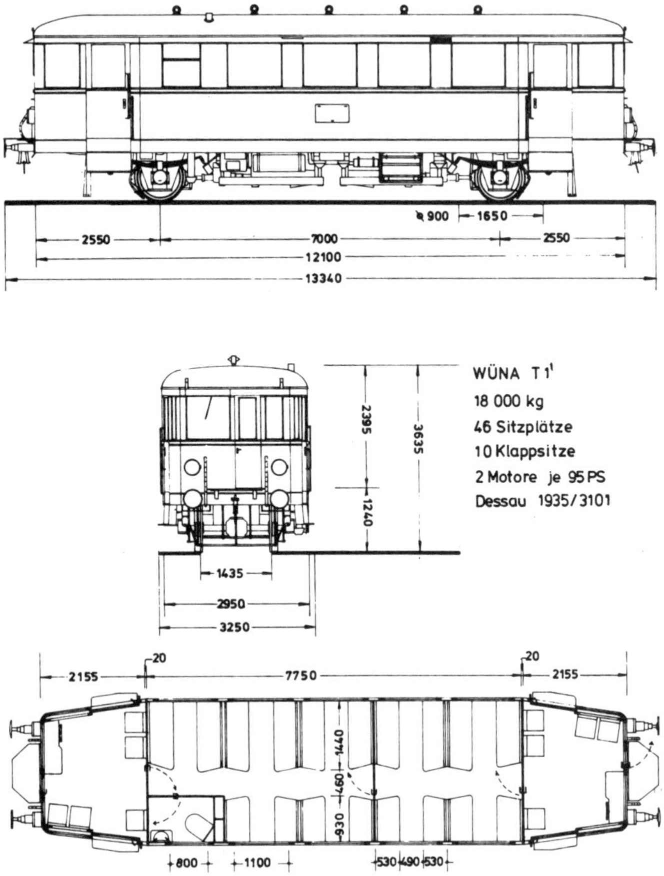

WNB T 01' Dessau 1935/3101 (Zeichnung G. König)

von der Dessauer Waggonfabrik im Jahre 1935 erbaut worden und hatte die Bezeichnung *T 01 WNB* und die Werknummer 3101. Dieses Fahrzeug hatte die damals bei der DRG übliche Bauart mit eckigem Wagenkasten und ebenen Stirnflächen mit schmaler Übergangstür. Es war ursprünglich mit einem einzelnen stehenden Mercedes-Motor von 114 kW (150 PS) ausgerüstet, der auf einem unter dem Wagenkasten befindlichen Rahmengestell aufgestellt war. Der Triebwagen überlebte den Zweiten Weltkrieg und wurde danach überholt und etwas modernisiert; dabei wurden u. a. die Stirnwandtüren ausgebaut und der alte Motor durch 2 Büssing-Unterflurmotore von je 114 kW (150 PS) ersetzt, die über hydraulische Getriebe die beiden Radsätze antrieben; das Fahrzeug hatte somit jetzt die Achsfolge Bo, während es früher A 1 gehabt hatte. In dem neuen Zustand verkehrte es weiter auf der WNB-Strecke Korntal–Weissach bis zu jenem verhängnisvollen Tag im Jahre 1961, als es an einem Straßenübergang einen Unfall erlitt, der schwere Beschädigungen verursachte. Da es sich um ein altes Fahrzeug handelte und inzwischen jüngere Triebwagen zur Verfügung standen, wurde der T 01 WNB ausgemustert und 1961 verschrottet.

Als Ersatz für diesen Oldtimer baute die WNB 1969 einen neuen Triebwagen, der die gleiche Nummer *T 01 WNB* in zweiter Belegung bekam; er hatte einen Wagenkasten der Firma Auwärter in Stuttgart, der viel Ähnlichkeit mit einer Serie von in den fünfziger Jahren für die WEG und WNB von der Waggonfabrik Fuchs in Heidelberg gelieferter zweiachsiger Triebwagen hatte und damit einen recht modernen Eindruck machte. Der neue T 01 WNB hat eine Länge über Puffer von 13,5 m, eine Dienstmasse von 21,8 t und besitzt in seinem großen Innenraum 50 bequeme Sitze. Er ist mit 2 sechszylindrigen Büssing-Motoren von je 160 kW (210 PS) Typ U 11D ausgerüstet, die über Voith-Getriebe 501 die beiden Radsätze antreiben; Achsfolge Bo. Die Höchstgeschwindigkeit beträgt 65 km/Std. Die Einsatzstrecke blieb, wie schon bei seinem Vorgänger, die Nebenbahn Korntal–Weissach. Das Fahrzeug ist noch heute vorhanden.

Ein weiterer Einzelgänger war der *T 02 WEG*, der im Grunde schon 1934 entstanden ist. Er wurde als Werknummer 28 058 von der Gothaer Waggonfabrik für die Eisenbahn Neheim–Hüsten–Sundern als VT 1 gebaut. Die WEG hat das Fahrzeug 1950 gebraucht gekauft und 1953 mit einem neuen Wagenkasten von Auwärter versehen. Den Antrieb besorgte ein Sechszylindermotor von Büssing von 129 kW (170 PS) Leistung, Typ U 11, der über ein Voith-Getriebe Typ 200D beide Achsen antrieb, Achsfolge war somit B. Die Höchstgeschwindigkeit belief sich auf 60 km/Std. Das Fahrzeug hatte eine Länge über Puffer von 11,0 m, eine Masse von 15,3 t und enthielt 43 Sitzplätze. Es war praktisch nur auf der WNB-Nebenbahn Reutlingen–Gönningen im Einsatz, obwohl es Eigentum der WEG war. Nach seiner Ausmusterung wurde es nach Neuffen überstellt, wo es am 2. 3. 1979 verschrottet worden ist.

Als nächste in der Reihe der WEG/WNB-Triebwagen folgen 2 weitere Oldtimer, nämlich die Triebwagen *T 03*

T 01′ WNB (Sammlung H. Bürnheim)

T 01″ WNB mit VB 206 in Weissach (Aufnahme G. Wolff)

T 02 WEG im DB-Bahnhof Reutlingen; Mai 1960 (Aufnahme H. Bürnheim)

T 03 WEG in Vaihingen Nord; Juli 1958 (Aufnahme H. Bürnheim)

WEG und *T 04 WEG,* die noch von der Deutschen Reichsbahn-Gesellschaft DRG stammten. Sie wurden 1926 als Werknummern 35252 und 35254 von der Waggonfabrik Wegmann in Kassel gebaut und verkehrten bei der DRG als VT 802 und 801 bzw. bei der DB als VT 70901 und 70900 bis 1952. Sie besaßen ursprünglich 2 Dieselmotore zu je 114 kW (150 PS) und wurden 1953 von der WEG durch Kauf übernommen. 1957 wurden sie in der WNB-Werkstatt Weissach aufgearbeitet, mit stärkeren Motoren versehen und etwas modernisiert. Der *T 03 WEG* bekam beim Umbau 2 Büssing-Motore von je 129 kW (170 PS), die 1973 nochmals durch stärkere Motore von je 137 kW (180 PS) ersetzt wurden. Die Kraftübertragung von diesen U 11-Motoren auf die beiden Radsätze erfolgt durch Voith-Getriebe Typ 200D; die Höchstgeschwindigkeit betrug 70 km/Std, die Achsfolge war Bo. Der T 03 WEG war fast ständig bei der Nebenbahn Vaihingen–Enzweihingen tätig. Im Jahre 1975 wurde er bei einem Unfall stark beschädigt und wegen seines Alters aus dem Verkehr gezogen. Er wurde 1980 an die DEG verkauft und als Schlepptriebwagen für die Teutoburgerwald-Eisenbahn umgebaut.

Der *T 04 WEG* wurde 1970/71 ebenfalls mit stärkeren Motoren von je 160 kW (210 PS) Bauart Büssing Typ U 11D ausgerüstet, die ihre Leistung über Voith-Getriebe Typ 501 auf die beiden Radsätze übertragen und dem Fahrzeug eine Höchstgeschwindigkeit von 70 km/Std. erteilen; die Achsfolge ist Bo. Erst 1975 wurde dieser Oldtimer von der Nebenbahn Gaildorf–Untergröningen, wo er sich viele Jahre betätigt hatte, abgezogen, nachdem dort ein modernerer Triebwagen in Dienst gestellt worden war. Er wurde zur Nebenbahn Vaihingen–Enzweihingen überstellt, wo er den verunfallten T 03 WEG ersetzt. Auch heute noch bewältigt der T 04 mit seinen starken Motoren den gesamten Verkehr auf dieser Bahn.

Die nächstfolgenden Triebwagen sind die Zweiachser *T 05 WEG, T 06 WEG, T 07 WNB und T 08 WEG,* die sämtlich 1956 von der Waggonfabrik Fuchs in Heidelberg gebaut worden und von gleicher Bauart sind. Genaugenommen gehört zu dieser Reihe noch der ehemals meterspurige *T 36 WEG* der Nebenbahn Amstetten–Laichingen, der 1973/74 auf Normalspur umgebaut wurde. Er hat die gleiche Bauart wie die zuvor genannten anderen Fuchs-Triebwagen und wurde auch zur gleichen Zeit gebaut. Die Werknummern dieser insgesamt 5 Fahrzeuge

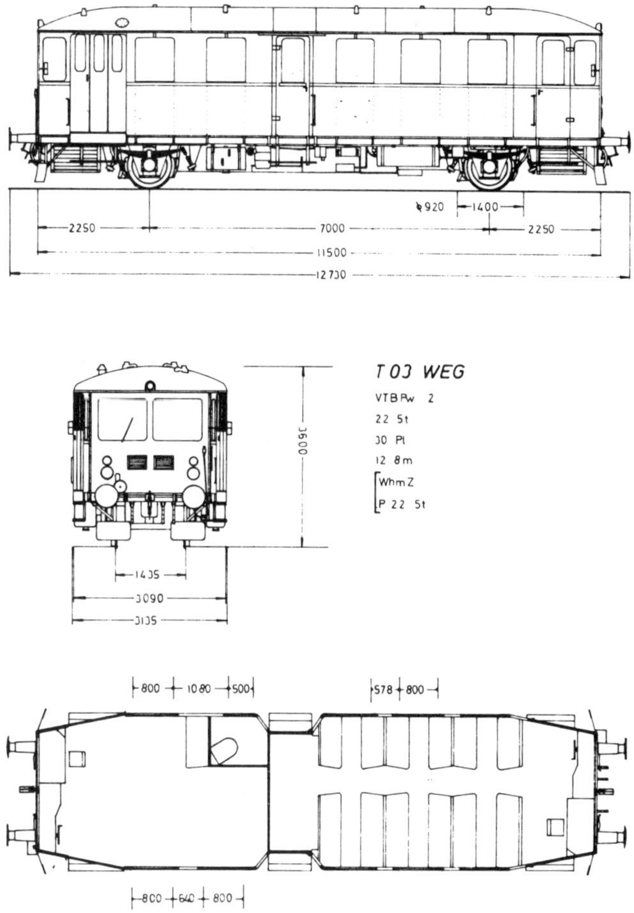

WEG T 03 und 04 (Zeichnung G. König)

sind in der Reihenfolge der WEG/WNB-Betriebsnummern: 9055, 9056, 9059, 9057, 9058. Die Triebwagen T 05, T 06 und T 36 haben je 2 sechszylindrige Büssing-Dieselmotore von je 160 kW (210 PS) vom Typ U 11D und Leistungsübertragung auf die beiden Radsätze durch Voith-Getriebe 501 bzw. 506, während die beiden anderen Fahrzeuge, T 07 und T 08, Dieselmotore des gleichen Herstellers Typ U 11 von je 146 kW (192 PS) und Voith-Getriebe Typ 200D besitzen. Alle verwendeten Büssingmotore sind Unterflurmotore, die seitlich eingeschoben und daher leicht ausgewechselt werden können. Die Achsfolge dieser Fahrzeugserie ist Bo und die Höchstgeschwindigkeit 60 km/Std. Die Länge über Puffer beträgt 13,43 m und die Dienstmasse 21,3 t. Im In-

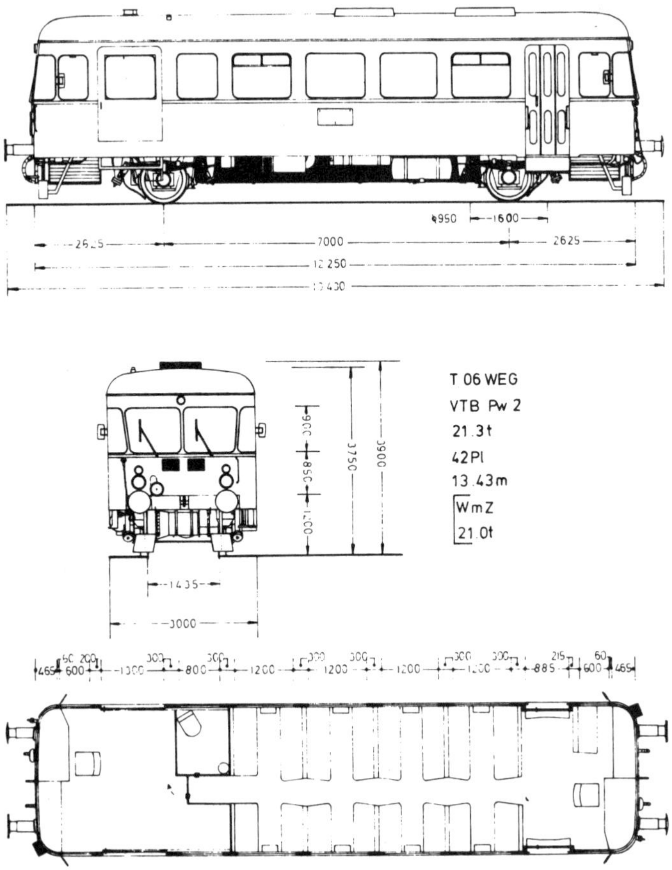

WEG T 05, 06, 08, WNB T 07 (Zeichnung G. König)

nern der recht geschmackvoll wirkenden Wagen sind je 42 bequeme Sitze untergebracht. Diese Triebwagen haben vielfach ihre feste Einsatzstrecke, auf der sie schon viele Jahre den gesamten Verkehr bewältigen. Der *T 05 WEG* ist seit seiner Lieferung bei der Nebenbahn Amstetten–Gerstetten tätig, der *T 06 WEG* war viele Jahre das einzige Triebfahrzeug der Nebenbahn Jagstfeld–Ohrnberg; jetzt ist er bei der Nebenbahn Nürtingen–Neuffen. Der *T 07 WNB* hat sich bei den Nebenbahnen Korntal–Weissach und Reutlingen–Gönningen bestens bewährt und den *T 08 WEG* konnte man viele Jahre lang als einziges Triebfahrzeug bei der Nebenbahn Ebingen–Onstmettingen beobachten. Seit dort ein anderer Triebwagen eingesetzt wurde, hat man den T 08 meist als Aushilfsfahrzeug für solche Bahnen herangezogen, deren einziger Triebwagen aus irgendwelchen Gründen vorübergehend ausgefallen war. Nachdem er einige Zeit als Ersatzteillager gedient hatte, wurde er am 6. 11. 1984 in Weissach verschrottet. Der T 07 wurde nach der Einstellung des Verkehrs auf der Reststrecke der Nebenbahn Reutlingen–Gönningen im Oktober 1985 in Neuffen als Ersatzteilspender abgestellt.

T 36 WEG war viele Jahre als Meterspurfahrzeug auf der Nebenbahn Amstetten–Laichingen im Dienst, bis er nach Umspurung auf Normalspur zur Nebenbahn Gaildorf–Untergröningen versetzt wurde, wo er seit 1975 den T 04 WEG abgelöst hat.

In den letzten Jahren sind einige Änderungen beim Einsatz dieser Triebwagenserie eingetreten. T 06 WEG ist derzeit als Reservefahrzeug in Weissach; ebenfalls befindet sich dort T 08 WEG und dient als Lagerraum für Sitzbänke. T 07 WNB, der jahrelang auf der Nebenbahn Korntal–Weissach Dienst tat, wurde als Ersatz für den ausgemusterten T 02 WEG auf die Nebenbahn Reutlingen–Gönningen–(Ohmenhausen) versetzt, so daß dort nun wieder ein echter WNB-Triebwagen den gesamten Verkehr bewältigt.

Nochmals ein Zweiachser mit einem der vorherigen Reihe sehr ähnlichen Aussehen ist der *T 09 WEG*, der 1963 von der WEG in Zusammenarbeit mit der Firma Auwärter gebaut wurde. Er ist mit 2 sechszylindrigen Büssing-Motoren Typ U 11 von je 129 kW (170 PS) und Voith-Getrieben Typ 200S ausgerüstet, hat die Achsfolge Bo und eine Höchstgeschwindigkeit von ebenfalls 60 km/Std. Die Länge über Puffer ist 13,37 m, die Dienstmasse 22 t; im Innern befinden sich 45 Sitze. Ein auffallender äußerer Unterschied gegenüber den zuvor besprochenen Triebwagen T 05 und folgende besteht darin, daß er an beiden Endplattformen zweiteilige Außenschwenktüren aufweist, auch an der Plattform, die das Gepäckabteil enthält. Auch überdecken die Türflügel im geschlossenen Zustand die Trittstufen der Einstiege. Der T 09 WEG ersetzt bei den Nebenbahnen Ebingen–Onstmettingen den T 08 WEG.

Wenn wir nun die Besprechung der Triebwagen in der Reihenfolge der Betriebsnummern fortsetzen, so stoßen wir auf den ersten Vierachser, den *T 10 WEG*, der seit der Umzeichnung im Sommer 1980 die neue Bezeichnung *VT 402 WNB* hat. Er wurde 1951 von der Maschinenfabrik Esslingen als Werknummer 23343 gebaut und

T 04 WEG in Untergröningen; September 1959 (Aufnahme H. Bürnheim)

T 05 WEG in Gerstetten; Juli 1958 (Aufnahme H. Bürnheim)

T 06 WEG in Jagstfeld; September 1959 (Aufnahme H. Bürnheim)

T 08 WEG in Onstmettingen; Mai 1960 (Aufnahme H. Bürnheim)

T 09 WEG mit VS 111 und VB 112; Onstmettingen 1976 (Aufnahme G. Wolff)

T 10 WNB in Korntal; Februar 1961 (Aufnahme H. Bürnheim)

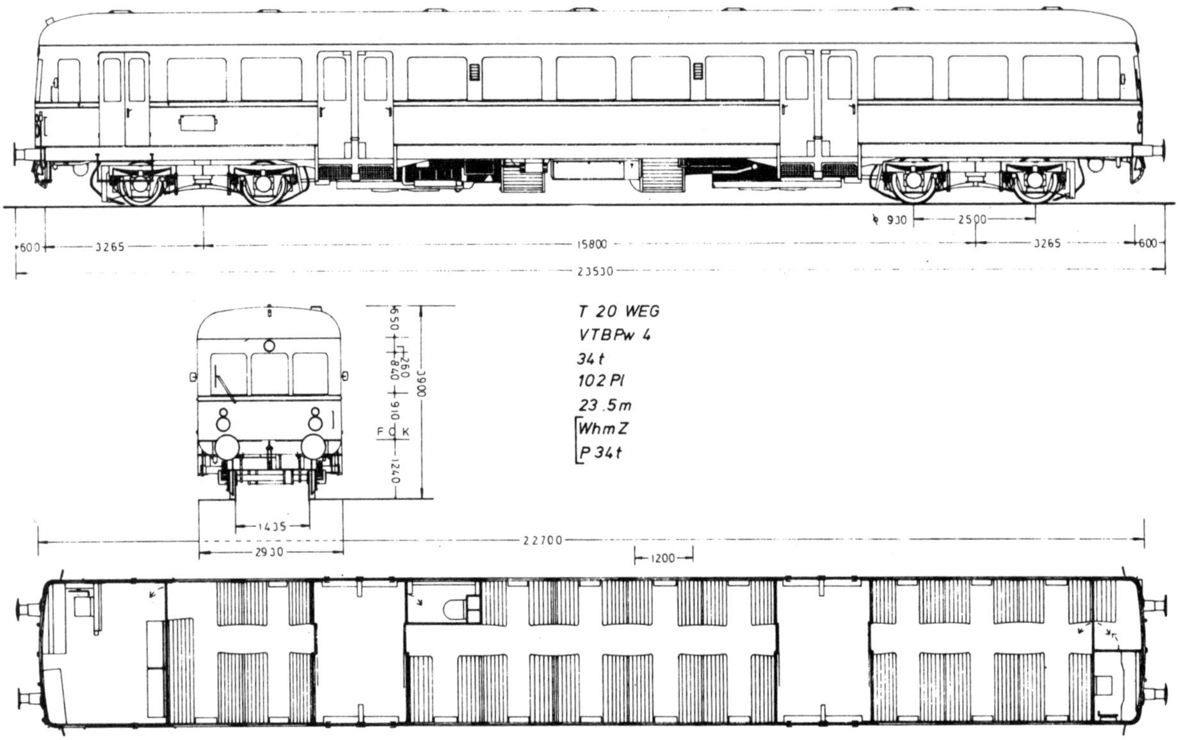

WEG T 20, heute VT 403 (Zeichnung G. König)

zunächst an die WEG geliefert. Diese gab den Wagen 1955 an die WNB ab, bei der er seither auf der Nebenbahn Korntal–Weissach Dienst tut. Das Fahrzeug besitzt 2 Büssing-Motore Typ U 11D von je 160 kW (210 PS) Leistung, die durch Voith-Getriebe Typ 5012 auf die inneren Radsätze der Drehgestelle übertragen wird; Achsfolge (1A)'(A1)'. Ursprünglich war der Triebwagen mit 2 Motoren von je 114 kW (150 PS) ausgerüstet. Die Länge über Puffer beträgt 23,53 m, die Dienstmasse 38 t; das Platzangebot weist 102 Sitzplätze in 2 Großräumen auf; die Höchstgeschwindigkeit ist 80 km/Std.

Der nächste Triebwagen mit der ursprünglichen bezeichnung *T 11 WEG,* seit der Umzeichnung im Sommer 1980 *VT 401 WEG,* ist ein höchst interessanter Oldtimer. Er wurde bereits 1928 von der Dessauer Waggonfabrik für die damalige DRG gebaut und hatte zuletzt bei der DB die Bezeichnung VT 66906. Die DB stellte ihn 1952 außer Dienst und die WEG erwarb ihn 1958. Damals war der Triebwagen mit 4 Motoren zu je 114 kW (150 PS) ausgerüstet. Die WEG baute ihn um und modernisierte ihn besonders im Bereich der Stirnwände und Plattformen. Statt der alten Motore wurden 4 sechszylindrige Büssing-Motore U 11D von je 160 kW (210 PS) eingebaut, die über 4 Voith-Getriebe Typ 200S alle 4 Radsätze antreiben. Mit dieser Motorausrüstung ist der VT 401 WEG der stärkste einteilige Triebwagen aller deutschen Eisenbahnen und entfaltet eine ungewöhnliche Leistungsfähigkeit. Die Achsfolge ist Bo'Bo' und die Höchstgeschwindigkeit 68 km/Std. Die durch den Allachsantrieb ermöglichte Zugkraft ist sehr groß. Die Länge über Puffer ist 21,42 m, die Masse infolge der schweren Vorkriegsbauart und der 4 Motore mit 44 t recht groß. Im Innenraum sind 68 Sitzplätze untergebracht. Das Fahrzeug hat sich viele Jahre bei der Neben-

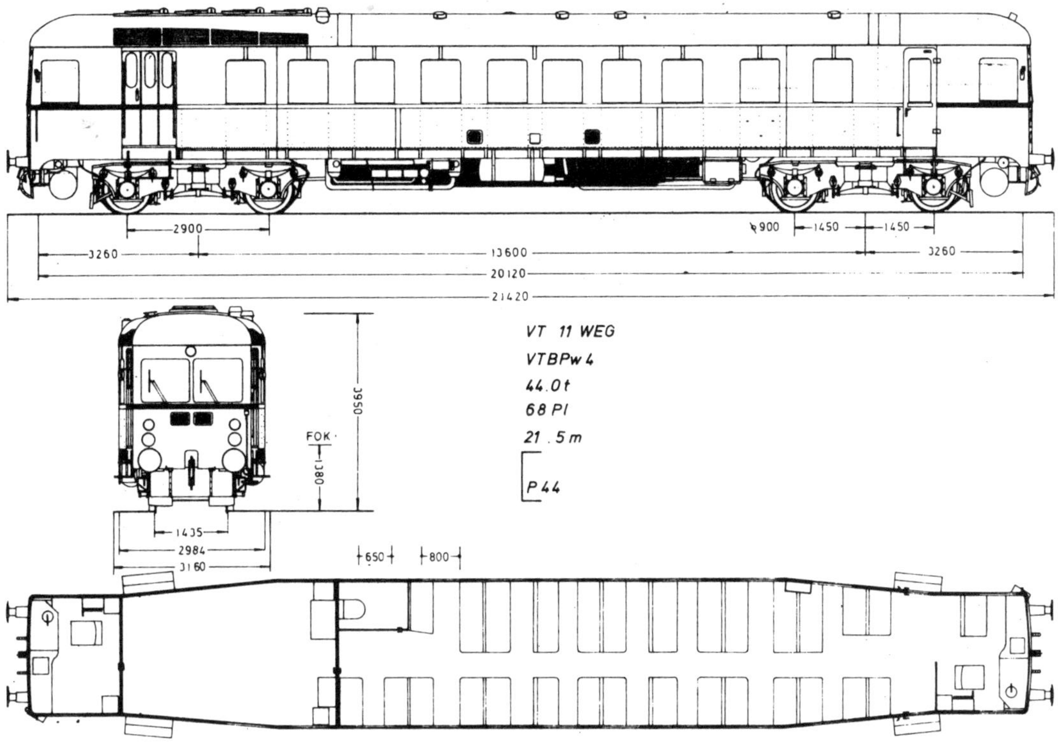

WEG T 11, heute VT 401 (Zeichnung G. König)

bahn Nürtingen–Neuffen bei der Förderung der schweren Kalkstein-Güterzüge bewährt; durch den Wegfall dieser Transporte ist dem VT 401 sein eigentliches Aufgabengebiet entzogen worden, doch kann er auch heute noch nützlich im Schülerverkehr mit einer Anzahl Triebwagen-Beiwagen der Reihe VB 101 usw. Verwendung finden. Derzeit ist er, nachdem weitere, modernere Triebwagen nach Neuffen überwiesen wurden, meist als Reserve-Fahrzeug abgestellt, aber immer noch voll betriebsfähig.

Der nächstfolgende Triebwagen, der *T 12 WNB,* ist wieder ein Zweiachser mit der Achsfolge A'A', denn er besitzt 2 sechszylindrige MAN-Motore zu je 152 kW (200 PS) Typ D 2156, von denen jeder über ZF-Getriebe Typ 3HM60 einen Radsatz antreibt. Das Fahrzeug war 1956 von der MAN als Werknummer 142776 für die Verkehrsbetriebe Hornburg (dort VT 12) gebaut worden. Im Jahre 1978 kaufte die WNB das in Hornburg überflüssig gewordene Fahrzeug und stellte es auf der Nebenbahn Korntal–Weissach in Dienst. Es handelt sich um einen der bei vielen Privatbahnen verwendeten MAN-Triebwagen, dessen Länge über Puffer 16,2 m beträgt. Die Masse ist 21,3 t und im Innern sind 70 Sitzplätze untergebracht. Das Fahrzeug ist auch heute noch auf der genannten Bahn tätig, meist zusammen mit einem Mittelwagen und einem Steuerwagen als Pendelzug.

Von der Kleinbahn Frankfurt/Main–Königstein kaufte die WNB 1975 deren Vierachs-Triebwagen VT 101 und gab ihm die Bezeichnung *T 19 WNB;* nach der Umzeichnung erhielt er die neue Nummer *VT 405 WNB.* Der Wagen war 1958 unter der Werksnummer 24999 von der Maschinenfabrik Esslingen für die FK gebaut worden und hatte dort einen schweren Unfall erlitten. Seine

T 11 WEG in Frickenhausen; November 1960 (Aufnahme H. Bürnheim)

T 12 WNB in Weissach; Juli 1982 (Aufnahme M. Aschpals)

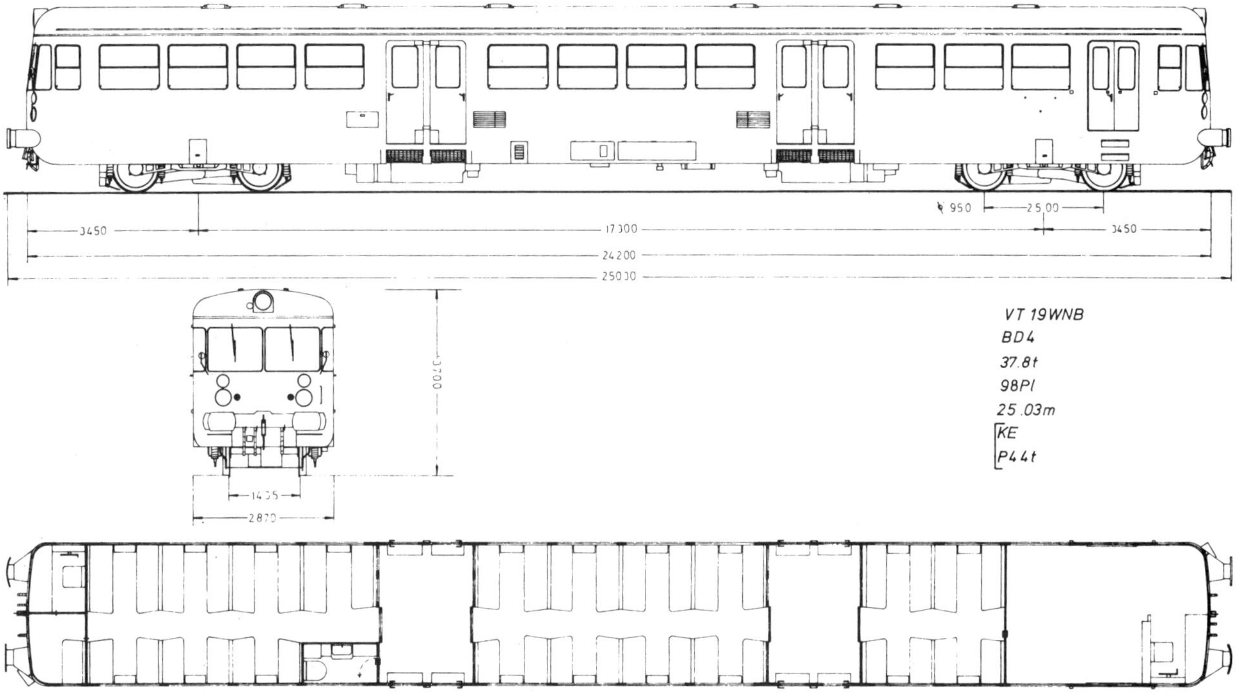

WNB T 19, heute VT 405 (Zeichnung G. König)

Wiederherstellung bei der WEG war erst 1980 beendet und hatte zu einem recht modern wirkenden, äußerlich durch den neuen WEG-Anstrich schönen Fahrzeug geführt. Im Herbst 1980 wurden die ersten Probefahrten auf der Nebenbahn Nürtingen–Neuffen durchgeführt, wobei das Fahrzeug allgemeinen Anklang fand. Nach der Wiederherstellung besaß der Triebwagen 2 Daimler-Benz-Motore Typ OM 407h von je 167 kW (220 PS), von denen jeder über ein Voith-Getriebe Typ 851 die beiden Radsätze der Drehgestelle antreibt; Achsfolge somit B′B′ und Höchstgeschwindigkeit 85 km/Std. Obwohl im Aussehen den anderen Esslinger Vierachs-Triebwagen der WEG und WNB ähnlich, unterscheidet er sich hinsichtlich des Antriebs grundsätzlich von ihnen. Während beim VT 405 von 2 Motoren alle 4 Radsätze angetrieben werden, sind beim VT 402 und dem noch zu besprechenden VT 403, ebenfalls Esslinger Triebwagen, nur die inneren Radsätze der Drehgestelle angetrieben. Der T 405 hat eine Länge über Puffer von 25,03 m und eine Masse von 36 t; sein Platzangebot beläuft sich auf 98 Sitzplätze. Er wurde nach Abschluß der Probefahrten zur WNB-Nebenbahn Korntal–Weissach überführt und dort eingesetzt bis zum Eintreffen der beiden fabrikneuen Triebwagen VT 410 und 411. Danach wurde er an die Nebenbahn Nürtingen–Neuffen zurückgegeben und wird dort regelmäßig benutzt.

Auch der in der Nummernreihe der Triebwagen nun folgende *T 20 WEG*, seit 1980 *VT 403 WEG*, stammt von der Maschinenfabrik Esslingen; er wurde 1953 als Werknummer 23493 für die WEG gebaut und kam gleich zur Nebenbahn Nürtingen–Neuffen. Da er von gleicher Bauart ist, wie der T 10 WNB (VT 402), braucht er nicht weiter besprochen zu werden. Es sei nur darauf hingewiesen, daß er 2 Büssing-Motore Typ U 11D von 160

T 20 WEG in Frickenhausen; November 1960 (Aufnahme H. Bürnheim)

kW (210 PS) hat, die über Voith-Getriebe Typ 501 die inneren Achsen der Drehgestelle antreiben, so daß die Achsfolge (1A)'(A1)' ist; die Höchstgeschwindigkeit wird mit 85 km/Std. angegeben. Das Fahrzeug wird auch heute noch auf der Nebenbahn Nürtingen–Neuffen eingesetzt.

Die Reihe der Triebwagen setzt sich nun mit 2 baugleichen Triebwagen fort, die in den Jahren 1957 und 1958 als Werknummern 143403 bzw. 143554 für die Uetersener Eisenbahn in Schleswig-Holstein von der MAN gebaut worden waren (dort VT 4 und 5). Die WNB kaufte die beiden zweiachsigen Fahrzeuge im Jahre 1965 und stellte sie als *T 21 WNB* und *T 22 WNB* auf der Nebenbahn Korntal–Weissach in Dienst. Es handelt sich um einmotorige Triebwagen mit je einem Büssing-Motor-Typ U 11 von 137 kW (180 PS), die über Voith-Getriebe Typ 200S den einen der beiden Radsätze antreiben; die Radsätze sind als Deichsel-Drehgestelle ausgebildet, weshalb die Achsfolge A'1' besteht; die Höchstgeschwindigkeit liegt bei 70 km/Std. Die beiden Triebwagen sind je 16,2 m über Puffer lang und haben eine Masse von je 22 t. In jeder Einheit sind 60 Sitzplätze vorhanden. Beide Fahrzeuge waren im Juni 1969 in einen schweren Unfall verwickelt und standen wegen ihrer Schäden mehrere Jahre außer Betrieb. Nach ihrer Reparatur wurden sie wieder auf der Nebenbahn Korntal–Weissach eingesetzt und verkehren dort meist zusammen mit dem zwischen ihnen eingereihten VB 207 als Pendelzug.

Die beiden nächsten Triebwagen, *T 23 WEG* und *T 24 WEG* sind wieder untereinander gleich und wurden 1968 mit den Werknummern 5442 und 5443 von den Firmen Gmeinder und Auwärter für die WEG gebaut. Sie haben äußerlich viel Ähnlichkeit mit dem T 09 WEG, sind aber leicht an der etwas größeren Abrundung der Stirnwände zu erkennen. Beide Einheiten haben 2 Büssing-Motore von 160 kW (210 PS) Leistung, die über Voith-Getriebe Typ 501 je einen Radsatz antreiben. Die Länge über Puffer ist 13,37 m und die Masse 27,4 t bei 46 Sitzplätzen in jedem Wagen. Interessant ist, daß die beiden Fahrzeuge mit Scharffenberg-Kupplungen ausgerüstet waren und in Zugsteuerung von einem Führerstand aus gefah-

T 21 WNB in Weissach; Mai 1976 (Aufnahme G. Wolff)

T 23 WEG in Jagstfeld; Mai 1981 (Aufnahme G. Wolff)

ren werden können. Sie wurden bei der Nebenbahn Nürtingen–Neuffen gemeinsam vor den schweren Kalkstein-Zügen verwendet und sind nach der Einstellung dieser Transporte ihres wichtigsten Tätigkeitsgebiets beraubt worden. Um sie freizügiger verwenden zu können, wurden die Scharffenberg-Kupplungen durch normale Zug- und Stoßvorrichtungen ersetzt. Im Jahre 1980 wurden sie zur Nebenbahn Jagstfeld–Ohrnberg überstellt.

Einen weiteren schweren Vierachs-Triebwagen kaufte die WNB 1977 von der Kiel–Schöneberger Eisenbahn und stellte ihn unter seiner alten Nummer *T 80* in Dienst. Dieses Fahrzeug war 1953 als Werknummer 505 von der MaK für die Kleinbahn Kiel–Segeberg gebaut und von dieser 1963 an die Kiel–Schöneberger Eisenbahn weiterverkauft worden. Das Fahrzeug hat eine Länge über Puffer von 26,4 m und eine Masse von 43 t; im Innern befinden sich 108 Sitzplätze. Die beiden Motore von je 110 kW (145 PS) treiben die inneren Achsen der beiden Drehgestelle an, so daß die Achsfolge (1A)'(A1)' ist. Bis zum 5. 9. 77 war der Triebwagen an die SWEG-Strecken Achern–Ottenhöfen und Bruchsal–Menzingen ausgeliehen. Seither hat man keine richtige Verwendung mehr für ihn gefunden, so daß er in Weissach abgestellt werden mußte. Dort stand er längere Zeit, teilweise demontiert, herum. Schließlich wurde er am 6. 12. 1984 zum Schrottwert an die SWEG verkauft und nach Metzingen überstellt.

Bevor wir zu den beiden jüngsten Errungenschaften der WNB kommen, müssen wir noch 3 Triebwagen streifen, die ebenfalls von der WNB gebraucht gekauft, aber im Bereich der WEG/WNB weder eingesetzt noch umgenummert wurden. Einer von ihnen ist der ehemalige VT 110 der Kleinbahn Kassel–Naumburg (KN), der 1956 von der Firmengruppe Henschel/Crédé als Werknummer 25735/31102 für die KN gebaut worden war und den die WNB 1977 von dieser Bahn gekauft hatte. Dieses Fahrzeug stand längere Zeit in Weissach herum und wurde schließlich am 9. 8. 1982 an den »Arbeitskreis Historischer Zug e. V.« in Kassel weiterverkauft. Die beiden anderen hatte die WNB von der Eisenbahngesellschaft Altone-Kaltenkirchen-Neumünster (AKN) und der Alsternorbahn (ANB) gekauft. Es handelte sich um die beiden Zweiachser VT 2.10 der AKN und VT 4.44 der ANB, die bei der MAN 1957 und 1958 als Werknummern 143408 bzw. 145533 entstanden waren. Da für diese Fahrzeuge im Bereich der WEG und WNB keine Verwendungsmöglichkeit bestand, wurden sie ausgeschlachtet und 1982 zur Hauptwerkstatt Lengerich Hohne der Teutoburgerwald-Bahn überführt, wo sie 1984 verschrottet wurden.

Zum Ankauf der vielen Gebraucht-Triebwagen in den letzten siebziger Jahren ist zu bemerken, daß damals noch nicht von der Beschaffung fabrikneuer Triebwagen die Rede war und daß man bei der WEG und WNB die Absicht hatte, die gebraucht erworbenen Fahrzeuge zu modernisieren und attraktiv herzurichten, um sie auf den Nebenbahnen Korntal–Weissach und Nürtingen–Neuffen im S-Bahn-Zubringer-Verkehr zu verwenden, so wie das bereits mit dem VT 405 und dem T 12 geschehen ist. Inzwischen war aber die Möglichkeit entstanden, zusammen mit anderen Privatbahnen moderne Triebwagen und Steuerwagen zu entwickeln und in einer kleinen Serie bei der Union-Waggonbau in Berlin in Auftrag zu geben. Davon erhielt die WNB die dreiteilige Pendelzugeinheit VT 410/VS 220/VT 411 um die Jahreswende 1981/82, wodurch die Aufarbeitung der von der KN und der ANB gekauften gebrauchten Triebwagen überflüssig wurde.

Die beiden neuen Vierachs-Triebwagen *VT 410* und *VT 411* wurden 1981 von der Waggon-Union Berlin als Werknummern 822006/7 und 822006/8 gebaut und Ende des Jahres an die WNB ausgeliefert. An der Entwicklung waren außer der WEG/WNB auch die SWEG, die KVB und die Firma Ohrenstein & Koppel beteiligt. Diese Arbeiten hatten zu einer gemeinsamen Bestellung einer Serie dieser Fahrzeuge bei der Waggon-Union in Berlin geführt, an der die WNB mit 2 Triebwagen und einem Steuerwagen beteiligt war. Zur Ermöglichung eines niedrigen Preises wurden weitgehend serienmäßige Teile aus dem Omnibusbau verwendet. Der zu den beiden Triebwagen gehörende Steuerwagen VS 220 kann sowohl mit beiden Triebwagen zusammen als auch mit einem von ihnen verkehren. Die wichtigsten technischen Daten ergeben sich aus der beigefügten Übersicht. Es handelt sich um hochmoderne Fahrzeuge, sowohl was den äußeren Eindruck als auch die technische Ausrüstung angeht. Die beiden Triebwagen VT 410 und 411 wurden am 17. 1. 1982 der Öffentlichkeit vorgeführt und zugleich in Dienst gestellt. Sehr attraktiv ist auch der bei ihnen angewendete neue Anstrich der WEG/WNB-Fahrzeuge in orange im Fensterbereich und am Dach, silbergrau unterhalb der Fensterreihe, einem breiten blauen Band am unteren Rand des Wagenkastens und schwarzem

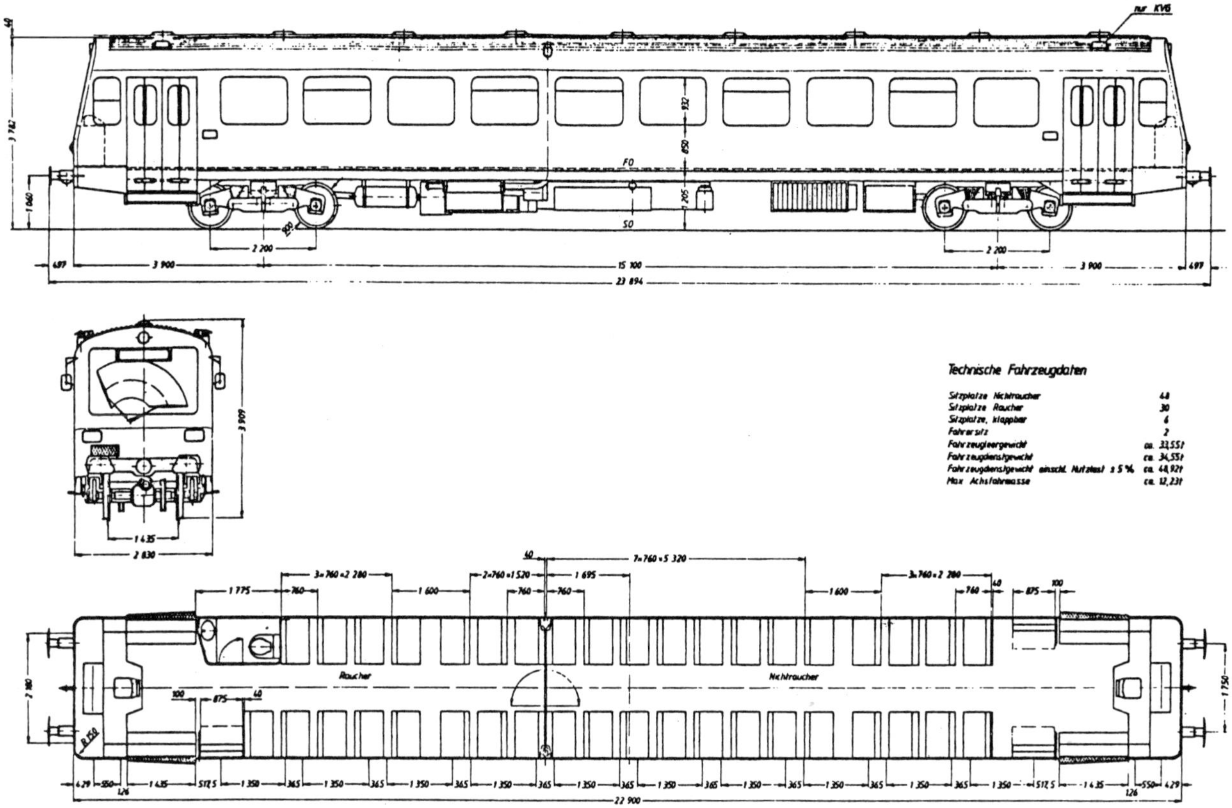

WNB VT 410 und 411 (Zeichnung Orenstein & Koppel)

Fahrgestell. Im Sommer 1983 wurde darüber hinaus der VT 410 als sog. Solidaritäts-Triebwagen auf den Seitenwänden mit den 6 Wappen der berührten Ortschaften, also Korntal–Münchingen, Schwieberdingen, Hemmingen, Heimerdingen bzw. Ditzingen, Weissach sowie Landkreis Ludwigsburg, verziert und erhielt in der Mitte in großen Buchstaben den landesüblichen Namen »Strohgäubahn« angeschrieben. Seit Ende September ist der Triebwagen in dieser Form im Verkehr. Der neue Pendelzug wird auf der Strecke Korntal–Weissach eingesetzt und verbessert den Zubringerverkehr zu der durch Korntal führenden Stuttgarter S-Bahnlinie S 6. Darüber hinaus werden diese Züge im Einmannbetrieb gefahren.

Die obigen Angaben über den neuen Anstrich der Schienenfahrzeuge der WEG und WNB sollen Anlaß sein, noch einige Worte dem Thema Farbanstrich zu widmen. Bis gegen Ende der siebziger Jahre waren alle Triebwagen und Triebwagen-Beiwagen der WEG und WNB im Fensterbereich cremefarbig und darunter weinrot lackiert; die Dachpartie war hellgrau oder silberfarbig gespritzt und der Rahmen sowie die sichtbaren Teile des Fahrwerks dunkelgrau oder schwarz. Ende der siebziger Jahre führte die WEG bei einigen ihrer Fahrzeuge den neuen, für alle Privatbahn-Triebwagen vorgesehenen Einheitsanstrich ein, bei dem der ganze Wagenkasten orangefarbig lackiert war und unterhalb der Fenster ein breites blaues Band lief; das Dach blieb wie bisher, ebenso der Rahmen und die sichtbaren Teile des Fahrwerks. Die WEG/WNB zogen es dann aber doch vor, eine eigene Farbkombination bei einigen ihrer Fahrzeuge anzuwenden, eben die oben beim VT 410, VT 411 und VS 220 angegebenen Farben, die sich im äußeren Erscheinungsbild recht vorteilhaft bemerkbar machen und auch im Gelände genügend auffällig sind.

Tabelle 2: **Normalspurige Dieseltriebwagen der WEG und WNB**

Betriebs-Nr. alt	*neu*	*Eigen-tümer*	*Achs-folge*	*Her-steller*	*Bau-jahr*	*Werk-nummer*	*Herkunft*	*Kauf-jahr*	*PS*	*Motore Herst.*	*Typ*	*Getriebe Herst.*	*Typ*	V_{max} *km/h*	*Masse t*	*LüP m*	*Sitze*	*Einsatz-strecke*	*Bemerkungen*
T 01′		WNB	Bo	Dessau	1935	3101	Hersteller	1935	2×150	—	—	—	—	—	—	—	—	KW	Unfall 1961 verschrottet
T 01″		WNB	Bo	WNB/Au	1969		Hersteller	1969	2×210	Büss	U 11 D	Voith	2×501	65	21,8	13,5	50	KW	
T 02		WEG	B	Gotha	1934	28058	NHS–T 1	1953	1×170	Büss	U 11	Voith	1×200D	60	15,3	11,0	43	RG	2.3.79 verschrottet
T 03		WEG	Bo	Wegm.	1925	35252	VT 70901	1953	2×180	Büss	U 11	Voith	2×200D	70	22,5	12,7	30	VE	1980 an TWE verkauft
T 04		WEG	Bo	Wegm.	1927	35254	VT 70900	1953	2×210	Büss	U 11 D	Voith	2×501	70	23,0	12,7	30	JO VE	
T 05		WEG	Bo	Fuchs	1956	9055	Hersteller	1956	2×210	Büss	U 11 D	Voith	2×501	60	21,3	13,4	42	AG	
T 06		WEG	Bo	Fuchs	1956	9056	Hersteller	1956	2×210	Büss	U 11 D	Voith	2×501	60	21,3	13,4	42	JO NN	seit 1982 Res. in Weissach
T 07		WNB	Bo	Fuchs	1956	9059	Hersteller	1956	2×192	Büss	U 11	Voith	2×200D	60	21,3	13,4	42	KW RG	seit Juli 85 abgest. Neuff.
T 08		WEG	Bo	Fuchs	1956	9057	Hersteller	1956	2×192	Büss	U 11	Voith	2×200D	60	21,3	13,4	42	EO	Nov. 84 verschrottet
T 09		WEG	Bo	WEG/Au	1963		Hersteller	1963	2×170	Büss	U 11	Voith	2×200S	60	22,0	13,4	45	EO	
T 10	VT 402	WNB	(1A)′(A1)′	MEssl.	1951	23343	Hersteller	1951	2×210	Büss	U 11 D	Voith	2×501	80	38,0	23,5	102	KW	
T 11	VT 401	WEG	Bo′Bo′	Dessau	1928		VT 66906	1958	4×210	Büss	U 11 D	Voith	4×200S	68	44,0	21,4	68	NN	
T 12		WNB	A′A′	MAN	1956	142776	VB Hornbg.	1978	2×200	MAN	D 2156	ZF	2×3HM60	65	21,3	16,2	70	KW	
T 19	VT 405	WNB	B′B′	MEssl.	1958	24999	FK-VT 101	1975	2×220	DBenz	OM407h	Voith	2×851	85	36,0	23,0	98	KW NN	seit 14.5.80 bei NN
T 20	VT 403	WEG	(1A)′(A1)′	MEssl.	1953	23493	Hersteller	1953	2×210	Büss	U 11 D	Voith	2×501	85	38,0	23,5	102	NN	
T 21		WNB	A′A′	MAN	1957	143403	UeE-T 4	1965	1×180	Büss	U 11	Voith	1×200S	70	22,0	16,2	60	KW	
T 22		WNB	A′A′	MAN	1958	143554	UeE-T 5	1965	1×180	Büss	U 11	Voith	1×200S	70	22,0	16,2	60	KW	
T 23		WEG	Bo	Gm/Au	1968	5442	Hersteller	1968	2×210	Büss	U 11 D	Voith	2×501	65	27,4	13,4	46	NN JO	seit 1980 bei JO
T 24		WEG	Bo	Gm/Au	1968	5443	Hersteller	1968	2×210	Büss	U 11 D	Voith	2×501	65	27,4	13,4	46	NN JO	seit 1980 bei JO
T 36		WEG	Bo	Fuchs	1956	9058	Hersteller	1956	2×210	Büss	U 11 D	Voith	2×506	60	22,0	14,2	42	(AL) GU	1973/74 Umbau → Normalspur
T 80		WNB	(1A)′(A1)′	MaK	1953	505	KSchE-T 80	1977	2×145	—	—	—	—	—	—	16,4	108	—	Dez. 84 an SWEG als Schrott
	VT 410	WNB	B′B′	Wag. Un.	1981	822006/7	Hersteller	1981	2×260	MAN	D 2566	Voith	2×T211	80	26,6	23,9	80	KW	
	VT 411	WNB	B′B′	Wag. Un.	1981	822006/8	Hersteller	1981	2×260	MAN	MTUE	Voith	2×T211	80	26,6	23,9	80	KW	
		WNB	B′B′	Créd/He	1956	31102	KN-VT 110	1977	2×300	—	—	—	—	85	45,5	24,0	98	—	verk. 1982 an AHZ Kassel
		WNB	Bo	MAN	1958	145533	ANB-T 4.44	1977	2×150	—	—	—	—	—	—	—	—	—	ausgeschlachtet u. 1982 an TWE-Hw Lengerich überführt, dort 1984 verschrottet
		WNB	A′1′	MAN	1957	143408	AKN-T 2.10	1977	1×150										

Abkürzungen:

Au	Auwärter Stuttgart	Büss	Büssing	UeB	Ueterneser Eisenbahn
MEssl.	Maschinenfabrik Esslingen	DBenz	Daimler-Benz	KSch	Kiel–Schöneberger Eisenbahn
Gm	Gmeinder	MAN	Maschinenfabrik Augsburg–Nürnberg	ANB	Alster-Nordbahn
Wag.Un.	Waggon-Union Berlin	NHS	Eisenbahn Neheim–Hüsten–Sundern	TWE	Teutoburgerwald-Bahn
He	Henschel Kassel	VB Hornb.	Verkehrsbetriebe Hornburg	KN	Kassel–Naumburger Kleinbahn
Créd	Waggonfabrik Crédé Kassel	FK	Kleinbahn Frankfurt/Main–Königstein	AHZ	Arbeitskreis Historischer Zug Kassel

1.3.3. PERSONENWAGEN DES DAMPFBETRIEBS

Über diese Fahrzeugart liegen nur wenige sichere Angaben, besonders aus der Zeit vor dem Zweiten Weltkrieg vor; gewisse Anhaltspunkte liefern die verschiedenen Jahrgänge der »Statistik der Deutschen Eisenbahnen«. Danach hat die WEG ab etwa 1912 insgesamt 27 Personenwagen besessen. Nach dem Ersten Weltkrieg war die Zahl auf 29 Einheiten angestiegen; dies scheint der Höchstbestand gewesen zu sein. Der Jahrgang 1938 weist schon wieder ein Fahrzeug weniger auf. Diese 28 Personenwagen waren auch noch nach dem Zweiten Weltkrieg, im Jahre 1950, vorhanden, wie sich aus einer Zusammenstellung ergibt, die der Verfasser 1964 von der WEG erhalten hat. Sie waren durchgehend von 1 bis 28 numeriert und verteilten sich in unregelmäßiger Folge auf die einzelnen Nebenbahnen der WEG. In den Jahren nach 1952 sind die meisten ausgemustert und verschrottet worden. Von einigen Wagen wurden die Fahrgestelle zum Aufbau neuer Triebwagen-Beiwagen verwendet. In den sechziger und siebziger Jahren waren nur noch wenige Exemplare der alten Wagen vorhanden, die in mehr oder weniger verwahrlostem Zustand auf den Endbahnhöfen abgestellt waren. Die erwähnte Zusammenstellung aus 1964 ist in Abschrift beigefügt als Tabelle 3. Hinsichtlich des Aussehens der alten Personenwagen ist man ganz auf eine Anzahl Fotos angewiesen, die nach dem Krieg von einigen Eisenbahn-Amateuren geschossen werden konnten. Über die Hersteller und die Werknummern sowie die meisten technischen Daten ist nichts überliefert worden.

Nach den Fotos zu urteilen, hat es insgesamt offenbar vier verschiedene Bauarten gegeben. Die vermutlich älteste Bauart wird durch den Ci Nr. 2 verkörpert, der noch

Bi Nr. 2 WEG in Onstmettingen; Mai 1962
(Aufnahme G. Wolff)

Bi Nr. 3 WEG in Gerstetten; Juli 1971
(Aufnahme D. Höltge)

Bi Nr. 5 WEG in Ohrnberg; April 1964
(Aufnahme D. Höltge)

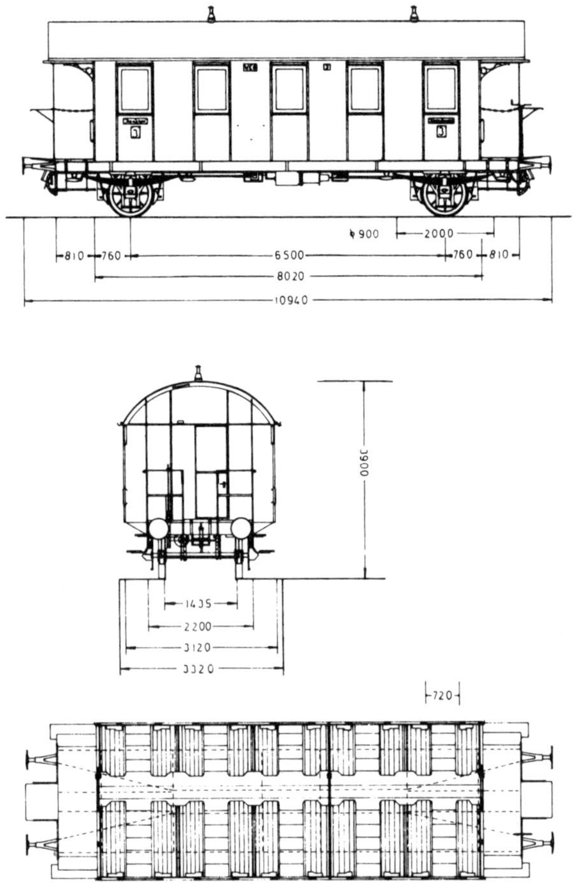

WEG-Personenwagen Nr. 3 und WNB Nr. 8
(Zeichnung G. König)

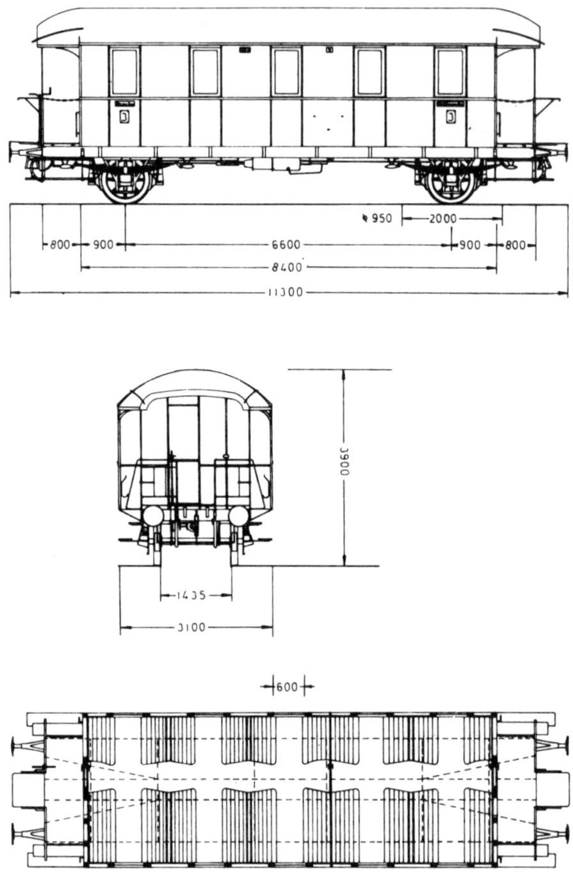

WEG-Personenwagen Nr. 5 (Zeichnung G. König)

1962 in Onstmettingen anzutreffen war. Es handelt sich um einen Zweiachser mit offenen Endplattformen und Übergängen zu den Nachbarnwagen, der ein ziemlich flaches Dach mit einem Lüftungsaufsatz hatte. In den Seitenwänden befanden sich 5 schmale hochkant stehende Fenster, die in an Lederriemen herablaßbaren Holzrahmen eingelassen waren.

Auch alle weiteren Personenwagen, die nach dem Krieg noch beobachtet werden konnten, waren Zweiachser mit offenen Endplattformen und Übergängen. Die nächste Bauart hatte ein gewölbtes Sonnendach, dessen Enden über den Plattformen herabgezogen und in diesem Bereich auch schmäler waren. Die Seitenwände enthielten ebenfalls 5 schmale hochkant stehende Fenster. Dieses Aussehen hatten die folgenden Wagen: Ci Nr. 5, Nr. 10, Nr. 11, Nr. 14, Nr. 15, Nr. 21, Nr. 23.

Die dritte Bauart unterscheidet sich von der vorhergehenden durch ein bis über die Plattformen durchgehendes hoch gewölbtes Dach, während die Fensterform und -zahl die gleiche waren. Diese Bauart hatten folgende Wagen: Ci Nr. 3, Nr. 8, Nr. 16, Nr. 19, Nr. 25, Nr. 28. Die Länge über Puffer betrug 11,3 m, der Achsstand ca. 6,6 m.

Die vierte Bauform war etwas länger und hatte statt

Bi 110 WEG in Untergröningen; Mai 1971 (Aufnahme D. Höltge)

Bi Nr. 11 WEG in Untergröningen; August 1965 (Aufnahme D. Höltge)

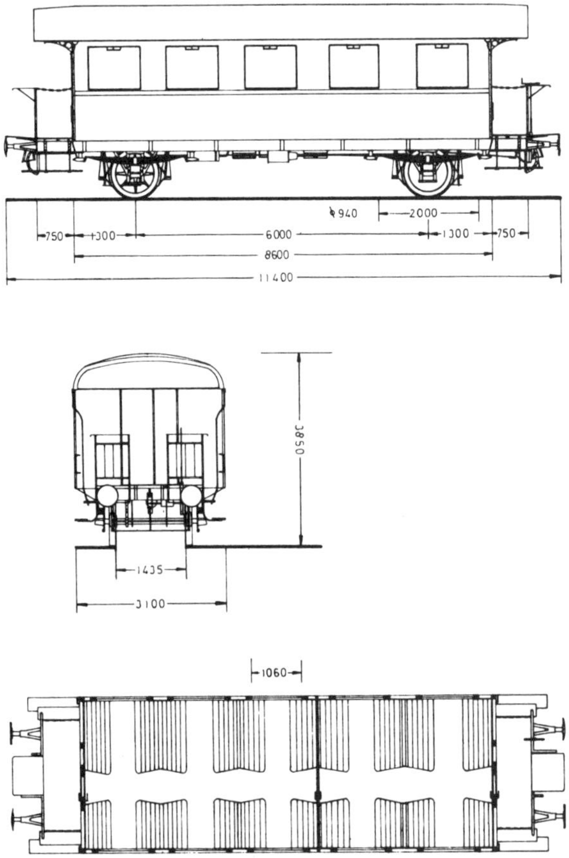

WEG-Personenwagen Nr. 18 (Zeichnung G. König)

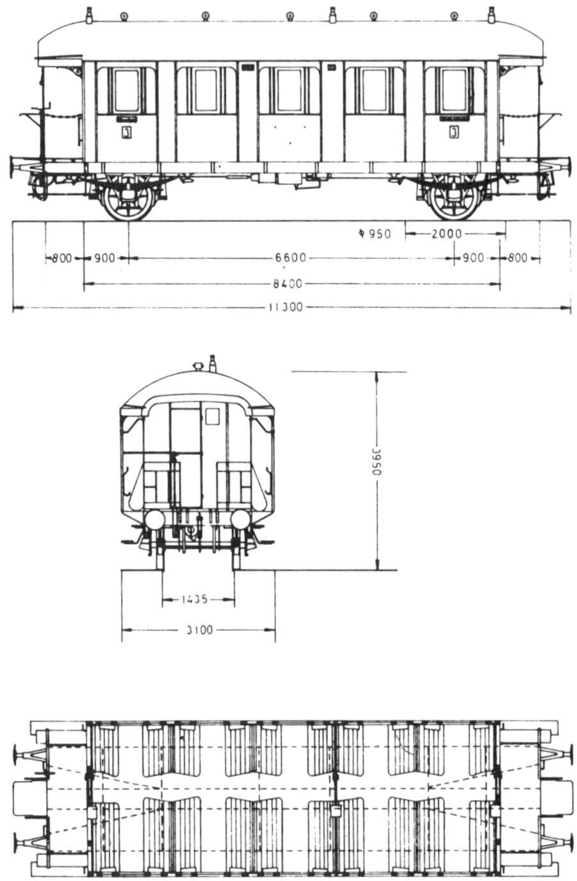

WEG-Personenwagen Nr. 23 (Zeichnung G. König)

der 5 nun 6 Fenster in den Seitenwänden, die noch die schmale hochkant stehende Form besaßen. Von dieser Type konnten noch zwei Fahrzeuge nachgewiesen werden, nämlich Ci Nr. 11 und Nr. 26.

Zum Schluß müssen noch zwei Wagen erwähnt werden, die offenbar als Umbauten aus den zuvor beschriebenen Formen entstanden sind. Der eine ist ein fünffenstriges Fahrzeug mit Tonnendach, dessen Fenster aber nicht die bisherige schmale Form aufwiesen, sondern quadratisch waren, so daß die Zwischenräume zwischen den einzelnen Fenstern wesentlich kleiner waren. Außerdem hatte das Fahrzeug nicht mehr den einfarbigen dunkelgrünen Anstrich der anderen Wagen, sondern war zweifarbig nach Art der Triebwagen cremefarbig im Fensterbereich und weinrot unterhalb der Fenster lackiert. In diesem Zustand wurde der Wagen 1962 in Gerstetten aufgenommen und dürfte als eine Art Triebwagen-Beiwagen benutzt worden sein; seine Nummer wird mit 8 angegeben; wahrscheinlich ist er durch Umbau aus dem bereits oben erwähnten in Gerstetten fotografierten Ci Nr. 8 entstanden.

Ein weiterer zweifarbig lackierter Personenwagen wurde 1972 in Untergröningen gesehen. Der Gesamtbauart nach ist es eine Einheit der oben beschriebenen

Bi Nr. 18 WEG in Gerstetten; April 1962 (Aufnahme G. Wolff)

Bi Nr. 23 WEG in Ohrnberg; Juni 1959 (Aufnahme D. Höltge)

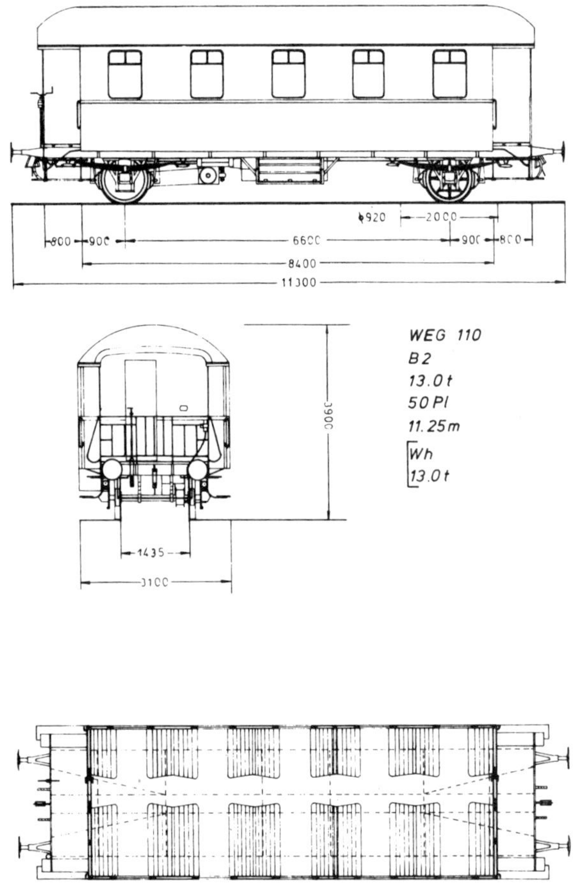

WEG-Personenwagen Nr. 110 ex 20 (Zeichnung G. König)

zweiten Bauart mit dem an den Plattformen herabgezogenen und verschmälerten Wölbdach. Die ursprünglichen schmalen hochkantigen Fenster waren durch moderne Fenster mit oberem Schwenkteil ersetzt, die in einem Leichtmetallprofil-Rahmen eingelassen waren. Auch dieses Fahrzeug wurde vermutlich als Triebwagen-Beiwagen verwendet, weshalb man ihm den zweifarbigen Anstrich gegeben hatte. Es trug die Bezeichnung WEG 110, was auf die Absicht hinweist, es in die Reihe der Triebwagen-Beiwagen einzuordnen, die, wie wir noch sehen werden, bei der WEG mit Nummern ab 101 bezeichnet waren.

Tabelle 3: **Normalspurige Personenwagen für Dampfbetrieb bei der WEG**

Betr.-Nr.	*Einsatzbahn*	*Verbleib*
1	EO	1952 ausgemustert und verschrottet
2	EO	1959 ausgemustert und verschrottet
3	EO	1953 ausgemustert; Fahrgestell für VB 101 verwendet
3	AG	vermutlich ex WNB; existierte 1964 noch
4	EO	1951 ausgemustert und verschrottet
5	JO	1964 noch vorhanden
6	JO	1951 ausgemustert und verschrottet
7	VE	1952 ausgemustert und verschrottet
8	EO	1959 ausgemustert und verschrottet
9	GU	1956 ausgemustert und verschrottet
10	VE	1953 ausgemustert; Fahrgestell für VB 102 verwendet
11	GU	1964 noch vorhanden
12	NN	1953 ausgemustert und verschrottet
13	NN	1958 ausgemustert und verschrottet
14	GU	1964 noch vorhanden
15	JO	1959 ausgemustert und verschrottet
16	AG	1964 noch vorhanden
17	NN	ausgemustert und verschrottet
18	AG	1964 noch vorhanden
19	NN	1963 ausgemustert und verschrottet
20	EO	1964 vorhanden; Umzeichnung in 110
21	JO	1964 noch vorhanden
22	EO	1964 noch vorhanden
23	JO	1956 ausgemustert und verschrottet
24	JO	1964 noch vorhanden
25	VE	ausgemustert; Fahrgestell für VB 104 verwendet
26	NN	ausgemustert; Fahrgestell für VB 105 verwendet
27	NN	1952 ausgemustert und verschrottet
28	NN	1963 ausgemustert und verschrottet

1.3.4. TRIEBWAGEN-BEIWAGEN UND STEUERWAGEN

Bei dieser Fahrzeuggattung sind die WEG-Wagen mit Nummern ab 101 und die WNB-Wagen mit Nummern ab 201 bezeichnet. Da aber auch einzelne Fahrzeuge der erstgenannten Reihe der WNB gehörten und andererseits Wagen der Reihe ab 201 bei WEG-Strecken eingesetzt

VB 101, 103, 104, 105 WNB in Nürtingen; November 1960 (Aufnahme H. Bürnheim)

VB 106, 105, 107 WEG in Nürtingen; Mai 1976 (Aufnahme G. Wolff)

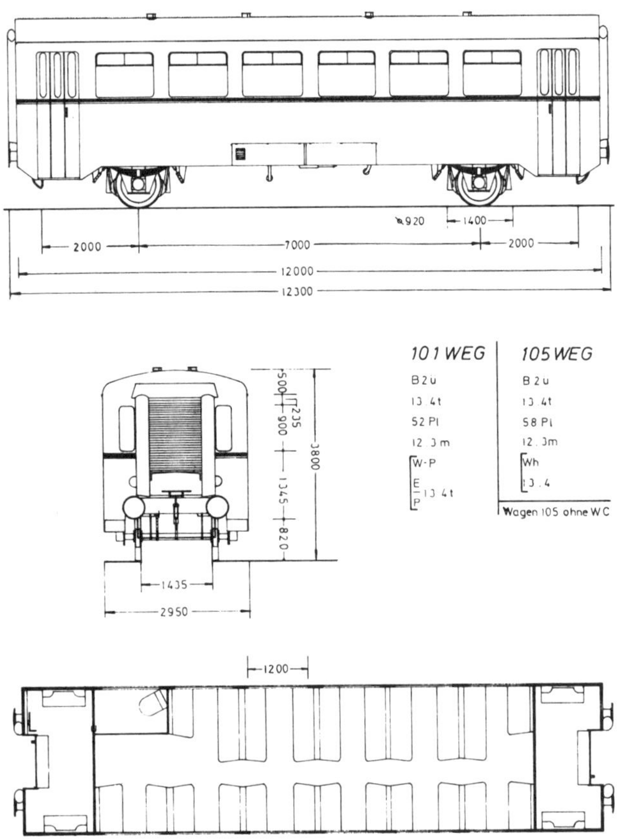

WEG VB 101 bis 105 (Zeichnung G. König)

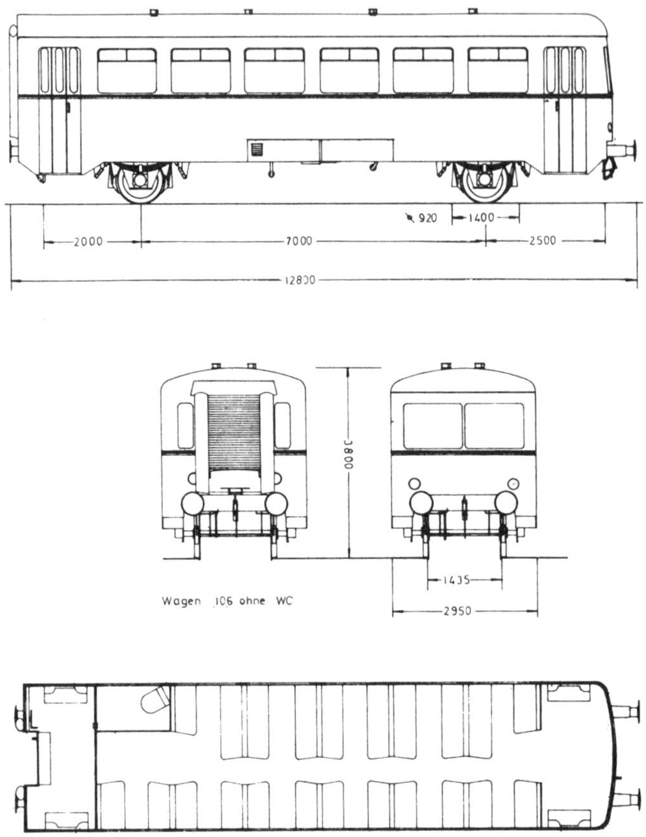

WEG VB 106 und 107 (Zeichnung G. König)

sind, werden alle Triebwagen-Beiwagen und Steuerwagen, wie schon bei den Triebwagen geschehen, gemeinsam besprochen.

Ab etwa 1960 gingen WEG und WNB dazu über, auf alte Personenwagen-Fahrgestelle neue von Auwärter gelieferte Wagenkästen zu montieren und auf diese Weise Triebwagen-Beiwagen zu gewinnen. So entstanden in den Jahren 1960 und 1961 für die WEG insgesamt 7 Triebwagen-Beiwagen mit den Bezeichnungen *VB 101 WEG bis 107 WEG* und mit 52 bzw. 58 Sitzplätzen. Die Fahrzeuge VB 101 bis 105 haben an beiden Enden Gummiwulst-Übergänge und werden meist als Mittelwagen verwendet. Demgegenüber sind VB 106 und 197 nur an einem Ende mit Gummiwülsten versehen, während sie am anderen Ende feste Stirnwände mit je 2 großen Panoramafenstern haben; diese beiden Wagen laufen in den Zügen gewöhnlich als Endwagen. 1963 wurden noch 2 weitere Triebwagen-Beiwagen in Dienst gestellt, die die Bezeichnungen *VS 108 und VB 109 WEG* erhielten; sie sind in gleicher Weise entstanden wie die vorhergehenden, waren aber äußerlich mehr den Triebwagen der Reihe T 05 WEG usw. angepaßt.

Als nächster ist der *VM 110 WNB* aufzuführen, der 1979 durch Umbau aus dem gebraucht gekauften VT

VB 108 WEG in Untergröningen; September 1972 (Aufnahme H. Bürnheim)

VM 110 WNB in Weissach; Juli 1982 (Aufnahme M. Aschpals)

VS 111 und VB 112 WEG in Onstmettingen; Mai 1981 (Aufnahme G. Wolff)

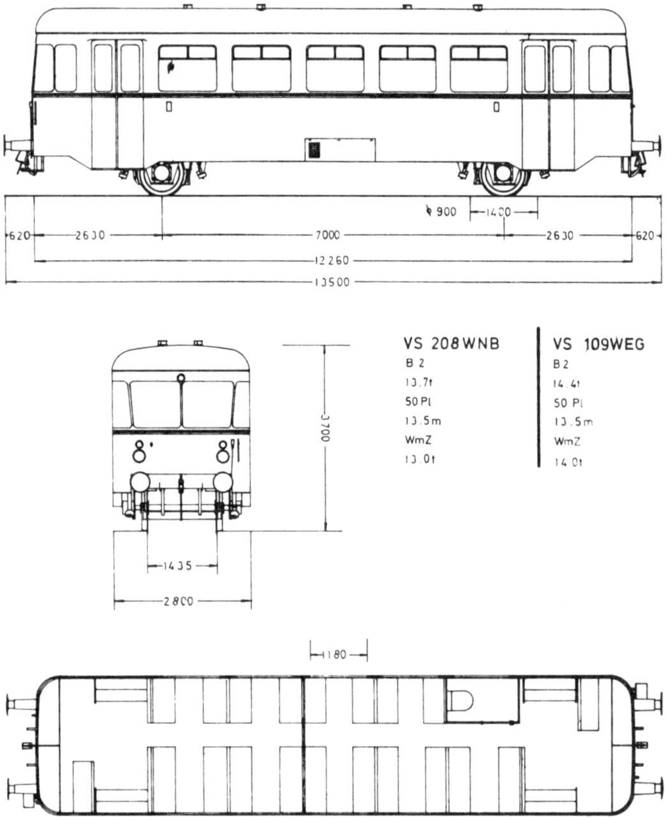

WEG VB 109, 111 und 112; WNB VB 208 und 209
(Zeichnung G. König)

4.41 der ANB entstanden ist. Der ursprüngliche Triebwagen war 1957 als Werknummer 142780 für die Peine–Ilseder Eisenbahn gebaut worden; von dort kam er 1969 zur ANB. VM 110 wird meist zusammen mit dem T 12 WNB und dem VS 113 WNB als Pendelzug eingesetzt.

Es folgen nun die beiden zweiachsigen *VS 111 WEG und VB 112 WEG,* die einander äußerlich sehr gleichen und je 52 Sitze enthalten. Der nächste Triebwagen-Beiwagen ist der Steuerwagen *VS 113 WNB,* der 1958 von der MAN als Werknummer 143547 für die Verkehrsbetriebe Hornburg gebaut wurde. Die WNB kaufte den Wagen 1978 und verwendet ihn seither zusammen mit dem T 12 WNB und dem VB 110 WNB als Pendelzug. Der ebenfalls zweiachsige VS 113 hat 60 Sitzplätze und bietet äußerlich das gleiche Bild wie die MAN-Triebwagen.

Der einzige Vierachser unter den Wiederaufbau-Triebwagen-Beiwagen ist der VB 122 WEG, der schon 1956 durch Aufsetzen eines neuen Auwärter-Wagenkastens auf das Fahrgestell des WNB-C4i Nr. 13 (Herbrand 1913) entstanden ist. Das Fahrzeug, das zuerst VB 22 hieß, enthält 82 Sitzplätze. Im Gegensatz zu allen bisher besprochenen Triebwagen-Beiwagen hat der VB 122 Mitteleinstiege; diese können durch doppelte Falttüren verschlossen werden; sie sind offenbar erst bei einem späteren Umbau eingebaut worden, denn als VB 22 hat er an den Mitteleinstiegen breite Schiebetüren gehabt.

Es folgen nun die der WNB gehörenden *VB 201 bis 209 WNB,* sämtlich Zweiachser, teils mit Endeinstiegen, teils mit Mitteleinstiegen. VB 201 WNB entstand 1958 in eigener Werkstatt durch Aufsetzen eines neuen Wagenkastens von Auwärter auf ein altes, 1908 von der Maschinenfabrik Esslingen (Werknummer 8786) gebautes Fahrgestell. Der Wagen hat Mitteleinstiege und am einen Ende einen Gummiwulst-Übergang; er enthält 64 Sitzplätze. VB 202 WNB wurde ebenfalls 1958 durch Aufbau eines neuen Auwärter-Wagenkastens auf das Fahrgestell des alten WNB-Personenwagens C4i Nr. 14 erstellt, der 1906 von Herbrand gebaut worden war; der neue Wagenkasten enthält 68 Sitzplätze und Endeinstiege. Ebenfalls 1958 wurde der VB 203 WNB mit einem neuen Wagenkasten auf das alte Fahrgestell Esslingen 8157/1899 hergestellt. Auch der VB 204 weist ein altes Esslinger Fahrgestell mit der Nummer 8787 auf, das 1908 erbaut wurde; darauf befindet sich ein moderner Wagenkasten. Beide Wagen enthalten je 64 Sitze, sind mit Mitteleinstiegen versehen und haben an den Enden Gummiwulst-Übergänge. Auch VB 206 WNB hat die gleiche Bauart wie die beiden zuvor erwähnten, also mit Mitteleinstiegen und Gummiwülsten an den Enden. Einen VB 205 hat es nie gegeben. Das Fahrgestell des VB 206 war 1908 von Esslingen als Werknummer 8785 hergestellt worden und gehörte ursprünglich zu einem Personenwagen. VB 207 WNB erhielt 1963 seinen neuen Kastenaufbau mit 50 Sitzen auf einem alten Fahrgestell; im übrigen hat er Endeinstiege und 50 Sitze. Er wird im allgemeinen als Mittelwagen zwischen den beiden Triebwagen T 21

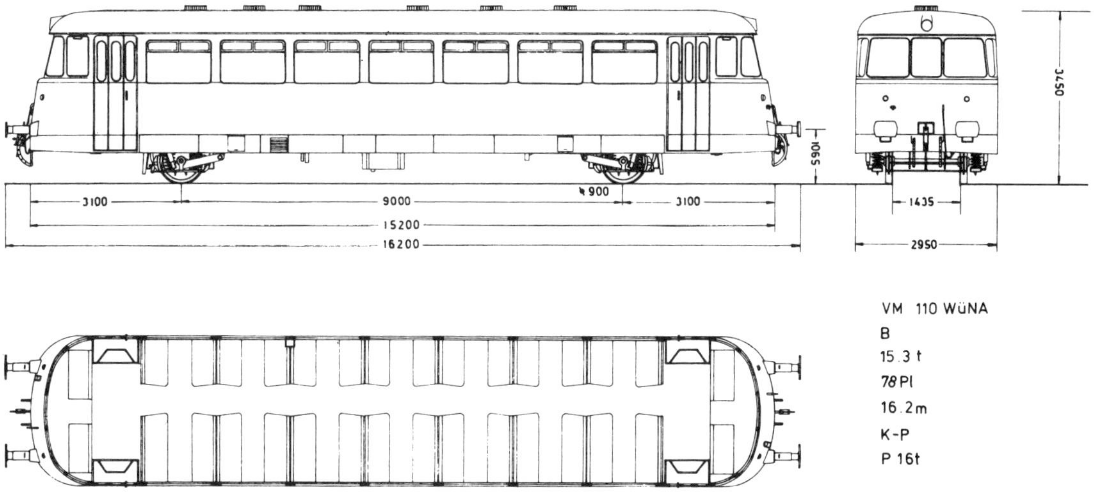

WNB VM 110 (Zeichnung G. König)

VS 113 WNB in Weissach; Juli 1982
(Aufnahme M. Aschpals)

VB 122 WEG in Ohrnberg; April 1969
(Aufnahme R. Schatz)

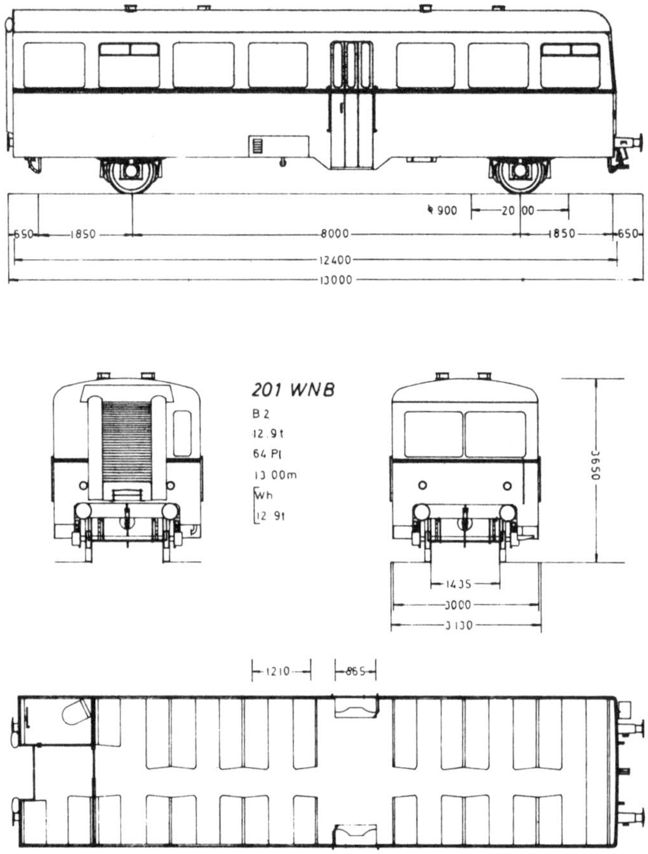

WNB VB 201, 203, 204, 206 (Zeichnung G. König)

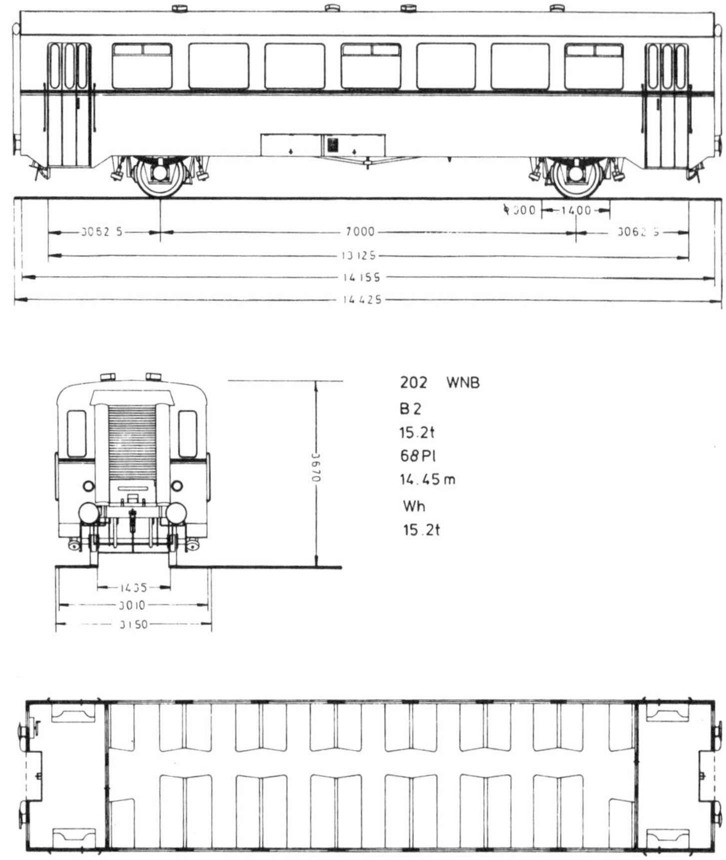

WNB VB 202 (Zeichnung G. König)

WNB und T 22 WNB verwendet. Die beiden letzten Einheiten dieser Aufbauserie sind VB 208 WNB und VS 209 WNB. Beide erhielten 1963 auf alte Fahrgestelle neue Wagenkästen. Beide Fahrzeuge haben je 50 Sitze und Einstiege an den Wagenenden.

Damit ist die Besprechung der Aufbau-Triebwagen-Beiwagen beendet und wir können uns nun dem Anfang 1982 gelieferten wirklichen Steuerwagen *VS 220 WNB* zuwenden. Er wurde 1981 von der Waggon-Union Berlin gebaut und am 2. 2. 1982 auf der Nebenbahn Korntal–Weissach zusammen mit den neuen VT 410 und 411 WNB in Dienst gestellt. Alle wichtigen Daten wurden bereits in der Tabelle zu den genannten Triebwagen mitgeteilt. Im äußeren Erscheinungsbild ist der VS 220 an die beiden Triebwagen angepaßt, so daß die 3 Fahrzeuge als Pendelzug ein einheitliches attraktives Bild darbieten.

Generell sei noch zu den Triebwagen-Beiwagen darauf hingewiesen, daß einige von ihnen nicht auf den Strecken der Eigentümerin eingesetzt werden. So kommt es vor, daß Fahrzeuge der WNB auf Strecken der WEG und umgekehrt verkehren, wie wir bei der Behandlung der einzelnen Strecken in den Teilen 3 und 4 dieses Buches erfahren werden. Zur Farbgebung der VB und VS kann gesagt werden, daß sie an die Anstrichfarben der Trieb-

VB 204 und 201 WNB in Weissach; Mai 1964 (Aufnahme R. Schatz)

VB 206 WNB in Weissach; Juli 1982 (Aufnahme M. Aschpals)

wagen weitgehend angepaßt sind, so daß sich bei der Zusammenstellung der Züge ein einheitliches Bild ergibt. Das ist z.B. bei den Pendelzügen T 12 mit VB 110 und VS 113 sowie T 21 mit VB 207 und T 22 und natürlich bei VT 410 mit VS 220 und VT 411 der Fall. Zwecks Bildung einer Wendezugeinheit mit einem der vierachsigen Triebwagen hat die WEG den 1952 von der Maschinenfabrik Esslingen als Werknummer 23504 gebauten TWE-Triebwagen VT 62 gekauft, um daraus in Neuffen einen Steuerwagen herzustellen, der die Bezeichnung VS 230 erhalten soll.

Tabelle 4: **Normalspurige Triebwagen-Beiwagen der WEG und WNB**

Bezeichnung	*Bauart*	*Herstellung Firma*	*Herstellung Jahr*	*Neuaufbau auf/Umbau aus*	*Masse t*	*LüP m*	*Sitze*	*Bemerkungen*
VB 101 WEG	B2	MAN	1960	MAN-Fahrgestell ex DB	13,4	12,3	52	
VB 102 WEG	B2	Au/WEG	1960	MAN-Fahrgestell ex RG	13,4	12,3	52	
VB 103 WEG	B2	Au/WEG	1960	MAN-Fahrgestell ex AG	13,3	12,3	52	VB 101 bis 105 haben an beiden Enden
VB 104 WEG	B2	Au/WEG	1960	MAN-Fahrgestell ex RG	13,4	12,3	52	Gummiwulst-Übergänge; Einsatz bei NN
VB 105 WEG	B2	Au/WEG	1961	MAN-Fahrgestell ex JO	13,4	12,3	52	
VB 106 WEG	B2	Au/WEG	1961	MAN-Fahrgestell ex NN	13,4	12,8	52	an einem Ende Gummiwulst-Übergang; Eins. NN
VB 107 WEG	B2	Au/WEG	1961	MAN-Fahrgestell ex NN	13,4	12,8	52	an einem Ende Gummiwulst-Übergang; Eins. NN
VS 108 WEG	B2	Au/WEG	1963	Fahrgestell ex NN	14,4	13,5	52	Einsatz bei GU
VB 109 WEG	B2	Au/WEG	1963	Fahrgestell ex NN	14,4	13,5	52	Einsatz bei GU
VM 110 WNB	B2	WNB	1979	ex MAN-VT 1957/142780	15,3	16,2	78	ex ANB-VT 4.41; Einsatz bei KW
VS 111 WEG	B2	Au/WEG	1964	Fahrgestell ex NN	14,7	13,3	52	verkehrt mit T 09 bei EO
VB 112 WEG	B2	Au/WEG	1964	Fahrgestell ex NN	13,7	13,4	56	verkehrt mit T 09 und VS 111 bei EO
VS 113 WNB	B2	WNB		MAN-VS 1959/143547	15,3	16,2	60	bildet Pendelzug m. T 12 und VM 110 bei KW
VB 122 WEG	B4	Au/WEG	1956	ex Fahrgestell Ci 13 KW	16,8	14,7	82	Mitteleinstieg, früher VB 22; verkehrt b. NN
VB 201 WNB	B2	Au/WEG	1958	Fahrgestell MEssl 8786/08	12,9	13,0	64	Mitteleinstieg; verkehrt bei KW
VB 202 WNB	B2	Au/WEG	1958	Fahrg. Herbr. 1906 ex C14	15,2	14,4	68	urspr. NN, zeitweise bei NN eingesetzt
VB 203 WNB	B2	Au/WEG	1958	Fahrg. MEssl 8157/1899	13,0	13,0	64	Mitteleinstieg; verkehrt bei KW
VB 204 WNB	B2	Au/WEG	1958	Fahrg. MEssl. 8787/1908	13,0	13,0	64	Mitteleinstieg; seit 1980 bei JO
VB 206 WNB	B2	Au/WEG	1958	Fahrg. MEssl. 8785/1908	13,0	13,0	64	Mitteleinstieg; verkehrt bei KW
VB 207 WNB	B2	Au/WEG	1963	ex Fahrgestell Ci d. NN	14,0	13,8	50	Mittelwagen zw. T 21 und T 22; verk. bei KW
VB 208 WNB	B2	Au/WEG	1963	ex Fahrgestell Ci d. NN	13,7	13,5	50	seit 1969 bei VE
VS 209 WNB	B2	Au/WEG	1963	ex Fahrgestell Ci d. NN	13,4	13,2	50	seit 1976 bei AG
VS 220 WNB	B4	Un. Wagen	1981	fabrikneues Fahrzeug	26,58	23,9	80	seit Febr. 1982 mit VT 410 u. 411 bei KW
VS 230 WEG	B4	WEG	1986	ex TWE-VT 62; 1952/23504		23,53	102	Umbau in VS in Hw Neuffen; Einsatz bei NN

VS 207 WNB in Weissach; Mai 1964 (Aufnahme R. Schatz)

VS 208 in Enzweihingen; September 1976 (Aufnahme G. Wolff)

1.3.5. GEPÄCK/POSTWAGEN, GÜTERWAGEN, DIENSTWAGEN

Die *Gepäck/Postwagen* waren bei den Normalspurstrecken der WEG mit je einem Exemplar vertreten; es hat also 6 Wagen dieser Gattung gegeben, die die Nummern *101 bis 106 WEG* trugen. Nach der Einstellung des Dampfbetriebs wurden sie abgestellt und größtenteils schon bis 1959 verschrottet. Es handelte sich um Zweiachser, deren Wagenkästen in ein Gepäckabteil und ein Postabteil unterteilt waren. Der offenbar älteste von ihnen mit der Nummer 101 war nach dem Krieg noch bei der Nebenbahn Vaihingen–Enzweihingen zu sehen; er besaß ein flaches Dach mit einem Lüftungsaufsatz und wies 2 offene Endplattformen auf. Der Wagen Nr. 102, der noch 1965 in Onstmettingen abgestellt war, besaß im Gegensatz zu Nr. 101 nur eine offene Endplattform am Ende mit dem Gepäckraum, während am Postraumende der Wagenkasten stumpf ohne Endplattform endete; das flache Dach ohne Lüftungsaufsatz läßt auf ein ziemlich frühes Baujahr schließen. Der Gepäck/Postwagen Nr. 103, noch 1965 in Untergröningen aufgenommen, hatte ein stärker gewölbtes Tonnendach und ebenfalls nur am Gepäckraumende eine offene Plattform; am Postraumende war der Wagenaufbau stumpf abgeschlossen. Der Wagen Nr. 104 der Nebenbahn Amstetten–Gerstetten sah ähnlich aus wie Nr. 103. Über die Wagen Nr. 105 und 106 dieser Gattung war nichts mehr zu ermitteln, da sie offenbar schon frühzeitig verschrottet worden sind; es wird aber angenommen, daß sie ähnlich ausgesehen haben wie Nr. 103 und 104.

Über die *Güterwagen und Bahndienstwagen* liegen leider nur wenige verläßliche Angaben vor. Die spärlichen Anhaltspunkte sind auch hier wieder aus der »Statistik der Eisenbahnen des Deutschen Reichs« und dem Fahrzeugverzeichnis der WEG aus 1964 zu ersehen. Nach den Tabellen der verschiedenen Jahrgängen der o.g. »Statistik« belief sich der Bestand der WEG an normalspurigen Güterwagen bis 1927 auf 22 gedeckte und 56 offene Einheiten, insgesamt also 78 Fahrzeuge. Diese Zahl blieb anscheinend bis in die letzten dreißiger Jahre ziemlich unverändert. Nach dem Zweiten Weltkrieg nahm der Bestand an Güterwagen stark ab, wahrscheinlich infolge Kriegsschäden und Überalterung. 1950 waren nach der Aufstellung der WEG noch 38 Einheiten vorhanden, deren Verteilung auf die Nebenbahnen bei der Besprechung der einzelnen Strecken angegeben ist. Dieser Restbestand sank bis 1975 weiter auf 15 Wagen, wobei zu berücksichtigen ist, daß inzwischen bei der Nebenbahn Nürtingen–Neuffen 12 Schüttgutwagen für die Kalkstein-Transporte neu in Dienst gestellt worden waren; die Zahl der alten Güterwagen betrug demnach nur noch 3 Fahrzeuge.

Wie bei den meisten privaten Eisenbahnen üblich, waren auch die meisten Güterwagen der WEG im Wagenpark der Staatsbahn (DRG, DB) eingestellt und erschienen nur noch selten auf den Strecken ihrer Eigentümerin. So verkehrten von den insgesamt 38 Güterwagen nach der Aufstellung der WEG im Jahre 1950 nur noch 7 Fahrzeuge auf den WEG-Strecken, meist im Binnenverkehr bzw. waren schon damals abgestellt. Die übrigen 31 Wagen liefen auf den Strecken der DB, soweit sie noch vorhanden waren. Inzwischen sind sie restlos ausgemustert, denn für 1964 sind kaum noch bei der WEG oder der DB laufende Güterwagen der WEG angegeben. Ein Wagen mit der Nr. 160 soll noch in Untergröningen, einer mit der Nr. 162 in Onstmettingen gewesen sein. Auch in Neuffen konnte man in den sechziger Jahren abgestellt noch eine Güterwagen mit der Bezeichnung Ott 23 Nr. 306 sehen.

Im übrigen kam es sicher selten vor, daß eine Privatbahn nach dem Krieg Spezialwagen neu in Dienst stellte, wie es die Nebenbahn Nürtingen–Neuffen mit den Schüttgutwagen Nr. 301 bis 312 getan hat. Man hat damals die günstige Möglichkeit eines Gelegenheitskaufs ausgenutzt. Weiteres über diese Wagen, die ja ausschließlich bei der Nebenbahn Nürtingen–Neuffen eingesetzt wurden, wird bei der Besprechung dieser Bahn mitgeteilt werden.

Über *Bahndienstwagen* ist nur ganz wenig Zuverlässiges bekannt geworden. Offenbar hat es auch nur einige wenige gegeben, die im Bedarfsfall von der einen an die andere Bahn ausgeliehen wurden. Bekannt wurde ein Kesselwagen mit der Bezeichnung S 1, der 1964 in Untergröningen stationiert war und sich heute in Ohrnberg befindet. Es handelt sich um einen Flachwagen mit aufgesetztem Kessel für die Spritzflüssigkeit zur Unkrautbekämpfung; von dem Kessel gingen biegsame Rohre ab, die zu beweglichen Spritzdüsen führten. Ein weiterer Arbeitswagen soll die Bezeichnung S 2 gehabt haben und ebenfalls in Ohrnberg stationiert sein; angeblich handelt es sich auch um ein Spritzfahrzeug. In Onstmettingen

PwPost Nr. 101 in Enzweihingen; Mai 1961
(Aufnahme D. Höltge)

PwPost Nr. 102 in Onstmettingen; August 1965
(Aufnahme D. Höltge)

Offener Güterwagen O 23 WEG in Neuffen; Mai 1961
(Aufnahme D. Höltge)

Gedeckter Güterwagen Nr. 159 WEG; August 1960 (Aufnahme D. Höltge)

Schüttgutwagen Nr. 306 WEG für Kalksteine, Neuffen; Mai 1981 (Aufnahme G. Wolff)

Tabelle 5: **Normalspurige Güterwagen der WEG**

Betr.-Nr.	*Bahn*	*Bestand 1950*	*Verbleib*
A) Wagen für den Binnenverkehr der WEG			
154	NN	vorhanden	1959 ausgemustert
159	GU	vorhanden	ausgemustert
160	AG	vorhanden	1984 bei NN vorhanden
161	EO	vorhanden	1959 ausgemustert
162	JO	vorhanden	1953 an EO;
163	EO	vorhanden	1954 ausgemustert
S 1	GU	vorhanden	1964 vorh. Spritzwagen
S 2	JO	vorhanden	1964 vorhanden
B) Wagen im Park der DRG bzw. DB			
Ks 32077	NN	vorhanden	1954 Vergleich mit DB
Hl 34726	NN	vorhanden	1955 Vergleich mit DB
Hl 22846	NN	vorhanden	1955 Vergleich mit DB
Hl 16289	NN	vorhanden	1962 ausgemustert
Hl 43126	NN	vorhanden	1955 Vergleich mit DB
Hl 25889	NN	vorhanden	1962 ausgemustert
Frt 46569	NN	vorhanden	1962 ausgemustert
Han 36459	EO	vorhanden	1954 Vergleich mit DB
Han 20049	EO	vorhanden	1955 Vergleich mit DB
Mü 26850	EO	vorhanden	1962 ausgemustert
Mü 29816	EO	vorhanden	1962 ausgemustert
Hl 25892	EO	vorhanden	1955 Vergleich mit DB
Hl 44497	EO	vorhanden	1962 ausgemustert
Stn 30908	GU	vorhanden	1953 ausgemustert
Jub 21512	GU	vorhanden	1950 ausgemustert
Frt 34902	GU	vorhanden	1951 ausgemustert
Frt 40628	GU	vorhanden	1950 ausgemustert
Sgt 28234	GU	vorhanden	1954 ausgemustert
Sgt 12358	GU	vorhanden	1954 ausgemustert
Erf 50529	GU	vorhanden	1953 Vergleich mit DB
Erf 46900	GU	vorhanden	1955 Vergleich mit DB
Stn 50529	VE	vorhanden	1953 ausgemustert
Han 22022	VE	vorhanden	1955 Vergleich mit DB
Frt 13828	VE	vorhanden	1950 ausgemustert
Frt 34401	VE	vorhanden	1950 ausgemustert
Hl 5858	VE	vorhanden	1962 ausgemustert
Hl 25894	VE	vorhanden	1962 ausgemustert
Han 15444	AG	vorhanden	1951 ausgemustert
Stn 18264	AG	vorhanden	1955 Vergleich mit DB
Stn 27547	AG	vorhanden	1962 ausgemustert
Ks 2533	JO	vorhanden	1955 Vergleich mit DB
Stn 21765	JO	vorhanden	1962 ausgemustert
Hl 19781	JO	vorhanden	1955 Vergleich mit DB

soll eine kleine zweiachsige Lore für den Transport von Streckenbaumaterial ihren Standort haben. Zu erwähnen wäre noch der Privatwagen Nr. 2 der Firma Gnida bei der Nebenbahn Nürtingen–Neuffen. Zu den Bahndienstfahrzeugen gehören auch die großen Anbau-Schneepflüge der Nebenbahnen Amstetten–Gerstetten und Ebingen–Onstmettingen, die an den Stirnseiten der Triebwagen angebracht werden können.

1.4. Die meterspurigen Fahrzeuge der WEG

Meterspurige Fahrzeuge waren bei der WEG nur im Bereich der Nebenbahn Amstetten–Laichingen und zeitweise bei der Straßenbahn in Reutlingen im Einsatz. Zunächst sollen die Fahrzeuge der Laichinger Bahn besprochen werden.

1.4.1. DAMPFLOKOMOTIVEN

Die Nebenbahn Amstetten–Laichingen hatte im Jahre 1901 zur Eröffnung des Verkehrs 4 Cn2t-Dampflokomotiven erhalten, die die Nummern *1s bis 4s* trugen. Sie waren von Borsig unter den Werknummern 4870 und 4873 gebaut worden. Die Lok 4s wurde bereits im Lieferjahr wieder abgegeben und an die KWStE verkauft, wo sie unter der Bezeichnung Ts3 Nr. 9 Dienst tat; diese kleine Maschine gelangte sogar noch zur DRG und war dort noch einige Zeit als Lok 99121 im Einsatz. Die übrigen 3 Loks blieben bis zur Einstellung des Dampfbetriebs bei der Laichinger Bahn. Nr. 1s und 3s wurden 1956 verschrottet, wobei von Nr. 3s das Fahrgestell erhalten blieb und als Schneepflug ausgerüstet wurde. Die Lok 2s wurde 1961 außer Dienst gestellt und gelangte 1964 als Museumslok auf eine große Wiese bei der Tiefenhöhle nach Laichingen. Später wurde sie dem Eisenbahnmuseum Marxzell bei Karlsruhe überlassen und im Freien aufgestellt. Die 3 Schmalspurloks waren bei der Lieferung mit Petroleum-Beleuchtung ausgerüstet; später erhielten sie zur Stromerzeugung für elektrisches Licht neben dem Schornstein eine Turbodynamo-Maschine. Ab 1954 gingen die Leistungen der Dampfloks im

Lok 2s Cn2t in Laichingen; Juli 1958 (Aufnahme H. Bürnheim)

Personenverkehr immer mehr zugunsten eines Triebwagens zurück; zuletzt wurden sie nur noch im Güterverkehr benutzt. Die letzten Fahrten machte die Lok 2s anläßlich des 60jährigen Bestehens der Laichinger Bahn vor einem aus alten Personenwagen bestehenden Sonderzug.

Der Vollständigkeit halber soll noch erwähnt werden, daß wegen des verstärkten Güterverkehrs in der Zeit des Baus der Autobahn Stuttgart–München in den Jahren 1936 bis 1938 die Lok 5″ der WNB-Nebenbahn Aalen–Neresheim–Dillingen (Härtsfeldbahn) leihweise der Nebenbahn Amstetten–Laichingen zur Verfügung gestellt war. Da sie aber Eigentum der WNB blieb, soll sie bei der Besprechung von deren Meterspur-Loks behandelt werden. Nach Beendigung der verstärkten Gütertransporte für den Autobahn-Bau wurde die Lok 5″ an die Härtsfeldbahn zurückgegeben. Weitere Dampfloks sind niemals bei der Laichinger Bahn gewesen.

1.4.2. DIESELTRIEBWAGEN

Da auch die Metespur-Triebwagen der WEG und WNB in einem gemeinsamen Nummernsystem eingeordnet sind, sollen sie in der gleichen Weise behandelt werden, wie das schon bei den normalspurigen Triebwagen geschehen ist, die ja auch in einem zusammenhängenden Nummernsystem untergebracht sind. Wir werden also die Triebwagen der WEG und WNB in der Reihenfolge der Nummern zusammen besprechen; sie haben die Nummern von 30 bis 37.

Dabei fangen wir mit den beiden untereinander gleichen schweren Triebwagen *T 30 und T 31 WNB* der Härtsfeldbahn an. Sie sollten laut Planung in erster Linie den Personenverkehr, evtl. mit zusätzlich angehängten Personenwagen übernehmen, ferner im Stückgutverkehr und im Güterverkehr als Schlepptriebwagen einsetzbar sein. Mit dieser Forderung war ein motorstarker Fahr-

T 35′ WEG auf Drehscheibe Amstetten; Juli 1958 (Aufnahme H. Bürnheim)

T 35″ WEG bei Laichingen; Oktober 1974 (Aufnahme R. Schatz)

zeugtyp festgelegt, der in Zusammenarbeit mit der Waggonfabrik Fuchs entwickelt wurde. Das Ergebnis waren die beiden oben genannten Triebwagen, die 1956 von Fuchs als Werknummern 9053 und 9054 gebaut wurden. Im Mai des gleichen Jahres wurden sie ausgeliefert und in Dienst gestellt. Die neuen Fahrzeuge besaßen je 4 Büssing-Motore Typ U 10 von 114 kW (150 PS), deren Leistung mittels 4 hydromechanischer Diwabus-Getriebe Typ 200S und Gelenkwellen auf die Radsätze der Drehgestelle übertragen wurden; die Achsfolge war somit Bo'Bo'. Die Motore wurden durch Behr-Dachkühler mit hydrostatischem Antrieb und vollautomatischer Temperaturregelung gekühlt. Das Kühlwasser der Motore bzw. der Wandlerbremse in den Getrieben bei Talfahrten wird zum Beheizen der Fahrgasträume benutzt. Der Wagenkasten ist ein geschweißter, selbsttragender Stahlkasten, der auf einem verstärktem Untergestell befestigt ist, das seinerseits auf 2 kräftigen zweiachsigen Drehgestellen lagert. Der Innenraum weist 43 gepolsterte Sitze, einem Gepäck- und Dienstraum sowie 2 nicht abgeteilte Führerräume auf. Da die Fahrzeuge auch als Schlepptriebwagen vor Rollbockzügen Verwendung finden sollen, sind an den Stirnwänden zum direkten Ankuppeln von aufgebockten Normalspurwagen entsprechende Zug- und Stoßvorrichtungen angebracht, zu welchem Zweck die Konstruktion der Stirnwände besonders verstärkt ist. Außerdem befinden sich an den Drehgestellenden die normalen Mittelpuffer und Zugvorrichtungen für Schmalspurfahrzeuge. Diese Einrichtungen in Verbindung mit den ungewöhnlich weit an den Wagenenden angeordneten Drehgestellen geben den beiden Triebwagen ein typisches bulliges Aussehen. Später wurden die ursprünglichen Motore durch stärkere ersetzt. Der T 30 bekam 4 Büssing-Motore zu je 129 kW (170 PS), während der T 31 mit 4 Büssing-Motoren zu je 137 kW (180 PS) ausgerüstet wurde. Im Jahre 1964 wurden bei einem Frontalzusammenstoß bei Katzenstein beide Fahrzeuge schwer beschädigt und fielen längere Zeit aus. Nach der Wiederherstellung liefen sie weiter bis zur Betriebseinstellung auf der Härtsfeldbahn im Herbst 1972. Im Sommer 1973 wurden beide Triebwagen zur WEG-Nebenbahn Amstetten–Laichingen überführt. Dort war T 30 im regelmäßigen Plandienst und bewährte sich besonders bei der Förderung der schweren Kunstdüngerzüge; er wurde erst nach der Einsatzreife des grundüberholten T 31 im Fahrzeugschuppen Laichingen als Reservefahrzeug betriebsbereit abgestellt. Der T 31 war ab Sommer vollständig überholt worden und wurde im Juni 1981 im neuen Farbkleid wieder in Dienst gestellt. Er hatte bald Gelegenheit, sich im schweren Kunstdüngerdienst zu bewähren, wobei er gelegentlich von seinem Bruder, dem T 30, bei besonders schweren Zügen in Doppeltraktion zu sehen war. Bis zur Betriebseinstellung trug T 31 die Hauptlast des schweren Ver-

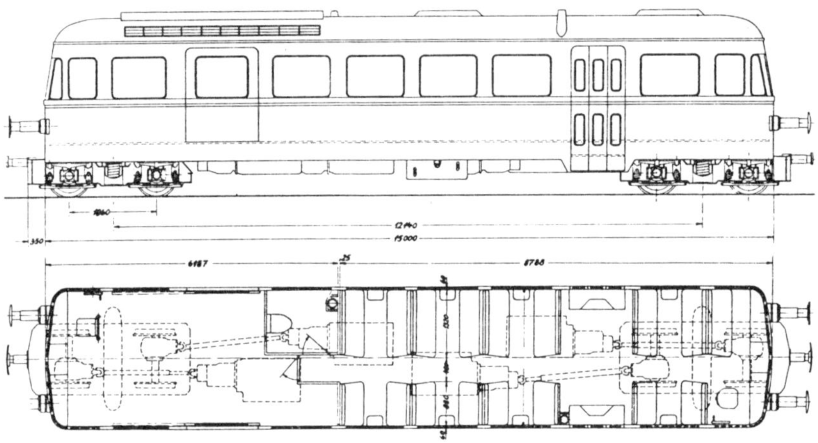

WNB/WEG T 30s und 31s (Zeichnung WEG)

T 34 WEG mit Güterwagen; Amstetten 1962
(Aufnahme O. Ringlstetter)

T 36 WEG mit VB 7 in Laichingen; März 1967
(Aufnahme H. Bürnheim)

T 37 WEG (ex WNB) in Amstetten; September 1975
(Aufnahme G. Wolff)

kehrs. Nach der Einstellung des Verkehrs zum 30. 9. 1985 wurden die beiden schweren Triebwagen T 30 und T 31 zunächst abgestellt; über ihre weitere Verwendung ist noch nicht entschieden.

Kurze Zeit bevor die fabrikneuen T 30 und T 31 bei der Härtsfeldbahn eingetroffen waren, hatte die WNB von der stillgelegten Kleinbahn Bremen–Tarmstedt (KBT) deren Triebwagen VT 3 und VT 1 gekauft und bei der Härtsfeldbahn als *T 32 und T 33 WNB* in Dienst gestellt, nachdem einige Anpassungsarbeiten vorgenommen worden waren. Diese beiden Fahrzeuge waren 1934 und 1937 von der Waggonfabrik Wismar als Werknummern 20233 (T 33) und 20270 (T 32) gebaut worden. Es handelte sich um Drehgestellfahrzeuge mit je einem einzelnen Motor der Bauart KHD von 114 kW (150 PS). Bei der WNB wurden neue stärkere Büssing-Motore Typ U 11 mit 129 kW (170 PS) eingebaut, die über Voith-Getriebe 200S und Gelenkwellen die beiden Radsätze des einen Drehgestells antrieben; Achsfolge somit B'2'. Infolge eines Unfalls mußte beim T 32 die eine Stirnwand erneuert werden; sie erhielt dabei ein moderneres Aussehen, während die andere Stirnwand unverändert blieb. Da der T 32 wegen seiner geringen Motorleistung nur beschränkt verwendbar war, setzte man ihn nur im leichten Personenverkehr ein. Nach der Einstellung des Verkehrs auf der Härtsfeldbahn wurde T 32 im Jahre 1973 an die Fliegergruppe in Elchingen verkauft, da er auf der WEG-Strecke Amstetten–Laichingen nicht benötigt wurde.

Eine völlige Erneuerung erlebte der zweite ex KBT-Triebwagen *T 33 WNB* im Jahre 1963, als er mit einem neuen von Auwärter gefertigten Wagenkasten versehen und dabei grundlegend modernisiert wurde. Bei diesem Neuaufbau wurde der Wagenrahmen verkürzt, so daß das Fahrzeug rund 1,5 m kürzer wurde. Die Bezeichnung T 33 blieb bestehen. Im Gegensatz zum T 32 erhielt T 33 beim Umbau an den Stirnwänden nach entsprechender Verstärkung Zug- und Stoßvorrichtungen für Normalspurwagen, damit er gelegentlich einen aufgebockten Güterwagen mitnehmen konnte. Viel mehr konnte T 33 mit seiner geringen Motorleistung von einem Büssing-Motor Typ U 11 von 137 kW (180 PS), dessen Leistung über ein Voith-Getriebe Typ 200S auf die Radsätze eines der beiden Drehgestelle übertragen wurde (Achsfolge B'2'), nicht leisten. Nach der Einstellung des Verkehrs auf der Härtsfeldbahn wurde der T 33 im Juni 1973 per Straßenroller nach Laichingen überführt. Er kam dort aber nicht zu längerem Einsatz, da er gleich nach der Ankunft mit Getriebeschäden abgestellt werden mußte. Er diente nur als Ersatzteilspender für den noch zu besprechenden T 34 WEG, der auch aus einem gebraucht gekauften Triebwagen entstanden war. Nachdem T 33 längere Zeit in dem hölzernen Fahrzeugschuppen in Laichingen herumgestanden war, wurde er im November 1984 an die Aalener Eisenbahnfreunde verkauft; sein neuer Standtort ist Aalen.

Auch die WEG hatte von der eingestellten KBT 2 gebrauchte Triebwagen gekauft, die dort die Bezeichnung VT 2 und VT 4 gehabt hatten; die Übernahme fand 1956 statt. VT 2 war 1935 von der Waggonfabrik Wismar für die KBT gebaut worden. Bei der WEG wurde er aber nicht in Dienst gestellt, sondern als Ersatzteilspender für andere ehemalige KBT-Triebwagen benutzt. Eigentlich hatte er modernisiert werden und als T 37 verwendet werden sollen. Aus dem Plan wurde aber nichts, da kein hinreichender Bedarf bestand. Das Fahrzeug blieb einige Jahre abgestellt und vergammelte stark; schließlich wurde es 1961 in dem Zustand, in dem es von Bremen gekommen war, verschrottet. Es hatte sogar noch die Original-Beschriftung »Br.-T-Tr 2« an den Seitenwänden.

Ein besseres Schicksal hatte der VT 4 der KBT, der ebenfalls 1956 von der WEG angekauft wurde. Er war 1937 von der Waggonfabrik Wismar als Werknummer 20279 an die Euskirchener Kreisbahn geliefert worden. Diese hatte ihn nach wenigen Betriebsjahren an die KBT verkauft. Die WEG ließ bei der Waggonfabrik Fuchs einen neuen von Auwärter gebauten Wagenkasten aufsetzen, wodurch das alte Fahrzeug ein modernes Aussehen erhielt. Es wurde auf der Laichinger Bahn als *T 34 WEG* in Dienst gestellt. Den Antrieb besorgten 2 Büssing U 11-Motore von je 129 kW (170 PS), die über Voith-Diwabus-Getriebe Typ 200S und Gelenkwellen die Radsätze der Drehgestelle antrieben; die Achsfolge war (1A)'B'. Der Triebwagen war über Puffer 13,2 m lang, hatte eine Masse von 24 t und enthielt 34 Sitzplätze. Am einen Wagenende befand sich ein Gepäckraum, über dem die Kühler- und Auspuffanlage für die Motore in einem erhöhten Aufsatz untergebracht war. Das Fahrzeug war sowohl mit Kupplungseinrichtungen für Normalspur als auch für Schmalspur ausgerüstet. Es bewährte sich recht gut und bewältigte längere Zeit mit dem noch zu besprechenden T 37 WNB den gesamten Verkehr. Als eines der ersten Fahrzeuge der WEG wurde es mit dem neuen Anstrich der Privatbahnwagen, orange mit blauem Band, versehen. 1970 wurde T 34 zum Reservefahrzeug degradiert, aber in Laichingen zum gelegentlichen Einsatz bereitgehalten. Im Juli 1981 wurde er z-gestellt und steht seit der Einstellung des Verkehrs bei der Laichinger Bahn zum Verkauf an.

Die Umstellung des Dampfbetriebs auf Dieselbetrieb begann bei der Nebenbahn Amstetten–Laichingen 1954 mit der Indienststellung des Triebwagens *T 35 WEG,* der eine interessante Vorgeschichte hatte. Er war 1936 von Büssing als Straßen-Omnibus an die Überlandwerke und Straßenbahn-AG Hannover (ÜSTRA) geliefert worden und hatte gegen Kriegsende starke Schäden davongetragen. Die ÜSTRA ließ das Fahrgestell mit einem Lkw-Aufbau versehen und verwendete dieses Fahrzeug bis 1953 als Lastkraftwagen. Im Jahre 1954 kaufte die WEG das eigenartige Fahrzeug und ließ in ihrer Werkstatt Neuffen aus dem Straßen-Lkw einen Schienen-Triebwagen herstellen, wobei es mit einem neuen Wagenkasten ausgerüstet wurde. Die Straßenräder wurden durch Schienenräder ersetzt und die Lenkung blockiert. Als Antriebsaggregat war ein Büssing-Motor von 114 kW (150 PS) eingebaut, der über ein mechanisches Viergang-Getriebe und Gelenkwellen die beiden Radsätze des hinten befindlichen Drehgestells antrieb, Achsfolge war also 1 B'. Da nur der ehemalige Bus- bzs. Lkw-Führerplatz vorhanden war, mußte der Triebwagen an den Endstationen auf den noch vom Dampfbetrieb her vorhandenen Drehscheiben gewendet werden. Nach dem Umbau betrug die Länge über Puffer 12,4 m, die Masse 12,2 t und im Wageninnern fanden 49 Fahrgäste mehr oder weniger bequeme Sitze. Vorn und hinten war der Triebwagen mit den üblichen Kupplungsmitteln (Zentralpuffer, Zughaken, Kuppelöse) ausgerüstet. Er hatte auch einen Rückwärtsgang, um auf den Bahnhöfen rangieren zu können. Wegen seiner geringen Motorleistung konnte er lediglich einen Personenwagen aus der Dampfzeit oder einen aufgebockten Güterwagen schleppen. 1965 erlitt der T 35 einen Unfall durch Zusammenstoß mit einem Lkw. Nach dem Eintreffen des von der MEG-Strecke Zell–Todtnau gekauften VT 15 konnte das alte Vehikel ausgemustert und 1970 verschrottet werden. Während seines vieljährigen Einsatzes auf der Laichinger Bahn hatte es die Vorteile des Dieselbetriebs gegenüber dem Dampfbetrieb bewiesen. Dieser eigenartige Triebwagen war wegen seiner besonderen Bauart ein Unikum auf den Schienen deutscher Privatbahnen.

Den schon kurz erwähnten VT 15 der MEG-Bahn Zell–Todtnau hatte die WEG um die Jahreswende 1968/69 gebraucht gekauft; es handelte sich um einen Vierachser, der 1955 von Fuchs als Werknummer 9107 für die MEG gebaut worden war. Das Fahrzeug war mit einem Unterflurmotor von Büssing von 137 kW (180 PS) Leistung ausgerüstet, die über ein Voith-Getriebe Typ 200S auf die beiden Radsätze eines Drehgestells übertragen wurde; also Achsfolge B'2'. Die WEG, die dem Wagen den creme/grünen Anstrich der MEG beließ, gab ihm die Bezeichnung *T 35 WEG in zweiter Belegung.* Wir werden ihn zur Unterscheidung gegenüber dem ersten T 35 künftig mit T 35″ bezeichnen. Dieser neue T 35″ hatte eine Länge über Puffer von 16,13 m und eine Masse von 24,6 t; er enthielt 48 Sitzplätze. Bei einem Unfall war die eine Stirnwand beschädigt worden und man hatte sie durch eine neue ersetzt, wobei die ursprünglich vorhandene Übergangstür weggefallen war. Das Fahrzeug mußte also weiterhin mit zwei verschiedenen Stirnwänden verkehren. Es war zunächst längere Zeit als Reservefahrzeug abgestellt; erst nach einer gründlichen Überholung des Motors, dessen Leistung dabei auf 160 kW (210 PS) gebracht worden ist, kam der Triebwagen Ende 1973 erstmals zum Streckeneinsatz. Da aber inzwischen von der stillgelegten Härtsfeldbahn mehrere leistungsfähige Triebwagen zur Laichinger Bahn gekommen waren, wurde der T 35″ bald überflüssig, zumal er wegen fehlender Normalspur-Kupplungsmittel nicht universell einsetzbar war. 1976 fand die WEG in der Inselbahn Langeoog einen Käufer und ließ ihn zur Hauptuntersuchung per Straßenroller zur Waggonfabrik Hansa in Bremen überführen. Nach Beendigung dieser Arbeiten wurde das Fahrzeug zur Insel Langeoog übergesetzt.

Nachdem sich der erste T 35′ im Streckeneinsatz bewährt hatte, beschaffte die WEG für ihre Laichinger Bahn einen fabrikneuen Triebwagen, der 1956 von Fuchs als Werknummer 9058 hergestellt wurde. Die WEG gab ihm die Bezeichnung *T 36 WEG.* Der äußerlich den von Fuchs an die WEG gelieferten Normalspur-Triebwagen T 05 und folgende gleichende T 36 wurde von 2 Büssing-Motoren zu je 114 kW (150 PS) und Voith-Diwabus-Getrieben Typ 501 angetrieben; die Achsfolge war Bo. Später wurden diese Motore durch stärkere Einheiten von je 137 kW (180 PS) ersetzt. Der T 36 führte viele Jahre zusammen mit dem alten T 35′ den gesamten Verkehr auf der Laichinger Bahn durch. Erst nach der Indienststellung eines weiteren Triebwagens wurde er aus dem Verkehr gezogen und 1973/74 bei der Firma Gmeinder in Mosbach für Normalspur umgebaut und bei dieser Gelegenheit nochmals mit stärkeren Motoren von 160 kW (210 PS) ausgerüstet. Nach der Fertigstellung dieses Umbaus wurde der T 36, nunmehr ein Normalspur-Triebwagen, wie T 05 bis T 08, an die Nebenbahn Gaildorf–Untergröningen überführt.

Die WNB hatte 1963 von der stillgelegten Südharz-Eisenbahn (SHE) deren Triebwagen T 14 gekauft und für den Einsatz auf der Härtsfeldbahn herrichten lassen; dort fand der erste Einsatz am 26. 6. 1964 statt. Dieses vierachsige Drehgestellfahrzeug, das von der WNB die Bezeichnung *T 37 WNB* erhalten hatte, war 1960 von der MAN als Werknummer 145169 an die SHE geliefert worden. Es hatte bei der Übernahme durch die WNB 2 MAN-Motore von je 129 kW (170 PS), die später bei der Härtsfeldbahn durch 2 Büssing-Motore U 11D von je 160 kW (210 PS) Leistung ersetzt worden sind. Der Antrieb der Radsätze erfolgt über Voith-Getriebe Typ 501 und 200S unter Zwischenschaltung von Gelenkwellen; die Achsfolge ist (1A)′B′. Der Triebwagen hat eine Länge über Puffer von 16,2 m, eine Masse von 23 t und 70 Sitzplätze. Seine Höchstgeschwindigkeit liegt bei 40 km/Std. Nach einiger Einsatzzeit bei der Härtsfeldbahn wurden 1966 dem T 37 Zug- und Stoßvorrichtungen für Normalspurfahrzeuge angebaut, so daß er nun auch Rollbockzüge befördern konnte. Im Juni 1973 wurde er zur Nebenbahn Amstetten–Laichingen überführt und alsbald eingesetzt. Er besorgte dort lange Zeit zusammen mit dem T 34 WEG den gesamten Verkehr. Im Laufe der Zeit trat T 37 immer mehr zugunsten des wesentlich stärkeren T 31 zurück, wobei T 37 vorwiegend die leichteren Personenzüge, T 31 hingegen die schweren Güterzüge beförderte. Nach der Verkehrseinstellung auf der Laichinger Bahn wurde T 37 abgestellt und steht zum Verkauf an; möglicherweise geht er an die Südharz-Bahn zurück, von der er ja stammt.

Mit den Ausführungen über T 37 ist die Besprechung der meterspurigen Triebwagen der WEG und WNB beendet. Es sei hier nur noch kurz erwähnt, daß vor einigen Jahren auf der Laichinger Bahn ein für die Bangladesh-Railway bestimmter Triebwagenzug Probefahrten durchführte. Nach Wegfall der Härtsfeldbahn, auf der früher gelegentlich derartige Probefahrten von fremden, durch die deutsche Industrie hergestellten Meterspurfahrzeugen stattfanden, wurden diese nun auf der Laichinger Bahn praktiziert.

Bei einem Meterspurtriebwagen war bereits erwähnt worden, daß sie an den Stirnseiten außer den Kupplungsmitteln für Meterspur (Zentralpuffer, Zughaken und Zugöse) auch solche für Normalspurfahrzeuge aufweisen (seitliche Tellerpuffer und Zughaken). Durch diese Maßnahme ist es möglich, aufgebockte Normalspurwagen direkt mit dem Triebwagen zu kuppeln. Die bei anderen Schmalspurbahnen, besonders solchen der Schweiz, übliche Kupplungsart, bei der der Triebwagen mit dem be-

Tabelle 6: **Meterspurige Triebwagen der WEG und WNB**

Betriebs-nummer	*Achs-folge*	*Her-steller*	*Bau-jahr*	*Werks-nummer*	*Herkunft*	*Kauf-jahr*	*Motore Herst.*	*Motore kW*	*Motore Typ*	*Getriebe Herst.*	*Getriebe Typ*	*V_{max} km/h*	*Masse t*	*LüP m*	*Sit-ze*	*Einsatz-strecke*	*Bemerkungen*
T 30 WNB	Bo′Bo′	Fuchs	1956	9053	Hersteller	1956	Büss	4×129	U 11	Voith	4×200D	60	41,8	16,6	43	AD AL	Sept. 1985 abgestellt
T 31 WNB	Bo′Bo′	Fuchs	1956	9054	Hersteller	1956	Büss	4×137	U 11	Voith	4×200D	60	41,8	16,6	43	AD AL	Sept. 1985 abgestellt
T 32 WNB	B′2′	Wismar	1937	20270	KBT-VT 3	1956	Büss	1×129	U 11	Voith	1×200S		14,0	13,2	49	AD	1978 verkauft an Privat
T 33 WNB	B′2′	Wismar	1934	20233	KBT-VT 1	1956	Büss	1×137	U 11	Voith	1×200S		18,7	11,7	39	AD AL	1984 verkauft an Privat
T 34 WEG	(1A)′B′	Wismar	1937	20279	KBT-VT 4	1956	Büss	2×129	U 11	Voith	2×200S		24,0	13,2	34	AL	1985 Sept. abgestellt zum Verkauf
T 35′ WEG	1 B	Büssing	1936	418	Üstra-Bus	1954	Büss	1×114		mech. 4-Gg-Getr.			12,2	12,4	49	AL	1970 verschrottet
T 35″ WEG	B′2′	Fuchs	1955	9107	MEG-VT 15	1969	Büss	1×160	U 11D	Voith	1×200S		24,6	16,1	48	AL	1976 an Inselb. Langeoog verkauft
T 36 WEG	Bo	Fuchs	1956	9058	Hersteller	1956	Büss	2×137	U 11	Voith	2×501		22,0	14,2	42	AL	1973/74 Umbau auf Normalspur
(T 37 WEG)	Bo′2′	Wismar	1935	—	KBT-VT 2	1956									–	(AL)	war nie im Einsatz; 1961 verschrot.
T 37 WNB	(1A)′B′	MAN	1960	145169	SHE-VT 14	1963	Büss	2×160	U 11D	Voith Voith	1×501 1×200S	40	23,0	16,2	70	AD AL	Sept. 1985 abgestellt zum Verkauf

Anmerkung: Die angegebenen Daten des T 33 WNB gelten für den Zustand nach dem Umbau 1963.Vorher war er von gleicher Bauart wie der T 32 WNB und es galten auch dessen Daten für den T 33. Nach einer anderen Quelle soll die Achsfolge von T 32 und T 33 (1A)′(1A)′ gewesen sein.

VS 150 WEG in Amstetten; Juni 1971 (Aufnahme B. Hoch)

VB 6 und 7 WEG in Laichingen; Juli 1958 (Aufnahme H. Bürnheim)

nachbarten Rollbock oder Rollwagen durch eine lange Stange verbunden ist, wurde also bei den Meterspurbahnen der WEG und WNB beim Triebwagen-Betrieb nicht angewendet. Zur Zeit des Dampfbetriebs wurde dagegen ein sog. Pufferwagen zwischen Lok und erstem aufgebocktem Normalspurwagen eingestellt. Diese Pufferwagen hatten Kupplungseinrichtungen für normalspurige und schmalspurige Fahrzeuge. An dem einen Ende war die Lok an die Meterspurkupplung angeschlossen, am anderen Ende der Güterwagen an die Normalspurkupplung. Die Direktkupplung ohne Pufferwagen wurde erstmals bei der Indienststellung der Triebwagen T 30, T 31 und T 36 eingeführt.

1.4.3. DIE PERSONENWAGEN DES DAMPFBETRIEBS

Bei der Nebenbahn Amstetten–Laichingen wurden zur Betriebseröffnung im Jahre 1901 fünf zweiachsige Personenwagen in Dienst gestellt, die die Nummern 1 bis 5 hatten. Dies waren leichte Nebenbahnfahrzeuge mit offenen Endplattformen und schwach gewölbten Dächern, auf denen sich Lüftungsaufsätze befanden. Diese Wagen sind immer bei der Laichinger Bahn geblieben und waren bis in die Zeit nach dem Zweiten Weltkrieg ihre einzigen Personenwagen. Von ihnen haben Nr. 1, 3 und 5 noch bis in die sechziger Jahre existiert, denn sie waren bei den Jubiläumsfahrten zum 60jährigen Bestehen der Bahn im Jahre 1961 beteiligt. Die Wagen Nr. 2 und 4 müssen irgendwann vorher ausgeschieden sein, haben aber laut Fahrzeugverzeichnis der WEG 1950 noch gelebt. Da sie im Bestand von 1964 nicht mehr erwähnt sind, müssen sie in den fünfziger Jahren verschrottet worden sein. In dem genannten Verzeichnis sind für das Jahr 1950 noch 2 weitere Personenwagen aufgeführt, die die Nummern 6 und 7 hatten. Dies waren zwei von der Brünigbahn der SBB 1949 gebraucht gekaufte Dreiachswagen, aus denen später durch Aufsetzen neuer Wagenkästen die beiden Triebwagen-Beiwagen Nr. 6 und 7 entstanden sind. Die 1961 noch im Bestand gewesenen alten Zweiachs-Personenwagen unterscheiden sich zum Teil hinsichtlich der Fensteranordnung. Der alte Ci Nr. 1 hatte in den Seitenwänden je 10 schmale hochkantig stehende Fenster, die paarweise in 5 Gruppen nebeneinander angeordnet waren. Demgegenüber besaßen die Wagen Nr. 3 und 5 nur jeweils 5 Einzelfenster auf jeder Wagenseite, die aber ebenfalls schmal und hochkantig angeordnet waren. Welches Aussehen die Wagen Nr. 2 und 4 gehabt haben, ist nicht bekannt; vermutlich hatten sie das gleiche Aussehen wie Nr. 1, 3, 5, da sie ja aus dem gleichen Baujahr stammten. Die 1949 von der Brünigbahn gekauften Wagen waren Dreiachser mit einer mittleren Lenkachse, die ebenfalls offene Endplattformen und wenig gewölbte Dächer besaßen; letztere trugen aber keine Lüftungsaufsätze. Die Fensteranordnung war die gleiche wie oben beim Wagen Nr. 1 beschrieben. Bei diesen Fahrzeugen hat es sich um die gleiche Type gehandelt, die die WNB für ihre Härtsfeldbahn von der Brünigbahn gekauft hat. Vermutlich haben die Wagen Nr. 6 und 7 ex Brünigbahn die altersschwach gewordenen eigenen Wagen Nr. 2 und 4 ersetzt.

Hier sei bemerkt, daß die meterspurigen Loks und Personenwagen neben der Handbremse eine Westinghouse-Druckluftbremse sowie eine Einrichtung für die Dampfbeheizung der Wagen besaßen.

1.4.4. TRIEBWAGEN-BEIWAGEN

Zur Verstärkung der Platzkapazität der ersten Triebwagen wurden in der ersten Zeit des Dieselverkehrs die soeben besprochenen alten Personenwagen aus der Dampfzeit benutzt. Im Jahre 1957 wurden 2 besondere Triebwagen-Beiwagen hergestellt, indem man auf die Fahrgestelle der beiden ex-Brünigtalbahn-Wagen neue Wagenkästen aufsetzte, die von Auwärter hergestellt waren. Der Umbau war in der Weise vorgenommen worden, daß die beiden neuen Triebwagen-Beiwagen, die die *Nummern 6 und 7* erhielten, als Wagenpaar gebaut waren, die am einen Ende durch Jalousien verschließbare Übergänge und am anderen Ende große Frontfenster besaßen. Die Enden mit den Jalousien waren einander benachbart, so daß man bei offenen Jalousien vom einen in den anderen Wagen gehen konnte. Es war aber auch möglich, jeden der beiden Wagen für sich mit einem Triebwagen zu kuppeln, wobei dann die Jalousie geschlossen war. Mit zunehmender Verfügbarkeit anderer Triebwagen-Beiwagen konnten die beiden originellen Fahrzeuge nach und nach aus dem Verkehr genommen und abgestellt werden. Ende 1980 wurde Nr. 7 verschrottet, während Nr. 6 noch einige Zeit in Laichingen

Bi Nr. 1 WEG in Laichingen; April 1962 (Aufnahme G. Wolff)

Bi Nr. 5 WEG in Laichingen; April 1962 (Aufnahme G. Wolff)

als Lagerraum benutzt wurde, bis er am 13. 11. 1981 an die Jagsttalbahn verkauft wurde.

Ein weiteres Original-WEG-Fahrzeug war bei der Laichinger Bahn der *VS 150* WEG, ein Zweiachser, der 1963 in Dienst gestellt worden ist. Bei diesem Fahrzeug war ebenfalls auf einem alten Fahrgestell ein neuer Auwärter-Wagenkasten aufgesetzt worden, der im Aussehen dem Fuchs-Triebwagen T 36 angepaßt war. Um den Wagen möglichst vielseitig einsetzen zu können, hatte man an den Stirnwänden Kupplungsvorrichtungen für Normalspurwagen angebracht; er konnte also in Rollbockzügen verkehren. Für den Personenverkehr besaß er 50 Sitzplätze. Bis zur Betriebseinstellung auf der Laichinger Bahn wurde der VS 150 im Schülerverkehr benutzt, dann wurde er abgestellt und steht zum Verkauf an. Weitere Original-WEG-Wagen waren bei der Laichinger Bahn nie vorhanden. Hingegen wurden nach der Stillegung der Härtsfeldbahn der WNB deren beide Triebwagen-Anhänger TA 101 und 103 nach Laichingen überführt und mit unveränderter Nummer weiterbenutzt. Diese beiden Wagen sollen aber, da sie Eigentum der WNB waren, erst bei den WNB-Fahrzeugen besprochen werden. Auch der Doppel-Beiwagen TA 253/254 der Härtsfeldbahn wurde nach Laichingen gebracht und dort weiterbenutzt. Nach der Einstellung des Verkehrs auf der Laichinger Bahn wurde TA 101 an die Härtsfeld-Museumsbahn e. V. verkauft. TA 103 wurde abgestellt und steht zum Verkauf. Das Pärchen TA 253/254 war schon 1976 an die Inselbahn Langeoog verkauft worden.

1.4.5. GEPÄCK/POSTWAGEN, GÜTERWAGEN, DIENSTFAHRZEUGE

Die Laichinger Bahn besaß von ihrer Eröffnung an einen einzigen *Gepäck/Postwagen,* der die Nummer 101 hatte. Wahrscheinlich war er ursprünglich mit einem Abteil der alten 2. Klasse versehen, das später in das Gepäckabteil integriert wurde. Der Wagen war in seinem Äußeren den Personenwagen angepaßt, hatte also einen Lüftungsaufsatz auf einem nur wenig gewölbten Dach; nur am Gepäckraumende befand sich eine offene Plattform, am Postraumende war der Wagenkasten stumpf abgeschlossen. Das Fahrzeug wurde 1959 endgültig abgestellt, war aber 1964 noch vorhanden; inzwischen ist es längst dem Schneidbrenner zum Opfer gefallen. Weitere schmalspurige Gepäck/Postwagen hat es bei der WEG nicht gegeben.

Der Betrieb der Nebenbahn Amstetten–Laichingen wurde 1901 mit 12 gedeckten und 6 offenen *Güterwagen* eröffnet, wobei die offenen Wagen mit Drehschemeln ausgerüstet waren. Dieser Bestand von zusammen 18 Einheiten änderte sich im Laufe der Jahre mehrmals und erreichte nach den Tabellen der »Statistik« 1904 ein Maximum von 22 Fahrzeugen. Danach ging der Bestand offenbar zurück, denn 1930 waren nur noch 11 gedeckte und 3 offene Wagen registriert. Nach der schon öfters zu Rate gezogenen WEG-Aufstellung waren 1950 noch 8 gedeckte Güterwagen (Nr. 151 bis 158) und 2 offene Güterwagen (Nr. 301, 302) im Bestand. Ein offener Wagen, Nr. 303 (oder 302) wurde 1984 an die Stadt Neresheim verkauft. Nach der Betriebseinstellung 1985 kamen die noch abgestellt vorhandenen Wagen 153, 155 (Pufferwagen), 156 und 301 an die Härtsfeld-Museumsbahn.

Zu den *Dienstfahrzeugen* zählt der aus dem Fahrgestell der Dampflok Nr. 3s entstandene Schneepflug. Um das erforderliche Gewicht zu erhalten, wurde der Wassertank des Untergestells mit Steinen beschwert; am einen Ende wurde ein kräftiger nach beiden Seiten werfender Keil-Schneepflug fest montiert, während am anderen Ende die Kupplungsmittel für das Schubfahrzeug angebracht waren. Das Gerät ist inzwischen verschrottet worden. Heute sind die beiden schweren Triebwagen T 30 und T 31 mit starken Anbaubeschlägen versehen, an denen hydraulisch heb- und senkbare Schneepflugschare angebaut werden können.

Weitere wichtige Dienstfahrzeuge sind die *Rollböcke* zum Transport der normalspurigen Güterwagen. Die bis zuletzt verwendeten Böcke waren mit Westinghouse-Druckluftbremse ausgerüstet. Die Luftschläuche verbanden die Rollböcke untereinander und mit dem Triebfahrzeug. Der Bestand an Rollböcken änderte sich im Laufe der Jahre beträchtlich. Während 1935 46 Stück vorhanden waren, schrumpfte der Bestand auf 25 im Jahre 1970. Dann stieg die Zahl durch Übernahme von 10 Einheiten von der Härtsfeldbahn wieder auf 35 Stück. Zuletzt gab es 26 voll einsetzbare Rollböcke, die folgende Nummern hatten (Hersteller und Baujahr in Klammern): 31, 34, 37, 48 bis 50 (Gleitlagger MEssl. 1936), 33, 36, 39, 42 (Rollenlager MEssl. 1936), 51 bis 56 (Rollenlager MEssl. 1943), 60 bis 69 (Rollenlager MEssl. 1936). Außerdem

Gedeckter Güterwagen mit Bremserhaus Nr. G 154 WEG in Amstetten; Mai 1959 (Aufnahme R. Ehlers)

Offener Güterwagen Nr. 303 in Laichingen; April 1962 (Aufnahme G. Wolff)

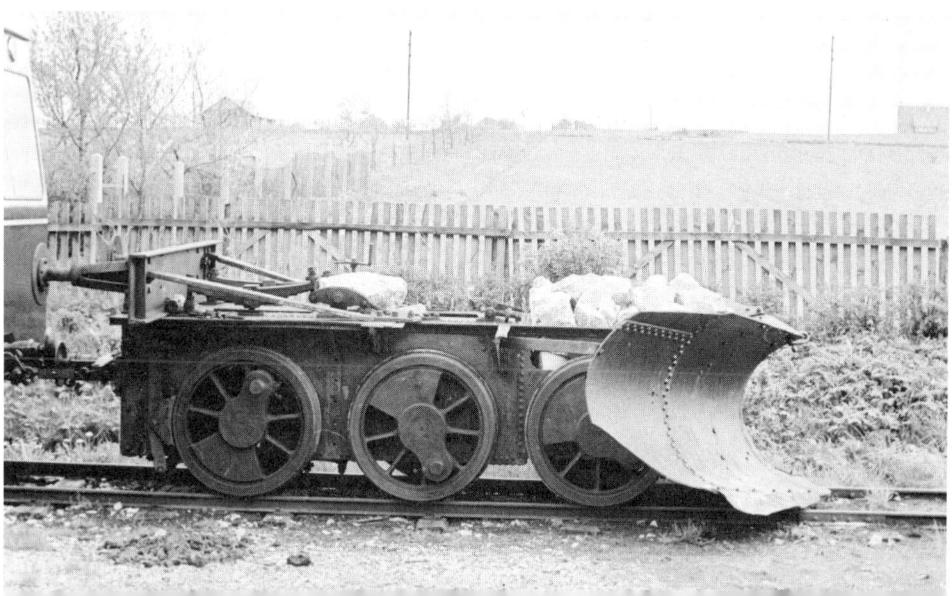

Schneepflug ex Fahrgestell Lok 3s in Laichingen; Juli 1958 (Aufnahme H. Bürnheim)

waren noch eine Anzahl älterer Rollböcke abgestellt vorhanden, und zwar: 4, 6 (MEssl. 1901), 8, 9 (MEssl. 1903), 15, 18 (MEssl. 1912), 20, 29 (MEssl. 1929), 24, 26 (MEssl. 1912). Nach der Betriebseinstellung wurden auch die 26 noch benutzten Rollböcke abgestellt und stehen zum Verkauf. Mit dieser Fahrzeuggattung sind die Ausführungen über die Meterspurfahrzeuge der WEG, soweit sie bis in die letzte Zeit auf der Laichinger Bahn eine Rolle gespielt haben, besprochen und wir können uns nun den Meterspur-Fahrzeugen der Reutlinger WEG-Straßenbahn zuwenden.

1.5. **Die Fahrzeuge der WEG-Straßenbahn Reutlingen**

1.5.1. VON DER VORLÄUFERIN ÜBERNOMMENE FAHRZEUGE

Die WEG hatte bei der Übernahme der Vorläuferin der Reutlinger Straßenbahn, der Lokalbahn Reutlingen–Eningen (LRE), deren gesamten Fahrzeugbestand übernommen. Dieser bestand aus 3 kleinen Bn2t-Dampfloks, 10 kleinen zweiachsigen Personenwagen, einem Gepäckwagen, 2 Güterwagen, 5 Schotterwagen und 6 Rollböcken. Die Loks mit den Nummern 1 bis 3 waren 1899 von Krauß München als Werknummern 4149 bis 4151 erbaut worden; sie wurden nach der Einführung des elektrischen Betriebs 1912 ausgemustert; eine von ihnen soll auf Normalspur umgebaut und zu der WEG-Nebenbahn Ebingen–Onstmettingen überstellt worden sein; die beiden anderen wurden verschrottet.

Die zehn Personenwagen wurden in der WEG-Werkstatt Neuffen für den elektrischen Betrieb umgerüstet und weiterverwendet. Der Gepäckwagen wurde verschrottet. Weiterbenutzt wurden die Rollböcke. Was aus den Güterwagen und den Schotterwagen wurde, ist nicht sicher bekannt; wahrscheinlich wurden sie verschrottet.

1.5.2. DIE FAHRZEUGE FÜR DEN ELEKTRISCHEN STRASSENBAHNBETRIEB

1.5.2.1. *Triebwagen*

Für die Eröffnung des elektrischen Straßenbahnbetriebs auf der Strecke Reutlingen–Eningen hatte die WEG 1912 vier zweiachsige Triebwagen mit den *Nummern 21 bis 24* beschafft, deren mechanischer Teil von Herbrand in Köln und elektrischer Teil von BBC hergestellt war. Die Wagen besaßen ursprünglich die damals übliche Trichterkupplung, die ab etwa 1940 durch eine BSI-Kompaktkupplung ersetzt wurde. Auch an die Stelle der ursprünglichen Lyra-Stromabnehmer ist in den ersten vierziger Jahren der Scheren-Stromabnehmer getreten. Die beiden Motore hatten Leistungen von etwa je 30 kW (40 PS). Auf den Dachenden befanden sich drehbare Zielschilder mit emaillierten Flächen, neben denen die beiden damals gebräuchlichen Positionslaternen angebracht waren. Die Drehschilder hatten ursprünglich 2 Flächen für die Bezeichnung der beiden Endstationen. Die Fahrzeuge waren mit Handbremse und Kurzschlußbremse ausgerüstet. Bei einigen Wagen wurden die anfangs vorhandenen 6 schmalen Seitenfenster später durch 3 breite Fenster ersetzt. Als die Strecke Reutlingen Hbf.–Pfullingen eröffnet wurde, benötigte die WEG weitere Triebwagen. Sie hatte schon 1915 3 Wagen einer fast unveränderten Bauart bestellt, die die Nummern *25 bis 27* bekamen. Sie stammten von den gleichen Herstellern und hatten auch fast die gleichen Abmessungen wie die erste Lieferung. Um den Einsatz auf den beiden Strecken freizügig machen zu können, erhielten sie auf den Dachenden dreiflächige Drehschilder; diese hatten die Aufschriften »Eningen«, »Betzingen«, »Pfullingen« oder »Pfullingen«, »Reutlingen«, »Eningen«. Es wurden damals auch einige Farbkennungen eingefügt, die sich aus der Grundfarbe der Zieltafelfläche und der Schriftfarbe ergaben. Um 1929 gab es sogar Zieltafeln mit 4 Flächen, also mit quadratischem Querschnitt, auf denen alle 4 Endstationen der beiden Strecken angegeben waren. Alle 7 Triebwagen Nr. 21 bis 27 gingen 1944 beim Verkauf der WEG-Straßenbahn an die Stadt Reutlingen über. Im Jahre 1924 hatte die WEG von der Krefelder Straßenbahn deren zweiachsigen Triebwagen Nr. 256 gekauft und als WEG Nr. 28 in Dienst gestellt. Die WEG baute aber das 1916 von der Waggonfabrik Elze erbaute Fahrzeug schon 1928 in einen Beiwagen um,

Tabelle 7: **Fahrzeuge der elektrischen Straßenbahn Reutlingen der WEG**

Betr.-Nr.	*Hersteller mechan. T*	*Hersteller elektr.*	*Baujahr*	*Herkunft*	*Kaufjahr*	*Masse t*	*LüK m*	*Sitze*	*Achsstand*	*Bemerkungen*
A. Triebwagen										
21	Herbrand	BBC	1912	Hersteller	1912	13,0	8,03	18	2,3	
22	Herbrand	BBC	1912	Hersteller	1912	13,0	8,03	18	2,3	
23	Herbrand	BBC	1912	Hersteller	1912	13,0	8,03	18	2,3	
24	Herbrand	BBC	1912	Hersteller	1912	13,0	8,03	18	2,3	
25	Herbrand	BBC	1915	Hersteller	1916	13,0	8,03	18	2,3	
26	Herbrand	BBC	1915	Hersteller	1916	13,0	8,03	18	2,3	
27	Herbrand	BBC	1915	Hersteller	1916	13,0	8,03	18	2,3	
28′	Elze	–	1916	Kref. 256	1924		8,0			1928 Umbau in Beiwagen 16
28″	MEssl.	BBC	1928	Hersteller	1928	11,2	8,65	18		ex Tw 30; Umzeichnung nach Umbau Tw 28′ in Bw 16
29	MEssl.	BBC	1928	Hersteller	1928	11,2	8,65	18		
(30)	MEssl.	BBC	1928	Hersteller	1928	11,2	8,65	18		Ursprüngl. Nr. des Tw 28″
Ellok	BBC	BBC	1913	Hersteller	1913	12,0	4,2		2,5	2 Motore zu je 23 kW (30 PS)
B. Beiwagen										
1 bis 10	Rastatt		1899	LRE 1 ÷ 10	1912	3,5	5,65	12	2,25	
11	Herbrand		1916	Hersteller	1916	6,0	8,03	18	2,6	
12	Herbrand		1916	Hersteller	1916	6,0	8,03	18	2,6	
13	Herbrand		1916	Hersteller	1916	6,0	8,03	18	2,6	
14	?		1914	H–E 22	1922	5,0	8,4	18	2,3	H–E ist Eisenbahn Hohenstein–Ernsttal
15	Elze		1914	Kref. 257	1925	9,04	9,04	22	2,9	ex Straßenbahn Krefeld TW 257
16	Elze		1914	Kref. 256	1925		9,04	22	2,9	ex Straßenbahn Krefeld Tw 256; Umbau zu BW 16
17′	?		?	Mansfeld 4	1922					1938 verschrottet; ex Straßenbahn Mansfeld
18′	?		?	Mansfeld 9	1922					1938 verschrottet; ex Straßenbahn Mansfeld
19′	?		?	Mansfeld 14	1922					1938 verschrottet; ex Straßenbahn Mansfeld
17″	Esslingen		1936	Hersteller	1936		9,72	22	3,0	
18″	Esslingen		1936	Hersteller	1936		9,72	22	3,0	
19″	Esslingen		1939	Hersteller	1939		9,72	22	3,0	
20	Esslingen		1939	Hersteller	1939		9,72	22	3,0	

nachdem sie 2 fabrikneue Triebwagen *Nr. 29 und 30* erhalten hatte. Durch den Umbau des Triebwagens 28 in einen Beiwagen wurde die Nummer 28 wieder frei und dem neuen Triebwagen Nr. 30 zugeteilt. Die beiden Neulinge hießen also forthin *28″ und 29*. Der mechanische Teil stammte von Esslingen, der elektrische wieder von BBC. Im Laufe ihres Einsatzes bei der WEG erfuhren sie, ebenso wie die älteren Triebwagen, einige Änderungen. Auch sie wurden 1944 an die Stadt Reutlingen übergeben.

Für den Güterverkehr hatte die WEG 1913 von BBC eine kleine zweiachsige *Ellok* bezogen, die 2 Gleichstrommotore von je 23 kW (30 PS) Stundenleistung bei einer Fahrgeschwindigkeit von 19 km/Std und 650 Volt Fahrdrahtspannung besaß. Die Bremseinrichtungen bestanden aus einer Handbremse, einer Kurzschlußbremse und einer Druckluftbremse zum Abbremsen der angehängten Rollböcke. Im Mittelführerhaus war nur ein einziger Satz von Bedienungselementen vorgesehen, die für beide Fahrtrichtungen benutzt wurden. Ursprünglich befanden sich auf dem Dach 2 Lyra-Stromabnehmer, die durch Drahtzüge parallel gehalten wurden; sie wurden später durch einen Scherenstromabnehmer ersetzt. Bei ihrer geringen Motorleistung dürfte die kleine Ellok wohl nur einen aufgebockten beladenen Güterwagen haben befördern können. Sie wurde ebenfalls 1944 an die Stadt Reutlingen übergeben.

1.5.2.2. *Beiwagen*

Wie bereits kurz erwähnt, hatte die WEG die 10 Personenwagen der ehemaligen LRE übernommen und als Beiwagen für den elektrischen Betrieb als *Nr. 1 bis 10* in Dienst gestellt. Die Anpassung an die Erfordernisse des elektrischen Betriebs bestand in der Verglasung der Plattformen, dem Einbau von Schiebetüren und dem Austausch der Vakuumbremse gegen eine elektrische Solenoid-Bremse; außerdem wurde eine elektrische Beleuchtung eingebaut und der Anstrich dem der Triebwagen angeglichen. 1944 wurden auch diese Fahrzeuge an die Stadt Reutlingen verkauft.

An fabrikneuen Beiwagen hatte die WEG erstmalig 1916 3 Einheiten in Dienst gestellt, als die Strecke nach Pfullingen eröffnet wurde. Es handelt sich um die von Herbrand hergestellten Beiwagen *Nr. 11 bis 13,* die den Triebwagen 21 bis 27 ähnlich sahen und gut zu ihnen paßten. Auch bei ihnen wurden später die anfänglich 6 schmalen Seitenfenster durch 3 breite ersetzt. Das Dach mit dem Lüftungsaufsatz blieb unverändert. Alle 3 Wagen kamen 1944 zur Städt. Straßenbahn Reutlingen. Im Jahre 1922 kaufte die WEG von der Straßenbahn Hohenstein–Ernsttal in Sachsen deren Beiwagen Nr. 22 und stellte ihn mit der *Nummer 14* in Dienst. Der Hersteller dieses Fahrzeugs ist nicht bekannt; das Baujahr soll 1912 oder 1914 gewesen sein. Äußerlich hatte der Wagen viel Ähnlichkeit mit den auf 3 Seitenfenster umgebauten Wagen Nr. 11 bis 13. Im Gegensatz dazu hatte Nr. 14 jedoch ein besonderes Fahrgestell und demgemäß eine zweistufige Federung; er gelangte ebenfalls 1944 zur Stadt Reutlingen.

Einen weiteren Kauf von gebrauchten zweiachsigen Wagen tätigte die WEG 1925, indem sie von der Straßenbahn Krefeld deren Triebwagen Nr. 256 und 257 übernahm und sie zu Beiwagen *Nr. 16 und 15* umbaute. Von diesen war Nr. 16 erst als Triebwagen Nr. 28′ kurze Zeit gelaufen. Die ex Krefelder Fahrzeuge waren 1914 von der Waggonfabrik Elze gebaut. Nochmals 3 gebrauchte Beiwagen hat die WEG 1922 von der Mansfelder Straßenbahn gekauft (Nr. 4, 9, 14); sie erhielten bei der WEG die *Nummern 17 bis 19;* sie wurden schon 1938, also noch zu WEG-Zeiten, verschrottet. Die letzten Beschaffungen von fabrikneuen Beiwagen nahm die WEG in den Jahren 1936 und 1939 vor; diese Wagen bekamen, nachdem die ex Mansfelder Fahrzeuge bereits ausgemustert waren, deren Nummern *17 bis 19* in zweiter Belegung, also 17″ bis 19″, und dazu die neue *Nummer 20.* Die neuen Beiwagen Nr. 17″ bis 20 wurden 1939 von der Maschinenfabrik Esslingen geliefert. Natürlich übernahm die Stadt Reutlingen auch diese damals noch modernen Fahrzeuge 1944 von der WEG.

Die Straßenbahnzüge der WEG bestanden aus einem Triebwagen und einem oder zwei Beiwagen; bei sehr starkem Verkehr konnte mit einer Sondergenehmigung auch ein dritter Beiwagen angehängt werden. In verkehrsschwachen Zeiten verkehrten auch Solo-Triebwagen.

Über *Arbeitsfahrzeuge* der WEG-Straßenbahn waren keine exakten Angaben erhältlich. Als Arbeitstriebwagen wurden wahrscheinlich die vorhandenen Personen-Triebwagen benutzt. Für den geringen Güterverkehr diente die kleine Ellok in Verbindung mit einigen Rollböcken.

2. Die Nebenbahnen der Württembergischen Eisenbahnen-Gesellschaft

2.1. Die Nebenbahn Nürtingen–Neuffen

2.1.1. VORGESCHICHTE

Am Fuße des nordwestlichen Randes der Schwäbischen Alb, der sog. »Vorderen Alb«, liegt in etwa 400 m Meereshöhe, an einem Bach mit Namen Steinach, das Städtchen Neuffen. Dort waren gegen Ende des vorigen Jahrhunderts zahlreiche Unternehmen der Strickwaren- und Strumpfherstellung ansässig. Bei der Erbauung der Eisenbahnen im früheren Königreich Württemberg durch die Königlich-Württembergische Staatseisenbahn (KWStE), war Neuffen trotz intensiver Bemühungen der interessierten Kreise in Neuffen selbst und in den anderen Gemeinden im Steinachtal, Linsenhofen und Frickenhausen, nicht an die staatliche Eisenbahnstrecke Plochingen–Nürtingen–Reutlingen–Tübingen angeschlossen worden, wodurch sich die Gewerbetreibenden dieser Gegend benachteiligt fühlten. Es entstanden daher eifrige Bemühungen der Interessenten, in irgendeiner Weise eine Eisenbahnverbindung zu der genannten Staatsbahnstrecke und insbesondere auch zu der Stadt Nürtingen zu erhalten, die sich zu einem bedeutenden Zentrum der Textilbranche und auch der Holz- und Metall-Verarbeitung entwickelt hatte. Diese Bemühungen der Gemeinden des Steinachtales führten 1895 dazu, daß das Schultheißenamt Neuffen mit der Firma Max Hahn, Eisenbahn-Bau- und Betriebs-Unternehmung in Berlin wegen des Baus einer Straßenbahn von Neuffen nach Nürtingen Kontakt aufnahm. Gleichzeitig wurde am 3. 5. 1895 ein Komitee für die Erbauung einer solchen Straßenbahn gebildet, das unter dem Vorsitz des Stadtschultheißen Nestel von Neuffen stand und dem Vertreter der Gemeinden Linsenhofen und Frickenhausen angehörten. Dieses Komitee richtete ein Gesuch um Erteilung einer Konzession für den Bau und Betrieb der genannten Straßenbahn an die Verkehrsabteilung des zuständigen Ministeriums für auswärtige Angelegenheiten in Stuttgart, das aber abschlägig beschieden wurde. Daraufhin nahm das Komitee Verbindung mit der Localbahn AG München auf, um diese für das Bahnprojekt zu interessieren, anscheinend aber ohne Erfolg. Einen weiteren Vorstoß unternahm das Komitee, dem nun der rege Landtagsabgeordnete Gabler angehörte, am 6. 2. 1898 bei der Verkehrsabteilung des Ministeriums, um die Genehmigung zur Durchführung von Vorarbeiten für den Bau einer schmalspurigen Bahn Nürtingen–Neuffen zu erhalten. Dieses erneute Gesuch wurde vom Ministerium befürwortet und über die Generaldirektion der KWStE am 14. 2. 1898 beantwortet. Nun konnte man die Vorarbeiten aufnehmen, mit deren Durchführung die Firma Artur Koppel, Fabrik schmalspuriger Eisenbahnen in Berlin, beauftragt wurde. Der Vertreter dieser Firma in Stuttgart, Herr Alfred Köhler, wurde übrigens bei der Gründung der WEG deren erster Direktor. Die Firma Koppel beantragte nach Beendigung der Planungsarbeiten am 1. 10. 1898 die Konzession für den Bau und Betrieb einer normalspurigen Eisenbahn von Nürtingen nach Neuffen. Das zuständige Ministerium beauftragte am 19. 11. 1898 die Generaldirektion der KWStE mit der Ausarbeitung des Entwurfs für die Konzession und deren Aushändigung an die Firma Koppel; das geschah am 25. 11. 1898. Unter dem 6. 7. 1899 teilte die Generaldirektion der KWSTE im Auftrag des Ministeriums der inzwischen gegründeten WEG mit, daß »Seine Majestät der König durch Allerhöchste Entschließung vom 25. 6. 1899 der WEG die Konzession für den Bau und Betrieb

Übersicht über die Strecken der Württembergischen Eisenbahn-Gesellschaft AG und Württembergischen Nebenbahnen AG um 1918

Strecken der KWStE
Normalspur der WEG/WNB
Meterspur der WEG/WNB

einer an die Staatsbahn anschließenden Eisenbahn für den öffentlichen Personen- und Güterverkehr zwischen Nürtingen und Neuffen zu erteilen geruht habe«. Die Urkunde wurde am 30. 6. 1899 ausgefertigt und im »Regierungsblatt für das Königreich Württemberg« Nr. 20 vom 15. 7. 1899 veröffentlicht. Am 10. 10. 1899 verfügte der Staatsminister für auswärtige Angelegenheiten, Mittnacht, daß sich das Reichseisenbahnamt am 4. 10. 1899 damit einverstanden erklärt habe und daß die Bahn als Nebenbahn – und nicht als Kleinbahn – gebaut und betrieben werden solle. Nachdem am 23. 6. 1899 die Vorarbeiten abgeschlossen waren, wurden die Unterlagen der Generaldirektion der KWStE zur Prüfung eingereicht. Diese genehmigte sie mit geringfügigen Änderungen mit Schreiben vom 29. 7. 1899. Nun war grünes Licht gegeben und man konnte am Montag dem 18. 9. 1899 mit den Bauarbeiten anfangen. Diese waren der »Bahn-Bau- und Betriebsgesellschaft« (BBB) übertragen worden. In die zwischen der Firma Koppel und den beteiligten Gemeinden geschlossenen Verträge und Abmachungen war nach ihrer Gründung die WEG eingetreten.

2.1.2. GESCHICHTE

Die Bauarbeiten waren Anfang Mai 1900 schon soweit fortgeschritten, daß am 26. 5. 1900 die Brückenproben durchgeführt und am gleichen Tage die Bahn durch den Oberbaurat Schmal vom Ministerium für Straßen- und Wasserbau abgenommen werden konnte. Die Durchführung der gesamten Bauarbeiten innerhalb der kurzen Bauzeit von nur 9 Monaten war dadurch ermöglicht worden, daß die berührten Gemeinden Grundstücke und Geldzuschüsse zur Verfügung gestellt hatten.

Am 31. 5. 1900 wurde die neue Nebenbahn, die im Volksmund bald die »Tälesbahn« hieß, feierlich dem Verkehr übergeben. Der erste Zug bestand aus der Lok und 7 Wagen und startete in Nürtingen talaufwärts. Der öffentliche Personenverkehr wurde am 1. 6. 1900 eröffnet; mit dem gleichen Tage stellte die Post den Postwagenverkehr nach Neuffen ein. Der Güterverkehr mußte sich noch etwas gedulden, denn er wurde erst am 21. 6. 1900 aufgenommen.

Der Verkehr, für den anfangs 2 Dampfloks, 4 Personenwagen, 1 Gepäck/Postwagen und 15 Güterwagen zur Verfügung standen, kam recht bald in Schwung; es verkehrten täglich 5 Zugpaare. Damals arbeiteten 11 Bedienstete für die neue Bahn. Am 7. 7. 1900 kam hoher Besuch, als das württembergische Königspaar zur Besichtigung der neuen Bahn erschien. Es zeigte sich bald, daß der Entschluß, eine normalspurige Bahn statt einer schmalspurigen zu bauen, durchaus richtig und weitsichtig gewesen war, wenn auch die Kosten höher waren.

1904 wurde in Frickenhausen ein erstes Privatanschlußgleis angelegt, das mit 600 m Länge zu einer großen Ziegelei führte. Noch vor dem Ersten Weltkrieg, im Jahre 1911, kam zwischen den Stationen Nürtingen Roßdorf und Frickenhausen ein weiteres Privatanschlußgleis hinzu, das die Sägerei Haussmann bediente. Einen gewaltigen Aufschwung nahm der Güterverkehr 1913 durch die Inbetriebnahme des Portland-Zement-Werkes bei Nürtingen, das seine Kalksteine von dem großen Kalksteinbruch bei Neuffen bezog und mit dem Transport zum Zementwerk die Tälesbahn beauftragte. Die Kalksteine wurden aus dem südwestlich von Neuffen am sog. »Hörnle« gelegenen umfangreichen Steinbruch mittels Seilbahn zu einer neu erstellten Verladeanlage im WEG-Bahnhof Neuffen gebracht, wo sie in Güterwagen umgeladen wurden. Triebfahrzeuge der Tälesbahn brachten die Steinwagen dann nach Nürtingen, von wo sie auf den Gleisen der Staatsbahn zu dem etwa 3 km südlich von Nürtingen gelegenen Werksanlagen des Zementwerks verschoben wurden. Diese Kalksteintransporte haben der Bahn Nürtingen–Neuffen über viele Jahrzehnte einen sehr starken Güterverkehr und damit gute Einnahmen gebracht. Dadurch wurde die Tälesbahn zur wichtigsten und ertragreichsten Strecke aller WEG-Bahnen. Leider stellte das Zementwerk Nürtingen 1974 seine Kalksteinbezüge aus dem Neuffener Steinbruch ein, da die Betriebsorganisation im ganzen geändert wurde. Der Steinbruch am »Hörnle« wurde stillgelegt und damit auch die Umladeanlage in Neuffen. Damit ging der WEG der wichtigste Kunde im Güterverkehr verloren und die Gütertransporte auf der Tälesbahn nahmen rapide ab. Auch das Anschlußgleis zur Ziegelei in Frickenhausen wurde 1972 stillgelegt. Es war aber 1947 ein neues Anschlußgleis nahe dem Haltepunkt Nürtingen Roßdorf entstanden, über das die Firma Gnida, Eisen- und Blechverarbeitunmg GmbH, bedient wird.

Während der Jahrzehnte ihres Bestehens haben sich auf der Tälesbahn keine aufsehenerregenden Ereignisse abgespielt, wenn man von der Einstellung der Kalkstein-

Eröffnungsfahrplan vom 1. 6. 1900

transporte und den durch die beiden Weltkriege bedingten Umständen absieht. Bei Kriegsende 1945 mußte der Verkehr vom 21. 4. 1945 bis 7. 6. 1945 ganz eingestellt werden, um die Kriegsschäden an Bahnanlagen und Fahrzeugen beseitigen zu können.

Im ganzen gesehen hat die Nebenbahn Nürtingen–Neuffen die ihr von ihren Initiatoren gestellten Aufgaben von der Eröffnung an bis heute zur vollen Zufriedenheit erfüllt und sie ist auch heute noch trotz des Fortfalls der Steintransporte die belebteste Bahn der WEG. Im Personenverkehr hat sie derzeit sogar während der Werktage den stärksten Betrieb. Der Sonntagsverkehr auf der Schiene wurde allerdings 1975 eingestellt. Die Aussichten auf das Weiterbestehen der Tälesbahn sind für die Zukunft günstig, da sie für die Beförderung der Berufstätigen und Schüler unentbehrlich ist. Nürtingen ist mit seinen derzeit etwa 25 000 Einwohnern ein wichtiges Schul- und Wirtschaftszentrum im Neckartal geworden, dessen Fachhochschulen für Landbau, Landespflege, Betriebswirtschaft aus dem Umland gut besucht sind und dessen Industrie der Textil-, Holz- und Metallverarbeitung weit und breit einen guten Ruf hat. Aus diesen Gründen hat sich ein lebhafter Pendlerverkehr aus dem Steinachtal nach Nürtingen entwickelt. Aber auch in umgekehrter Richtung ist eine beachtliche Pendlertendenz gegeben, da auch in Frickenhausen und Neuffen aus den ursprünglich kleinen Handwerksbetrieben der Textilbranche bemerkenswerte Industrie-Unternehmen entstanden sind, woran sicher die Tälesbahn zu ihrem Teil beigetragen hat.

Seit dem 1. 6. 1982 ist die Nebenbahn Nürtingen–Neuffen an die Stufe II – Zwischenstufe – des Stuttgarter Verkehrs- und Tarif-Verbundes VVS angeschlossen, ein Umstand, der sich auf das Verkehrsgeschehen vorteilhaft ausgewirkt hat. Um den Personenverkehr attraktiver zu gestalten und weitere Rationalisierungsmöglichkeiten auszuschöpfen, wurden in den vergangenen 2 Jahren erhebliche Investitionen aufgebracht mit dem Ziel, einen schaffnerlosen Betrieb zu erreichen.

Dazu wurden:

Lok 30 mit Personenzug in Nürtingen; etwa 1952 (Sammlung J. Zimmer)

- alle Triebwagen und Beiwagen mit Beschallungsanlagen ausgerüstet, Zugleitfunk eingerichtet,
- in Frickenhausen Rückfallweichen eingebaut, die Zugkreuzungen ohne manuelle Betätigung ermöglichen,
- indirekte Signalanforderung für Blinklichtanlagen vom Fahrerplatz aus installiert,
- alle Bahnhöfe mit Fahrkarten-Automaten ausgerüstet,
- die Bahnsteige verlängert und Bahnsteigbeleuchtung eingerichtet.

Ab Winterfahrplan 1984/85 konnte aufgrund dieser Maßnahmen die Fahrzeit der Personenzüge um rund 25% verkürzt werden. Ein neues Zugpaar wurde zusätzlich in den Fahrplan aufgenommen.

2.1.3. STRECKENVERLAUF

Die Nebenbahn Nürtingen–Neuffen nimmt ihren Ausgang im Staatsbahnhof *Nürtingen* (km 0,0; 282,9 m ü M) der Strecke Plochingen–Reutlingen, wo ihre Personenzüge meist auf den Gleisen 1 oder 4 abfahren. Die Nebenbahn hat im Bahnhof Nürtingen keine eigenen Anlagen; der Betriebsdienst sowie die Fahrkartenausgabe und Frachtgutbehandlung werden durch das Personal der Staatsbahn mitbesorgt. Die Nebenbahn benutzt zunächst die Gleise der Staatsbahn Richtung Reutlingen etwa 0,5 km lang und biegt dann in einer Linkskurve nach Süden ab, während die Staatsbahnstrecke an dieser Stelle in einer Rechtskurve in westliche Richtung übergeht. Auf diesem Gemeinschaftsabschnitt befinden sich zwei kleine Brücken, und zwar bei km 0,064 eine Stahlbrücke von 5 m Spannweite über die Dammstraße und bei km 0,19 eine 1963 erbaute Betonbrücke von 13,1 m Spannweite über die Straße »Am Lerchenberg«. Die WEG-Strecke verläuft durch die südlichen Wohnbezirke von Nürtingen und bedient bei km 0,81 den Haltepunkt *Nürtingen Vorstadt* (286,8 m ü M). Bei km 1,1 wird eine stark befahrene Straße überquert, die durch mit den Straßenampeln einer nahegelegenen Straßenkreuzung gekuppelte Halbschranken und Blinklicht gesichert ist. Bei

Dampfpersonenzug in Neuffen; vor 1914 (Sammlung Archiv WEG/WNB)

km 1,94 zweigt vom Streckengleis das Privatanschlußgleis zur Firma Gnida ab, an das sich bei etwa 1,5 km Länge Verzweigungen in die Fertigungshallen und das Freigelände dieser Firma anschließen. Etwa am südlichen Stadtrand von Nürtingen liegt der Haltepunkt *Nürtingen Roßdorf* bei km 2,24 (300,2 m ü M). Von km 0,8 an hat die Strecke langsam zu steigen angefangen. Es folgt nun bei km 2,923 eine Beton-Gewölbebrücke von 19,6 m Spannweite über die Steinach. Unmittelbar danach wird eine Straße niveaugleich überquert, wobei diese Kreuzung durch eine Blinklichtanlage gesichert ist. Nur wenige hundert Meter weiter zweigt bei km 3,26 vom Streckengleis das Privatanschlußgleis zur Firma Haussmann ab, das von einem Portalkran überspannt ist. Eine weitere stark befahrene Straßenüberquerung ist bei km 3,6, wo zur Sicherung eine Halbschrankenanlage und eine Blinklichtanlage angebracht sind. Das Flüßchen Steinach bleibt von der vorher erwähnten Brücke ab bis zur Endstation in mehr oder weniger großem Abstand auf der rechten Seite der Bahnstrecke, die ständig weiter ansteigt. Bei km 4,25 erreicht die Bahn nun den Bahnhof *Frickenhausen* (320,6 m ü M), der mit Überhol- und Kreuzungsgleisen ausgestattet ist und ein festes Bahnhofsgebäude mit angebautem Güterschuppen aufweist. Von dem linksseitigen Überholgleis zweigt das nicht mehr benutzte Anschlußgleis zur Ziegelei Th. Mayer & Co ab.

Die Strecke führt nun durch den östlichen Ortsteil von Frickenhausen, quert bei km 4,5 eine Straße ohne technische Sicherung und bedient am südlichen Ortsrand von Frickenhausen den Haltepunkt *Frickenhausen Kelterstraße* (km 4,83; 327,1 m ü M). Auf dem nach dem Haltepunkt Kelterstraße folgenden Streckenstück, das teilweise die Maximalsteigung von 1:50 (2%) aufweist, befinden sich mehrere niveaugleiche Straßenkreuzungen; die erste ist bei km 4,9 und hat keine technische Sicherung, während die vier folgenden bei km 5,4; 5,6; 5,8 und 6,0 jeweils durch Blinklichtanlagen gesichert sind. Ein kleiner Bach wird bei km 6,043 auf einer Betonbrücke von 3,3 m Lichtweite überquert. Bei km 6,37

T 11 WEG mit Kalksteinzug in Nürtingen; Mai 1968 (Aufnahme R. Schatz)

T 23 und T 24 WEG mit Kalksteinzug in Nürtingen; Januar 1970 (Aufnahme F. Jäger)

WEG-Nebenbahn Nürtingen–Neuffen

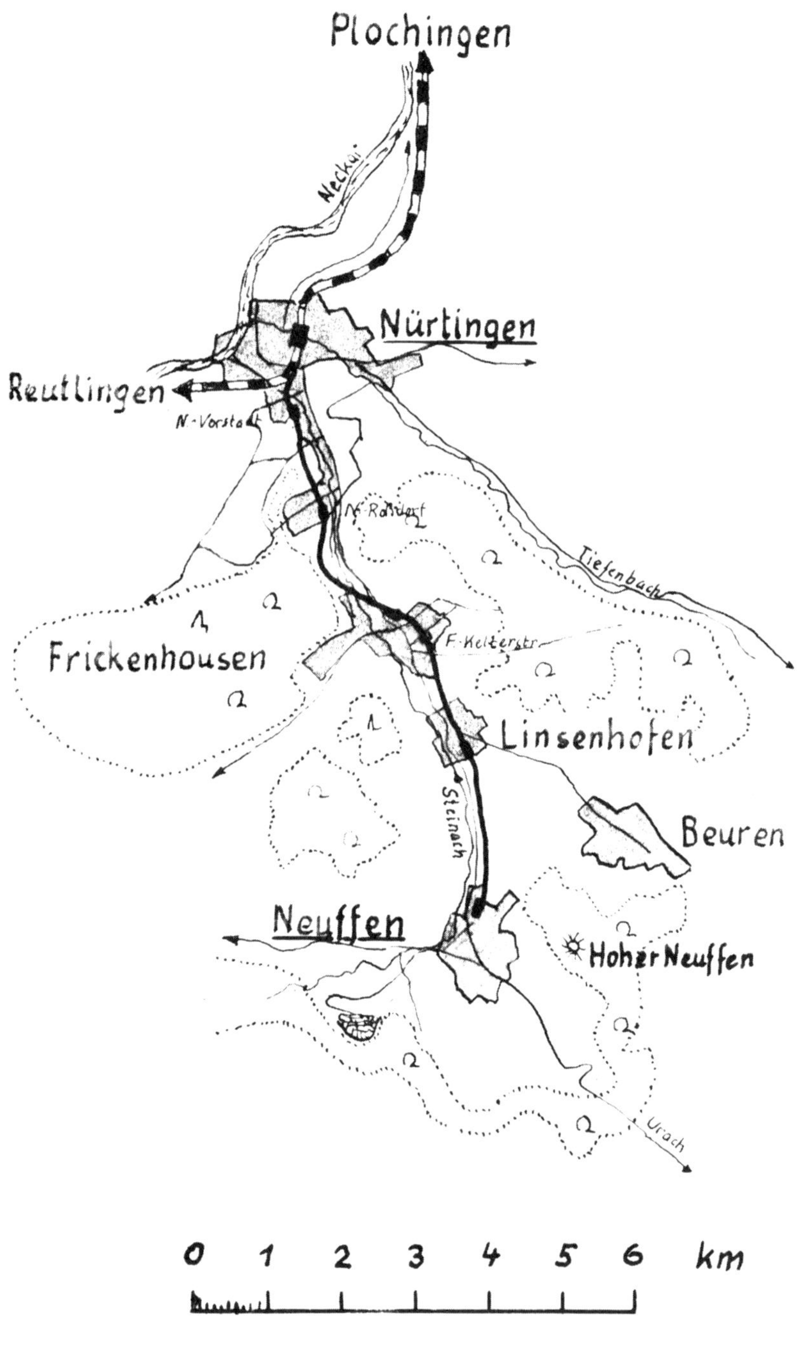

erreicht die Strecke den Bahnhof *Linsenhofen* (354,9 m ü M), der ebenfalls ein kleines Bahnhofsgebäude mit angebautem Güterschuppen aufweist. Auf der Weiterfahrt hat man voraus einen hübschen Blick auf den auffälligen Hausberg von Neuffen, den 743 m hohen Hohenneuffen, mit seiner imposanten Burgruine. Die Strecke führt in einem leichten Rechtsbogen durch offenes Gelände mit Äckern und Wiesen zur Endstation *Neuffen* (km 8,93; 394,5 m ü M), die im nördlichen Teil der Stadt angelegt ist. Vorher war bei km 6,956 auf einer kleinen Betonbrücke nochmals ein kleines Bächlein, der Haldenbach, zu überqueren. Der Bahnhof Neuffen hat als Leitbahnhof mit Bahnbetriebswerk und Hauptwerkstatt natürlich umfangreichere Gleis- und Gebäudeanlagen als die beiden anderen Bahnhöfe Linsenhofen und Frickenhausen. Durch die frühere Kalksteinverlade-Anlage hatte er sogar ein etwas hauptbahnartiges Gepräge. Nach der endgültigen Einstellung der Kalksteinförderung aus dem Neuffener Steinbruch wurde die Verladeanlage, die aus einem Hochbunker mit einer Schüttanlage zum Verladen der Steine in die darunter bereitgestellten Güterwagen bestand, abgebrochen. An ihrer Stelle entstand eine geräumige Erweiterung der Hauptwerkstatt, die am 2. 10. 1979 in Benutzung genommen wurde. In diesen Anlagen werden neben allen kleineren laufenden Reparaturen und Überwachungsarbeiten auch Generalüberholungen an allen Fahrzeugen der WEG durchgeführt. Entsprechend der Bedeutung des Bahnhofs Neuffen als Zugleitbahnhof und Sitz der örtlichen Bahnverwaltung, ist das Bahnhofsgebäude ein fester zweistöckiger Bau, der alle Dienststellen und einen Warteraum aufnimmt. Er fällt besonders durch seinen netten Baustil mit Erkern und Türmchen angenehm auf, wie das auch bei vielen anderen Bahnhofsgebäuden der WEG und WNB der Fall ist. Auch der Triebwagenschuppen, früher Lokschuppen, wurde in den letzten Jahren überholt und erweitert, nachdem Platz durch den Wegfall der Steinverlageanlage verfügbar geworden war. Vollbesetzt ist nur der Bahnhof Neuffen, während Frickenhausen Agenturbahnhof ist.

Die Streckenlänge von Nürtingen nach Neuffen beträgt 8,93 km, von denen 8,43 km bahneigene Streckenteile sind. Die ganze Strecke ist eingleisig und liegt auf eigenem Bahnkörper. Von der Gesamtlänge 8,93 km sind 1,465 km (16,5%) horizontal und 7,405 km (83,5%) in Neigungen verlegt. In der Geraden liegen 5,541 km (62,5%) und in Krümmungen 3,320 km

WEG-Nebenbahn Nürtingen–Neuffen

Bf Frickenhausen

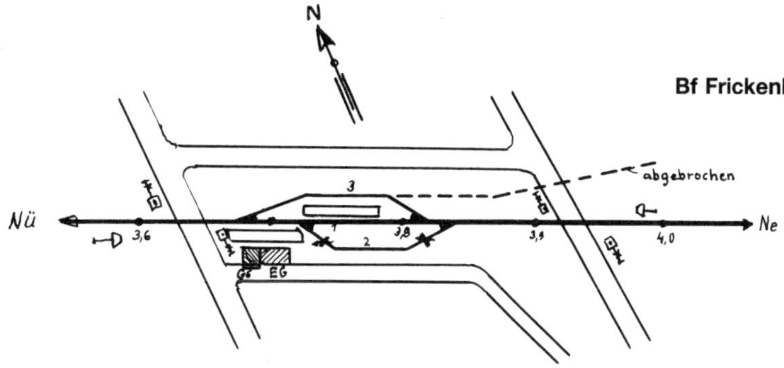

Anmerkungen zu den Skizzen der Bahnhofsanlagen

Die Skizzen zeigen die Bahnhofsanlagen der einzelnen Stationen in vereinfachter Darstellung. Die Maßstäbe sind ungefähr in der Länge 1:6000 und in der Breite (Höhe) 1:1500.
Die verwendeten Abkürzungen und Symbole haben folgende Bedeutung:

EG	Empfangsgebäude oder Dienstgebäude
GS	Güterschuppen
LS	Lok-Schuppen
TS	Triebwagenschuppen bzw. -halle
BW	Betriebswerkstatt
SR	Seitenrampe
KR	Kopframpe
R	Rampe allgemein
LStr	Ladestraße
LH	Lagerhaus, Lagerschuppen
RG	Rollbockgrube
Wh	Wohnhaus
DrS	Drehscheibe
LP	Lagerplatz
LM	Lademaß
RW	Verriegelbare Weiche

- Blinklichtanlage
- Gleissperre
- Trapeztafel Ne 1
- Blinklichtüberwachungssignal Bü 1
- Form/Licht-Hauptsignal
- Bahnsteig
- DB-Gleis
- Privatbahngleis

Bf Linsenhofen

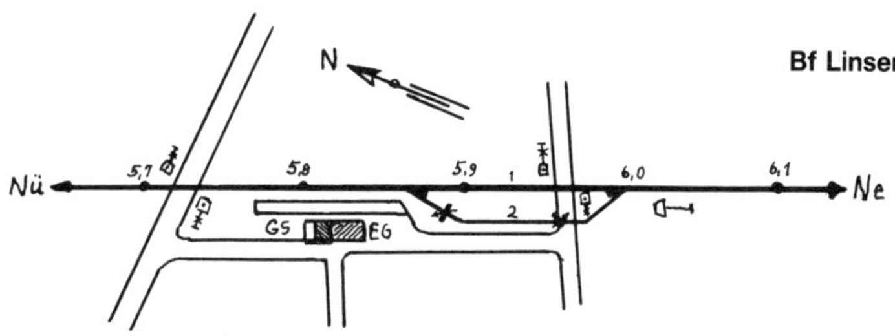

Bf Neuffen

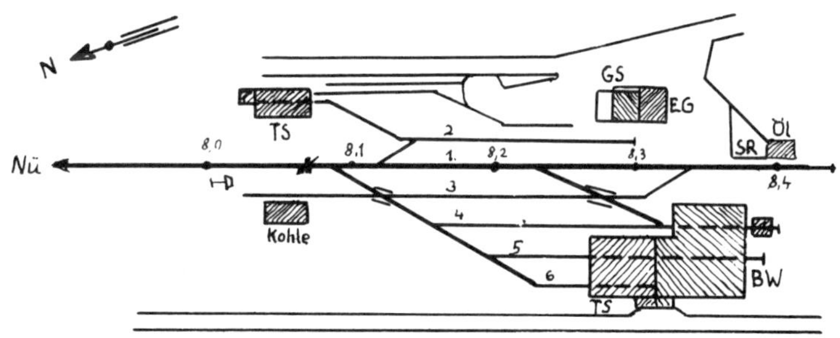

Anschlußgleise
Gebr. Gnida Nürtingen

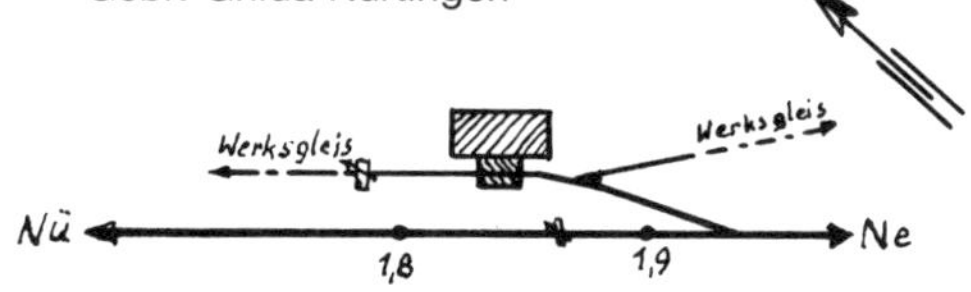

Gebr. Haußmann Frickenhausen

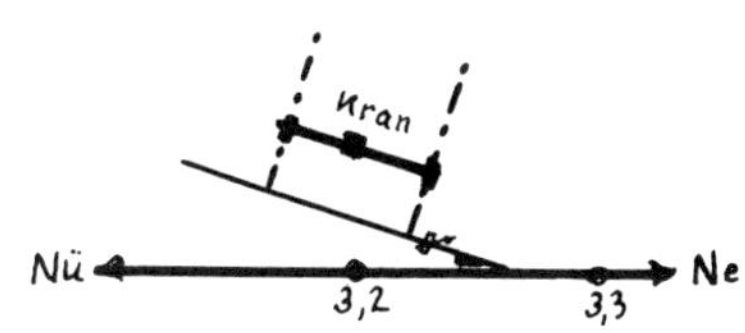

Bahnhof Neuffen; rechts Fahrzeughalle, dahinter Ladeanlage für Kalksteine, links Empfangsgebäude; September 1975
(Aufnahme G. Wolff)

(37,5%). Die größte Neigung beträgt 1:50 (2%) und die engste Krümmung hat einen Radius von 200 m. Die auf der Strecke zugelassene Höchstgeschwindigkeit war zur Dampfzeit 40 km/Std. Nach gründlicher Durcharbeitung des Oberbaus und Verlegung schwerer Schienen sowie Begradigung einiger Krümmungen mit dem Mindestradius in den Jahren seit 1959 konnte die Höchstgeschwindigkeit auf 60 km/Std. heraufgesetzt werden.

Form- und Lichtsignale gibt es an der Nebenstrecke nicht; lediglich die Einfahrt in und die Ausfahrt aus dem Staatsbahnhof Nürtingen sind durch Tageslichtsignale gesichert, die aber der Staatsbahn (DB) gehören und von deren Stellwerk aus bedient werden. Das Einfahrtsignal steht bei km 1,0 der Nebenbahn, das Ausfahrtsignal im Bahnhof Nürtingen. Im Verlauf des Jahres 1984 wurden folgende Verbesserungen eingeführt: In den Bahnhöfen wurden Fahrkartenautomaten aufgestellt; im Bahnhof Frickenhausen wurden Rückfallweichen eingebaut; in allen Bahnhöfen sind die Bahnsteige verlängert worden; in die Triebfahrzeuge wurden Einrichtungen zur Anforderung der Blinklichtsignale eingebaut. Der Zugleitdienst, der bisher durch Fernsprecher erfolgte, wurde auf Funk umgestellt, wobei die festen Stationen in Nürtingen und Neuffen installiert sind. Von den in früheren Zeiten an der ganzen Strecke vorhandenen 34 Straßen- und Wegübergängen wurden die meisten beseitigt, die noch vorhandenen sind meist durch Blinklichtanlagen, oft in Verbindung mit Halbschranken gesichert; an den weniger stark befahrenen Kreuzungen stehen Warnkreuze und Pfeiftafeln.

T 20 WEG als P 37 in Neuffen; November 1967
(Aufnahme F. Jäger)

T 11 WEG mit Kalksteinzug an der Verladeanlage in Neuffen; November 1967
(Aufnahme F. Jäger)

WEG-Nebenbahn Nürtingen–Neuffen

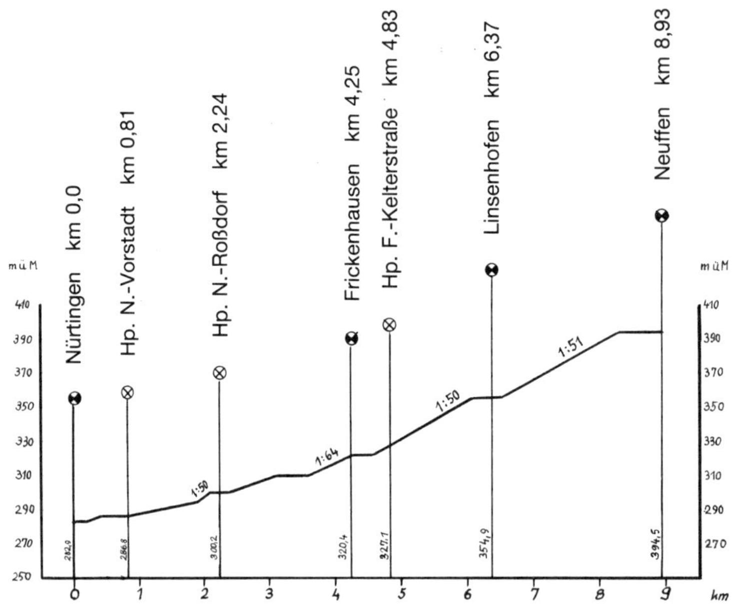

2.1.4. FAHRPLANGESTALTUNG

Im Jahre der Betriebseröffnung verkehrten auf der Tälesbahn täglich 5 Zugpaare und sonntags 2 weitere. 1912 waren an jedem Tag der Woche 6 Zugpaare im Einsatz. Im Kriegsjahr 1916 wies der Fahrplan werktags 4 und sonntags 5 Zugpaare aus. Laut Fahrplan 1938 waren werktags 7 und sonntags 6 Zugpaare auf der Strecke. Die Fahrzeiten der damals noch mit Dampfloks beförderten Züge betrugen bei der zugelassenen Höchstgeschwindigkeit von 40 km/Std. im Durchschnitt 25 Min.

Im Zweiten Weltkrieg verkehrten ab 1. 4. 1940 noch 4 Zugpaare an Werktagen und 3 an Sonntagen; auch wies der Fahrplan damals 3 Bedarfsgüterzüge aus. Im Verlauf des Krieges traten nach und nach Einschränkungen in Kraft, bis dann gegen Kriegsende der Verkehr ganz eingestellt werden mußte. Die frühere Kursbuchnummer der Bahn hieß 325c.

Nach dem Krieg machte sich, wie auch bei den anderen WEG- und WNB-Bahnen, ab den fünfziger Jahren eine Anpassung des Zugangebots an den wirklichen, durch den wachsenden Individualverkehr sinkenden Bedarf bemerkbar. Das war insbesondere daran zu merken, daß die bisherige Unterteilung in Werktags- und Sonntagsverkehr aufgegeben wurde und ab den siebziger Jahren in zunehmendem Maße der Sonntagsverkehr auf der Schiene ganz aufgegeben wurde. Auch erschienen zur Verbesserung des Zugangebots und zur Einsparung von Fahrten Güterzüge mit Personenbeförderung, sog. GmP, im Fahrplan.

Ein solcher Fahrplan galt z.B. ab 23. 5. 1954. Es gab damals von Nürtingen nach Neuffen montags bis freitags 10, samstags 9 und sonntags 5 Personenzugfahrten. Dazu kamen noch an allen Werktagen 4 GmP-Fahrten sowie sonntags 1 und werktags 2 reine Güterzugfahrten. In der Gegenrichtung Neuffen–Nürtingen sah das Bild etwas anders aus; montags bis freitags 9, samstags 8, sonntags 7 Personenzüge, dazu an allen Werktagen 3 und sonntags 1 GmP-Fahrt sowie täglich 1 Güterzugsfahrt. Die Fahrzeit betrug immer noch 23 Min. im Mittel. Zugskreuzungen fanden, wie auch schon bei früheren Fahrplänen, meist in Frickenhausen statt.

Seit etwa 1962 wurde der gesamte Verkehr durch Triebwagen besorgt, die auch die schweren Kalksteinzüge beförderten. Laut Sommerfahrplan 1975 verkehrten werktags 13 und sonntags nur noch 2 Personenzugpaare.

Im Sommerfahrplan 1984 sind für die ganze Strecke Nürtingen nach Neuffen und zurück montags bis freitags 7, ferner montags bis samstags weitere 8 Personenzugpaare angegeben, die Fahrzeiten zwischen 17 und 28 Min. benötigen. Für den Güterdienst weist der Fahrplan montags bis samstags je 1 Güterzugspaar mit Fahrzeiten zwischen 43 und 55 Min. aus. In jüngster Zeit wurde die zugelassene Höchstgeschwindigkeit von 50 auf 60 km/Std. heraufgesetzt. Sonntagsverkehr gibt es seit 1975 nicht mehr. Der Personenzug-Fahrplan ist im Kursbuch auf Blatt 763 zu finden.

Ein Vergleich der Verkehrsdichte bei der Tälesbahn mit anderen WEG-Bahnen zeigt, daß diese Bahn den stärksten Verkehr hat; dies war noch viel ausgeprägter, als noch der starke, durch die Kalksteintransporte verursachte Güterverkehr herrschte.

2.1.5. BEFÖRDERUNGSLEISTUNGEN

Hierzu wird auf die beiden Grafiken verwiesen, die die Entwicklung des Personenverkehrs und des Güterverkehrs von der Betriebseröffnung bis zum Jahr 1983 erkennen lassen. Darin ist jeweils die Länge des zu einem

WEG-Nebenbahn Nürtingen–Neuffen

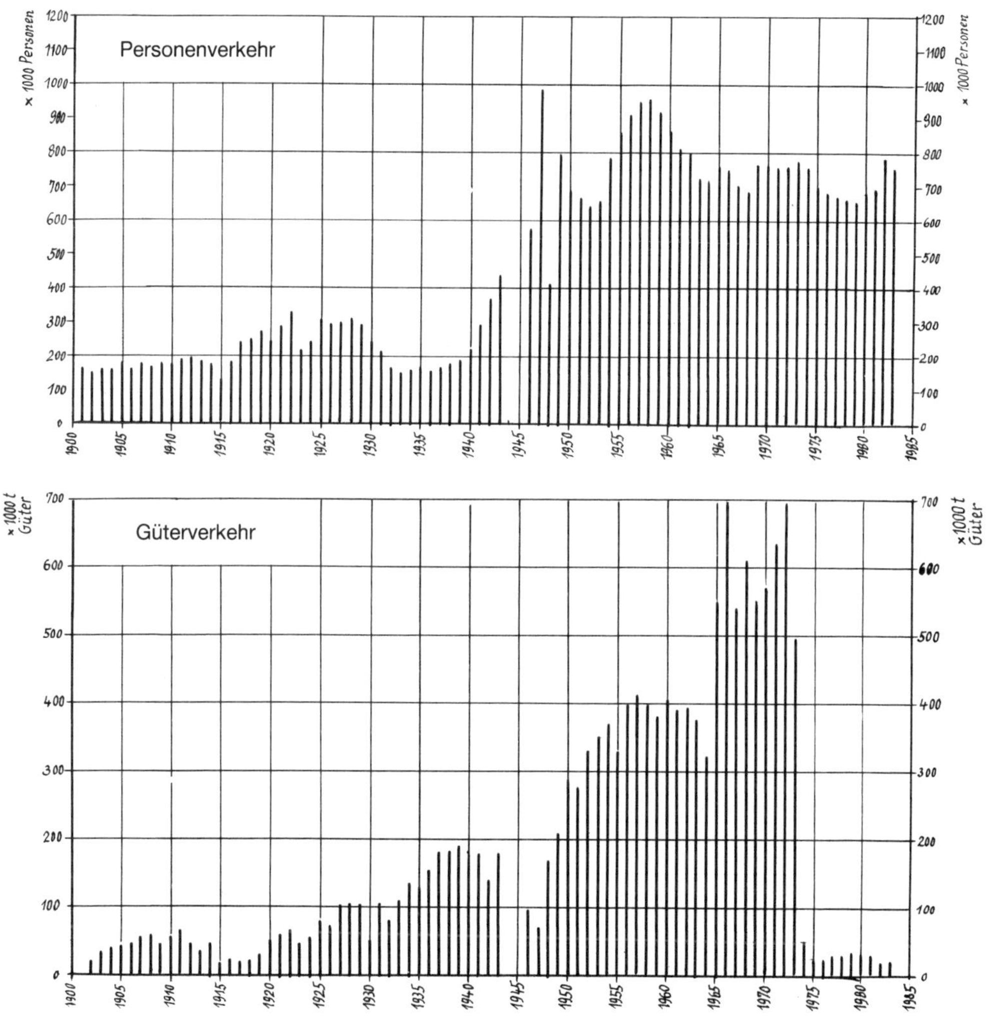

bestimmten Jahr gehörenden Balkens proportional der Zahl der in diesem Jahr beförderten Personen oder Gütertonnen. Man erkennt beim Personenverkehr eine starke Zunahme in der Zeit nach dem Zweiten Weltkrieg. Beim Güterverkehr ist deutlich der Einfluß der Kalksteintransporte und deren Fortfall seit 1974 zu erkennen.

Interessant ist es sicher, zu erfahren, welche Güterarten auf der Tälesbahn befördert wurden und welche davon die größte Rolle beim gesamten Güterverkehr gespielt haben.

Die nachfolgende Tabelle zeigt dies für die Jahre 1979, 1981 und 1983:

Güterart	*1979*		*1981*		*1983*	
	t	%	*t*	%	*t*	%
Stückgut, Expreßgut	2218	7,0	2137	7,7	1705	9,0
Textilien	—	—	—	—	12	0,1
Holz	917	2,3	283	1,0	288	1,5
Benzin, Öl, Gas	92	0,3	161	0,6	166	0,9
Schrott, Erze	116	0,4	—	—	25	0,1
Eisen, Stahl, Halbzeug	27296	86,6	23682	85,1	16607	87,8
Zement, Kalk, Gips	—	—	—	—	394	2,1
Düngemittel	53	0,2	52	0,2	22	0,1
Chemikalien	—	—	—	—	11	0,1
Zellstoff, Altpapier	—	—	—	—	137	0,7
Maschinen, Fahrzeuge	92	0,3	107	0,4	1568	8,3
Leder, Pelze	—	—	—	—	35	0,2
Gummi, Papier, Möbel	—	—	—	—	16	0,1
Sonstiges	92	0,3	294	1,0	532	2,8
Dienstgut	177	0,5	542	1,9	388	1,8
Kohle	676	2,1	581	2,1	539	2,9
Summe aller Güter	31531	100,0	27839	100,0	22395	100,0

Man sieht, daß sich der Schwerpunkt der Gütertransporte auf Eisen und Stahl verlagert hat und daß die früher so umfangreichen Kalkstein-Transporte ganz verschwunden sind. Die meist für den Frachtkunden Fa. Gnida bestimmten Güter dieser Kategorie machen weit über 80% des gesamten Frachtaufkommens aus.

Im Jahre 1983 wurden in Nürtingen 911 Güterwagen von der DB übernommen bzw. an sie übergeben; das sind im Durchschnitt 76 Wagen monatlich. Stückgutbahnhöfe sind derzeit noch Frickenhausen und Neuffen.

2.1.6. DIE FAHRZEUGE AUF DER TÄLESBAHN

Hier können wir uns kurzfassen, da über die Fahrzeuge der WEG im allgemeinen Kapitel bereits das wichtigste gesagt wurde. Es soll jetzt nur angegeben werden, welche Fahrzeuge bei der Tälesbahn im ständigen Einsatz gewesen sind, nicht aber welche nur zeitweise, z.B. anläßlich von Probefahrten nach Reparaturen und Überholungen in der Hauptwerkstatt Neuffen der WEG auf der Strecke gefahren sind.

2.1.6.1. *Dampflokomotiven*

Sicher ist, daß bei der Eröffnung des Verkehrs auf der Nebenbahn Nürtingen–Neuffen im Jahre 1900 die beiden Cn2t-Loks Nr. 1 »Alice« und Nr. 2 »Agnes« eingesetzt wurden. Als sie sich wegen der Zunahme der Zuggewichte nicht mehr leistungsfähig genug erwiesen, mußten sie durch stärkere Loks ersetzt werden. Aus diesem Grunde wurden die von der EBT stammenden Dn2tv-Loks Nr. 14 und 15 zur Tälesbahn versetzt. Weitere auf der Strecke Nürtingen–Neuffen eingesetzte Loks waren die Dn2tv-Maschinen Nr. 17, 18, 19, die ebenfalls gebraucht erworben worden waren. Wann und wie lange sie auf der Tälesbahn verkehrten, war im einzelnen nicht mehr festzustellen. Lok Nr. 17 soll 1952 einen schweren Rangierunfall in Neuffen erlitten haben, weshalb ihr Fahrgestell verschrottet werden mußte. Sie soll dann das Fahrgestell der in Neuffen zur Verschrottung abgestellten Lok Nr. 18 erhalten haben. Auch die ursprünglich für eine Zuckerfabrik in Kapstadt bestimmt gewesene Dn2t-Lok Nr. 20 war nach ihrem Ankauf zuerst der Tälesbahn zugewiesen worden, hat aber dort offenbar schon gleich ihre Schwächen gezeigt und wurde bald wieder abgegeben. Sehr gut bewährt haben sich hingegen besonders bei der Förderung der schweren Kalkstein-Züge die beiden Heißdampfloks Nr. 30 und 31 (Dh2t), die bis zur Umstellung auch des Güterverkehr auf Triebwagen auf der Tälesbahn verkehrt haben und dort auch verschrottet wurden.

2.1.6.2. *Dieseltriebwagen*

Die Umstellung auf Dieselbetrieb begann mit der Indienststellung der vierachsigen Triebwagen T 11 (heute VT 401) und T 20 (heute VT 403) in den Jahren 1958 und 1953. Da der T 20 hinsichtlich seiner Motorleistung nur halb so stark war wie der T 11, wurde er hauptsächlich im Personenzugdienst eingesetzt, während im Güterzugdienst bis zur Fertigstellung des Umbaus des T 11 noch die Dampfloks 30 und 31 den Güterverkehr besorgten. Der T 20 kann 3 vollbesetzte Triebwagen-Beiwagen befördern und ist daher im Personenverkehr ziemlich unbegrenzt verwendbar. Für extrem lange Personenzüge wird allerdings T 11 benötigt. Obwohl die Reise von Nürtingen nach Neuffen nicht allzulange dauert, sind beide Triebwagen mit Aborten ausgestattet. Der T 11 kann mit Leichtigkeit alle 7 Triebwagen-Beiwagen der Tälesbahn befördern. Am 7. 3. 1966 hatte der T 11 an einer Straßenkreuzung mit Blinklichtsicherung einen schweren Zusammenstoß mit einem kiesbeladenen Lastkraftwagen. Trotz seines großen Gewichts durch die Kiesladung ging es dem Lkw bei der Kollision schlecht; aber auch der T 11 mußte zur Beseitigung seiner Schäden für einige Zeit aus dem Verkehr gezogen werden. Während dieser Ausfallzeit war als Ersatz vorübergehend der T 06 zur Tälesbahn versetzt. Im Jahre 1969 kamen die fabrikneuen Triebwagen T 23 und T 24 WEG zur Tälesbahn, um bei den Kalksteintransporten zu helfen. Sie machten sich besonders bei den Kalksteintransporten nützlich und entlasteten den doch schon betagten T 11. Um die Zugbildung bei den Kalksteinzügen zu erleichtern, wenn sie von diesen beiden Triebwagen befördert wurden, waren die beiden Endwagen der Kalksteinzüge, die ja zuletzt aus vierachsigen Selbstladewagen bestanden, mit Scharffenberg-Kupplungen ausgerüstet worden. Nach der Einstellung der Kalksteintransporte gab es für T 23 und T 24 bei der Tälesbahn keine Verwendung mehr, da die beiden übrigen Triebwagen T 11 und T 20 für den Verkehr genügten. Sie wurden deshalb im Oktober 1979 zur Nebenbahn Jagstfeld–Ohrnberg versetzt. Der in der Hauptwerkstatt Neuffen wiederhergerichtete ex FK-Triebwagen wurde als T 19 (heute VT 405) nach längeren Probefahrten auf der Tälesbahn zur Nebenbahn Korntal–Weissach versetzt. Von dort kam er nach Indienststellung der neuen VT 410 und 411 wieder zur Tälesbahn zurück und ist dort als 3. Triebfahrzeuge im ständigen Einsatz. Der alte T 11 (VT 401) ist derzeit meist als Reservefahrzeug betriebsbereit abgestellt.

2.1.6.3. *Personenwagen und Triebwagen-Beiwagen*

Bei der Eröffnung der Nebenbahn Nürtingen–Neuffen gab es 4 zweiachsige Personenwagen. Ihre Zahl nahm im Laufe der Jahre, wie sich aus den Tabellen der »Statistik der deutschen Eisenbahnen« ergibt, auf 8 Einheiten im Jahre 1933 zu; das scheint der Höchstbestand gewesen zu sein, denn in den Jahrgängen danach waren schon wieder weniger Personenwagen ausgewiesen. Aufgrund der aus dem Jahr 1964 stammenden Tabelle der WEG waren 1950 noch 6 Personenwagen vorhanden, die die Nummern 12, 13, 17, 19, 27, 28 hatten. Diese sämtlich zweiachsigen Wagen sind in den Jahren 1952 bis 1953 ausgemustert und verschrottet worden. Den Anfang machte 1952 der Wagen Nr. 27, den Schluß 1963 die Wagen 19 und 28. Die alten Personenwagen aus der Dampfzeit wurden um 1960 durch die durch Umbau entstandenen Triebwagen-Beiwagen VB 101 bis 107 ersetzt, die auch heute noch auf der Tälesbahn im Einsatz sind. Sie werden meist zu 2 Zügen zusammengestellt, die aus 3 bzw. 4 Einzelwagen bestehen. Ferner wird bei der Tälesbahn der VB 202 und zeitweise auch der VB 122 eingesetzt.

Tabelle 13: **Entwicklung des Fahrzeugbestandes der Nebenbahn Nürtingen–Neuffen**

Jahr	*Dampfloks*	*Triebwagen*	*Personenwagen*	*VB/VS*	*Gepäck/ Postwag.*	*Güterwagen*
1905	2	0	4	0	1	18
1906	2	0	4	0	1	17
1916	2	0	6	0	1	14
1927	3	0	6	0	1	19
1936	3	0	7	0	1	18
1940	3	0	7	0	1	21
1950	3	0	6	0	1	8
1960	1	2	6	7	0	8
1964	0	2	0	7	0	12
1970	0	5	0	7	0	12
1982	0	3	0	8	0	1

2.1.6.4. *Gepäck/Postwagen, Güterwagen*

Die Nebenbahn Nürtingen–Neuffen besaß seit ihrer Eröffnung 1900 einen einzigen Gepäck/Postwagen, der später die Nummer 105 hatte. Er blieb auch immer das einzige Fahrzeug dieser Art und wurde 1959 in Neuffen verschrottet.

An Güterwagen waren bei der Aufnahme des Verkehrs 15 Einheiten vorhanden, wobei es nicht bekannt ist, wieviele davon offen und gedeckt waren. Der Höchstbe-

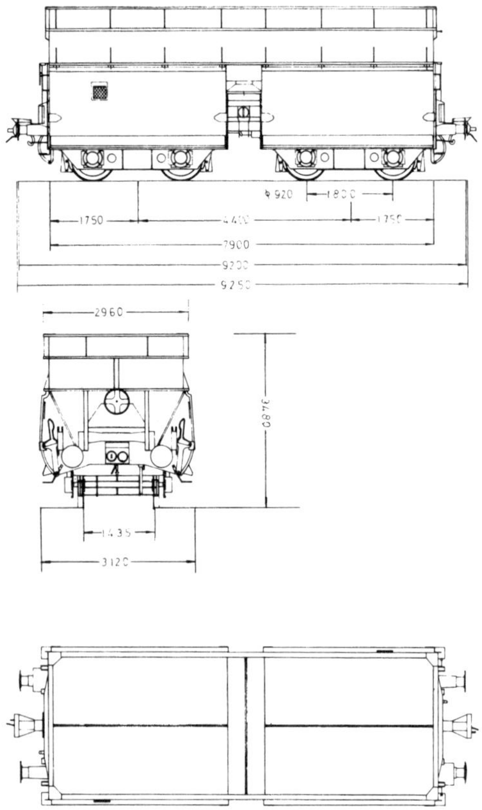

WEG-Selbstentladewagen mit Sätteln und Seitenklappen Bauart Fad 146, Typ 00t Nr. 301–312 (Zeichnung G. König)

stand wurde nach den Angaben der »Statistik« in den dreißiger Jahren mit 3 gedeckten und 18 offenen Fahrzeugen erreicht. Von diesen war ein beträchtlicher Teil, wie allgemein bei Privatbahnen üblich, im Wagenpark der Staatsbahn eingestellt. Von den 1950 noch vorhandenen Güterwagen waren 7 im Park der Staatsbahn (DB) eingesetzt, nur einer war bei der Tälesbahn für bahninterne Dienste geblieben. Die bei der Staatsbahn befindlichen Fahrzeuge wurden bis 1962 ausgemustert. Ein noch 1961 bei der Tälesbahn vorhandener offener Güterwagen hatte die Nummer 23.

Für den Kalksteintransport hat die WEG für die Tälesbahn als Gelegenheitskauf 12 gebrauchte vierachsige Selbstentladewagen mit Sätteln und Seitenklappen von der DB und den Verkehrsbetrieben Salzgitter gekauft, die bei der WEG die Nummern 301 bis 312 bekamen; vorher hatten sie teils Nummern der DB, teils der VB Salzgitter gehabt. Die folgende Übersicht zeigt die Daten über Herkunft, Hersteller, Baujahr und Eigenmasse.

Die Anschaffung einer Serie solcher Spezialwagen, die der DB-Gattung Fad 146 (00t 23) angehören, durch eine Privatbahn, ist sicher nicht allzuoft in Deutschland vorgekommen. Die 12 Wagen bewährten sich bestens und brachten gegenüber den früher benutzten offenen Güterwagen besonders beim Entleeren viele Vorteile. 1977 konnte die WEG, nachdem sie bei der Tälesbahn überflüssig geworden waren, 11 Einheiten an die Firma Krupp sowie die Firma Kali & Salz Salzdetfurth verkaufen. Zurück blieb nur noch Nr. 306 in Neuffen.

Eingang	*DB-Nr. VBS-Nr.*	*WEG-Nr.*	*Herstellerin*	*Werk-Nr.*	*Baujahr*	*Eigenmasse t*
11. 12. 64	56 65 02	301	Westd. Waggonfabrik Köln	159 100	1939	21,62
20. 11. 64	56 65 44	302	Orenstein & Koppel		1939	21,66
23. 11. 64	56 66 77	303	Talbot Aachen		1939	21,96
7. 1. 65	56 66 17	304	Talbot Aachen	81 185	1939	22,97
7. 1. 65	56 66 53	305	Westd. Waggonfabrik Köln	159 040	1939	22,14
21. 11. 64	56 66 64	306	Waggonfabrik Uerdingen	42 033	1939	22,17
11. 12. 64	56 66 31	307	Waggonfabrik Uerdingen	42 035	1939	21,86
23. 11. 64	56 66 71	308	Waggonfabr. Uerd.	42 122	1939	22,25
7. 8. 65	20 53	309	Orenstein & Koppel		1939	22,25
7. 8. 65	20 60	310	Westdeutsche Waggonfabrik	159 069	1939	22,54
7. 8. 65	20 47	311	Westdeutsche Waggonfabrik	159 037	1939	22,27
7. 8. 65	20 35	312	Westdeutsche Waggonfabrik	159 061	1939	22,72

2.2 **Nebenbahn Ebingen–Onstmettingen**

2.2.1. VORGESCHICHTE

Auf der Höhe der südwestlichen Hälfte der Schwäbischen Alb liegen die Ortschaften Ebingen, Truchtelfingen, Tailfingen und Onstmettingen im Tal eines kleinen Flüßchens mit Namen Schmiecha, das unterhalb Ebingen seinen Namen in Schmeie ändert. Diese ursprünglich selbständigen Gemeinden wurden von einer Anzahl Jahren im Zuge der Gebietsreform zur Stadt Albstadt zusammengeschlossen. Schon frühzeitig herrschte im Tal der Schmiecha eine lebhafte Gewerbetätigkeit, Vorläufer der heutigen Textilindustrie. Die Erfindung des Rundwebstuhls war der Anlaß dazu, daß sich die Trikotwaren-Herstellung in diesen Ortschaften ausbreitete. Die zügige Entwicklung dieses Gewerbezweigs im sog. »Talgang«, wie das Schmiechatal auch genannt wird, wurde durch das Fehlen einer Eisenbahnverbindung behindert. Zwar trat durch die Eröffnung der Staatsbahnstrecke Balingen–Ebingen im Jahre 1878, die bald bis Sigmaringen verlängert wurde, eine gewisse Besserung ein, doch mußten die Gewerbetreibenden der Talgang-Gemeinden ihre Erzeugnisse immer noch mit Pferde- oder Kuh-Fuhrwerken auf schlechtenn Straßen zum Staatsbahnhof Ebingen transportieren, wodurch ihre Konkurrenzfähigkeit gegenüber den an der Bahnstrecke liegenden Unternehmen stark beeinträchtigt wurde. So wandten sich im Mai 1889 die Vertreter dieser Gemeinden mit einer Eingabe an die Abgeordnetenkammer mit der Bitte, eine Eisenbahnstrecke von Ebingen nach Onstmettingen zu bauen. Obwohl dieser Wunsch von der Kgl. Zentralstelle für Handel und Gewerbe unterstützt wurde, hatte die Eingabe keinen Erfolg. Damals vertrat der Staat Württemberg noch die Auffassung, daß Eisenbahnen nur vom Staat gebaut und betrieben werden sollten; eine solch kleine Nebenbahn durch das Schmiechatal versprach aber keinen Gewinn, weshalb der Staat daran nicht interessiert war. Da sich in den folgenden Jahren das Fehlen einer Eisenbahnstrecke immer nachteiliger bemerkbar machte, wurde 1897 in Onstmettingen ein Eisenbahnkomitee gegründet, dessen treibende Kraft der Fabrikant Conzelmann zur Rose war und dem 11 weitere Fabrikanten, 3 Schultheißen und einige Gemeinderäte angehörten. Dieses Komitee arbeitete sogleich eine neue Eingabe aus, die

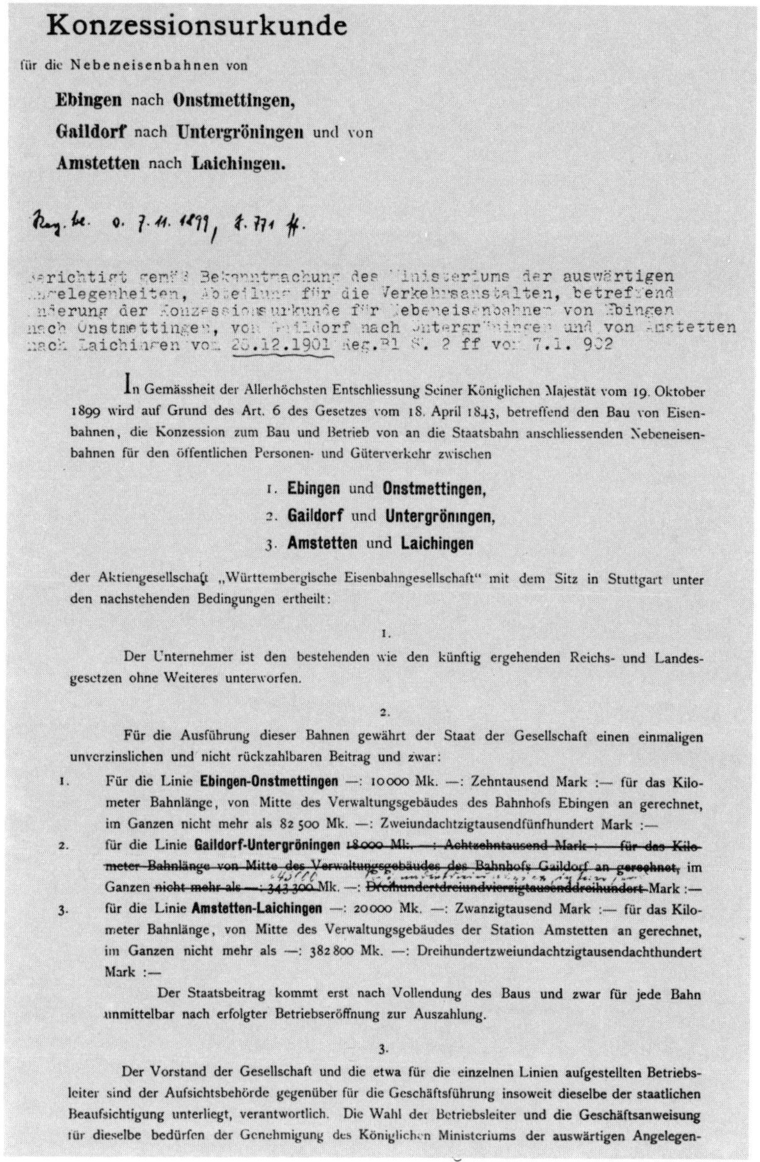

Konzessionsurkunde

für die Nebeneisenbahnen von

Ebingen nach **Onstmettingen,**

Gaildorf nach **Untergröningen** und von

Amstetten nach **Laichingen.**

Reg. Bl. v. 7. 11. 1899, S. 771 ff.

Berichtigt gemäß Bekanntmachung des Ministeriums der auswärtigen Angelegenheiten, Abteilung für die Verkehrsanstalten, betreffend Änderung der Konzessionsurkunde für Nebeneisenbahnen von Ebingen nach Onstmettingen, von Gaildorf nach Untergröningen und von Amstetten nach Laichingen vom 23.12.1901 Reg.Bl S. 2 ff vom 7.1.1902

In Gemässheit der Allerhöchsten Entschliessung Seiner Königlichen Majestät vom 19. Oktober 1899 wird auf Grund des Art. 6 des Gesetzes vom 18. April 1843, betreffend den Bau von Eisenbahnen, die Konzession zum Bau und Betrieb von an die Staatsbahn anschliessenden Nebeneisenbahnen für den öffentlichen Personen- und Güterverkehr zwischen

1. **Ebingen** und **Onstmettingen,**
2. **Gaildorf** und **Untergröningen,**
3. **Amstetten** und **Laichingen**

der Aktiengesellschaft „Württembergische Eisenbahngesellschaft" mit dem Sitz in Stuttgart unter den nachstehenden Bedingungen erteilt:

1.

Der Unternehmer ist den bestehenden wie den künftig ergehenden Reichs- und Landesgesetzen ohne Weiteres unterworfen.

2.

Für die Ausführung dieser Bahnen gewährt der Staat der Gesellschaft einen einmaligen unverzinslichen und nicht rückzahlbaren Beitrag und zwar:

1. Für die Linie **Ebingen-Onstmettingen** —: 10000 Mk. —: Zehntausend Mark :— für das Kilometer Bahnlänge, von Mitte des Verwaltungsgebäudes des Bahnhofs Ebingen an gerechnet, im Ganzen nicht mehr als 82500 Mk. —: Zweiundachtzigtausendfünfhundert Mark :—
2. für die Linie **Gaildorf-Untergröningen** ~~18000 Mk. —: Achtzehntausend Mark :— für das Kilometer Bahnlänge von Mitte des Verwaltungsgebäudes des Bahnhofs Gaildorf an gerechnet,~~ im Ganzen ~~nicht mehr als —: 343300~~ Mk. —: ~~Dreihundertdreiundvierzigtausenddreihundert~~ Mark :—
3. für die Linie **Amstetten-Laichingen** —: 20000 Mk. —: Zwanzigtausend Mark :— für das Kilometer Bahnlänge, von Mitte des Verwaltungsgebäudes der Station Amstetten an gerechnet, im Ganzen nicht mehr als —: 382800 Mk. —: Dreihundertzweiundachtzigtausendachthundert Mark :—

Der Staatsbeitrag kommt erst nach Vollendung des Baus und zwar für jede Bahn unmittelbar nach erfolgter Betriebseröffnung zur Auszahlung.

3.

Der Vorstand der Gesellschaft und die etwa für die einzelnen Linien aufgestellten Betriebsleiter sind der Aufsichtsbehörde gegenüber für die Geschäftsführung insoweit dieselbe der staatlichen Beaufsichtigung unterliegt, verantwortlich. Die Wahl der Betriebsleiter und die Geschäftsanweisung für dieselbe bedürfen der Genehmigung des Königlichen Ministeriums der auswärtigen Angelegen-

Konzessionsurkunde für die Nebenbahnen Ebingen–Onstmettingen, Gaildorf–Untergröningen und Amstetten–Laichingen (Titelblatt)

am 29. 1. 1897 an die Generaldirektion der KWStE gerichtet wurde. Damals gab es in Onstmettingen eine größere Trikotagenfabrik und 6 feinmechanische Werkstätten, in Tailfingen 10 Trikotfabriken mit Motor- und Dampfbetrieb und 30 Betriebe mit Handbetrieb, in Truchtelfingen 2 Fabriken mit Dampfbetrieb und 3 mit Handbetrieb. In der Eingabe wurde weiter erwähnt, daß

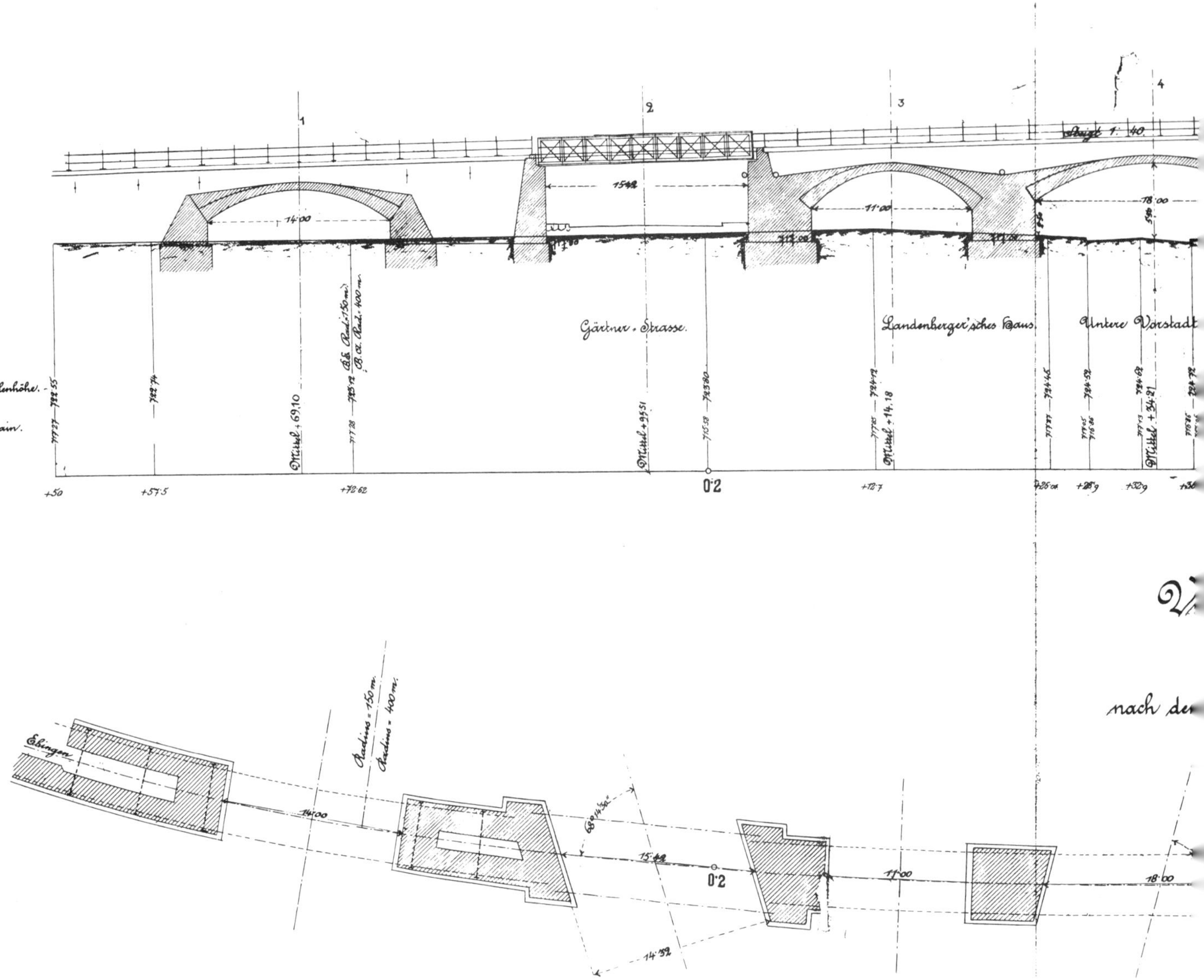

täglich 150 Arbeiter nach Ebingen zur Arbeit fahren müßten. Schon am 15. 3. 1897 wurde von der zuständigen Stelle in Stuttgart erwidert, daß der Bearbeitung eines solchen Bahnprojektes keine Hindernisse mehr im Wege ständen. Bei dieser Stimmungsänderung der staatlichen Stellen spielte offenbar der Umstand eine Rolle, daß der Staat auf Betreiben des Staatsrats von Balz seit Ende der neunziger Jahre vom reinen Staatsbahnprinzip abging und auch private Unternehmer zum Bau und Betrieb von Eisenbahnen zuließ. Nachdem im Juli 1899 die Planungsarbeiten und Verhandlungen für eine Bahn nach Onstmettingen erfolgreich abgeschlossen waren, legte die Staatsregierung der Abgeordnetenkammer einen entsprechenden Gesetzentwurf vor.

Als Bau- und Betriebs-Unternehmen wurde die 1899 neu gegründete WEG unter ihren Direktoren Köhler und Seiffert vorgesehen. Der Gesetzentwurf wurde von der Abgeordnetenkammer genehmigt, und so konnte im Frühjahr 1900 mit dem Bau begonnen werden, nachdem der WEG am 24. 10. 1899 die Konzession für den Bau und Betrieb einer normalspurigen Bahn von Ebingen nach Onstmettingen erteilt worden war. Die Trassierung im Schmiechatal war problemlos, doch gab es in Ebingen einige Schwierigkeiten. Wegen des Platzmangels im

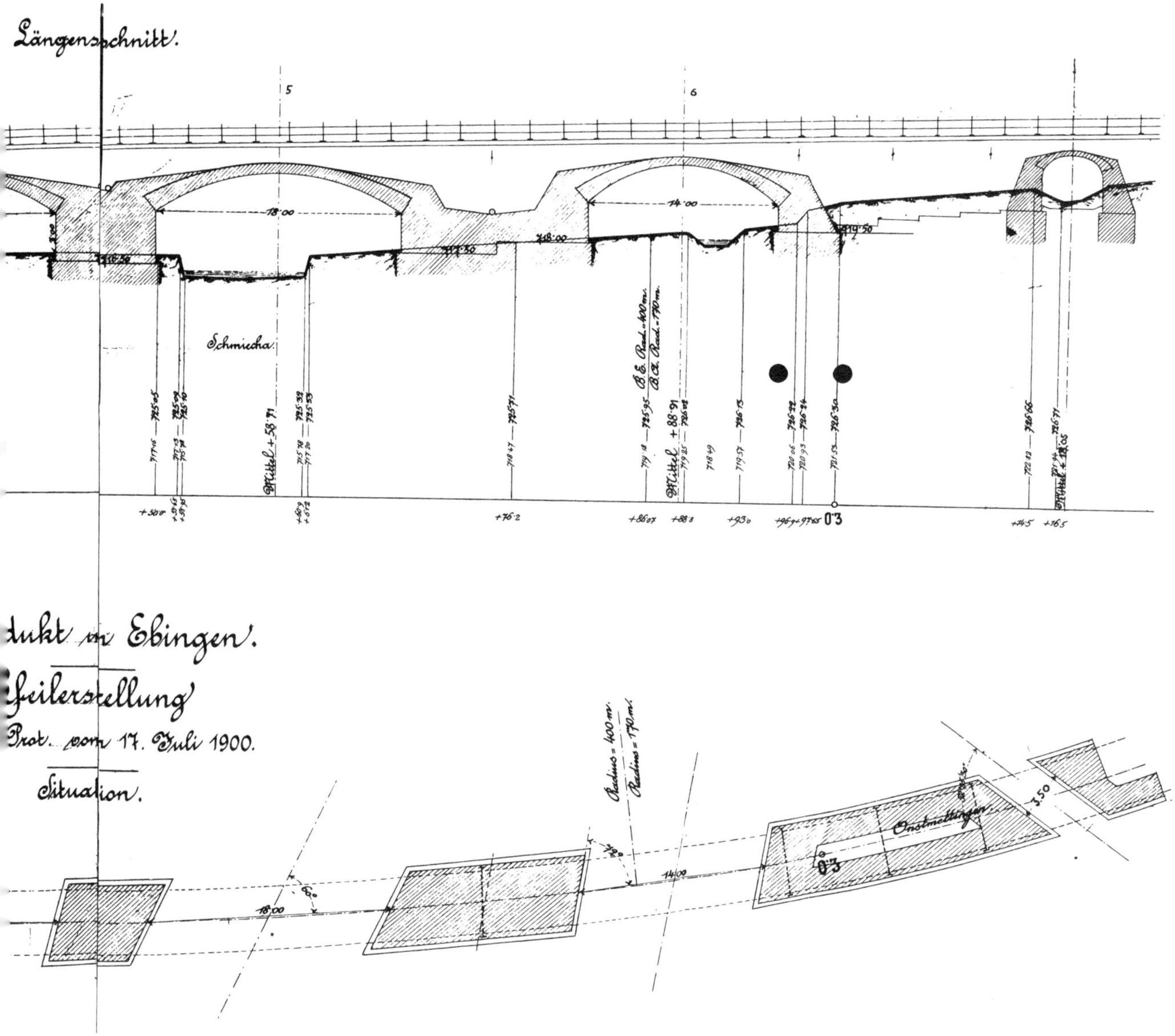

Staatsbahnhof Ebingen, von dem die neue Bahn ausgehen sollte, mußte der Abfahrtsbahnsteig auf den Bahnhofsvorplatz gelegt werden. Von dort aus mußte die Trasse über einen etwa 275 m langen Viadukt in einer großen Linkskurve die Trassenrichtung im Schmiechatal erreichen. Dem Bau dieses Viadukts stand aber ein Gebäude im Weg, das verschoben und auf ein neues Fundament gesetzt werden mußte.

Die Bauzeit dauerte etwas länger als 1 Jahr. Im Juli 1901 waren die Bauarbeiten beendet, so daß die feierliche Eröffnung nach vorher erfolgter polizeilicher Abnahme der Strecke stattfinden konnte.

2.2.2. GESCHICHTE

Die offizielle Einweihung der neuen Bahn fand am 11. 7. 1901 mit den damals üblichen großen Feierlichkeiten statt. Für den Eröffnungszug hatte man von der Staatsbahn sogar einige vierachsige Personenwagen und einen Salonwagen gemietet, die zusammen mit den 4 bahneigenen Wagen und den beiden ursprünglich vorhandenen Loks über die Strecke befördert wurden und Prominente in großer Zahl aufnahmen. Die Kosten für den Bahnbau und die Beschaffung der ersten Fahrzeugausstattung hatten sich auf 920000 Mark belaufen. Der

Rückkunft des Eröffnungs-Sonderzugs in Ebingen am 13. 7. 1901 (Sammlung Archiv WEG/WNB)

öffentliche Verkehr wurde am 14. 7. 1901 aufgenommen. Es waren damals 14 Bedienstete bei der Bahn tätig. Der Personenverkehr nahm von Anfang an einen zufriedenstellenden Verlauf und entwickelte sich auch weiter recht gut. Ansonsten ereigneten sich bei der »Talgangbahn«, wie die neue Nebenbahn im Volksmund hieß, wenn man von den durch die beiden Weltkriege verursachten Problemen absieht, keine aufregenden Tatbestände. Hingewiesen sei auf einen ziemlich glimpflich abgelaufenen Unfall im Jahre 1907, als in Truchtelfingen ein mit Langholz beladener Güterwagen entlief und die abschüssige Strecke hinabrollte; er kam aber gut über den in einer Kurve liegenden Viadukt und richtete lediglich an der Endstation in Ebingen einigen Sachschaden an. In der Endphase des Zweiten Weltkriegs wurde am 13. 2. 1945 ein Pfeiler des Viadukts in Ebingen durch Bombentreffer zerstört, wodurch der Verkehr zwischen der Endstation Ebingen vor dem Bahnhofsgebäude und der Haltestelle Ebingen Vorstadt zum Erliegen kam. Erst nach der Wiederherstellung des zerstörten Brückenteils konnte ab 10. 5. 1946 der durchgehende Verkehr wieder aufgenommen werden.

Von wesentlicher Bedeutung für den Personenverkehr auf der Talgangbahn war die Einrichtung einer bahneigenen Omnibuslinie von Ebingen nach Onstmettingen im Jahre 1928, die wegen ihrer günstigen Linienführung einige Vorteile gegenüber der Bahn hatte und ihr dadurch viele Fahrgäste entzog.

Ein besonderes Transportangebot, das die Talgangbahn der Textilindustrie im Schmiechatal machte und das sicher bei anderen Privatbahnen keine Parallele findet, soll nicht unerwähnt bleiben. Es handelt sich um den sog. »Trikotagen-Expreß«, der seit etwa 1934 in den Wochen vor Weihnachten bei Bedarf von Tailfingen aus verkehrte. Er diente dazu, den starken Frachtverkehr der Textilindustrie vor dem Weihnachtsgeschäft zu beschleunigen. Dieser Zug bestand aus Schnellzug-Gepäckwagen, die in Ebingen auf die Staatsbahn überstellt wurden und

Dampfzug der Nebenbahn Ebingen–Onstmettingen auf dem Viadukt in Ebingen nach Betriebseröffnung; etwa 1901 (Sammlung Archiv WEG/WNB)

als Kurswagen an Schnellzüge zu deutschen Großstädten im Norden und Süden angehängt wurden.

Im Winter werfen die umfangreichen und anhaltenden Schneefälle auf der Höhe der Schwäbischen Alb bei der ziemlich hoch gelegenen und in einer Gegend mir rauhem Klima verkehrenden Talgangbahn große Probleme auf. Mit diesen Schneemassen hat die Bahn oft schon von Ende Oktober an zu kämpfen und dann erfordert das Freihalten der Gleise ständige Fahrten mit dem Schneepflug. Schneehöhen von 1 m und mehr sind besonders in Einschnitten keine Seltenheit, so daß der große Schneepflug der Bahn in jedem Winter genügend Arbeit hat. Nachdem der gesamte Verkehr auf der Nebenbahn Ebingen–Onstmettingen viele Jahrzehnte lang mit Dampfloks durchgeführt worden war, begann 1956 die Umstellung auf Dieseltriebwagen. Der erste Triebwagen wurde am 19. 7. 1956 in Betrieb genommen und führte sogleich den größten Teil des Verkehrs aus. Die vorhandenen Dampfloks wurden aus dem Verkehr gezogen und bald in Onstmettingen verschrottet. Nachdem der durch den Zweiten Weltkrieg und die Jahre danach stark aufgeblähte Personenverkehr wieder auf den normalen Umfang zurückgegangen war und sich seit den fünfziger Jahren auf die Benutzung der Bahn vorwiegend durch Berufspendler und Schüler beschränkt hatte, genügte ein einziger Triebwagen zur Bewältigung des gesamten Verkehrs, einschließlich des Güterverkehrs. Infolge der Einrichtung neuer Mittelpunktsschulen in Ebingen und Tailfingen, nahm der Schülerverkehr stark zu und führte sogar zur Einrichtung von besonderen Haltestellen in der Nähe der Schulen. Beim Güterverkehr brachte die Zeit nach dem Krieg vor allem den Fortfall der Kohlentransporte zu den früher dampfbetriebenen Fabriken, die sich auf Ölbetrieb umstellten. Diese Einbußen konnten durch die gewachsenen Benzin- und Öltransporte nicht ausgeglichen werden. Auch die früher recht beachtlichen Transporte von Schnittholz und Grubenholz aus einem Sägewerk in Tailfingen sind fortgefallen.

T 08 WEG setzt im Bereich des DB-Bahnhofs Ebingen um; Mai 1962 (Aufnahme G. Wolff)

Die Aussichten auf das Weiterbestehen der Talgangbahn sind an sich nicht schlecht, da insbesondere der Schülerverkehr wegen seines großen Umfangs nur ungenügend durch Omnibusse befriedigt werden könnte. Es ist allerdings zu bedenken, daß die Existenz der Nebenbahn Ebingen–Onstmettingen vom weiteren Bestehen der DB-Strecke Balingen–Ebingen–Inzighofen abhängt, in deren Bahnhof Ebingen ja das Übergabegleis einmündet.

2.2.3. STRECKENVERLAUF

Die Strecke der Nebenbahn Ebingen–Onstmettingen nimmt ihren Ausgang von einem Bahnsteiggleis, das auf dem Vorplatz des Staatsbahnhofs *Ebingen* (km 0,0; 722 m ü M) gegenüber dem Empfangsgebäude der Staatsbahn angelegt ist. Weitere eigene Anlagen der Privatbahn gibt es in Ebingen nicht, wenn man von dem erwähnten Übergabegleis ansieht, das vom Bahnsteiggleis nach rückwärts in westlicher Richtung verläuft und nach etwa 500 m in die Gleise des Güterbahnhofs der Staatsbahn einmündet. Für die Einfahrt der WEG-Fahrzeuge in diesen Güterbahnhof muß das DB-Stellwerk durch Signal Ra 2 die Erlaubnis geben; ein sonstiges Einfahrtsignal gibt es nicht. Im Güterbahnhof befindet sich auch die Umsetzmöglichkeit für das Triebfahrzeug der Privatbahn, da auf dem schmalen Bahnhofsvorplatz neben dem Bahnsteiggleis kein Platz für ein besonderes Umsetzgleis ist. Das Bahnsteiggleis setzt sich in das Streckengleis fort,

WEG-Nebenbahn Ebingen–Onstmettingen

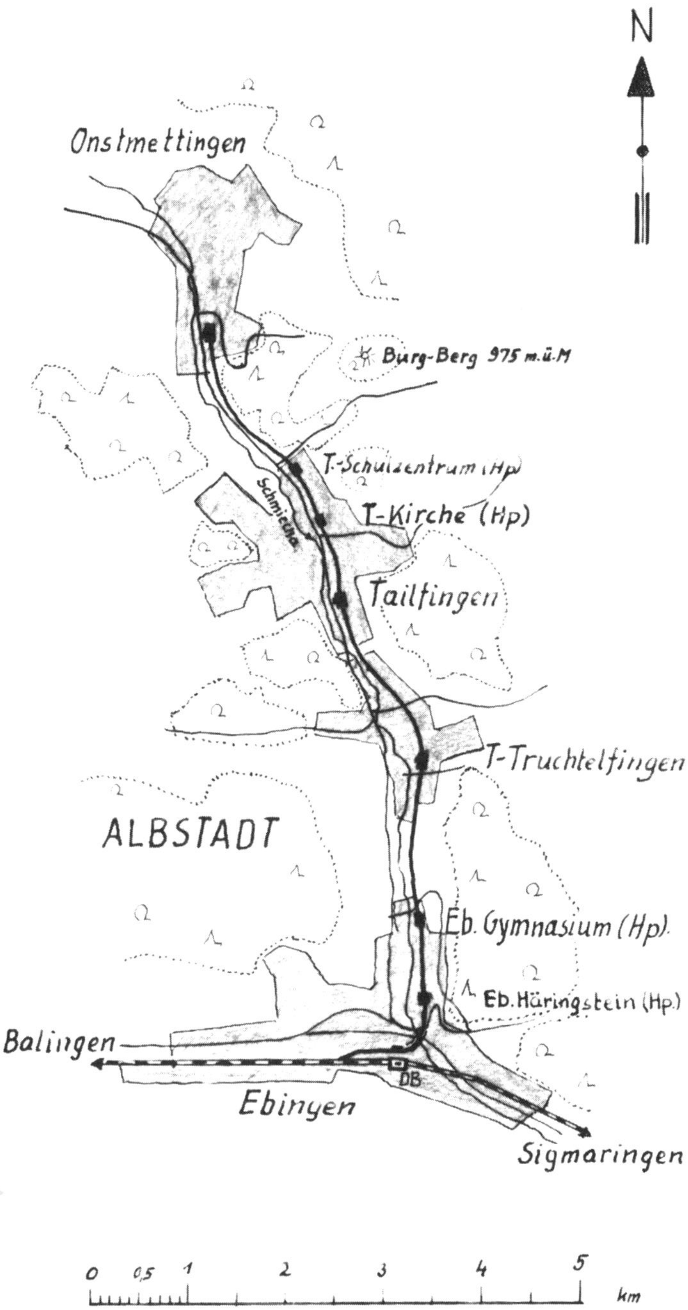

T 09 auf dem Viadukt in Ebingen vor der Brücke über die Gartenstraße; September 1976 (Aufnahme G. Wolff)

das unter Überquerung der blinklichtgesicherten Poststraße (km 0,03) sogleich in eine weite Linkskurve von 170 m Radius übergeht und mit einer Neigung von 1:40 (2,5%) zu steigen beginnt. Gleich hinter der Poststraße fängt der etwa 275 m lange Häringstein-Viadukt an, der mehrere Straßen und die Schmiecha überspannt. Wegen seiner Eigenart soll er später noch näher beschrieben werden. Hier sei nur vermerkt, daß er in einer ständigen Linkskurve und Steigung angelegt ist. Nach dem Verlassen des Viadukts hat die Trasse die nördliche Richtung des Schmiechatales erreicht und führt an dessen östlichem Hang, teilweise auf einem Damm, weiter zum Haltepunkt Ebingen Häringstein bei km 0,65. An km 0,842 wird niveaugleich die durch eine Blinklichtanlage gesicherte Bogenstraße überschritten; auf der Weiterfahrt

T 09 WEG im Haltepunkt Tailfingen Schulzentrum; September 1976 (Aufnahme G. Wolff)

WEG-Nebenbahn Ebingen–Onstmettingen

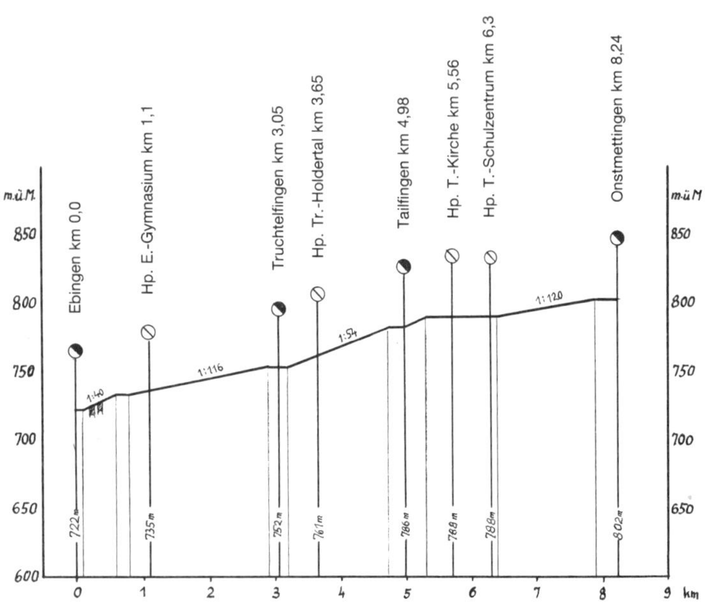

passiert man bei km 1,3 eine Ladestelle auf offener Strecke, an der Güterwagen für eine am Fuß des Dammes gelegene Firma entladen werden; zur Sicherung des Bahnverkehrs ist dort eine Gleissperre und ein klappbares Schutzsignal in Gestalt einer Sh2-Scheibe aufgestellt. Bald danach wird bei km 1,413 die durch ein Blinklicht gesicherte Wilhelm-Hauff-Straße überquert und der Haltepunkt *Ebingen Gymnasium* (km 1,5) erreicht. Die Strecke verläßt nun den Bereich des Stadtteils Ebingen und geht in den von Truchtelfingen über. Nachdem bei km 2,955 die Tennentalstraße, ebenfalls durch Blinklicht gesichert, überquert ist, wird bei km 3,05 der Bahnhof *Albstadt Truchtelfingen* (752 m ü M) erreicht. Bei km 3,374 folgt die Überschreitung der Degerfeldstraße, ebenfalls durch Blinklicht geschützt, und dann bei km 3,65 der Haltepunkt *Holdertal* (781 m ü M). Die Strecke, die bisher in nördlicher Richtung verlief, wendet sich nun etwas mehr nach Westen und behält bis zur Endstation eine etwa nordwestliche Richtung bei. Sie verläuft auch hier am östlichen Hand des Schmiechatales, teils auf Stützmauern, teils in kurzen Einschnitten. Der nächste Bahnhof ist *Albstadt Tailfingen* (km 4,98; 786 m ü M). In diesem Bahnhof befanden sich früher umfangreiche Gleisanlagen, die aber in den sechziger Jahren meist ausgebaut wurden. Früher diente ein vor dem Bahnhof nach links abzweigendes Anschlußgleis der Belieferung des Gaswerks mit Koks. Nach der Umstellung auf Erdgas wurde das Gleis 1967 ausgebaut. Ein weiteres Anschlußgleis mit 120 m Nutzlänge ging zur Garnfabrik Adolf; es wurde 1960 entfernt, da diese Firma einen eigenen Werksfernverkehr mit Lkw einrichtete. Schließlich hatte auch das 1957 stillgelegte Sägewerk Johannes Amman Söhne ein eigenes Anschlußgleis, das 1960 ebenfalls ausgebaut wurde. Heute gibt es nur noch ein kurzes Anschlußgleis von 28 m Nutzlänge zum Postamt. Auf dem nun folgenden Streckenabschnitt wird zunächst die blinklichtgesicherte Landhausstraße überquert (km 5,426) und dann werden die beiden Haltepunkte *Tailfingen Kirche* (km 5,75; 788 m ü M) und *Tailfingen Schulzentrum* (km 6,05; 788 m ü M) passiert. Der frühere Haltepunkt Buchtal ist aufgelassen. Der restliche Streckenteil kreuzt die durch Blinklicht gesicherte Buchtalstraße (km 6,407) und tritt nach einer weit ausholenden Rechtskurve in den Stadtteil *Albstadt Onstmettingen* ein, der bei km 8,24; (801 m ü M) im südlichen Bebauungsbereich den Endbahnhof aufweist. Voll mit eigenem Perso-

Bahnhof Tailfingen mit GmP; um 1903 (Sammlung Archiv WEG/WNB)

nal besetzte Bahnhöfe sind Tailfingen und Onstmettingen. In Onstmettingen befindet sich ein verhältnismäßig großes Bahnhofsgebäude, in dem die örtliche Bahnverwaltung und die Zugleitstelle sowie ein Warteraum untergebracht sind, ferner ein zweigleisiger Fahrzeugschuppen mit angegliederter Werkstatt zur Ausführung von Pflege- und Untersuchungsarbeiten an den Fahrzeugen.

Das Höhenprofil läßt erkennen, daß die Strecke von Ebingen nach Onstmettingen ständig ansteigt, wobei nur kurze horizontale Abschnitte eingeschaltet sind. Die maximale Neigung beträgt 1:40 (2,5%) und der kleinste Kurvenradius ist 150 m. Der Anteil horizontaler Streckenteile beträgt 1,85 km (22,4%) und die Länge aller geneigten Abschnitte ist 6,39 km (77,6%). Gerade Streckenteile haben zusammen eine Länge von 4,67 km (56,7%) und die gekrümmten Teile sind zusammen 3,57 km (43,3%) lang. Abgesehen von den Straßenkreuzungen liegt die ganze normalspurige Strecke auf eigenem Bahnkörper und ist eingleisig. Die Gesamtgleislänge, also einschließlich der besonderen Gleise und Weichen in den Bahnhöfen, beträgt 11,1 km.

Der Häringstein-Viadukt in Alstadt Ebingen ist ein interessantes Bauwerk, wie es sicher nicht oft bei Eisenbahnen vorkommt. Es handelt sich um ein Beton-Bauwerk von rund 275 m Länge, das 6 bogenförmige Durchlässe aufweist und außen mit Bruchsteinen verkleidet ist. An dem von der Bahnsteigseite her gesehen zweiten Durchlaß ist der Betonbau unterbrochen und durch eine Stahlfachwerkbrücke geschlossen, die eine lichte Weite von 15,42 m hat. Unter dieser Brücke führt die Garten-

Bahnhof Onstmettingen; Mai 1962; rechts abgestellte Lok 7 mit alten Personenwagen, Mitte Fahrzeugschuppen, links Bahnhofsgebäude mit Güterwagen (Aufnahme G. Wolff)

Nebenbahn Ebingen–Onstmettingen

Bf Albstadt-Ebingen

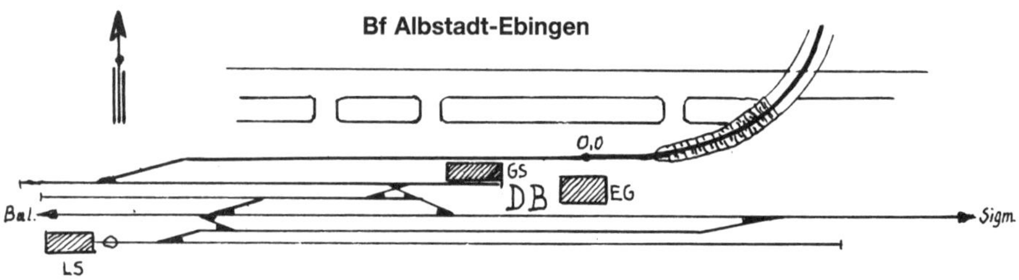

Bf A.-Truchtelfingen

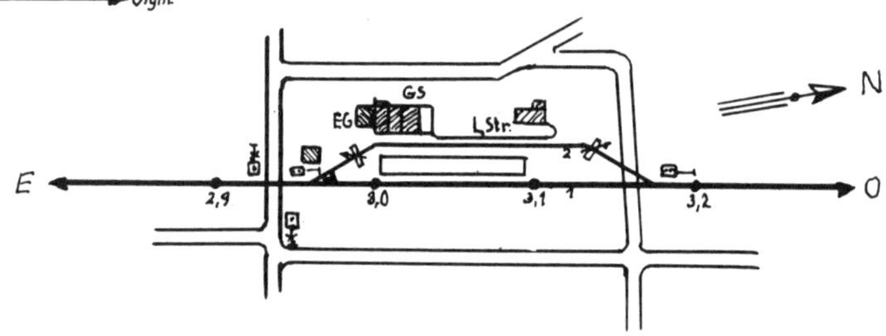

Bf A.-Tailfingen

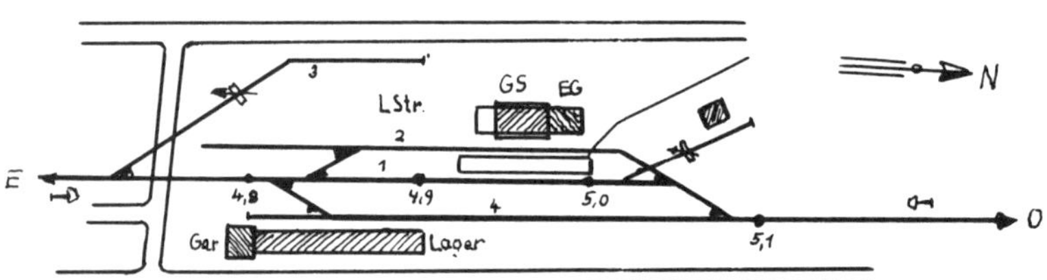

Bf A.-Onstmettingen

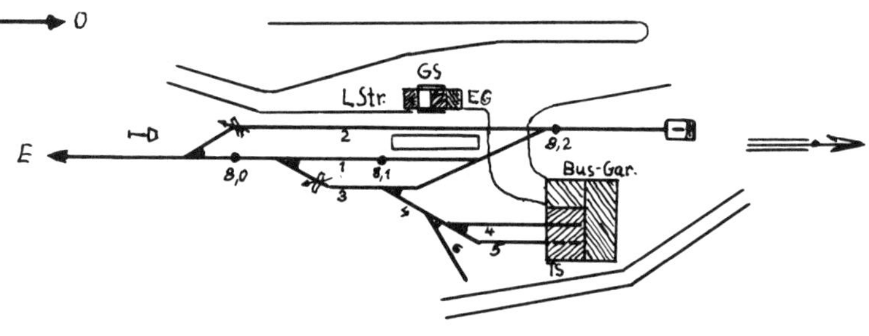

straße durch. Der 5. Durchlaß überbrückt die Schmiecha. Die ganze Konstruktion liegt in einer Kurve von anfangs 150 m Radius, dann folgt ein Abschnitt mit 400 m Radius und schließlich wieder ein Endstück mit 170 m Radius. Die Gartenstraße unterquert das Bauwerk schräg. Die Länge der einzelnen Durchlässe ist unterschiedlich und schwankt zwichen 3,50 und 18 m. Der attraktive Viadukt ist ein beliebtes Fotomotiv der Eisenbahnamateure.

Weitere Beton-Gewölbebrücken sind bei km 5,189 über die Schmale Straße und bei km 5,321 über die Neuweiler Straße. Bei km 6,042 wird auf einer Stahlbrücke ein offener Durchlaß überschritten.

2.2.4. FAHRPLANGESTALTUNG

In der Eröffnungszeit und den folgenden Jahren bis 1916 verkehrten auf der Talgangbahn täglich 5 Zugpaare. 1938 gibt der Fahrplan eine Zugfrequenz von werktags 7 und sonntags 6 Personenzugpaaren an, die eine Fahrzeit von durchschnittlich 25 Min hatten. Ab 1. 4. 1940 verkehrten täglich 6 Personenzugpaare, zu denen samstags ein weiteres kam. Außerdem verkehrten täglich ein Güterzugpaar und ein Bedarfsgüterzugpaar. Kennzeichnend für das Verkehrsbild in den letzten Jahren des Dampfbetriebs kann der ab 23. 5. 1954 geltende Sommerfahrplan 1954 sein, in dem sich erstmals eine Anpassung an das wirkliche Verkehrsbedürfnis durch Berufsfahrer und Schüler bemerkbar macht. In der Richtung von Ebingen nach Onstmettingen verkehrten damals werktags 4 Personenzüge und 1 Güterzug; außerdem war 1 Bedarfsgüterzug eingeplant. In der Gegenrichtung fuhren werktags nur 3 Personenzüge, zu denen 2 Güterzüge und 1 Bedarfsgüterzug kamen. Außer diesen die ganze Strecke befahrenden Zügen war noch 1 Güterzugspaar aufgeführt, das werktags nur zwischen Ebingen und Tailfingen verkehrte. Die Personenzüge benötigten noch immer Fahrzeiten von durchschnittlich 25 Min. Ein Bild über den Verkehr nach der Einführung des reinen Dieselbetriebs gibt der Sommerfahrplan von 1961. Bei den Personenzügen war in beiden Richtungen ein Zug weniger im Einsatz als 1954. Bei den Güterzügen hat sich nicht allzuviel geändert; die Fahrzeit der Personenzüge lag nun bei 21 Min, die der Güterzüge im Mittel bei 30 Min.

T 09 WEG mit angebautem Schneepflug; Dezember 1981
(Aufnahme Sammlung Archiv WEG)

Der Sommerfahrplan 1984 weist für die ganze Strecke montags bis samstags 2 Personenzugpaare mit Fahrzeiten zwischen 19 und 25 Min aus. Dazu kommen montags bis freitags 3 Güterzugpaare mit sehr unterschiedlichen Fahrzeiten zwischen 19 und 88 Min. Speziell für den Schülerverkehr gedacht sind auf der Teilstrecke Ebingen–Gymnasium montags bis samtags 1 Personenzugpaar und auf der Teilstrecke Onstmettingen–Tailfingen Schulzentrum ebenfalls 1 Personenzugpaar, das montags bis freitags verkehrt. Die zugelassene Höchstgeschwindigkeit auf der Strecke ist 50 km/Std. Der Personenzugfahrplan ist im Kursbuch auf Blatt 749 zu finden.

2.2.5. BEFÖRDERUNGSLEISTUNGEN

Diese sind für die Zeit von der Betriebseröffnung bis zum Jahre 1983 aus den Grafiken ersichtlich, und zwar getrennt für den Personenverkehr und den Güterverkehr. Hinsichtlich des Personenverkehrs ist daraus ersichtlich, daß vor dem Zweiten Weltkrieg der Verkehr

WEG-Nebenbahn Ebingen–Onstmettingen

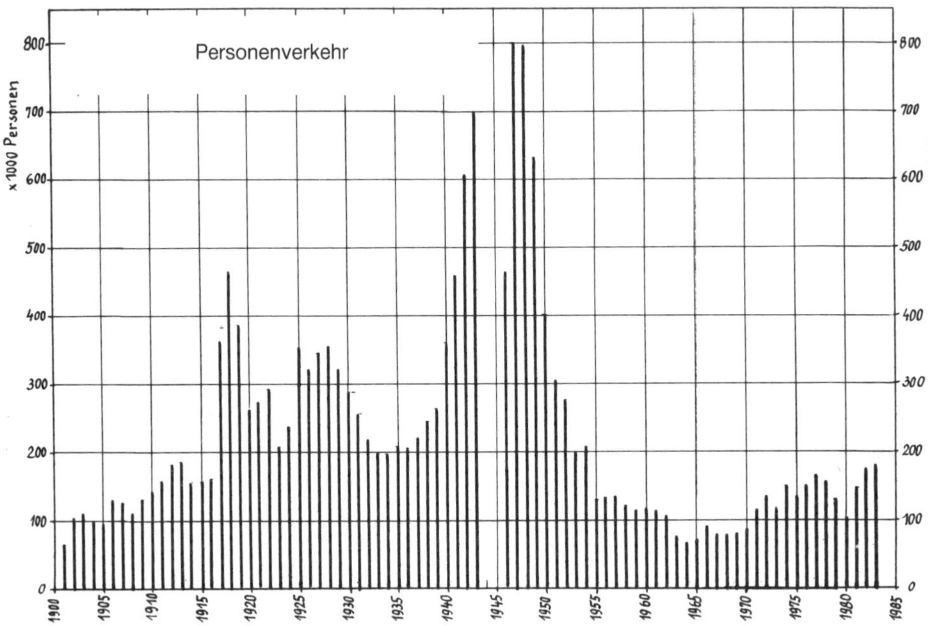

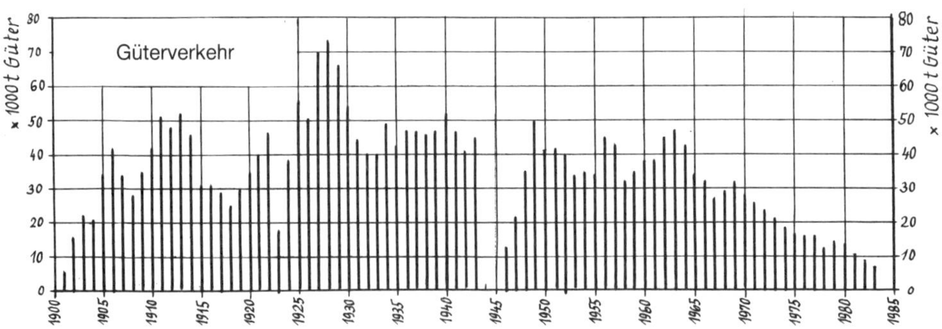

erheblich größer war als nach diesem Kriege. Während der Kriegsjahre und der Zeit danach wurden einige Jahre lang ungewöhnliche Spitzenleistungen vollbracht, die nie wieder erreicht wurden und ab 1950 ganz schroff abfielen. Das gleiche gilt im Prinzip auch für den Güterverkehr, bei dem allerdings die extremen Spitzenleistungen zwischen 1940 und 1950 nicht in Erscheinung treten. Heute ist der Güterverkehr nur noch minimal und erreicht kaum 10000 t pro Jahr. Die für die Talgangbahn in den letzten Jahren wichtigsten Güter waren Benzin, Öl, ferner Salze und Stückgut sowie Expreßgut. Alle übrigen Güter treten nur mit geringem Anteil in Erscheinung.

Im Jahre 1983 wurden in Ebingen Güterbahnhof 1005 Güterwagen von der DB übernommen bzw. an sie übergeben, das sind durchschnittlich 94 Wagen im Monat. Aus Rationalisierungsgründen wird am 1. 1. 1983 die Stückgut-Hausbedienung mit einem Lkw in eigene Regie übernommen und von der Schiene abgezogen. Aus der folgenden Tabelle ergibt sich die Verteilung der einzelnen Güterarten auf den gesamten Güterverkehr:

Güterart	1979		1981		1983	
	t	%	t	%	t	%
Stückgut, Expreßgut	3664	26,0	3452	31,9	2406	29,0
Obst, Gemüse, Kartoff.	—	—	—	—	21	0,3
Textilien	12	0,1	32	0,3	15	0,2
Holz	—	—	11	0,1	20	0,2
Kohle	796	5,6	784	7,2	627	7,6
Benzin, Öl, Gas	4678	33,3	3784	35,0	2845	34,3
Salz, Schwefel	2665	18,9	1029	9,5	25	0,3
Zement, Kalk, Gips	—	—	—	—	10	0,1
Düngemittel	245	1,7	95	0,9	31	0,4
Chemikalien	1542	11,0	1175	10,9	961	11,6
Fahrzeuge, Maschinen	—	—	—	—	6	0,1
Leder, Pelzwaren	—	—	—	—	111	1,3
Sonstiges	395	2,8	459	4,2	—	—
Papier	83	0,6	—	—	—	—
Summe aller Güter	14080	100,0	10821	100,0	7078	100,0

Bei der Talgangbahn sind einige Angaben über die *Tarife* überliefert; es ist sicher ganz interessant, darüber etwas zu hören. Bis Ende der zwanziger Jahre gab es die 2. und 3. Wagenklasse und es wurden folgende Arten Fahrkarten ausgegeben: Einzelfahrkarten, Monatskarten, Teilmonatskarten, Arbeiterwochenkarten, Schülermonatskarten, Sonntagsrückfahrkarten. Die Fahrpreise für einfache Fahrt von Ebingen waren 1925:

nach Truchtelfingen	2. Kl.	0,30 M	3. Kl.	0,20 M
nach Tailfingen	2. Kl.	0,50 M	3. Kl.	0,30 M
nach Onstmettingen	2. Kl.	0,70 M	3. Kl.	0,50 M

Im Personenverkehr und im Güterverkehr wurden unterschiedliche Entfernungen angerechnet: Ebingen–Onstmettingen im Personenverkehr 9 km, im Güterverkehr 18 km. Ansonsten wurden im Güterverkehr die Tarife der Staatsbahn mit einem besonderen Nebenbahnzuschlag erhoben.

2.2.6. FAHRZEUGE DER NEBENBAHN EBINGEN–ONSTMETTINGEN

2.2.6.1. *Dampflokomotiven*

Zur Eröffnung des Verkehrs wurden die beiden Cn2t-Dampfloks Nr. 3 und 4 in Dienst gestellt; sie führten allein viele Jahre den Verkehr durch, bis sie wegen der zunehmenden Zuggewichte zu schwach wurden. Sie wurden dann gegen die eigentlich für die Nebenbahn Vaihingen–Enzweihingen bestimmten Dn2tv-Loks Nr. 7 und 8 ersetzt und an andere Privatbahnen verkauft. Die beiden Loks Nr. 7 und 8 blieben die Standard-Loks auf der Talgangbahn und wurden nur gelegentlich durch andere vorübergehend ersetzt, wenn eine von ihnen zur Hauptuntersuchung oder Reparatur in die Hauptwerkstatt Neuffen mußte. Nach der Einführung des Dieselbetriebs wurden sie in Onstmettingen verschrottet, und zwar die Nr. 8 im Jahre 1959 und Nr. 7 1963. Zeitweise sind auch noch andere Loks der WEG auf der Talgangbahn gewesen, so z.B. die Dn2tv-Loks Nr. 13 und 17 und die Cn2t-Lok Nr. 16, welch letztere auch in Onstmettingen verschrottet wurde. Nach den Angaben der »Statistik« sind maximal 3 Loks über längere Zeit bei der Talgangbahn gewesen, wobei eine sicher Reserve war, da zur Durchführung des Betriebs 2 Loks genügt haben dürften.

2.2.6.2. *Dieseltriebwagen*

Diese Fahrzeugart ist schnell besprochen, weil es bei der Talgangbahn niemals mehr als einen Triebwagen gleichzeitig gegeben hat. Der erste wurde am 19. 7. 1956 in Dienst gestellt; es war der T 08 WEG, der sogleich den gesamten Verkehr übernahm und die Dampfloks überflüssig machte. Im Jahre 1963 wurde er durch den neuen zweiachsigen T 09 WEG ersetzt, der ebenfalls allein den gesamten Verkehr durchführte. Er ist noch heute erfolgreich auf dieser Bahn tätig. Sowohl der T 08 als auch der T 09 haben an den Rahmenenden Vorrichtungen zum Anbau des großen im Winter auf der Talgangbahn dringend benötigten Schneepflugs.

2.2.6.3. *Personenwagen und Triebwagen-Beiwagen*

Bei der Betriebseröffnung besaß die Bahn 4 zweiachsige Personenwagen mit offenen Endplattformen. Im Laufe der Jahre nahm der Bestand auf maximal 6 Einheiten zu, die offenbar auch noch nach dem Zweiten Weltkrieg vorhanden gewesen sind. Das ergibt sich aus der Fahrzeugliste der WEG aus dem Jahre 1964. Danach waren 1950 die Personenwagen Nr. 1, 2, 4, 8, 20 und 22 im Bestand der Talgangbahn. Bis 1964 waren diese Fahrzeuge ausgemustert und verschrottet.

Um bei großem Fahrgastandrang die Kapazität des einzigen Triebwagens verstärken zu können, wurden der Talgangbahn 1964 die beiden Triebwagen-Beiwagen VS 111 und VB 112 zugewiesen, die zusammen mit dem T 09 bei Bedarf, meist im Schülerverkehr, eingesetzt werden. Vorher war eine Zeitlang schon der VB 122 (ex VB 22) auf der Talgangbahn tätig, der an seinen Mitteleinstiegen leicht zu erkennen war.

2.2.6.4. *Gepäck/Postwagen, Güterwagen, Dienstfahrzeuge*

Die Talgangbahn hat niemals mehr als einen einzigen kombinierten Gepäck/Postwagen besessen, der die Nummer 102 hatte und von der Betriebseröffnung der Bahn bis zur Indienststellung des T 08 in den Personenzügen verwendet wurde. Da der T 08 selbst einen Gepäckraum besaß, wurde er nicht mehr benötigt und 1959 ausgemustert.

Bei der Betriebseröffnung im Jahre 1901 besaß die Bahn je 2 offene und gedeckte Güterwagen, ein Bestand, der in den dreißiger Jahren auf 8 Einheiten zunahm, die auch 1950 noch existierten. Nur 2 von ihnen waren im Binnenverkehr eingesetzt, die anderen, wie üblich, im Park der Staatsbahn verwendet. Von den beiden im Binnenverkehr benutzten Güterwagen wurde Nr. 161 1959 und 163 schon 1954 verschrottet. Von der Nebenbahn Jagstfeld–Ohrnberg war 1953 der Güterwagen Nr. 162 nach Onstmettingen gekommen; er wurde dort aber schon 1959 ausgemustert.

Zu den Dienstfahrzeugen zählt ein Rottenwagen, ein kleines zweiachsiges Fahrzeug zum Befördern von Baumaterial und Gerät zu den Baustellen an der Strecke.

Ein äußerst wichtiges Gerät ist der große Schneepflug, dessen keilförmige Schare eine Höhe von etwa 2 m haben. Er wird an der Stirnseite des Triebwagens angebaut und kann mittels einer eigenen Hydraulikanlage vom Führerstand aus während der Fahrt in der Höhe verstellt werden. Der Triebwagen darf bei der Räumfahrt auf freier Strecke bis 30 km/Std. fahren, wobei die Schneemassen in weiten Wolken nach beiden Seiten weggeschleudert werden. Bei Nichtbenutzung ist der Schneepflug auf dem östlich des Fahrzeugschuppens im Freien befindlichen Abstellgleis auf einem fahrbaren Bock abgestellt.

Tabelle 14: **Entwicklung des Fahrzeugbestandes der Nebenbahn Ebingen–Onstmettingen**

Jahr	*Dampf-loks*	*Trieb-wagen*	*Personen-wagen*	*VB/VS*	*Gepäck/ Postwag.*	*Güter-wagen*	*Dienst-fahrz.*
1901	2	0	4	0	1	4	
1906	2	0	4	0	1	2	
1916	3	0	3	0	1	7	
1927	3	0	6	0	1	8	2
1936	3	0	3	0	1	7	2
1940	3	0	5	0	1	6	2
1950	3	0	6	0	1	8	2
1960	1	1	2	0	0	1	2
1964	0	1	0	1/1	0	0	2
1970	0	1	0	1/1	0	0	2
1982	0	1	0	1/1	0	0	2

2.3. **Die Nebenbahn Amstetten–Laichingen**

2.3.1. VORGESCHICHTE

Auf der Hochebene der Schwäbischen Alb, zu beiden Seiten der Hauptbahn Stuttgart–Geislingen–Ulm, liegen eine Anzahl Ortschaften, die seinerzeit beim Bau der Bahnstrecken der KWStE keine Berücksichtigung gefunden hatten. Eine dieser benachteiligten Gemeinden war das südwestlich der erwähnten Hauptbahn auf der Hochfläche der Alb gelegene Laichingen; hier und in einigen benachbarten Orten hatten sich zahlreiche Gewerbebetriebe für die Herstellung von Leinen und Bettwäsche angesiedelt, die sich in ihrer Entwicklung wegen des fehlenden Bahnanschlusses mehr und mehr behindert fühlten. Die damals noch schlechten Straßen und die Witterungsverhältnisse im Winter auf den Höhen der Alb erschwerten den Verkehr und das Zuführen der Waren zu den nächsten Bahnstationen außerordentlich. Die Bemühungen der Interessenten um einen Bahnanschluß kamen aber längere Zeit nicht richtig voran, weil keine befriedigende Koordination der verschieden ge-

WEG-Nebenbahn Amstetten–Laichingen

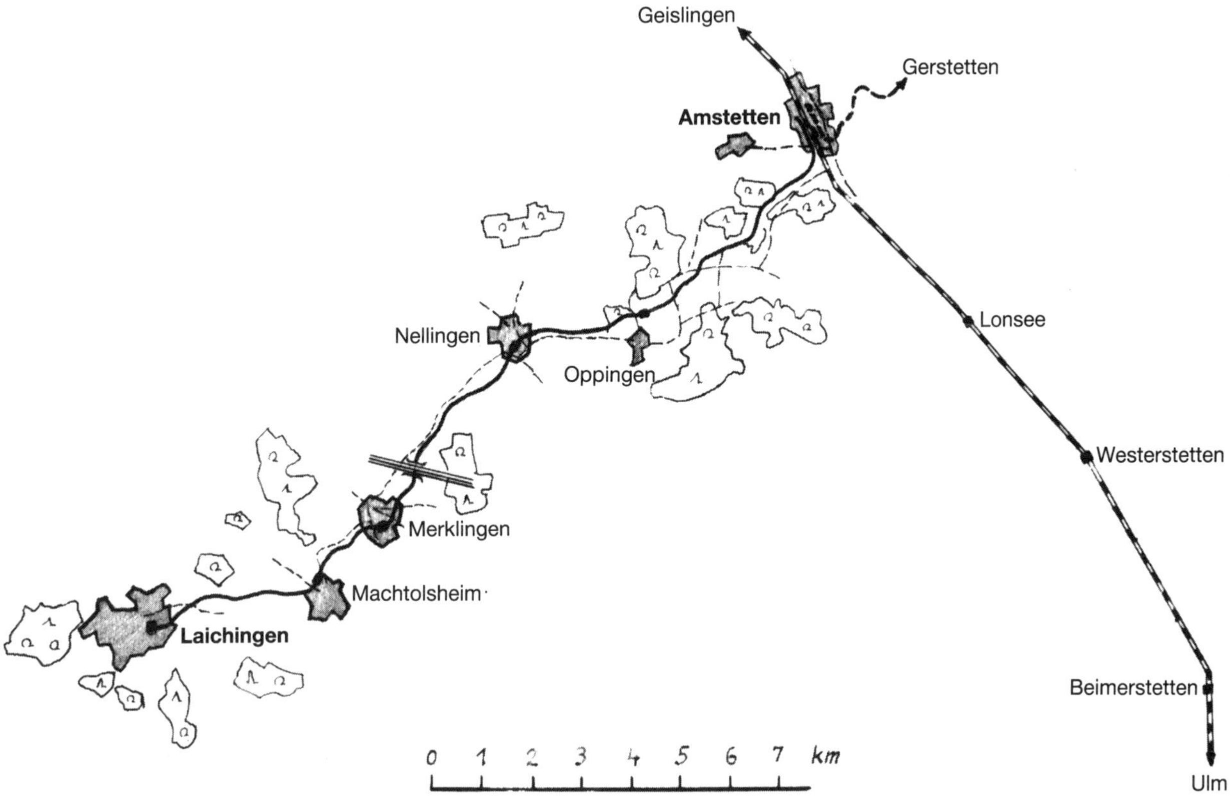

richteten Interessen zu erzielen war. Erst 1888 bildete sich ein erstes Eisenbahnkomitee, das die Firma Hostmann & Cie in Hannover beauftragte, Pläne für eine meterspurige Dampfbahn von Amstetten nach Laichingen auszuarbeiten. Man wählte Amstetten als Anschlußbahnhof an die bestehende Hauptbahn, weil es geländemäßig günstig zu erreichen war und die geplante Strecke einige ebenfalls an dem Bahnanschluß interessierte Gemeinden, wie Nellingen und Merklingen, berühren konnte. Ursprünglich war sogar beabsichtigt, die vorgeschlagene Bahnlinie auf der anderen Seite über Laichingen hinaus bis Münsingen zu verlängern, um dort Anschluß an die seinerzeit noch geplante Nebenbahn Reutlingen–Honau–Münsingen–Schelklingen zu gewinnen. Dieser nicht realisierte Verlängerungsvorschlag blieb aber nicht der einzige Plan für die Führung der Bahnlinie.

Ein anderes Projekt befürwortete es, den Anschluß an die Hauptbahn nicht in Amstetten, sondern in Lonsee oder Westerstetten herzustellen. Von einer weiteren Interessentengruppen wurde eine ganz andere Linienführung vorgeschlagen, nämlich von Kirchheim/Teck über Laichingen nach Blaubeuren, letzteres an der Strecke Ulm–Blaubeuren–Schelklingen–Aulendorf gelegen. Bei einer solchen Linienführung wären aber die aufstrebenden Gemeinden zwischen Laichingen und Amstetten nicht berücksichtigt worden, weshalb der Plan der Ablehnung verfiel. Auch die Stadt Ulm trat 1897 mit einer Forderung in Erscheinung, indem sie den Anschluß an die Hauptbahn in dem näher bei Ulm gelegenen Bahnhof Beimerstetten forderte. Auch dieser Vorschlag wurde von den interessierten Gemeinden abgelehnt, da sie keinen Anschluß erhalten hätten.

Um Baukosten zu sparen und durch eine kurvenreiche

Streckenführung noch mehr Ortschaften an die Bahn anzuschließen, war damals auch eine Kleinbahn mit 75 cm Spurweite im Gespräch, die aber vernünftigerweise nicht realisiert wurde. Das Komitee entschied sich endgültig für eine Meterspurbahn von Amstetten über Nellingen nach Laichingen, da sie kostenmäßig günstig war und die meisten Interessenten berücksichtigen konnte.

Man wandte sich wegen der Ausführung des Bauplanes an die Generaldirektion der KWStE in Stuttgart, erhielt aber die Auskunft, daß die Staatsbahn den Bau und Betrieb der in Aussicht genommenen Bahn aus Rentabilitätsgründen nicht übernehmen könne. Es wurde empfohlen, die Strecke von einer privaten Gesellschaft bauen und betreiben zu lassen. Man nahm Kontakt mit der Firma Artur Koppel in Berlin auf und fühlte auch bei der 1899 in Stuttgart neu gegründeten WEG vor. Letztere erklärte sich bereit, der Sache näherzutreten und beantragte alsbald bei der Verkehrsabteilung des Kgl. Ministeriums für auswärtige Angelegenheiten die Erteilung einer Konzession für die geplante Meterspurbahn. Das Ministerium erteilte diese Konzession der WEG am 24. 10. 1899. Nach Klärung der Finanzierungs- und Grundstücksfragen, konnte Ende Juni 1900 mit dem Streckenbau begonnen werden. Der Bau bot hinsichtlich des Geländes keine besonderen Schwierigkeiten und schritt deshalb zügig voran. Lediglich nahe dem Ausgangsbahnhof Amstetten mußte eine in die Trasse hineinragende Felsnase mittels eines Einschnitts durchstoßen werden.

2.3.2. GESCHICHTE

Der erste Arbeitszug konnte schon am 22. 6. 1901 die ganze Strecke bis Laichingen befahren; am 17. 10. 1901 wurde die Strecke von der zuständigen Behörde abgenommen. Der allgemeine Verkehr wurde am 22. 10. 1901 eröffnet, nachdem vorher die damals üblichen ausgiebigen Feierlichkeiten stattgefunden hatten. Zwar wurden durch die neue Bahn die in dieser Gegend ansässigen Fuhrunternehmer zunächst benachteiligt, aber auch sie fanden schließlich einen Modus, sich mit der Bahn zu arrangieren, indem sie entweder den Zubringerverkehr übernahmen oder als Bedienstete der Bahn weiterlebten. Der Bahnbau hatte alles in allem 1317200 Mark gekostet; die berührten Gemeinden hatten das benötigte Gelände kostenlos zur Verfügung gestellt. Der Betrieb wurde mit einem Personalbestand von 16 Bediensteten abgewickelt.

Der Verkehr ließ sich von Anfang an recht gut an, so daß man mit einem bescheidenen Gewinn rechnen konnte. Eine erste ernsthafte Störung der zügigen Entwicklung brachte der am 1. 8. 1914 ausgebrochene Erste Weltkrieg mit sich. Es traten die von anderen Bahnen her bekannten Schwierigkeiten durch Personalmangel, fehlende Ersatzteile sowie ungenügende Kohlenlieferungen ein. Auch in den ersten Jahren nach Kriegsende gab es keine Änderung zum Besseren, weil in den ersten zwanziger Jahren die Inflation die vorhandenen Rücklagen wertlos machte. Erst nach der Stabilisierung der Währung ab 1924 besserten sich die Möglichkeiten für die dringend notwendigen Überholungen an Bahnanlagen und Fahrzeugen. Gegen Ende der zwanziger Jahre machte sich die allgemeine schlechte Wirtschaftslage bemerkbar und führte zu einem Verkehrsrückgang.

Eine deutliche Erholung des Verkehrs begann um die Mitte der dreißiger Jahre. Die Lage der Bahn besserte sich in dieser Zeit dadurch, daß sie für den Materialtransport zum Bau der Autobahn Stuttgart–München herangezogen wurde. Diese Autobahn wurde zwischen Merklingen und Nellingen, im Zuge der Alb-Überquerung nahe Merklingen, über die Strecke der Laichinger Bahn auf einer Betonbrücke geführt. infolge dieser Transporte mußte die Bahn damals besonders schwere Güterzüge fahren, die in Amstetten von der Reichsbahn übernommen wurden und bis in die Nähe der Baustelle bei Merklingen verkehrten. Diese Transporte wurden natürlich durch den Umstand erschwert, daß die normalspurigen Güterwagen in Amstetten einzeln auf Rollböcke der Schmalspurbahn umgesetzt werden mußten und erst dann auf der Laichinger Bahn weitertransportiert werden konnten. Wegen der starken Steigung der Strecke vor Oppingen von maximal 1:35 (2,9%), für die die leichten Loks der Bahn nicht ausreichten, wurde damals von der Härtsfeldbahn der WNB während der Bauzeit leihweise die stärkere Lok Nr. 5″ WNB angemietet. Für die Entladung der Güterwagen war bei Merklingen eine besondere Entladestelle angelegt worden, die später wieder abgebaut wurde. Es folgte nun eine ruhige Zeit, in der sich der Verkehr auf eine normale Situation einpendelte. Jedoch dauerte dieser friedliche Zustand nicht allzulange, denn am 1. 9. 1939 begann der Zweite Weltkrieg mit

Eröffnungsfeier am 19. 10. 1901; Lok 1s mit Sonderzug im Bahnhof Laichingen, der noch einsam auf freiem Feld steht (Sammlung Archiv WEG/WNB)

Bahnhof Laichingen mit Lok 3s und Personenzug; etwa 1903 (Sammlung Archiv WEG/WNB)

Lok 2s mit GmP im Bahnhof Nellingen; etwa 1903 (Sammlung Archiv WEG/WNB)

erneuten Erschwernissen für das Bahnunternehmen. Waren im Ersten Weltkrieg keine kriegsbedingten Zerstörungen bei den Bahnanlagen und Fahrzeugen eingetreten, so brachte der Zweite Krieg in seiner fortgeschrittenen Phase vielfache Schäden durch Luftangriffe mit sich, die in Verbindung mit den politischen Veränderungen nach Kriegsschluß und nach Beendigung der Kampfhandlungen am 20. 4. 1945 die Einstellung des Verkehrs erzwangen.

Erst ab 3. 12. 1945 konnte der Verkehr nach und nach wiederaufgenommen werden, allerdings zuerst unter für die Fahrgäste erschwerten Verhältnissen. Diese waren durch die damaligen Besatzungszonen bedingt; die Grenze zwischen den von den Besatzungsmächten gebildeten französischen und amerikanischen Zonen lief zwischen den Bahnhöfen Machtolsheim und Laichingen quer über die Strecke. Reisende, die von den in der amerikanischen Zone liegenden Orten Amstetten, Oppingen, Nellingen, Merklingen und Machtolsheim in das französische Laichingen fahren wollten, mußten sich vorher einen der nur schwer erhältlichen Passierscheine beschaffen; wenn sie einen solchen nicht hatten, wurden sie von den militärischen Grenzposten rücksichtslos abgewiesen und mußten umkehren. Nach der Aufhebung der Besatzungszonen und der Bildung der Bundesrepublik Deutschland fielen zwar diese Kontrollen fort, doch blieb immerhin noch eine deutsche Ländergrenze zwischen dem aus der französischen Besatzungszone entstandenen Land Württemberg-Baden und dem aus der amerikanischen Zone entstandenen Land Württemberg-Hohenzollern. Erst durch die Bildung des heutigen Bundeslandes Baden-Württemberg im Jahre 1952 entfiel diese formale innerdeutsche Grenze. Die Laichinger Bahn hatte seit der Betriebseröffnung den Postverkehr ausgeführt; dieser wurde 1957 eingestellt.

Die nun folgenden Jahre bis zur heutigen Zeit brachten aus der politischen Sicht keine nennenswerten Störungen mehr in die ruhige Entwicklung des Bahnverkehrs bei der Laichinger Bahn.

Von erheblicher innerbetrieblicher Bedeutung war aber die im Jahre 1956 endgültig vorgenommene Umstellung vom Dampfbetrieb auf den Betrieb mit Dieseltriebwagen, die künftig den gesamten Verkehr, auch den Güterverkehr, als Schlepptriebwagen durchführten. Natürlich blieb auch die Nebenbahn Amstetten–Laichingen nicht von Naturkatastrophen verschont. Zur Regel gehörte der in jedem Winter wegen der großen Schneemassen auf den hochgelegenen weiten windigen Flächen zu führende Kampf mit den Schneeverwehungen. Aber auch im Sommer gab es gelegentlich wetterbedingte Verkehrs-

WEG-Nebenbahn Amstetten–Laichingen

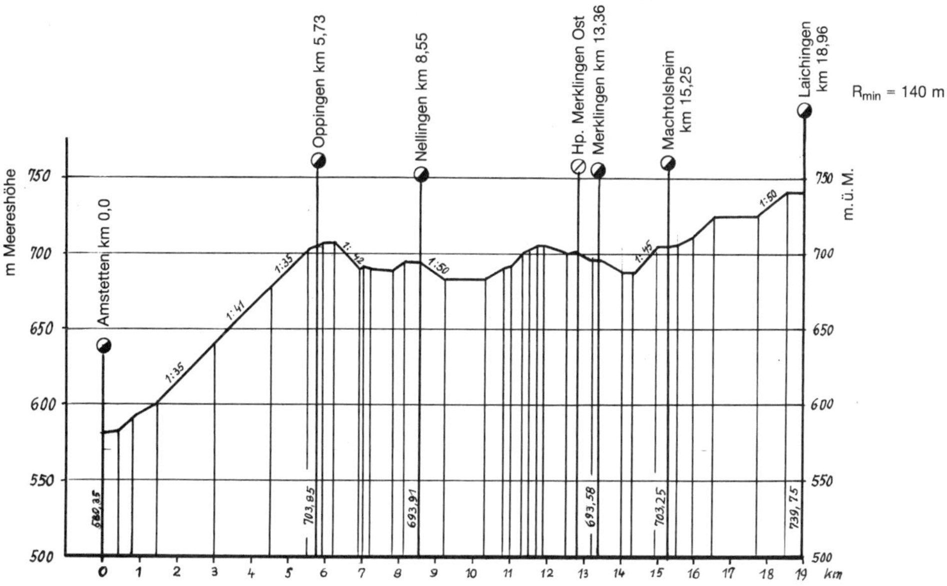

behinderungen; so hatte ein am 22. 6. 1975 eingetretenes großes Unwetter die Bahngleise zwischen Amstetten und Nellingen überflutet; große Wassermassen rissen auf einer Streckenlänge von 1,5 km den Schotter unter den Gleisen weg, so daß diese in der Luft hingen; auch der Bahndamm war stellenweise bis zu 90 cm weggespült.

Zu bemerken wäre noch, daß am 1. 10. 1961, also etwa 60 Jahre nach der Eröffnung des Verkehrs, als Jubiläumszug nochmals ein Dampfzug auf der Laichinger Strecke verkehrte. Zu diesem Zweck hatte man extra die einzige damals noch vorhandene Dampflok noch einmal angeheizt. Ansonsten haben sich in den letzten Jahrzehnten keine aufregenden Ereignisse abgespielt, wenn man von gelegentlichen Zusammenstößen von Bahn- und Straßenfahrzeugen absieht, die sich an den zahlreichen niveaugleichen Kreuzungen ereigneten. Um sie möglichst zu vermeiden, hat man inzwischen die meisten stark befahrenen Straßenübergänge durch Blinklichtanlagen und teilweise auch durch Halbschranken gesichert. Aus betrieblichen Gründen wurden im Laufe der Jahrzehnte umfangreiche Änderungen und Umbauten der Gleisanlagen vorgenommen, besonders in den Endbahnhöfen Amstetten und Laichingen. So wurde auch in jüngster Zeit in Machtolsheim das alte Bahnhofsgebäude abgerissen und durch eine Wartehalle ersetzt.

Es sei hier noch erwähnt, daß die Strecke der Laichinger Bahn seit der Stillegung der Härtsfeldbahn als Erprobungsstrecke der Waggonindustrie für an fremde Bahnverwaltungen zu liefernde Meterspur-Fahrzeuge diente. So wurde in der Zeit vom 25. 6. bis 9. 7. 1981 ein Triebzug für die Bangladesh-Railway, den die Firma Linke-Hofmann-Busch in Salzgitter gebaut hatte, erprobt. Die Laichinger Strecke bot für derartige Probefahrten die nötigen Besonderheiten, wie Steilstrecken, enge Kurven usw. Da die Strecke immer gut instand gehalten war, konnten auch relativ hohe Geschwindigkeiten gefahren werden. Für Personenzüge war zuletzt eine Höchstgeschwindigkeit von 50 km/Std. zugelassen, eine für eine Meterspurbahn beachtliche Leistung.

Das Jahr 1984 wurde zum Schicksalsjahr für die Nebenbahn Amstetten–Laichingen. Infolge zurückgenommener Subventionen für alle nichtbundeseigenen Eisenbahnen wurde es der WEG unmöglich, weiter durch firmeninterne Maßnahmen einen Ausgleich der nicht unerheblichen Verluste herbeizuführen. Eine Aufforderung an die an der Strecke liegenden Kommunen, sich durch Finanzhilfen an dem Verlust der Bahn zu beteiligen, wurde abgelehnt. So sah sich die WEG gezwungen, am 25. 10. 1984 beim zuständigen Landesministerium den Antrag auf Entbindung von der Betriebspflicht für die

Nebenbahn Amstetten–Laichingen

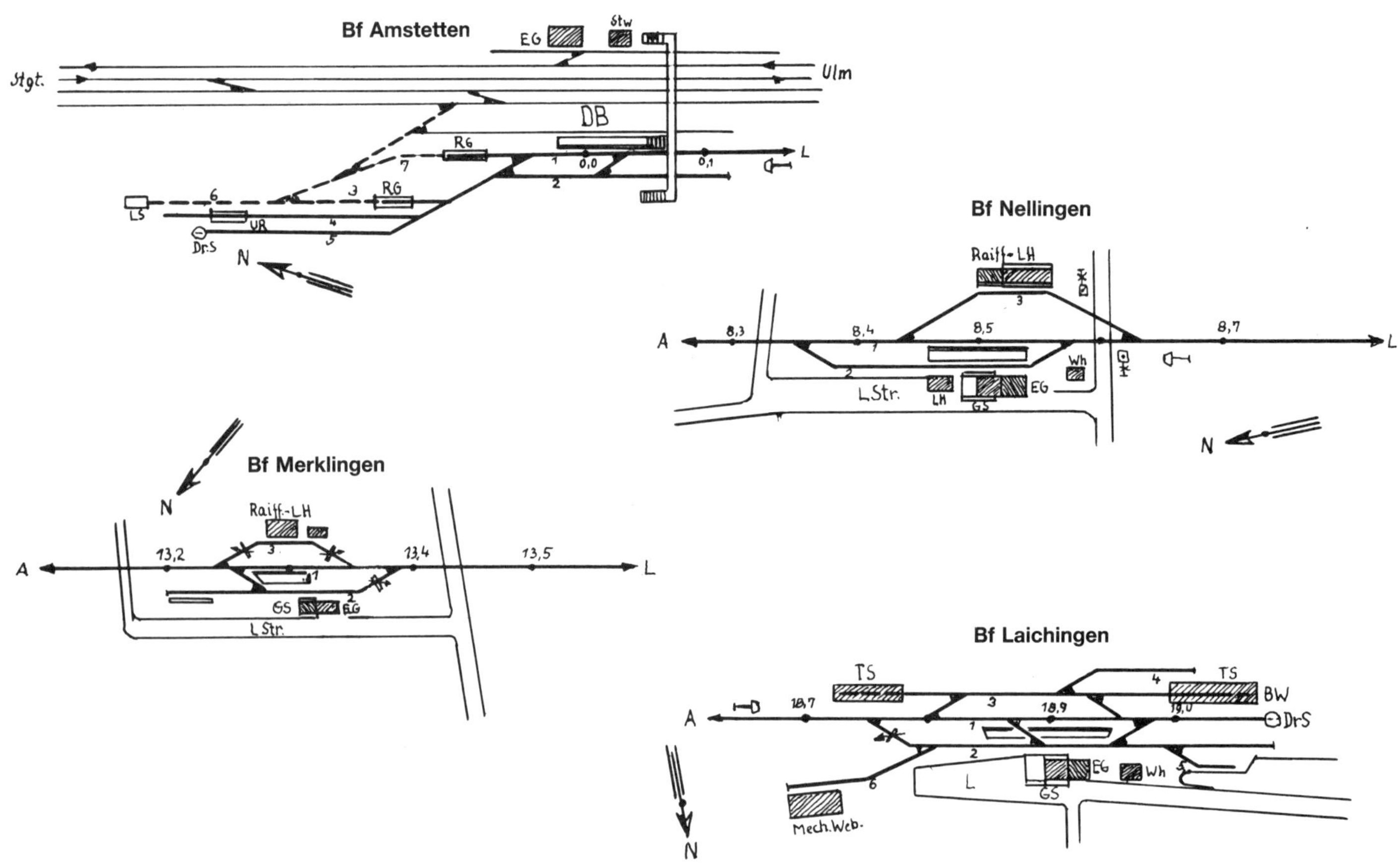

Nebenbahn Amstetten–Laichingen zu stellen. Nachdem dieser Antrag genehmigt worden war, wurde am 31. 8. 1985 der Schienenverkehr auf dieser liebenswerten Bahn eingestellt. Im letzten Zug liefen sämtliche noch vorhandenen Fahrzeuge. Der Personenverkehr wird seither mittels bahneigener Omnibusse weitergeführt. Für den Güterverkehr werden Lastkraftwagen eingesetzt.

2.3.3. STRECKENVERLAUF

Der Ausgangspunkt der Nebenbahn Amstetten–Laichingen war ein eigener Nebenbahnhof zum Staatsbahnhof *Amstetten* (km 0,0; 580,35 m üM) der Hauptbahn Stuttgart–Ulm. Die Gleisanlagen der Nebenbahn nach Laichingen befanden sich auf der Westseite neben denen der Staatsbahn, heute DB. Von den Gleisen der Staatsbahn führte ein normalspuriges Übergabegleis in den Bereich der Nebenbahn, das 2 Abzweigungen zu den beiden Rollbockgruben hatte. Die Personenzüge der Nebenbahn hatten einen eigenen Bahnsteig 1, der vom Bahnhof der Staatsbahn über eine 22,45 m lange Fußgängerbrücke zu erreichen war. Früher waren die Schmalspurgleise wesentlich umfangreicher als zuletzt; es gab auch eine Drehscheibe auf der die Dampfloks und der Einrichtungs-Triebwagen T 35 WEG von Hand gewendet wurden. An dem Gleisende befand sich früher auch ein kleiner Lokschuppen, in dem die für die Beförderung des ersten Früh-Personenzugs bestimmte Lok übernachtete. Sonstige eigene Gebäude der Nebenbahn gab es in

Blick auf die Anlagen des Bahnhofs Amstetten der WEG links und der DB rechts; April 1962 (Aufnahme G. Wolff)

Bahnhof Amstetten: links die DB-Anlagen, rechts ausfahrender T 37 WEG nach Laichingen, Hintergrund der Einschnitt (Aufnahme G. Wolff)

Bahnhof Amstetten: links T 34 WEG nach Laichingen, rechts T 05 WEG rangiert auf DB-Gleisen, Mitte Fußgängersteg; April 1964 (Aufnahme G. Wolff)

Amstetten nicht. Die dienstlichen Belange für die Nebenbahn wurden vom Personal der Staatsbahn in deren Bahnhofsgebäude wahrgenommen.

Das Streckengleis nach Laichingen verlief zunächst einige hundert Meter parallel zum Staatsbahngleis Richtung Ulm und bog fast rechtwinklig nach rechts ab; es nahm dann einen südwestlichen Verlauf, der im großen und ganzen auf der ganzen Strecke beibehalten wurde. In der Abschwenkkurve durchschnitt das Streckengleis in einem Einschnitt die bereits erwähnte Bergnase und begann dann sofort kräftig zu steigen. Diese Steigung mit einem Höchstwert von 1:35 (2,9%) blieb bis unmittelbar vor dem ersten Bahnhof, *Oppingen* (km 5,73; 703,85 m ü M), bestehen. Der kleine Bahnhof Oppingen lag auf freiem Feld einige hundert Meter nördlich der gleichnamigen Ortschaft. Die Strecke führte dann in etwa westlicher Richtung weiter, überquerte bei km 8,175 die durch eine Blinklichtanlage gesicherte Straße L 1232 Nellingen–Oppingen und erreichte den Bahnhof *Nellingen* (km 8,55; 693,9 m ü M). Die Anlagen dieser Station waren etwas ausgedehnter als die von Oppingen. Es gab in Nellingen bei km 8,45 ein Anschlußgleis zu einem großen Lagerhaus der Württembergischen Landwirtschaftlichen Zentral-Genossenschaft Raiffeisen eGmbH (WLZ). Die weiterführende Strecke nahm wieder die südwestliche Richtung ein und überquerte gleich hinter dem Bahnhof bei km 8,60 die durch Blinklicht gesicherte Straße L 1233 Nellingen–Scharenstetten. Bei km 11,783 überquerte die Autobahn Stuttgart–Ulm die Nebenbahnstrecke auf einer Spannbetonbrücke. Es folgte bei kam 12,735 eine weitere Straßenkreuzung L 1234 Merklingen–Scharenstetten und bei km 12,80 wurde der 1958 eingerichtete Haltepunkt *Merklingen Ost* erreicht. Einige hundert Meter weiter befand sich der Bahnhof

T 35″ WEG nach Laichingen im Einschnitt Amstetten
(Aufnahme R. Schatz)

T 37 ex Härtsfeldbahn in Oppingen; September 1975
(Aufnahme G. Wolff)

T 35″ ex MEG VT 15
im Bahnhof Nellingen;
Oktober 1974
(Aufnahme R. Schatz)

T 34 und VB 7 mit GmP
im Bahnhof Merklin-
gen; April 1962
(Aufnahme G. Wolff)

T 36 mit Güterzug im Bahnhof Laichingen; Oktober 1972 (Aufnahme H. Sickert)

Merklingen (km 13,36; 693,58 m üM). Auch an diesem Bahnhof gab es ein Lagerhaus der WLZ, zu dem bei km 13,23 ein besonderes Ladegleis abging. Im Zuge der weiterführenden Strecke wurden bald danach 2 blinklichtgesicherte Straßen überschritten, und zwar bei km 13,4 die Bahnhofstraße und bei km 15,019 die Landstraße Merklingen–Machtolsheim (L 1230). Gleich nach dieser letzten Kreuzung folgte der Bahnhof *Machtolsheim* (km 15,25; 703,25 m üM). Unmittelbar nach dem Verlassen dieses Bahnhofs wurde bei km 15,301 die durch Blinklicht gesicherte Straße K 7224 Machtolsheim–Hohenstadt überquert. Auf dem nun folgenden Streckenabschnitt nahm das Gleis wieder eine mehr westliche Richtung ein und überquerte bei km 17,994 die stark befahrene und deshalb durch Blinklicht und Halbschranken geschützte Straße L 1230 Machtolsheim–Laichingen. Nach einem nochmaligen letzten Höhenanstieg von 36 m, endete die Strecke im Endbahnhof *Laichingen* (km 18,96; 739,75 m üM). Als dieser Bahnhof 1901 gebaut wurde, war seine Umgebung noch völlig frei von Häusern; er befand sich mitten im freien Feld. Dieser Endbahnhof wies wesentlich mehr Gleisanlagen und Gebäude auf als die bisherigen Bahnhöfe an der Strecke. Das Empfangsgebäude beherbergte die Bahnverwaltung, die Zugleitstelle, sonstige Diensträume und einen Warteraum; angebaut war ein größerer Güterschuppen. Die früher am Ende des Streckengleises vorhandene Drehscheibe wurde 1980 ausgebaut, ebenso wie die Drehscheibe in Amstetten. In den letzten Jahren wurden die für die Unterstellung und Wartung der Fahrzeuge benötigten Hallen erweitert. So wurde die bestehende alte Triebwagenhalle, früher Lokschuppen, in der Länge um 5,4 m und in der Breite um 6,9 m vergrößert. Ferner wurde ein Hallen-Neubau von 33 m Länge und 6,05/

T 31 vor Merklingen; Juni 1981 (Foto H. Sickert)

6,32 m Breite errichtet. Auch neue Sozialräume und Lager sind entstanden. Die Arbeitsgrube in der Werkstatt wurde verlängert und modernisiert. Für die Reparatur und Pflege der Fahrzeuge wurden mehrere neue Werkzeugmaschinen und Hebezeuge sowie eine neue Druckluftanlage beschafft. Das bei km 18,8 abzweigende Privatanschlußgleis zur mechanischen Weberei war seit längerer Zeit nicht mehr benutzbar. Früher gab es auch noch ein Anschlußgleis zur Firma Schill in Laichingen. Der einzige voll mit Personal besetzte Bahnhof war zuletzt Laichingen; Nellingen war Agenturbahnhof.

Die Länge der durchgehend eingleisigen Strecke war genau 19,036 km, die Länge aller Gleise einschließlich der Nebengleise war 22,2 km. Von den rund 19 km Streckengleisen lagen 5,652 km (29,69%) horizontal und 13,384 km (70,31%) in Neigungen. In der Geraden waren 10,637 km (55,88%) und in Kurven 8,399 km (44,12%) verlegt. Der kleinste Krümmungsradius betrug 140 m, die größte Neigung 1:35 (2,9%). Es gab 5 Bahnhöfe und 1 Haltepunkt. Die Nebenbahn Amstetten–Laichingen verfügte weder über Formsignale noch über Tunnels oder Brücken, wenn man von der Überschreitung kleiner Bäche mittels Durchlässen absieht.

2.3.4. FAHRPLANGESTALTUNG

In den ersten Betriebsjahren verkehrten werktags 3 und sonntags 4 Zugpaare. Der zusätzliche Sonntagszug war ab dem Kriegsjahr 1916 weggefallen. 1938 wurden täglich 4 Zugpaare gefahren. Im Kriegsfahrplan 1940 waren täglich 3 Personenzugpaare und 3 Bedarfsgüterzugpaare vorgesehen. Die Fahrzeit lag im Mittel bei 63 Minuten in beiden Richtungen. Die Bedarfsgüterzüge

T 35″ mit Schneepflug in Laichingen; 8. 12. 1970
(Foto H. Sickert)

Ankunft des T 33 WNB auf Straßenroller in Laichingen am 6. 6. 1973
(Foto H. Sickert)

Blick auf Bahnhof Laichingen April 1962; links halboffener Wagenschuppen, hinten VT-Schuppen mit Werkstatt, rechts Bahnhofsgebäude
(Aufnahme G. Wolff)

Bahnhof Laichingen VT-Schuppen mit T 34 und VB 6; 1962
(Aufnahme G. Wolff)

hatten wesentlich längere Fahrzeiten; sie brauchten bis zu 75 Minuten. Der Sommenfahrplan 1954 wies eine unterschiedliche Zugzahl in beiden Richtungen aus. Von Amstetten nach Laichingen verkehrten täglich 4 Personenzüge und werktags ein GmP-Zugpaar; in Gegenrichtung hingegen fuhren nur 2 Personenzüge täglich und dazu an Werktagen 2 GmP-Züge. Die Personenzüge, die schon mit Triebwagen gefahren wurden, hatten Fahrzeiten um 40 Min., die GmP-Züge hingegen benötigten 65 Min. Der Sommerfahrplan 1984 ließ, wie auch schon die meisten Jahre vorher, eine Aufspaltung des Zugangebots in reguläre Personenzüge und Schülerzüge erkennen, wobei die letzteren zwischen Laichingen und Nellingen verkehrten. Auf der ganzen Strecke Laichingen–Amstetten verkehrten montags bis samstags 2 Personenzugpaare und montags bis freitags 2 weitere. Außerdem waren montags bis samstags 1 und montags bis freitags 1 weiteres Triebwagenpaar mit Güterbeförderung ausgewiesen. Die Fahrzeiten der Personenzüge lagen zwischen 39 und 45 Min., die der Züge mit Güterbeförderung zwischen 49 und 52 Min. Speziell an Schultagen, also nicht in den Ferien, verkehrten montags bis samstags 2 und montags bis freitags 1 Personenzugpaar zwischen Laichingen und Nellingen mit Fahrzeiten zwischen 19 und 25 Min. Hierzu kamen an den Tagen Montag, Dienstag, Donnerstag und Freitag 2 weitere Personenzüge für Schüler.

Seit 1972 war der Personenfahrplan im Kursbuch auf Blatt 905 abgedruckt, vorher auf Blatt 320r.

Hinsichtlich der zugelassenen Fahrgeschwindigkeiten kann mitgeteilt werden, daß 1940 für normale Dampfzüge ohne Rollblöcke 30 km/Std., für Rollbockzüge hingegen nur 25 km/Std. erlaubt waren. Auf der Stellstrecke durfte talwärts sogar nur mit 20 km/Std. gefahren werden. Diese Daten hatten sich in den letzten Betriebsjahren auf 40 bzw. 30 bzw. 25 km/Std. erhöht.

2.3.5. BEFÖRDERUNGSLEISTUNGEN

Die beiden Grafiken auf Seite 126 lassen erkennen, daß im Personenverkehr die Beförderungsleistungen seit der Zeit nach dem Zweiten Weltkrieg erheblich höherliegen als vorher. In den letzten Jahren wurden über 260000 Fahrgäste jährlich befördert. Vor dem Krieg waren es nur im Mittel 100000 Reisende.

Alte Drehscheibe in Laichingen; Juni 1973
(Aufnahme H. Sickert)

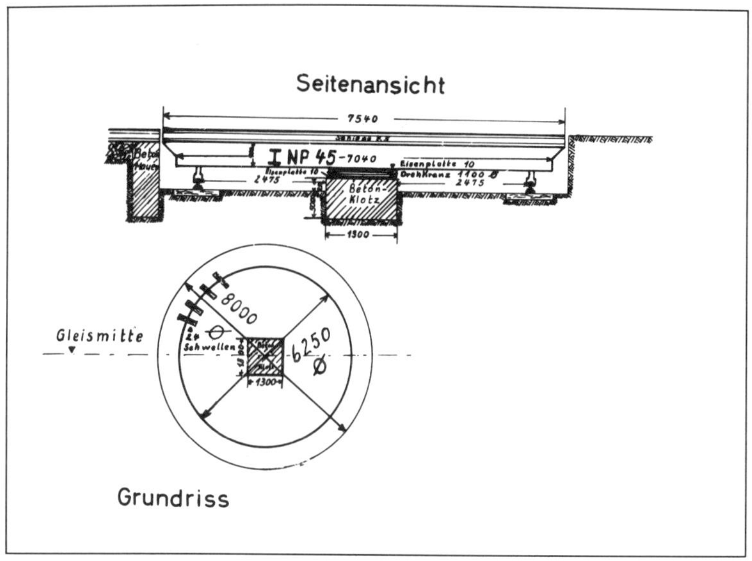

Drehscheibe auf dem Bahnhof Laichingen
(Zeichnung der WEG)

Buchfahrplan vom 1. 4. 1940

7

Höchstgeschwindigkeit 30 km/h*

Amstetten- Laichingen

Entfernung km	Kürzeste Fahrzeit mit Rollböcke Min.	Kürzeste Fahrzeit ohne Rollböcke Min.	Betriebstellen	P 1 Stückgut Ankunft	P 1 Aufenthalt Min.	P 1 Abfahrt	P 1 Kreuzung mit Zug	P 3 Ankunft	P 3 Aufenthalt Min.	P 3 Abfahrt	P 3 Kreuzung mit Zug
—	—	—	● **Laichingen**	—	—	5^{38}		—	—	11^{33}	
3,6	11	10	● **Machtolsheim**	5^{49}	1	50		11^{44}	1	45	
1,9	6	5	● **Merklingen**	56	1	57		51	2	53	
4,8	13	12	● **Nellingen**	6^{10}	1	6^{11}		12^{06}	3	12^{09}	G 40
2,9	8	7	● **Oppingen**	19	1	20		17	1	18	
5,7	22	19	**Amstetten** (Württ)	6^{42}	—	—	2, 33	12^{40}	—	—	4 W
18,9	60	53	Dauer der Fahrt	60 + 4 / 64 Min.				60 + 7 / 67 Min.			

Betriebstellen	P 5 W Ankunft	P 5 W Aufenthalt Min.	P 5 W Abfahrt	P 5 W Kreuzung mit Zug	P 5 S Ankunft	P 5 S Aufenthalt Min.	P 5 S Abfahrt	P 5 S Kreuzung mit Zug	G 33 Bedarfsgüterzug Ankunft	G 33 Aufenthalt Min.	G 33 Abfahrt	G 33 Kreuzung mit Zug	G 39 Bedarfsgüterzug Ankunft	G 39 Aufenthalt Min.	G 39 Abfahrt	G 39 Kreuzung mit Zug	G 45 Bedarfsgüterzug Ankunft	G 45 Aufenthalt Min.	G 45 Abfahrt	G 45 Kreuzung mit Zug
Laichingen	—	—	16^{48}		—	—	17^{05}		—	—	6^{11}		—		9^{30}	34	—		15^{00}	
Machtolsheim	16^{54}	1	55		17^{15}	1	16		—	—	—		—		—		—		—	
Merklingen	17^{01}	2	17^{03}		21	1	22		—	—	—		—		—		—		—	
Nellingen	16	3	19	G 40	34	1	35		6^{41}	1	42		—		—		—		—	
Oppingen	27	1	28		42	1	43		—	—	—		—		—		—		—	
Amstetten (Württ)	17^{50}	—	—	6	18^{08}	—	—	6	7^{12}	—	—	2	10^{34}		—	40	16^{04}		—	46
Dauer der Fahrt	60 + 7 / 67 Min.				54 + 4 / 58 Min.				60 + 1 / 61 Min.				64 + 0 / 64 Min.				64 + 0 / 64 Min.			

Entfernung km	Kürzeste Fahrzeit mit Rollböcke Min.	Kürzeste Fahrzeit ohne Rollböcke Min.	Betriebstellen	P 2 Ankunft	P 2 Aufenthalt Min.	P 2 Abfahrt	P 2 Kreuzung mit Zug	P 4 W Stückgut Ankunft	P 4 Aufenthalt Min.	P 4 Abfahrt	P 4 Kreuzung mit Zug
—	—	—	**Amstetten** (Württ)	—	—	7^{20}	G 33	—	—	13^{05}	
5,7	24	20	● **Oppingen**	7^{44}	1	45		13^{27}	1	28	
2,9	8	7	● **Nellingen**	53	1	54		36	3	39	
4,8	12	12	● **Merklingen**	8^{06}	1	8^{07}		51	3	54	
1,9	6	5	● **Machtolsheim**	13	1	14		14^{00}	1	14^{01}	
3,6	10	10	● **Laichingen**	8^{24}	—	—		14^{12}	—	—	
18,9	60	54	Dauer der Fahrt	60 + 4 / 64 Min.				59 + 8 / 67 Min.			

Betriebstellen	P 4 S Ankunft	P 4 S Aufenthalt Min.	P 4 S Abfahrt	P 4 S Kreuzung mit Zug	P 6 Ankunft	P 6 Aufenthalt Min.	P 6 Abfahrt	P 6 Kreuzung mit Zug	G 34 Bedarfsgüterzug Ankunft	G 34 Aufenthalt Min.	G 34 Abfahrt	G 34 Kreuzung mit Zug	G 40 Bedarfsgüterzug Ankunft	G 40 Aufenthalt Min.	G 40 Abfahrt	G 40 Kreuzung mit Zug	G 46 Bedarfsgüterzug Ankunft	G 46 Aufenthalt Min.	G 46 Abfahrt	G 46 Kreuzung mit Zug
Amstetten (Württ)	—	—	14^{24}		—	—	18^{30}	5	—	—	8^{10}		—	—	11^{25}	39	—	—	16^{40}	45
Oppingen	14^{44}	1	45		18^{50}	1	51		—	—	—		—	—	50		—	—	—	
Nellingen	52	1	53		59	1	19^{00}		8^{43}	1	44		12^{03}	7	12^{10}	3 W	17^{14}	6	17^{20}	5 W
Merklingen	15^{05}	1	15^{06}		19^{12}	1	13		—	—	—		—	—	—		—	—	—	
Machtolsheim	11	1	12		19	1	20		—	—	—		—	—	—		—	—	—	
Laichingen	15^{22}	—	—	45	19^{30}	—	—		9^{14}	—	—	39	12^{40}	—	—		17^{50}	—	—	
Dauer der Fahrt	54 + 4 / 58 Min.				56 + 4 / 60 Min.				63 + 1 / 64 Min.				68 + 7 / 75 Min.				64 + 6 / 70 Min.			

* für Züge mit Rollbockbeförderung in Gefällstrecken im allgemeinen 25 km/h, und zwischen Oppingen bis km 1,3 = 20 km/h

Buchfahrplan vom 26. 5. 1961

2

3

Höchstgeschwindigkeit: für Dampfzüge 30 km/h, für Triebwagen 40 km/h
für Züge mit Rollbockbeförderung in Gefällstrecken im allgemeinen 25 km/h, zwischen Oppingen und km 1,3 nur 20 km/h

Laichingen - Amstetten

Mindestbremshundertstel: 46

Entfernung km	Betriebstellen	T 1 W Ankunft	T 1 Abfahrt	T 1 Kreuzung mit Zug	T 3 W außer Sa Ankunft	T 3 Abfahrt	T 3 Kreuzung mit Zug	T 5 tägl Ankunft	T 5 Abfahrt	T 5 Kreuzung mit Zug
–	Laichingen	—	505		–	535		–	645	
3,6	Machtolsheim	512	13		542	43		652	53	
1,9	Merklingen	16	17		46	47		56	57	4 WaSa
4,8	Nellingen	26	27		56	57		706	707	
2,9	Oppingen	33	34		603	605	2 W	13	14	
5,7	Amstetten (Württ)	545	–		616	–		725	–	
18,9										

Betriebstellen	T 309 tägl Ankunft	T 309 Abfahrt	T 309 Kreuzung mit Zug	T 311 W außer Sa Ankunft	T 311 Abfahrt	T 311 Kreuzung mit Zug	T 313 W außer Sa (Stückgut) Ankunft	T 313 Abfahrt	T 313 Kreuzung mit Zug	T 315 Sa (Stückgut) Ankunft	T 315 Abfahrt	T 315 Kreuzung mit Zug	T 15 S Ankunft	T 15 Abfahrt	T 15 Kreuzung mit Zug	T 17 W außer Sa Ankunft	T 17 Abfahrt	T 17 Kreuzung mit Zug	T 19 S Ankunft	T 19 Abfahrt	T 19 Kreuzung mit Zug
Laichingen	–	1200		–	1520		–	1620		–	1658		–	1718		–	1800		–	1855	
Machtolsheim	1207	08		1528	29		1628	30		1706	1708		1725	26		1807	08		1902	1903	
Merklingen	12	13		33	34		34	39		12	18		29	30		12	13		06	07	
Nellingen	23	24		44	50		49	51		28	32		39	40		23	25	16 WaSa	16	18	
Oppingen	×	30		56	58		57	58		38	39		46	47		×	30		24	25	
Amstetten (Württ)	1246	–		1615	–		1715	–	14	1756	–		1758	–		1840	–		1936	–	

Amstetten - Laichingen

Mindestbremshundertstel: 32

Entfernung km	Betriebstellen	T 2 W Ankunft	T 2 Abfahrt	T 2 Kreuzung mit Zug	T 4 W außer Sa Ankunft	T 4 Abfahrt	T 4 Kreuzung mit Zug	T 6 S Ankunft	T 6 Abfahrt	T 6 Kreuzung mit Zug
—	Amstetten (Württ)	–	552		–	627		–	745	
5,7	Oppingen	604	609	3 WaSa	639	40		757	58	
2,9	Nellingen	15	18		45	47		803	804	
4,8	Merklingen	26	27		55	58	5 W	12	13	
1,9	Machtolsheim	31	32		702	703		17	18	
3,6	Laichingen	639	–		710	–		825	–	
18,9										

Betriebstellen	T 306 W (Stückgut) Ankunft	T 306 Abfahrt	T 306 Kreuzung mit Zug	T 10 S u Sa Ankunft	T 10 Abfahrt	T 10 Kreuzung mit Zug	T 310 W außer Sa Ankunft	T 310 Abfahrt	T 310 Kreuzung mit Zug	T 14 W außer Sa Ankunft	T 14 Abfahrt	T 14 Kreuzung mit Zug	T 16 tägl außer Sa Ankunft	T 16 Abfahrt	T 16 Kreuzung mit Zug	T 18 W Ankunft	T 18 Abfahrt	T 18 Kreuzung mit Zug	T 20 S Ankunft	T 20 Abfahrt	T 20 Kreuzung mit Zug
Amstetten (Württ)		755		–	1300		–	1305		–	1716	313	–	1808		–	1855		–	2025	
Oppingen	812	813		1312	13		1322	23		1728	29		1819	19,5		1909	1910		2037	38	
Nellingen	22	25		18	19		29	31		34	35		24	26	17 WaSa	16	17		43	44	
Merklingen	37	40		27	28		41	43		43	44		36	37		27	28		52	53	
Machtolsheim	47	50		32	1433		47	49		48	49		41	42		32	33		57	58	
Laichingen	900	–		1340	–		1356	–		1756	–		1849	–		1940	–		2105	–	

Die Personenzüge halten nach Bedarf auch an der Haltestelle: **Merklingen-Ost**

Am 1. VI. und 17. VI. verkehren die Züge wie an Sonntagen

Kreuzung: Züge 2 W und 3 WaSa: Einfahrt Zug 3 WaSa auf Kreuzungsgleis
4 WaSa „ 5 tägl : „ „ 4 WaSa „ „
16 täglaSa „ 17 WaSa: „ „ 17 WaSa „ „

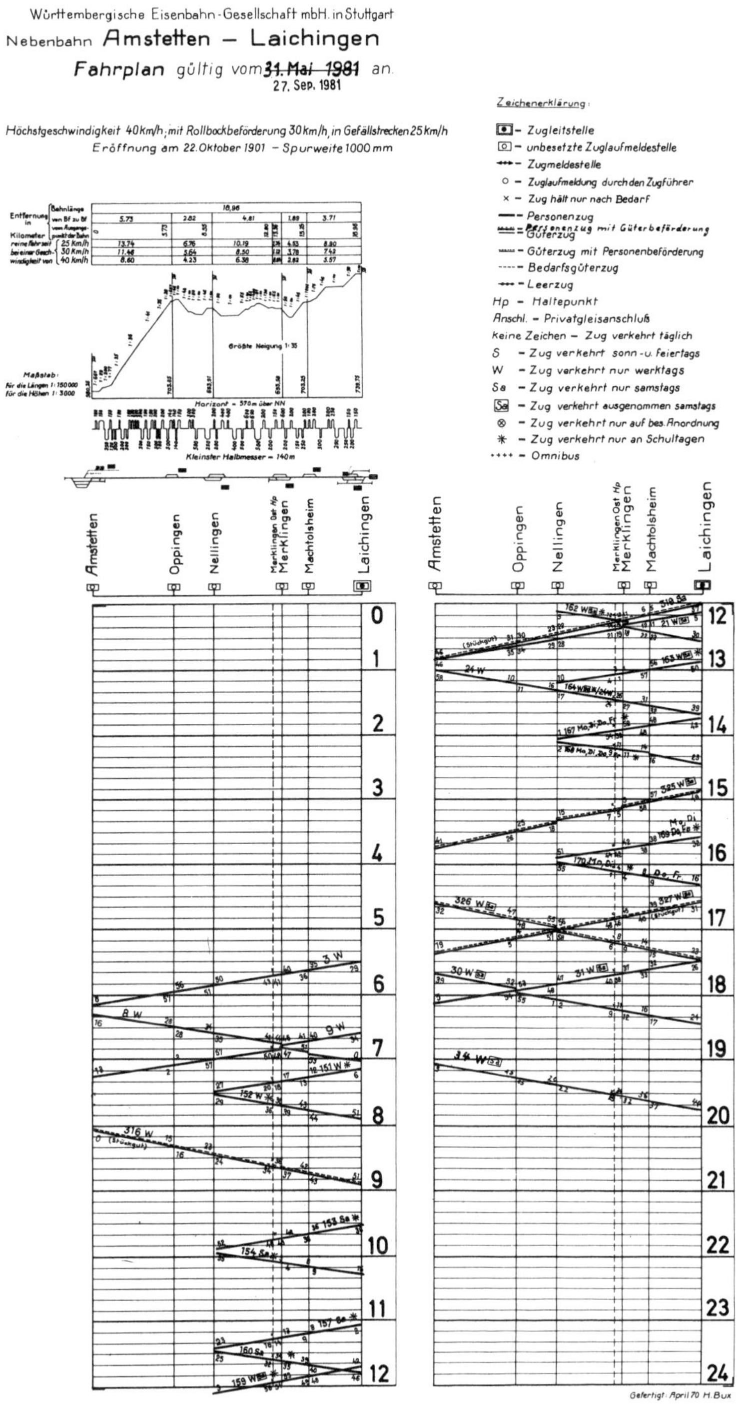

Bildfahrplan dieser Bahn vom 27. 9. 1981

WEG-Nebenbahn Amstetten–Laichingen

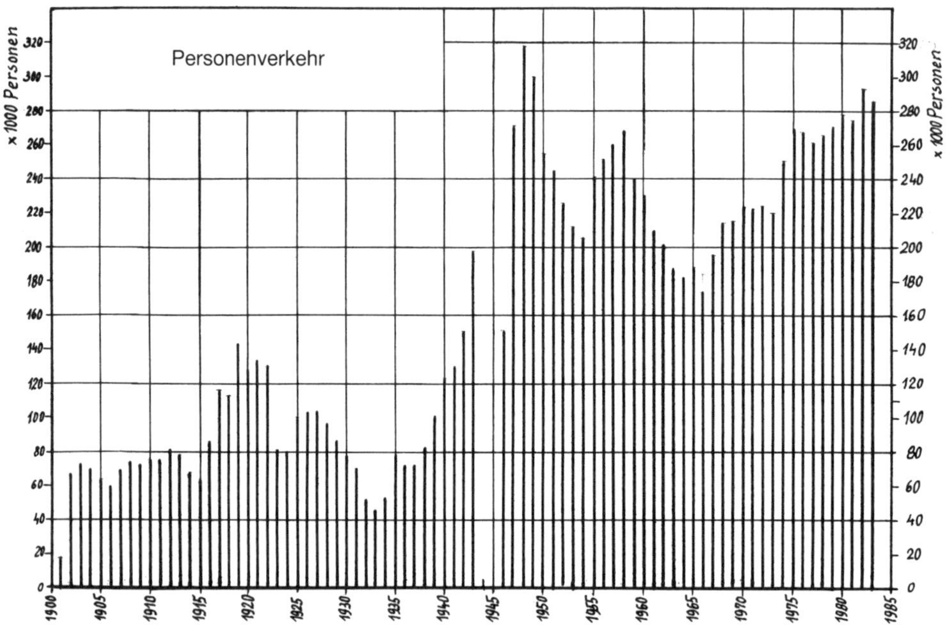

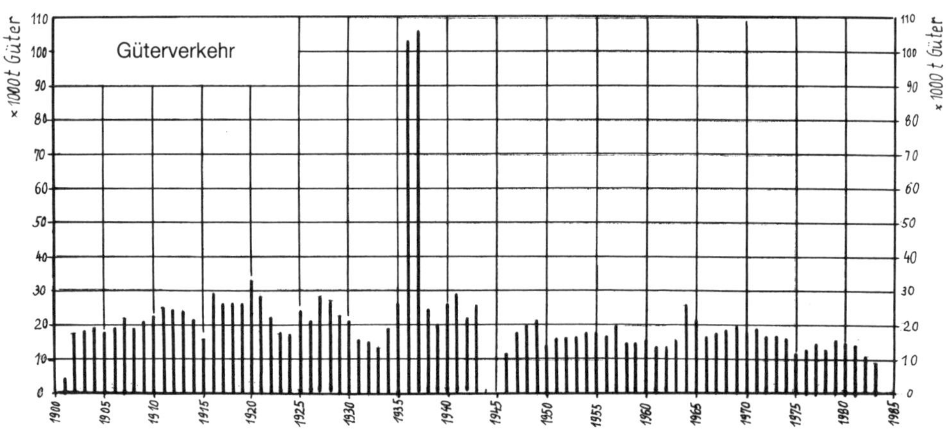

Ein derart krasser Unterschied ist beim Güterverkehr nicht zu erkennen. Hier waren die Transportleistungen vor dem Krieg um 20000 t pro Jahr, während sie nach 1945 etwas tiefer, etwa bei 15000 t im Mittel pro Jahr lagen. Deutlich erkennbar ist der starke vorübergehende Anstieg der Gütertransporte zur Zeit des Autobahnbaus in den Jahren 1936 und 1937, wo über 100000 t Fracht auf der Laichinger Bahn befördert wurden; davon waren rund 80000 t Baumaterialien für den Autobahnbau, die nur bis zur Abladestelle bei Merklingen liefen.

Güterart	1979		1981		1983	
	t	%	t	%	t	%
Stückgut, Expreßgut	2923	20,5	2558	17,9	2067	18,9
Holz	1416	9,3	1382	9,6	342	3,1
Futtermittel	72	0,5	—	—	20	0,2
Kohle	335	2,2	464	3,2	233	2,1
Benzin, Öl, Gas	—	—	—	—	69	0,6
Schrott, Erze	304	2,0	—	—	90	0,8
Eisen, Stahl, Halbzeug	405	2,7	150	1,0	51	0,5
Steine, Schotter, Sand	284	1,9	1078	7,5	446	4,1
Zement, Kalk, Gips	—	—	—	—	59	0,5
Düngemittel	7848	51,6	7561	52,8	4656	42,5
Zellstoff, Altpapier	—	—	—	—	179	1,6
Fahrzeuge, Maschinen	267	1,8	73	0,5	83	0,8
Leder- u. Pelzwaren	—	—	—	—	42	0,4
Gummi, Papier, Möbel	36	0,2	24	0,2	12	0,1
Getreide	483	3,2	—	—	—	—
Chemikalien	126	0,8	—	—	—	—
Militärgut	485	3,2	704	5,0	400	3,7
Sonstige Güter	204	1,3	332	2,3	67	0,6
Summe aller Güter	15188	100,0	14326	100,0	8816	100,0

Aus der vorstehenden Aufstellung über die Anteile der einzelnen Güterarten an dem gesamten Güterverkehr ergibt sich, daß in der jüngeren Zeit der Löwenanteil bei den Düngemitteln lag, die um die 50% ausmachten. Dann folgten Stückgut und Expreßgut mit einem Anteil um 20%, danach Holz mit zeitweise 9%. Alle übrigen Güterarten waren mit wesentlich geringeren Mengenanteilen beteiligt.

In Amstetten wurden im Jahre 1983 insgesamt 614 Güterwagen (im Monatsmittel 51) von der BD übernommen bzw. an sie übergeben, eine ganz beachtliche Anzahl, wenn man die Umständlichkeit des Rollbockverkehrs berücksichtigt. Stückgut wurde zuletzt nur noch im Bahnhof Laichingen abgefertigt.

Es soll nicht versäumt werden, darauf hinzuweisen, daß trotz der Tarif-Übelstände im Personenverkehr und des geringen Güterverkehrs die Einnahmen der Nebenbahn Amstetten–Laichingen viele Jahre lang sogar bis in die neuere Zeit noch einen erheblichen Teil der Unkosten deckten; im Jahre 1980 waren es immerhin noch 95%. Danach gingen aber die Einnahmen infolge des stark rückläufigen Güterverkehrs sehr stark zurück und konnten die erheblich angewachsenen Unkosten nicht mehr ausgleichen, insbesondere nachdem die Subventionen für nichtbundeseigene Eisenbahnen entfallen waren. Es mußte unter diesen Umständen zwangsläufig zur Einstellung des Schienenverkehrs kommen.

2.3.6. DIE FAHRZEUGE DER NEBENBAHN AMSTETTEN–LAICHINGEN

2.3.6.1. *Die Triebfahrzeuge*

Da sowohl die Dampfloks als auch die Triebwagen der Laichinger Bahn im allgemeinen Kapitel über die WEG im einzelnen besprochen sind und die WEG nur diese eine meterspurige Bahn besaß, genügt es, auf die Ausführungen im genannten Kapitel hinzuweisen, um Wiederholungen zu vermeiden. Es sollen hier nur noch einmal kurz die Betriebsnummern der Fahrzeuge angegeben werden.

An *Dampfloks* gab es die Cn2t-Lok Nr. 1 bis 4, von denen Nr. 4 schon bald nach der Eröffnung verkauft wurde. Die anderen drei Loks blieben bis zur Verdieselung des Betriebs als einzige bei der Laichinger Bahn, wenn man von der vorübergehenden Tätigkeit der WNB-Lok Nr. 5″ absieht. Heute existiert nur noch die Cn2t-Lok Nr. 2 als Museumslok. Die beiden anderen sind längst verschrottet.

Auf der Laichinger Bahn waren die *Triebwagen* T 34 WEG, T 35′ WEG, T 35″ WEG und T 36 WEG vorhanden. Von der Härtsfeldbahn kamen nach deren Einstellung die T 30 WNB, T 31 WNB, T 33 WNB und T 37 WNB nach Laichingen. Von diesen waren bis zur Betriebseinstellung noch T 30, T 31 und T 37 im Einsatz.

2.3.6.2. *Personenwagen und Triebwagen-Beiwagen*

Die ursprünglichen *Personenwagen* Nr. 1 bis 5 für den Dampfbetrieb haben offenbar alle noch 1950 existiert; Nr. 2 und 4 wurden bald danach ausgemustert und verschrottet, während Nr. 1, 3 und 5 noch die oben erwähnte Jubiläumsfahrt 1961 mitmachten und erst dann verschrottet wurden. 1949 kamen von der Brünigbahn der SBB die dreiachsigen Lenkachswagen Nr. 6 und 7 zur Laichinger Bahn. Sie wurden 1957 zu *Triebwagen-Beiwagen* gleicher Nummer umgebaut und sind inzwischen beide verschrottet. Ein weiterer Triebwagen-Beiwagen war der VS 150, der lange Zeit in Schülerzügen Verwendung fand. Weitere Triebwagen-Beiwagen hatte die WEG selbst nicht besessen. Es wurden aber nach der Einstellung der Härtsfeldbahn 1973 deren beide Triebwagen-Anhänger TA 101 und 103 sowie das Pärchen TA 253/254 zur Laichinger Bahn versetzt.

T 37 und T 35" als P 21 vor Laichingen; September 1973
(Aufnahme F. Jäger)

T 36 mit altem Schieb-Schneepflug (ex Lok 3s); Februar 1973
(Aufnahme H. Sickert)

Sonderzug zum 60jährigen Bestehen mit Lok 2s und Bi 5, 3, 1; 1. 10. 1961 (Sammlung Archiv WEG/WNB)

2.3.6.3. *Gepäck/Postwagen, Güterwagen*

Hier sei noch einmal daran erinnert, daß die WEG für ihre Nebenbahn Amstetten–Laichingen nur einen einzigen Gepäck/Postwagen besaß, der die Nummer 101 hatte; er ist längst verschrottet. Der Bestand an Güterwagen betrug zeitweise maximal 22 Fahrzeuge; davon hatten die gedeckten die Nummern ab 151 und die offenen ab 301. Im Jahre 1950 waren noch 8 gedeckte und 2 offene Wagen vorhanden. Zuletzt gab es in Laichingen nur noch 2 oder 3 abgestellte Güterwagen, nämlich den offenen Wagen Nr. 301 und den gedeckten Güterwagen 155 (Pufferwagen), die nach der Einstellung des Verkehrs 1985 zusammen mit den gedeckten Güterwagen Nr. 153 und 156 an die Härtsfeld-Museumsbahn e.V. verkauft wurden. Der offene Wagen 303 war schon früher zur Stadt Neresheim gelangt.

Auch der seinerzeit aus dem Fahrgestell der Lok 3s gebaute Schneepflug wurde längst verschrottet, nachdem zuletzt der Schnee mittels eines an einem Triebwagen angebauten Schneepflugs bekämpft wurde.

Schließlich soll noch einmal der Letztbestand von 26 einsatzfähigen Rollböcken erwähnt werden, die sämtlich Druckluftbremse Bauart Westinghouse hatten. Sie wurden nach Betriebseinstellung ebenfalls abgestellt und sollen, wenn möglich, verkauft werden. Auch die schon länger abgestellten 10 Rollböcke waren bei Betriebseinstellung noch vorhanden.

Tabelle 15: **Entwicklung des Fahrzeugbestandes der Nebenbahn Amstetten–Laichingen**

Jahr	*Dampfloks*	*Triebwagen*	*Personenwagen*	*VB/VS*	*Güterwagen*	*Gepäck-/ Postwg.*	*Rollböcke*
1901	2	0	5	0	18	1	—
1906	3	0	5	0	22	1	10
1912	3	0	5	0	18	1	16
1916	3	0	5	0	16	1	16
1927	3	0	5	0	14	1	16
1936	3	0	5	0	13	1	46
1940	3	0	5	0	13	1	46
1950	3	0	7	0	10	1	44
1960	1	3	5	2	4	1	38
1964	0	3	3	3	4	0	38
1970	0	3	3	3	3	0	25
1976	0	4	0	5	3	0	25
1984	0	3	0	3	2	0	26

2.4. Die Nebenbahn Gaildorf–Untergröningen

2.4.1. VORGESCHICHTE

Als vierte der WEG-Nebenbahnen wurde die Nebenbahn Gaildorf–Untergröningen eröffnet. Diese auf dem größten Teil ihrer Strecke recht idyllische Bahn erschließt das obere Tal des Kocher, eines lieblichen Flüßchens, das seinen Ursprung in der Nähe von Oberkochen am nordwestlichen Rande des Härtsfeldes hat. In seinem Oberlauf fließt der Kocher an den Ortschaften Untergröningen, Laufen (Kocher), Sulzbach (Kocher) und Bröckingen vorbei; er erreicht dann die Stadt Gaildorf, wo er sich in eine mehr oder weniger nördliche Richtung und später wieder mehr nach Westen wendet. Das obere Kochertal ist an beiden Seiten von ausgedehnten Wäldern eingefaßt, die in großen Mengen Holz als Roh- und Grundstoff für die Weiterverarbeitung zur Verfügung stellen. Es ist also kein Wunder, daß sich schon in der Mitte des vorigen Jahrhunderts in dieser Gegend eine umfangreiche Holzindustrie entwickelte. Schon frühzeitig entstanden daher Bemühungen, in irgendeiner Form an das um die Mitte des vorigen Jahrhunderts entstehende Eisenbahnnetz angeschlossen zu werden, was dazu führte, daß bereits 1857 der Rechtskonsulent und Abgeordnete Kauser sich für den Bau einer Eisenbahnlinie von Gaildorf nach Wasseralfingen einsetzte. Er verfaßte eine Denkschrift, in der er auf die negativen Folgen hinwies, die der dort ansässigen Holzindustrie und anderen Gewerbebetrieben entstehen würden, wenn sie auf die Dauer ohne einen Bahnanschluß bleiben müßten. Der Erfolg dieser gut begründeten Denkschrift war aber gleich Null. Die Bemühungen um die Erbauung einer Bahn durch das obere Kochertal stagnierten dann längere Zeit, bis 1880 der Bau der Murrtalbahn bis Gaildorf fortgeschritten war. Jetzt flammten die Bestrebungen erneut auf und es wurde lebhaft über eine Eisenbahn durch das obere Kochertal von Gaildorf über Untergröningen nach Wasseralfingen diskutiert. Insbesondere die holzverarbeitende Industrie wies immer wieder auf ihre Benachteiligung durch das Fehlen einer Bahnlinie hin, weil sie ihre Erzeugnisse per Pferdefuhrwerk auf den schlechten Straßen nach Gaildorf transportieren mußte, um sie dort in die Bahn zu verladen. Das sei besonders bei Langholz, wie es vielfach transportiert wurde, auf den engen und kurvenreichen Straßen eine umständliche, gefährliche und teuere Sache. 1889 fand in dieser Angelegenheit in Untergröningen eine Versammlung der Interessenten statt, in der der Graf Heinrich Adelmann von Adelsfelden als Sprecher und Initiator auftrat. Aber auch seine Bemühungen trafen bei den zuständigen Regierungsstellen zunächst auf taube Ohren. Im Jahre 1897 wurde ein Komitee gebildet, das am 30. 3. 1897 eine Eingabe an die Ständekammer machte, in der auf die bestehenden Schwierigkeiten mit der Holzbeförderung hingewiesen wurde. Darin hieß es u. a., daß die großen Sägewerke der Gräflich von Pückler-Limpurgschen Herrschaft in Bröckingen und die Firma Langbein in Sulzbach (Kocher) ein großes Frachtaufkommen erwarten ließen, so daß mit einer ausrei-

Eingabe
Kocherbahn-Comites
Bitte um Erbauung einer
schmalspurigen Nebenbahn
Aalen–Gaildorf.
Gaildorf–Untergröningen.

Titelblatt der Eingabe des Kocherbahn-Comites

WEG-Nebenbahn Gaildorf–Untergröningen

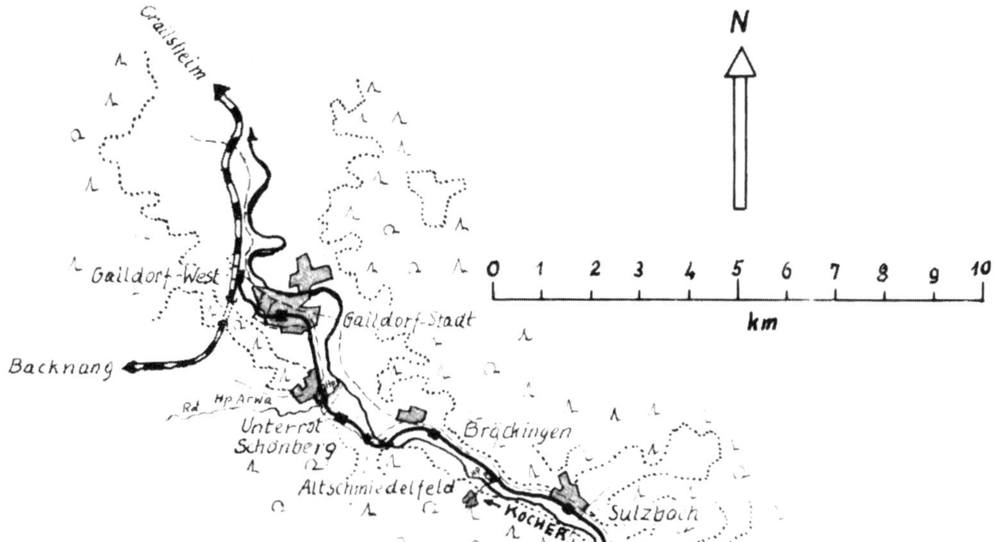

chenden Rentabilität zu rechnen sei. Der Staat zeigte nunmehr ein gewisses Interesse, erklärte sich aber aus finanziellen Gründen außerstande, selbst diese Bahn zu bauen. Das Komitee beauftragte nun den Regierungsbaumeister Wallersteiner aus Nürnberg mit der Planung einer Bahn durch das obere Kochertal. Zur Übernahme der Kosten hatten sich inzwischen die beteiligten und interessierten Amtskörperschaften bereit erklärt. Wenn auch der Staat selbst die Bahn nicht bauen konnte oder wollte, so war doch mittlerweile bei den staatlichen Stellen die Auffassung gereift, vom reinen Staatsbahnprinzip abzugehen und auch private Unternehmen zum Bau und Betrieb von Eisenbahnen zuzulassen. Das Komitee setzte sich daraufhin mit der Firma Koppel in Berlin in Verbindung und beauftragte sie, ein Projekt für eine schmalspurige Bahn auszuarbeiten. Nach der Gründung der WEG im Jahre 1899 gingen die Vereinbarungen mit der Firma Koppel an die WEG über, die sich nun der Angelegenheit annahm. Sie lehnte zunächst einmal eine Schmalspurbahn ab und befürwortete den Bau einer Normalspurbahn von Gaildorf nach Untergröningen und evtl. weiter über Wasseralfingen nach Aalen. Die endgültige Übernahme des Bauauftrags nach der Zustimmung des Komitees zur Normalspurbahn machte die WEG von einer Erhöhung des in Aussicht gestellten Staatszuschusses abhängig. Außerdem sollten die Gemeinden 80000 Mark beisteuern, wobei sich die betroffenen Gemeinden selbst mit 50000 Mark und die Amtskorporation (Landkreis) mit 30000 Mark beteiligen sollten. Am 12. 7. 1901 bewilligten die Abgeordneten in Stuttgart einen Staatsbeitrag in Höhe von 643000 Mark; bei den Vorbereitungsarbeiten zu dieser Bewilligung hatte sich der Landtagsabgeordnete Schock aus Münster besonders verdient gemacht. Schließlich gab auch die Standesherrenkammer ihren Segen zum Bau der Bahn. Die Voraussetzungen zum Beginn des Baus der Bahn von Gaildorf nach Untergröningen waren gegeben, nachdem der WEG bereits am 24. 10. 1899 die Konzession für den Bau und Betrieb erteilt worden war. Diese noch für eine schmalspurige Bahn erteilte Konzession wurde am 28. 12. 1901 in eine solche für eine normalspurige Strecke geändert. Die Entscheidung für eine Normalspurbahn erwies sich als sehr weitsichtig, denn als Schmalspurbahn hätte die neue Bahn ihre Aufgaben sicher nicht so gut erfüllen können. Während die Angelegenheit noch in der Entwicklung war, hatte die WEG schon 4 Schmalspurloks bei Borsig bestellt. Diese wurden, nachdem bei der neuen Nebenbahn Normalspurloks benötigt wurden, an die WEG-Schmalspurbahn Amstetten–Laichingen abgegeben und für die neue Normalspurbahn eiligst eine neue Bestellung aufgegeben.

Da der Bau der Linie nach Untergröningen von der Topographie her keine besonderen Probleme mit sich brachte, ging er zügig voran. Lediglich der Kocher und der Bach mit Namen Rot mußten an einigen Stellen etwas verlegt werden und es mußten einige Brücken über den Kocher erbaut werden. Die Baukosten für die neue Bahn einschließlich der Fahrzeuge und sonstigen Einrichtungen beliefen sich auf 2250000 Mark. Ende September 1903 konnte die offizielle Abnahmefahrt stattfinden.

2.4.2 GESCHICHTE

Nachdem die Probefahrt zur allgemeinen Zufriedenheit verlaufen war, konnten die Einweihungsfeierlichkeiten in dem damals üblichen großen Rahmen stattfinden. Der öffentliche Verkehr wurde am 1. 10. 1903 aufgenommen. Von einem Weiterbau nach Wasseralfingen oder gar bis Aalen wurde zwar von Zeit zu Zeit noch gesprochen, doch wurde er niemals realisiert. Die Anlagen in den Bahnhöfen wurden besonders auf die Verladung von Holz und Holzerzeugnissen eingerichtet; so entstanden in einigen Bahnhöfen große Holzlagerplätze und Einrichtungen zum Verladen von Holz in allen Formen, vom Langholz bis zu kleinen Holzerzeugnissen.

Aber nicht nur die Holzindustrie hatte ihren Nutzen von der Bahn, sondern auch die Landwirtschaft bediente sich des neuen Verkehrsmittels in zunehmendem Umfang, indem sie den Transport von Düngemitteln, Saatgut und Fertigprodukten der Bahn anvertraute. Der Verkehr entwickelte sich bis zum Ersten Weltkrieg zur Zufriedenheit und blieb auch weiterhin gut, obwohl die Bahn mehr oder weniger unter den kriegsbedingten Schwierigkeiten zu leiden hatte. Der Personalbestand belief sich auf 15 bis 16 Personen. Nach Überwindung der durch den Krieg und die Jahre danach bedingten Durststrecke, kam der Verkehr wieder gut in Gang, litt aber gegen Ende der zwanziger Jahre und in den ersten dreißiger Jahren unter den Folgen der sich auch im Deutschen Reich bemerkbar machenden Weltwirtschaftskrise. Kaum hatten sich die Verhältnisse ab etwa 1935 wieder einigermaßen normalisiert, kam 1939 der

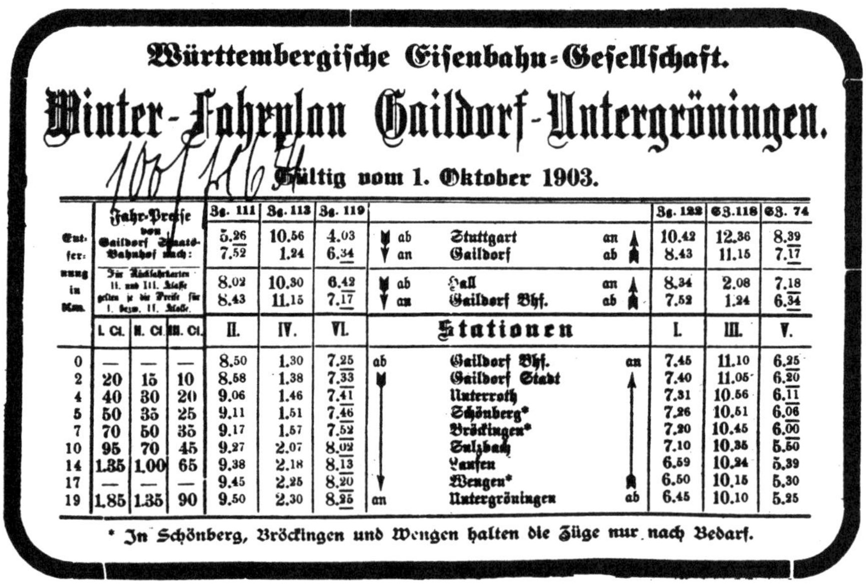

Württembergische Eisenbahn-Gesellschaft.

Winter-Fahrplan Gaildorf-Untergröningen.

Gültig vom 1. Oktober 1903.

Entfernung in Km.	Fahr-Preise von Gaildorf Staats-Bahnhof nach:			Zg. 111	Zg. 113	Zg. 119				Zg. 122	GZ.118	GZ. 74
				5.26	10.56	4.03	ab	Stuttgart	an	10.42	12.36	8.39
				7.52	1.24	6.34	an	Gaildorf	ab	8.43	11.15	7.17
	Für Rückfahrkarten II. und III. Klasse gelten je die Preise für I. bezw. II. Klasse.			8.02	10.30	6.42	ab	Hall	an	8.34	2.08	7.18
				8.43	11.15	7.17	an	Gaildorf Bhf.	ab	7.52	1.24	6.34
	I. Cl.	II. Cl.	III. Cl.	II.	IV.	VI.		Stationen		I.	III.	V.
0	—	—	—	8.50	1.30	7.25	ab	Gaildorf Bhf.	an	7.45	11.10	6.25
2	20	15	10	8.58	1.38	7.33		Gaildorf Stadt		7.40	11.05	6.20
4	40	30	20	9.06	1.46	7.41		Unterroth		7.31	10.56	6.11
5	50	35	25	9.11	1.51	7.46		Schönberg*		7.26	10.51	6.06
7	70	50	35	9.17	1.57	7.52		Bröckingen*		7.20	10.45	6.00
10	95	70	45	9.27	2.07	8.02		Sulzbach		7.10	10.35	5.50
14	1.35	1.00	65	9.38	2.18	8.13		Laufen		6.59	10.24	5.39
17	—	—	—	9.45	2.25	8.20		Wengen*		6.50	10.15	5.30
19	1.85	1.35	90	9.50	2.30	8.25	an	Untergröningen	ab	6.45	10.10	5.25

* In Schönberg, Bröckingen und Wengen halten die Züge nur nach Bedarf.

Winterfahrplan 1903

WEG-Nebenbahn Gaildorf-Untergröningen

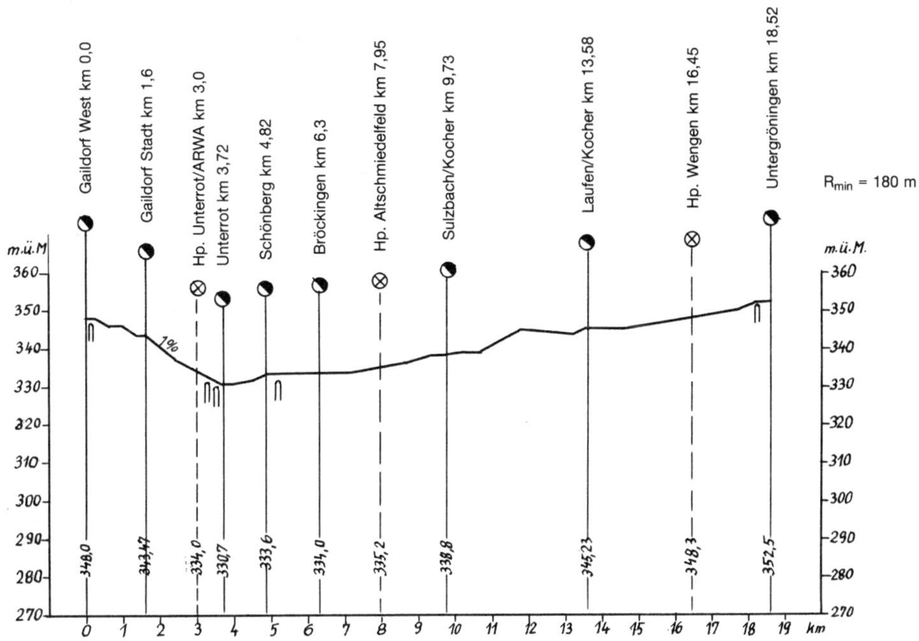

Zweite Weltkrieg, der der Bahn die gleichen Erschwernisse brachte wie der Erste. Dazu kamen aber in der späteren Kriegsphase starke Störungen des Bahnbetriebs durch Bombenabwürfe und Tiefflieger-Angriffe, was schließlich dazu führte, daß am 2. 4. 1945 der gesamte Verkehr eingestellt werden mußte. Da auch eine der Kocher-Brücken durch die zurückflutenden Truppen zerstört worden war, dauerte es eine längere Zeit, bis wieder ein durchgehender Verkehr aufgenommen werden konnte; denn zunächst einmal mußte die zerstörte Brücke erneuert werden, was bei den damaligen Schwierigkeiten der Materialbeschaffung seine Zeit dauerte. Schließlich aber konnte die Firma Voith in Heidenheim die Brücke wieder instand setzen und der durchgehende Verkehr konnte am 10. 4. 1946 wiederaufgenommen werden.

Schon Anfang der fünfziger Jahre machte man sich bei der WEG Gedanken darüber, ob es nicht zweckmäßig sei, den umständlichen und personalaufwendigen Betrieb mit Dampfloks durch einen Triebwagenverkehr zu ersetzen. Diese Überlegungen führten zum Einsatz eines gebrauchten, älteren, aber von Grund auf überholten Triebwagens auf der Nebenbahn Gaildorf–Untergröningen ab 1954, der nach und nach den Dampfbetrieb völlig verdrängte. Gegen Ende der fünfziger Jahre verkehrte der letzte dampflokgeführte Zug zwischen Gaildorf und Untergröningen. Im Frühsommer 1967 wurde der bisherige bahneigene Endbahnhof vor dem DB-Empfangsgebäude in Gaildorf West aufgegeben und das Streckengleis in den südlichen Teil des DB-Bahnhofs eingefädelt. Die Übergabe bzw. Übernahme der Güterwagen, ebenso wie ein evtl. nötiges Umsetzen des Triebwagens, erfolgte im Bereich des DB-Güterbahnhofs im nördlichen Teil des Bahnhofs. Der seit Betriebseröffnung 1903 von der Nebenbahn besorgte Postverkehr wurde am 4. 10. 1959 eingestellt, da die Post ihre Leistungen mit eigenen Lkw durchführte.

Nach dem Zweiten Weltkrieg siedelten sich im Einzugsbereich der Nebenbahn auch noch andere, nicht von der Holzwirtschaft abhängige Industriesparten an, die

Nebenbahn Gaildorf–Untergröningen

Bf Gaildorf West

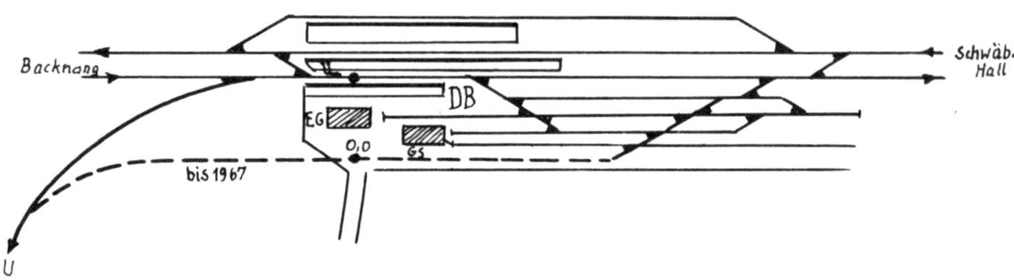

Bf Gaildorf Stadt

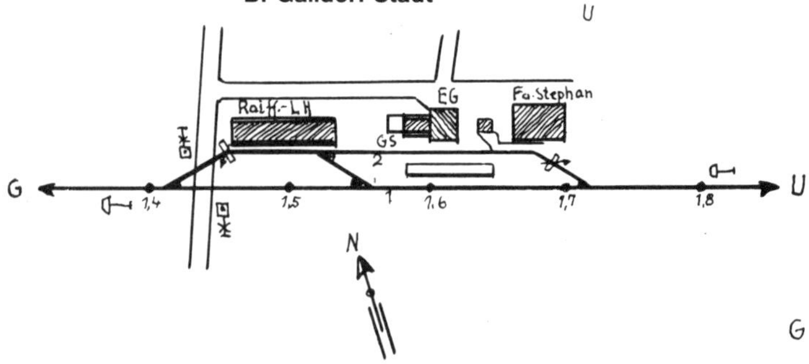

Bf Unterrot

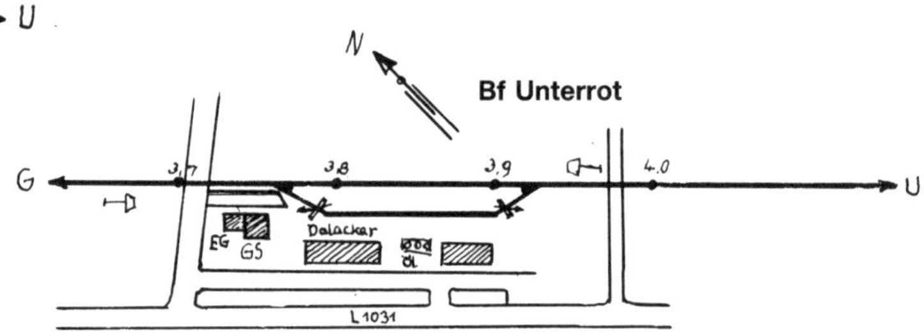

Bf Schönberg

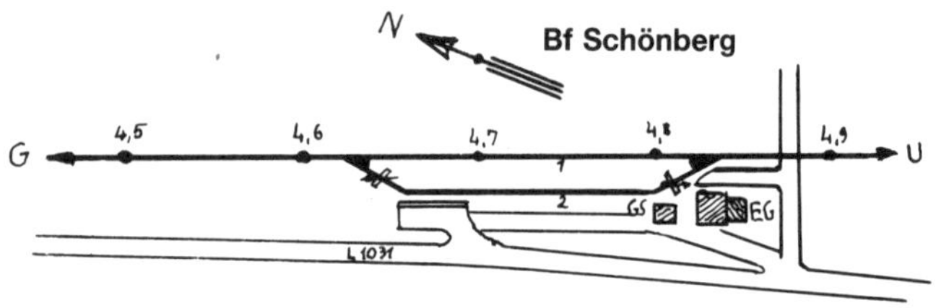

Bf Bröckingen

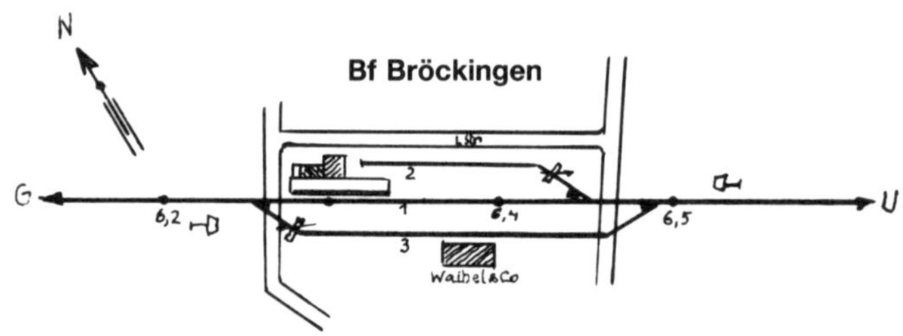

Bf Sulzbach

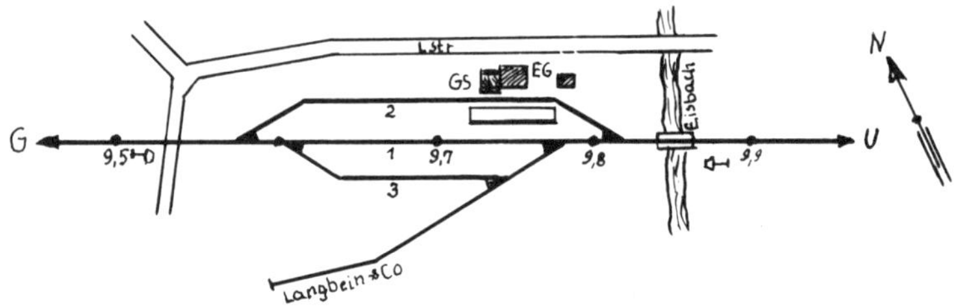

Bf Laufen (Kocher)

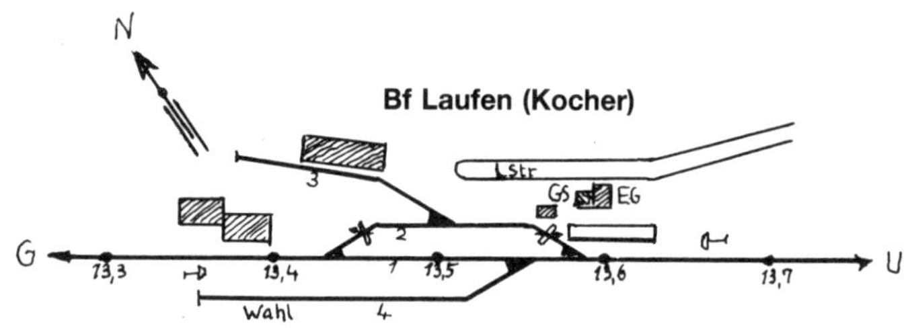

Bf Untergröningen

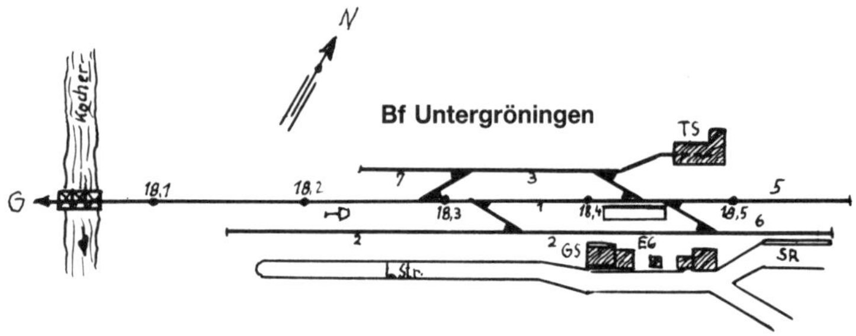

T 04 im Bahnhof Gaildorf West; Juni 1973 (Aufnahme G. Wolff)

sich ebenfalls der Nebenbahn als Transportmittel bedienten, so z. B. die ARWA-Feinstoffwerke in Unterrot und eine Armaturenfabrik in Bröckingen. Obwohl nach dem Krieg der allgemeine Reiseverkehr und seit etwa 1960 auch der Berufspendler-Verkehr stark zurückgegangen ist, hat die Bahn immer noch einen lebhaften Personenverkehr durch die Schüler, die von ihren Wohnorten zu einigen stark besuchten Mittelpunktschulen befördert werden müssen.

Am 26. 12. 1984 wurde eine hochmoderne Bahn- und Rangierfunk-Einrichtung in Betrieb genommen. Durch den ständigen Funkkontakt zwischen Betriebsleitung und Triebfahrzeugführer bzw. Rangierer konnte der Betriebsablauf flüssiger gestaltet werden.

2.4.3. STRECKENVERLAUF

Die Strecke der Nebenbahn Gaildorf–Untergröningen beginnt im DB-Bahnhof *Gaildorf West* (km 0,0; 348 m ü M), und zwar seit dem 18. 7. 1967 am Gleis 1 des DB-Bahnhofs direkt am Empfangsgebäude der DB. Die Personenzüge beginnen bzw. enden dort und der Triebwagen muß zum etwaigen Umsetzen weiterfahren zum DB-Güterbahnhof, der im nördlichen Bahnhofsteil liegt. Die ankommenden Güterzüge der Nebenbahn fahren ebenfalls über Gleis 1 zum Güterbahnhof, wo der Wagenaustausch und die Neubildung von Güterzügen stattfinden. Die Ausfahrt der Güterzüge erfolgt ebenfalls über Gleis 1. Vor 1967 führte das Streckengleis vor dem Bahn-

T 04 WEG im Bahnhof Gaildorf Stadt; Mai 1973 (Aufnahme G. Wolff)

T 04 WEG im Bahnhof Bröckingen; Mai 1973 (Aufnahme G. Wolff)

T 04 WEG im Bahnhof Sulzbach (Kocher); Mai 1973 (Aufnahme G. Wolff)

hofsgebäude der Staatsbahn über den Bahnhofsvorplatz und ging nördlich davon in den Güterbahnhof hinein. Damals lag die Abfahrts- bzw. Ankunftsstelle der Personenzüge der Nebenbahn direkt an der Vorderseite des Empfangsgebäudes am Vorplatz. Die WEG, die in Gaildorf West für ihre Nebenbahn keine eigenen Gebäude besitzt, hat seit 1970 eine Güterhalle von der DB gemietet. Heute fahren die WEG-Züge auf dem Gleis 1 zunächst in südlicher Richtung bis etwa in die Höhe des Tunnelportals, in dem die DB einen Höhenrücken durchquert. Dort biegt die Nebenbahn in einer Linkskurve von den DB-Gleisen weg und fährt durch den südlichen Stadtteil von Gaildorf. Dabei werden bei km 1,200 und 1,430 zwei Ortsstraßen überquert, die durch Blinklichtanlagen gesichert sind. Bei km 1,6 wird dann der Bahnhof *Gaildorf Stadt* (343,47 m üM) erreicht. Hier fällt ein großes Lagerhaus der Raiffeisen-Zentrale auf. Früher war dort ein Anschlußgleis zur Firma Kraussháar. Bald nach dem Verlassen des Bahnhofs geht die Strecke in eine fast südliche Richtung über; auf diesem Abschnitt befindet sich auf etwa 1 km Länge die Maximal-Neigung von 1% (1:100) in einer Gefällestrecke. Der nächste Halt ist an dem früheren Anschlußgleis der ARWA-Feinstoffwerke und hat die Bezeichnung *Unterrot ARWA*. Es ist ein Haltepunkt, der bei km 3,0 (334 m üM) liegt. Außer dem Streckengleis gibt es dort noch das ehemalige Anschlußgleis, dessen Anschlußweiche 1980 ausgebaut wurde. In unmittelbarer Nähe dieses Haltepunkts wird bei km 3,04 eine durch Blinklicht gesicherte Straße überquert. Die Trasse biegt nun in das breite Tal des Kocher ein, welcher die Stadt Gaildorf auf der Nordseite umgangen hat. Bei km 3,31 wird der bereits erwähnte Bach mit Namen Rot auf einer Stahlbrücke von 14,49 m Spannweite überquert; dieser

T 04 WEG im Bahnhof Laufen (Kocher); Juli 1973 (Aufnahme F. Jäger)

Bach mündet bald danach in den Kocher. Der nächste Bahnhof heißt *Unterrot* und liegt bei km 3,72 in 330,7 m Meereshöhe. Dort wurde im Dezember 1985 ein neues Privatanschlußgleis zur Firma Anton Lutz Unterrot für die Abwicklung von Holztransporten in Betrieb genommen; Nutzlänge 100 m. Danach kommen wir zum Bahnhof *Schönberg* (4,82; 333,6 m ü M). Zwischen Unterrot und Schönberg werden manchmal für die Sägerei Lutz KG in Unterrot bestimmte Güterwagen auf freier Strecke abgestellt, um dort be- oder entladen zu werden. Die Streckensicherung wird dabei durch eine knallgelb gestrichene Gleissperre besorgt. Inzwischen hat sich von links her der Kocher immer mehr der Bahn genähert; sein breites Tal wird auf beiden Seiten von ausgedehnten Waldgebieten eingesäumt, die sich an unterschiedlich breiten Hängen ausbreiten. Das Gleis überschreitet bei km 5,363 den Kocher auf einer zweiteiligen Stahlfachwerk-Brücke von zweimal 31,41 m Spannweite. Von dieser Brücke ab schmiegt sich der weitere Streckenverlauf an den sich dahinschlängelnden Kocher an und macht deshalb viele seiner Krümmungen mit, die allerdings in ihren Radien sehr gestreckt sind. Von der linken Seite hat sich inzwischen auch die Bundesstraße 19 (Schwäbisch Hall–Nördlingen) der Bahntrasse genähert, so daß die Bahn nun zwischen dem Kocher und der Straße verläuft. Diese enge Annäherung hat beim Bahnhof *Bröckingen* (km 6,3; 334 m ü M) begonnen. Dort befindet sich bei km 6,243 ein Anschlußgleis zur Armaturenfabrik Waibel KG, das 176 m Nutzlänge hat. Auf dem nun folgenden landschaftlich sehr reizvollen Streckenabschnitt ist die Bahntrasse eng zwischen Kocher und Straße eingezwängt und die beiderseitigen Wälder haben sich dem Gleis immer mehr genähert. Bei km 7,95 wird in 335,2 m Meereshöhe der kleine Haltepunkt *Altschmiedelfeld* berührt, der nur an einem kurzen Bahnsteig, einer Namenstafel und einer Bank erkennbar ist. Der nächste

T 04 WEG auf der Kocherbrücke bei Untergröningen; Juni 1963
(Aufnahme O. Ringlstetter)

Bahnhof Untergröningen mit T 04 WEG; rechts Bahnhofsgebäude, links VT-Schuppen, Ausfahrt nach vorn; Mai 1973
(Aufnahme G. Wolff)

50jähriges Jubiläum mit Sonderzug, Lok 15 (mit seitlichen Wasserkästen), Gepäckwagen und 2 Personenwagen in Untergröningen 1953 (Aufnahme E. Herkner; Sammlung Archiv WEG/WNB)

Bahnhof heißt *Sulzbach (Kocher)* und ist bei km 9,73 in 338,8 m Meereshöhe zu finden. Hier führt bei km 9,174 ein Anschlußgleis mit 168 m Nutzlänge zur großen Sägerei und holzverarbeitenden Fabrik der Firmen Holopack und Langbein & Co. Nach dem Verlassen von Sulzbach machen Bahnstrecke und Kocher eine weitausholende S-Kurve, um eine Bergnase zu umgehen, die von der Ostseite her in ihre bisherige südöstliche Generalrichtung hineinragt. An ihrem Ende liegt der Bahnhof *Laufen (Kocher)* bei km 13,58 in 345,23 m Meereshöhe. Im Bereich dieses Bahnhofs besitzt die Sägerei Wahl einen großen Holzlagerplatz und bei km 13,556 ein Anschlußgleis mit 102 m Nutzlänge. Bei km 14,077 wird eine Straße auf einer durch Lichtzeichenanlage gesicherten Kreuzung überquert. Die Bahnstrecke verläuft nun unmittelbar zwischen Straße und Fluß weiter in südöstlicher Richtung zum Haltepunkt *Wengen* (km 16,45; 348,3 m ü M), der ebenfalls nur an seinem Bahnsteig, der Namenstafel und einer provisorischen Bank erkennbar ist. Fluß und Straße führen nun in einem weiten Bogen zunächst um die Ortschaft Untergröningen herum. In der Schleife, in der der Kocher Untergröningen umgeht, wird er bei km 18,085 vom Bahngleis auf einer Stahlfachwerk-Brücke von 35 m Spannweite überquert und dann vom Bahngleis verlassen. Der Endbahnhof *Untergröningen* liegt bei km 18,52 in 352,5 m Meereshöhe. Dort stehen ein großes Bahnhofsgebäude und ein Fahrzeugschuppen, in dem Platz für zwei Fahrzeuge ist. Nur der Bahnhof Gaildorf West ist derzeit voll mit eigenem Bahnpersonal besetzt; in den Bahnhöfen Bröckingen, Sulzbach, Lauffen und Untergröningen ist nur Agenturpersonal tätig.

Aus dem Höhenprofil und den angegebenen Höhenangaben ergibt sich, daß die Strecke günstige Neigungs-

Personenzug mit Lok 9, PwPost und Bi 14; Untergröningen 1952
(Aufnahme T. Alt)

Personenwagen Ci 10, PwPost 103, Ci 14; Untergröningen
(Sammlung Archiv WEG)

verhältnisse aufweist und auf 18,52 m Länge nur einen Höhenunterschied von rund 22 m zu überwinden hat; demnach ist auch der Maximalwert der Neigungen von 1:100 (1%) gering. Auch die Krümmungsverhältnisse sind günstig, denn der Minimalwert beträgt 180 m und kommt dazu noch ziemlich selten vor. Die Länge aller verlegten Gleise beläuft sich auf 21,1 km. Die gesamte Strecke ist eingleisig und liegt auf eigenem Bahnkörper. In der Waagerechten sind 4,19 km (22,65%) und in Neigungen 14,33 km (77,35%) verlegt. Andererseits ist die Länge der geraden Streckenabschnitte insgesamt 9,33 km (50,38%) und die der Krümmungen 9,19 km (49,62%). Die topographischen Verhältnisse sind für eine Normalspurbahn günstig, so daß schon relativ frühzeitig die zugelassene Streckenhöchstgeschwindigkeit auf 40 km/Std. festgelegt werden konnte. In der Nachkriegszeit wurde der gesamte Oberbau durchgearbeitet, wonach sie sogar auf 50 km/Std. erhöht werden konnte.

Bei der Nebenbahn Gaildorf–Untergröningen gibt es eine ganze Anzahl Brücken, deren Bauart und Größe sich aus der folgenden Tabelle ergibt:

Stelle Bahn-km	*überbrücktes Objekt*	*Bau-material*	*Stützweite m*	*Lichtweite m*
0,225	Feldweg	Stahl	8,80	8,00
3,313	Rot-Bach	Stahl	14,49	13,46
3,600	Ortsbach	Beton		2,83
4,995	Staigen-Bach	Stahl	8,90	8,00
5,363	Kocher	Stahl	2 × 31,41	2 × 30,00
9,840	Eisbach	Stahl	10,90	10,00
10,120	Mühlenbach	Beton		2,00
11,083	Nägeles-Bach	Stahl	6,90	6,00
13,971	Hundsklinge	Beton		2,00
17,158	Lehen-Bach	Beton		2,00
18,085	Kocher	Stahl	35,00	31,93

Die Zugleitstelle und die Bahnverwaltung befinden sich in dem von der DB angemieteten Gebäude in Gaildorf West, wo auch der Abfertigungs-Beauftragte stationiert ist. Die Einfahrt in den Bahnhof Gaildorf West ist durch ein Tageslichtsignal der DB gedeckt, das etwa 300 m vor der Einfahrtweiche steht und vom DB-Stellwerk bedient wird. Das Ausfahrtsignal, ebenfalls ein Tageslichtsignal der DB, steht im Bahnhof neben dem Gleis 1. Im Herbst 1984 wurde der Zugbetrieb auf Bahn- und Rangierfunk umgestellt.

2.4.4. FAHRPLANGESTALTUNG

Im Jahre 1916 verkehrten werktags 2 und sonntags 3 Zugpaare. In den dreißiger Jahren war der Verkehr mit 3 Zugpaaren an allen Tagen nicht viel anders. Die Fahrzeiten beliefen sich auf 50 bis 65 Min. Laut Sommerfahrplan 1954 verkehrten in Richtung nach Gaildorf West montags bis freitags 3, samstags und sonntags 4 Personenzüge und an allen Werktagen 1 GmP-Zug. In der Gegenrichtung waren täglich 4 Personenzüge und ferner montags bis freitags 1 sowie samstags 2 GmP-Züge ausgewiesen. Dabei äußerte sich der nunmehrige Einsatz des Triebwagens in einer Verkürzung der Fahrzeiten der Personenzüge auf rund 40 und der GmP-Züge auf etwa 60 Min. Hier sei noch bemerkt, daß damals noch der heutige Bahnhof Gaildorf West die Bezeichnung Gaildorf Reichsb. führte und daß die Haltepunkte Unterrot ARWA und Altschmiedelfeld noch nicht existierten.

Aufgrund des ab 3. 6. 1984 geltenden Fahrplans werden montags bis samstags auf der ganzen Strecke 2 Personenzugpaare und ein einzelner Personenzug von Gaildorf nach Untergröningen eingesetzt; dazu kommt montags bis freitags ein weiteres Personenzugpaar. Den Güterdienst besorgen montags bis samstags ein GmP-Paar und montags bis freitags ein einzelner GmP-Zug von Untergröningen nach Gaildorf, der wohl die Gegenfahrt zu dem oben erwähnten einzelnen Personenzug ausführt. Die Fahrzeiten der reinen Personenzüge belaufen sich auf 37 bis 40 Min., die der GmP-Züge auf 46 bis 66 Min. Der Personenfahrplan der Nebenbahn Gaildorf–Untergröningen ist im Kursbuch unter der Nummer 783 zu finden; in den Kursbüchern vor 1972 unter Nr. 343a.

2.4.5. BEFÖRDERUNGSLEISTUNGEN

Aus der Grafik für den Personenverkehr ergibt sich, daß dieser Verkehr in der Zeit nach dem Zweiten Weltkrieg wesentlich stärker ist als vor diesem Krieg. In den letzten Jahren wurden rund 175000 Fahrgäste befördert, während es in den Jahren bis etwa 1940 nur etwa 70000 Reisende im Jahr durchschnittlich gab. Der Güterverkehr war viele Jahre lang nach dem Zweiten Weltkrieg etwa in der gleichen Größenordnung wie in den Jahren bis 1940; allerdings war von 1952 bis 1964 vorübergehend ein starker Rückfall auf nur 20000 t im Jahr. Da-

WEG-Nebenbahn Gaildorf–Untergröningen

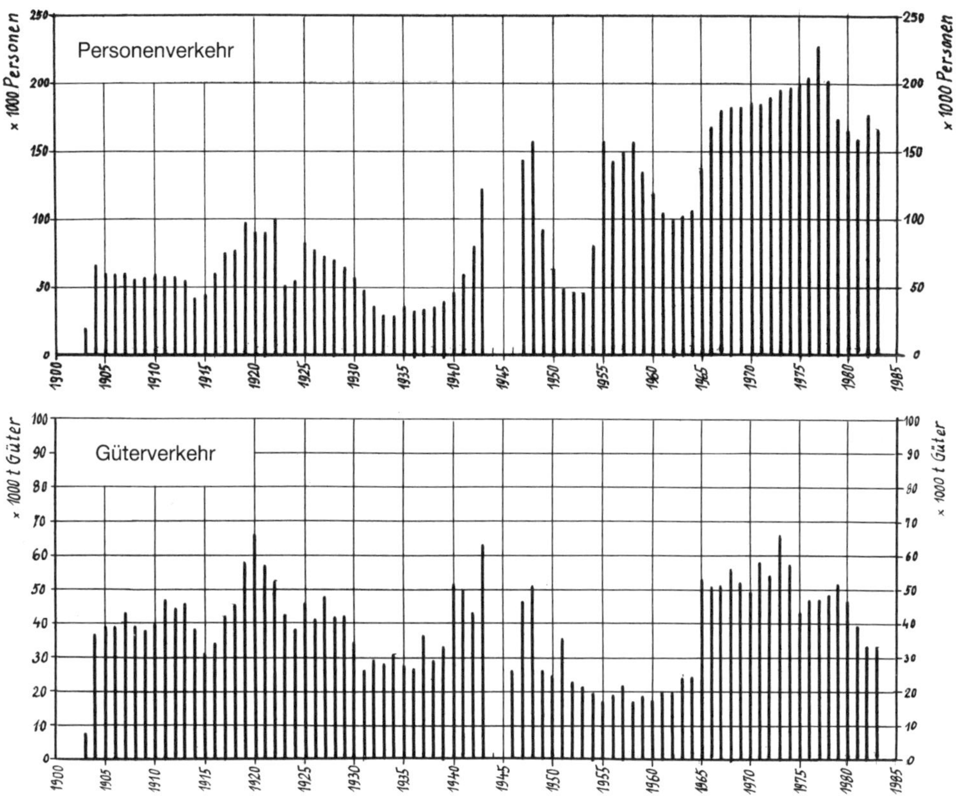

nach folgte ein Anstieg auf etwa 50000 t jährlich, die aber seit 1981 nicht mehr erreicht wurden. Die Maximalleistung war in den Jahren 1920, 1943 und 1963; in diesen Spitzenjahren wurden etwas über 60000 t Güter transportiert, im Jahre 1983 waren es nur noch knapp 34000 t. 1985 trat wegen der durch Sturm entstandenen umfangreichen Waldschäden ein ungewöhnlich hoher Anfall an Beförderungsleistungen auf dem Holzsektor ein.

Was die Verteilung der einzelnen Güterarten auf den gesamten Güterverkehr angeht, so ergibt sich aus nachfolgender Tabelle, daß bei weitem die Holztransporte mit um die 50% das am meisten beförderte Frachtgut darstellten; die nächst niedrigere Menge wird von den Düngemitteln und einige Jahre auch von Benzin, Öl, Gas gestellt. Alle anderen Güterarten haben einen wesentlich geringeren Anteil am gesamten Frachtaufkommen.

Im Jahre 1983 wurden in Gaildorf West 1521 Güterwagen von der DB übernommen bzw. an sie übergeben, was einem Monatsdurchschnitt von 127 Wagen entspricht.

Güterart	*1979*		*1981*		*1983*	
	t	*%*	*t*	*%*	*t*	*%*
Stückgut, Expreßgut	2071	4,0	1801	4,7	1386	4,1
Obst, Gemüse, Kartoff.	698	1,3	769	2,0	1029	3,0
Holz	25885	45,8	21612	56,0	21638	64,0
Kohle	450	0,9	405	1,1	303	0,9
Benzin, Öl, Gas	11882	22,9	4763	12,4	1345	4,0
Schrott	4435	8,5	2023	5,2	461	1,4
Eisen, Stahl, Halbzeug	88	0,1	121	0,3	20	0,1
Salz, Schwefel	—	—	—	—	25	0,1
Sand, Kies, Steine	249	0,5	—	—	—	—
Zement, Kalk, Gips	57	0,1	95	0,2	67	0,2
Düngemittel	2746	5,3	2354	6,1	1818	5,4
Chemikalien	1830	3,5	1302	3,4	976	2,9
Fahrzeuge, Maschinen	173	0,3	101	0,3	177	0,5
Gummi, Papier, Möbel	3435	6,6	3097	8,0	2229	6,6
Sammel- u. Umzugsgut	—	—	—	—	36	0,1
Sonstige Güter	115	0,2	126	0,3	1980	5,9
Summe aller Güter	52112	100,0	38569	100,0	33491	100,0

2.4.6. DIE FAHRZEUGE DER NEBENBAHN GAILDORF–UNTERGRÖNINGEN

2.4.6.1. *Die Dampflokomotiven*

Auch bei der Nebenbahn Gaildorf–Untergröningen bestehen Unklarheiten hinsichtlich der zum Einsatz gekommenen Dampfloks, insbesondere was die Zeiträume betrifft, zu denen die Loks dort tätig waren. Verläßliche Angaben hierzu fehlen. Der Betrieb wurde offenbar im Jahre 1903 mit den beiden Loks Nr. 5 und 6, die Dreikuppler waren, eröffnet. Allem Anschein nach waren sie nur wenige Jahre dort im Einsatz und wurden 1907 durch 2 Dn2tv-Loks ersetzt. Dies waren wahrscheinlich die Loks Nr. 9 und 10; später trat auch noch die Vierkuppler-Verbundlok Nr. 13 auf dieser Bahn in Erscheinung. Aus den wenigen, meist schlechten Fotos aus der Zeit vor dem Zweiten Weltkrieg ergibt sich, daß sich auch die Dn2tv-Loks Nr. 11 und 15 mindestens zeitweise auf der Bahn betätigt haben. Nach dem Krieg war auch die Dh2t-Lok 31 einige Zeit auf der Nebenbahn Gaildorf–Untergröningen zu finden.

2.4.6.2. *Dieseltriebwagen*

Wesentlich einfacher liegen die Sachverhalte bei den Triebwagen. Als erster kam der T 04 im Jahre 1954 zur Bahn und übernahm sogleich den gesamten Verkehr, wodurch die vorhandenen Dampfloks arbeitslos wurden. Der T 04 blieb bis 1975 auf der Strecke als alleiniges Triebfahrzeug und wurde nach Eintreffen des von Meterspur umgespurten ehemaligen Triebwagens der Nebenbahn Amstetten–Laichingen T 36 an die Nebenbahn Vaihingen–Enzweihingen abgegeben. Sowohl der T 04 als auch der T 36 können wegen ihrer hohen Motorleistung von je 2 × 160 kW (210 PS) sowohl den Personenverkehr als auch den Güterverkehr bewältigen. Bei Ausfall des einzigen Triebwagens dieser Bahn wird gelegentlich als Ersatz der T 08 nach Untergröningen abgestellt.

2.4.6.3. *Personenwagen und Triebwagen-Beiwagen*

Nach den Angaben der »Statistik« sollen bis in die dreißiger Jahre nur 4 zweiachsige Personenwagen auf der Nebenbahn vorhanden gewesen sein. Nach der Aufstellung der WEG aus 1964 gab es 1950 3 Personenwagen mit den Nummern 9, 11, 14, von denen Nr. 9 schon 1956 ausgemustert wurde, während die beiden anderen noch länger erhalten blieben. 1972 gab es in Untergröningen einen zweiachsigen Personenwagen mit zweifarbigem Anstrich in creme/weinrot, der wohl als provisorischer Triebwagen-Beiwagen benutzt wurde. Er hatte die Nummer 110; inzwischen ist er längst verschrottet und hat deshalb auch nichts mit dem VB 110 zu tun, der zusammen mit dem VB 113 und dem T 12 bei der Nebenbahn Korntal–Weissach einen Pendelzug bildet. Heute befinden sich bei der Nebenbahn Gaildorf–Untergröningen zur Erhöhung der Kapazität des einzigen Triebwagens die beiden neuzeitlichen Triebwagen-Beiwagen VS 108 und VB 109; sie werden meist im Schülerverkehr einzeln oder gemeinsam eingesetzt. Weitere Fahrzeuge für den Personenverkehr sind nicht mehr vorhanden.

2.4.6.4. *Gepäck/Postwagen, Güterwagen, Dienstfahrzeuge*

Die Nebenbahn Gaildorf–Untergröningen hat von der Eröffnung an immer nur einen einzigen Gepäck/Postwagen mit der Nummer 103 besessen. Er wurde um 1959 ausgemustert und verschrottet. Nach der Indienststellung des Triebwagens wurde er nicht mehr benötigt.

Der Bestand an Güterwagen belief sich in der Zeit des Ersten Weltkriegs auf 28 Einheiten, eine Stückzahl, die bis 1940 auf 3 gedeckte und 22 offene Fahrzeuge zurückgegangen war, wobei sich unter den offenen eine Anzahl Spezialwagen befanden. Bei diesen handelt es sich um ehemalige gedeckte Fahrzeuge, deren Dach entfernt wurde. Sie dienten der Firma Friedrich Wahl in Laufen zum Transport von Holzhackschnitzeln. Die meisten Güterwagen waren im Bestand der Staatsbahn eingeordnet und nur wenige waren im Binnenverkehr eingesetzt. Dies waren die Wagen Nr. 159 und später 160, ferner ein Spezialwagen S 1 für die Unkrautbekämpfung an der Strecke. Für den Langholztransport waren einige Güterwagen mit Drehschemeln ausgestattet.

Jahr	*Dampfloks*	*Triebwagen*	*Personenwagen*	*VB/VS*	*Gepäck-/Postwagen*	*Güterwagen*
1906	2	0	4	0	1	27
1916	2	0	4	0	1	28
1927	2	0	4	0	1	27
1940	2	0	3	0	1	25
1950	2	0	3	0	1	10
1960	1	1	2	0	1	1
1970	0	1	2	1/1	0	1
1984	0	1	0	1/1	0	0

Oben: T 04 mit Güterzug in Gaildorf Stadt; März 1968 – Unten: T 04, Bi 110 und VS 108 WEG in Untergröningen (links) und Wengen (rechts); 20. 6. 1970 (Fotos H. Sickert)

Oben: T 30 mit Güterzug Ausfahrt Amstetten; Juni 1967 – Unten: T 05 mit Schneepflug in Amstetten; 7. 3. 1970 – Rechts oben: T 05 mit GmP bei Schalkstetten; 3. 6. 1970 – Darunter: T 05 mit Bi 3 bei Waldhausen; Januar 1969 (Fotos H. Sickert)

Unten: T 05 mit Güterzug bei Waldhausen; März 1968

T 06 und VB 204 WNB in Ohrnberg; 16. 6. 1970 – Unten links: Probefahrt des Triebzugs für die Bangladesh Rys auf der Nebenbahn Amstetten–Laichingen; 7/81 – Rechts: T 05 im neuen Kleid mit Gz bei Gerstetten; 26. 4. 1977 (Fotos H. Sickert)

2.5. Nebenbahn Vaihingen–Enzweihingen

2.5.1. VORGESCHICHTE

Die Stadt Vaihingen a.d.Enz, nicht zu verwechseln mit Vaihingen a.d.Fildern, war beim Bau der Eisenbahnen im früheren Königreich Württemberg insofern benachteiligt worden, als die 1853 eröffnete Eisenbahnlinie Bietigheim–Mühlacker–Bretten–Bruchsal, die sog. Westbahn, in etwa 3 km Entfernung nördlich der Stadt vorbeiführt. Das brachte Vaihingen im Laufe der Jahre mancherlei wirtschaftliche Nachteile, weil die Gewerbe-Unternehmen dazu neigten, sich in den direkt an der Bahnlinie gelegenen Ortschaften niederzulassen. Dadurch wurden zahlreiche Arbeitnehmer, die in solchen Unternehmen tätig waren, veranlaßt, in die an der Bahnlinie gelegenen Orte umzuziehen, um unerwünschte Wege vom Wohnort zum Arbeitsort zu vermeiden. Das hatte zur Folge, daß die in Vaihingen befindlichen Gewerbebetriebe sich unbefriedigend entwickelten und daß die Einwohnerzahl zurückging. Die verantwortlichen Gemeindeväter hatten diese Entwicklung schon vor dem Bau der genannten Eisenbahnlinie befürchtet und sich schon 1836 in einer Eingabe an die Regierung in Stuttgart darum bemüht, daß die damals noch geplante Linie möglichst nahe an der Stadt vorbeigeführt werde, damit der Bahnhof noch auf städtischem Grund angelegt werden könne. Trotz dieser rechtzeitig vorgebrachten Wünsche wurde die Strecke 1853 so weit nördlich der Stadt vorbeigeführt, daß eine direkte Verbindung zwischen der Bahn und der Stadt nicht bestand. Der 3 km nördlich gelegene Bahnhof erhielt nicht einmal die Bezeichnung »Vaihingen«, sondern wurde nach der etwas weiter östlich gelegenen Ortschaft »Sersheim« benannt. Die Stadtverwaltung bemühte sich, diese Mängel durch den Bau einer Verbindungsstraße so gut als möglich auszugleichen, doch war diese Maßnahme nicht ausreichend. Wenigstens erreichte man, daß der Bahnhof in »Vaihingen Sersheim« umbenannt wurde, aber trotz dieser beiden Teilerfolge nahm die Ansiedelung von Industrie und Gewerbe an den an der Bahn liegenden Ortschaften zum Nachteil der Stadt Vaihingen zu.

Unter diesen Umständen kamen bei den Verantwortli-

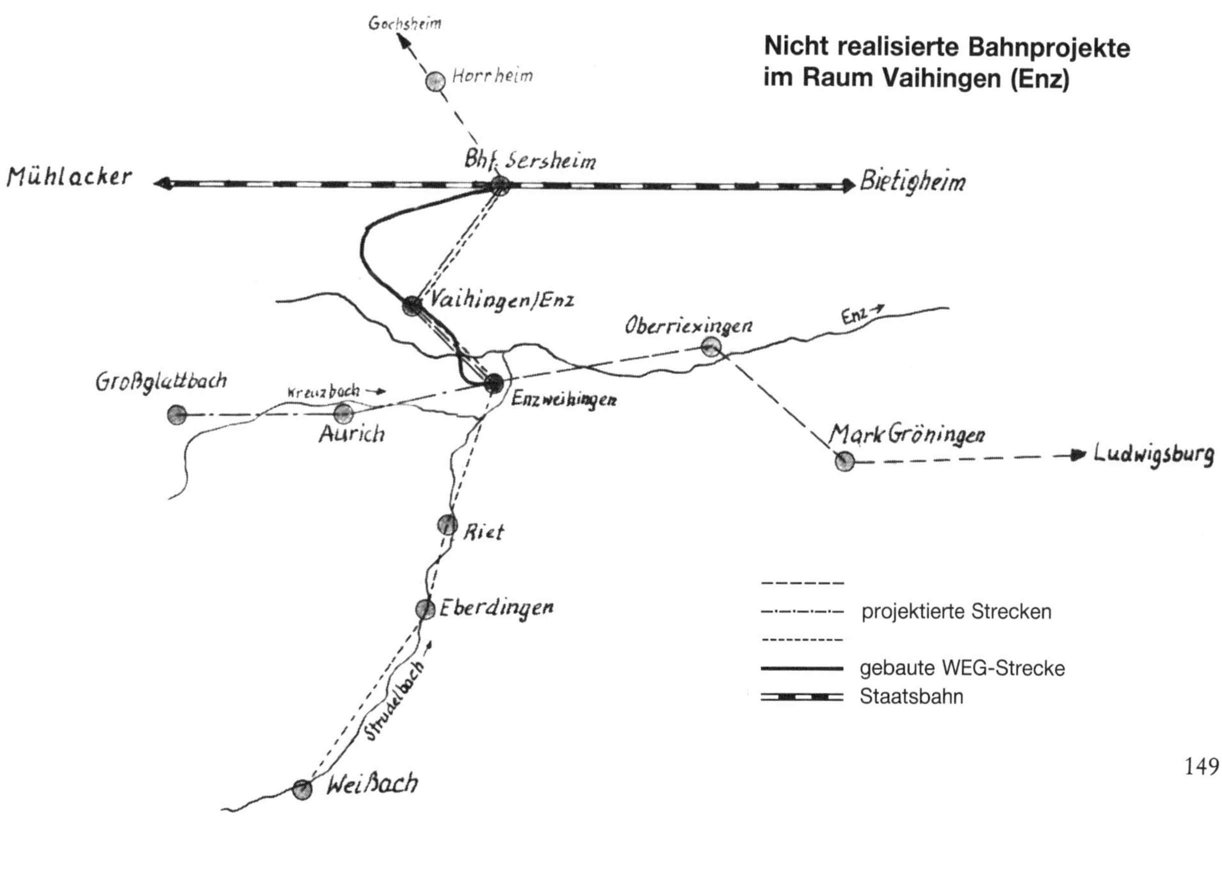

WEG-Nebenbahn Vaihingen–Enzweihingen

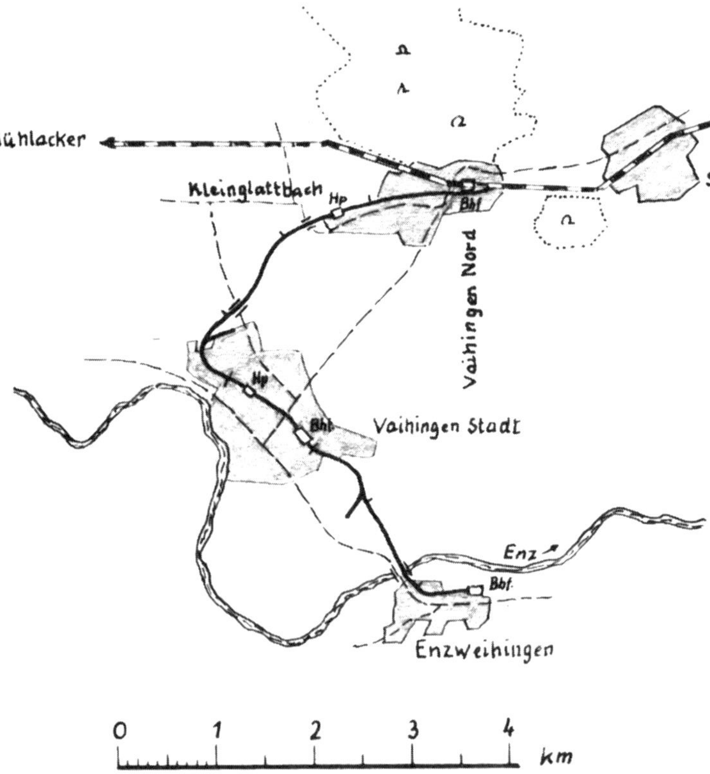

chen der Stadt und interessierten Kreisen Bestrebungen auf, eine Verbindungsbahn zu erhalten. Um diesen Bemühungen Nachdruck zu verleihen, wurde im November 1889 ein Komitee gebildet, das die Eisenbahn-Angelegenheit vorantreiben sollte. Im Laufe der Jahre entstanden mehrere Projekte, die den Wünschen der Stadt Rechnung tragen sollten; sie verschwanden aber alle wieder und gerieten in Vergessenheit. Die Bemühungen des Komitees konzentrierten sich schließlich auf eine Verbindungsbahn, die vom Bahnhof Vaihingen Sersheim zur Stadt Vaihingen führen sollte. Das Komitee nahm Verhandlungen mit der Firma Artur Koppel in Berlin über Einzelheiten des Projekts und der Bauausführung auf.

In dieser Phase war es für den Fortgang der Dinge sehr nützlich, daß 1899 als Folge der Änderung der bisherigen Eisenbahnpolitik des Staates Württemberg in Stuttgart die WEG gegründet worden war, die sich sogleich für das Projekt interessierte. Ab März 1900 wurde der Eisenbahnplan von dem neuen Stadtschultheißen Bentel energisch gefördert und näherte sich zusehens der Verwirklichung. Die Firma Koppel übertrug die bisherigen Verträge und Vereinbarungen mit dem Komitee an die WEG. Am 15. 12. 1900 wurde dann ein Vertrag zwischen den Gemeinden Vaihingen und Enzweihingen einerseits und der WEG andererseits über den Bau und Betrieb der geplanten Nebenbahn abgeschlossen. Darin verpflichteten sich die beiden Gemeinden ⅔ und ⅓ der Kosten für den Erwerb des benötigten Grundes zu übernehmen, einen Barbetrag in Höhe von 55000 Mark zu leisten und für die Herstellung von Zufahrtswegen zu den Bahnhöfen zu sorgen. Die WEG verpflichtete sich, den Bau und Betrieb der Bahn, aufgrund der Bahnordnung vom 5. 7. 1892 zu übernehmen. Am 1. 2. 1902 stimmte die Abgeordnetenkammer dem Projekt, das inzwischen eine Verlängerung über Vaihingen hinaus bis Enzweihingen beinhaltete, zu und beschloß, den Bau der Stichbahn in der Finanzperiode 1901/1902 gutzuheißen. Dieser Beschluß wurde am 21. 2. 1902 zum Gesetz erhoben. In der Bürgerversammlung vom 8. 1. 1903 wurden die benötigten 150000 Mark bewilligt. Inzwischen war am 30. 7. 1902 der WEG die Konzession für den Bau und Betrieb der normalspurigen Bahn von Vaihingen Sersheim über Vaihingen Stadt nach Enzweihingen erteilt worden. Nun waren die Voraussetzungen für den Beginn des Baus, der von der Firma Koppel ausgeführt werden sollte, gegeben. Im Oktober 1903 wurde mit den Bauarbeiten angefangen und gleichzeitig wurden die benötigten Fahrzeuge bestellt.

Der Bau der Strecke und Gebäude ging zügig voran und bereits nach rund einem Jahr waren die Arbeiten soweit fortgeschritten, daß im Oktober 1904 die ersten Probefahrten stattfinden konnten. Das bedeutendste Bauwerk war die Einfädelung der Strecke in die schon bestehende Straßenbrücke über die Enz kurz vor Enzweihingen.

2.5.2. GESCHICHTE

Nach der Abnahme der Strecke durch die Aufsichtsbehörde konnten am Samstag, dem 15. 10. 1904, die Eröffnungs-Feierlichkeiten in großem Rahmen stattfinden. Am folgenden Tag, den 16. 10. 1904, wurde die neue Bahn dem öffentlichen Verkehr übergeben. Im Volksmund wurde dem Bähnchen wegen des häufigen Gebrauchs der Lokomotivglocke an den vielen Wegübergängen der Spitzname »s' Bimbele« gegeben. Auf der neuen Bahn wurde zugleich mit dem Personenverkehr auch der Güterverkehr aufgenommen. Sie machte sich dadurch bei der Bedienung einiger Industriebetriebe und des großen Steinbruchs nützlich. Auch der ortsansässigen Landwirtschaft, die Ackerbau, Weinbau und Obstanbau betrieb, war seit der Eröffnung der neuen Bahn durch Erleichterung der Abfuhr der Erzeugnisse und der Anfuhr des benötigten Düngers und Saatguts gedient. Der Personalbestand der Bahn belief sich auf 15 Bedienstete. Der Verkehr entwickelte sich sowohl bei der Personenbeförderung als auch beim Gütertransport recht gut und bald ergab sich die Notwendigkeit zur Anlage von privaten Anschlußgleisen zu mehreren Industrie- und Gewerbe-Betrieben. Nördlich von Vaihingen war zu beiden Seiten des Streckengleises eine ausgedehnte Steinbruchanlage entstanden, die der Firma Baresel AG gehörte und aus 2 Brüchen bestand, die durch unter der

Denkschrift
zur Eröffnung der Bahn Vaihingen-Sersheim
Vaihingen-Enz—Enzweihingen
Samstag, den 15. Oktober 1904.

Denkschrift zur Betriebseröffnung (Titelblatt)

Bahntrasse hindurchgeführte Stollen miteinander in Verbindung standen. Zur Beladung der Güterwagen mit den Erzeugnissen des Steinbruchs war ein beiderseits an das Streckengleis angeschlossenes Ladegleis angelegt worden. Dort konnten die Wagen über eine Hochrampe und Steinrutschen beladen werden. Der Steinbruch wurde aber 1939 stillgelegt, so daß die einträglichen Steintrans-

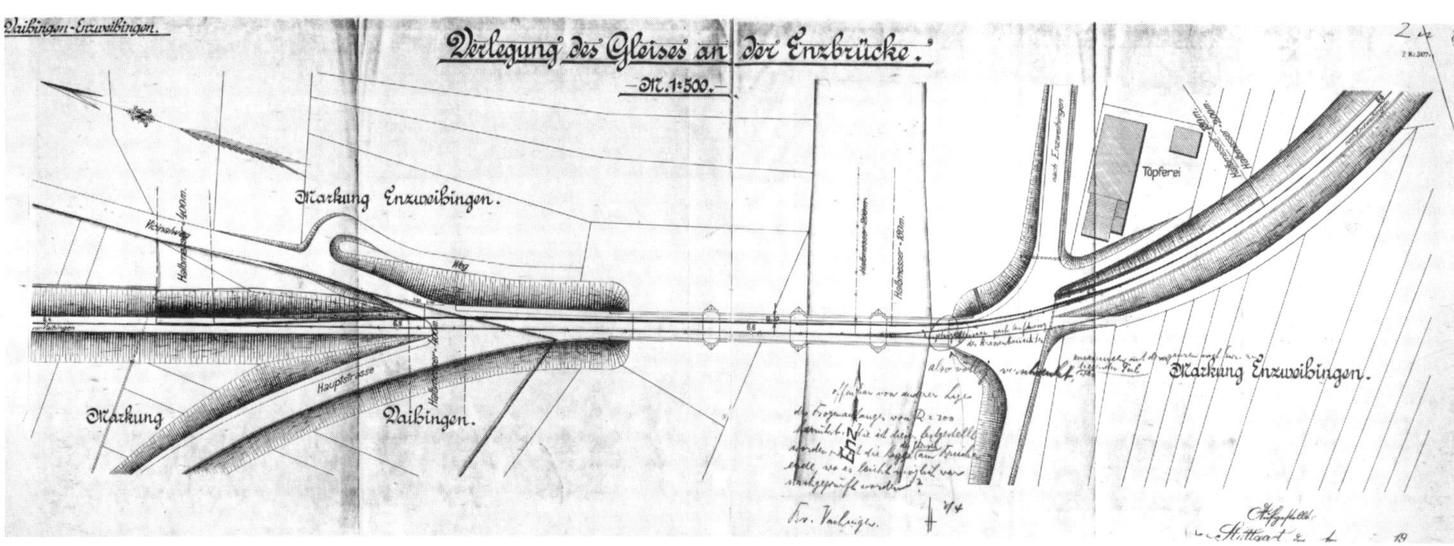

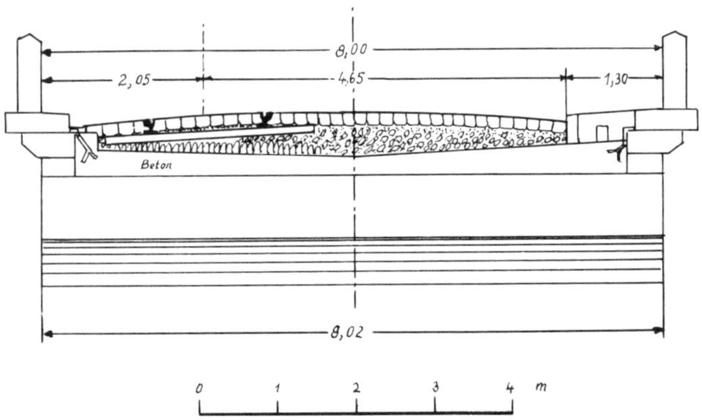

Querschnitt durch die alte Enz-Brücke bei Enzweihingen zerstört im Jahre 1945

porte wegfielen. Im Zweiten Weltkrieg wollte die damalige Wehrmacht in dem Bereich des ehemaligen Steinbruchs eine unterirdische Fabrik für V-Waffen einrichten, für die schon zwei- und dreigeschossige Betonbauten errichtet waren. Die Anlage konnte aber bis Kriegsende nicht mehr fertiggestellt werden; sie wurde nach dem Krieg gesprengt. Heute ist weder von dem ehemaligen Steinbruch noch von der Rüstungsanlage etwas zu erkennen, da das ganze Gelände bebaut ist. Übrigens besteht die frühere Steinbruchfirma Baresel noch heute als Bauunternehmen, dessen Bauhof über ein eigenes Anschlußgleis bedient wird.

In dieser Gegend wurde ein 1,2 km langes Industriegebiet angelegt, von dem mehrere Bedienungsgleise für Industriefirmen abgehen. Es war schon während des Zweiten Weltkriegs entstanden und sollte dort ansässige Rüstungsbetriebe versorgen. Bis Kriegsende wurde die Gesamtanlage aber ebenfalls nicht mehr fertig. Reste dieses Gleissystems waren viele Jahre lang noch an einigen Herzstücken und Zungen von Weichen zu erkennen, die sich im Stammgleis befanden. Nach dem Krieg ging die Anschlußbahn in den Besitz der Stadt Vaihingen über.

Infolge der Ereignisse am Ende des Zweiten Weltkriegs wurde die Brücke über die Enz im Januar 1945 beim Rückzug deutscher Truppen gesprengt, so daß kein durchgehender Verkehr bis Enzweihingen mehr möglich war. Da in der letzten Kriegsphase auch noch weitere

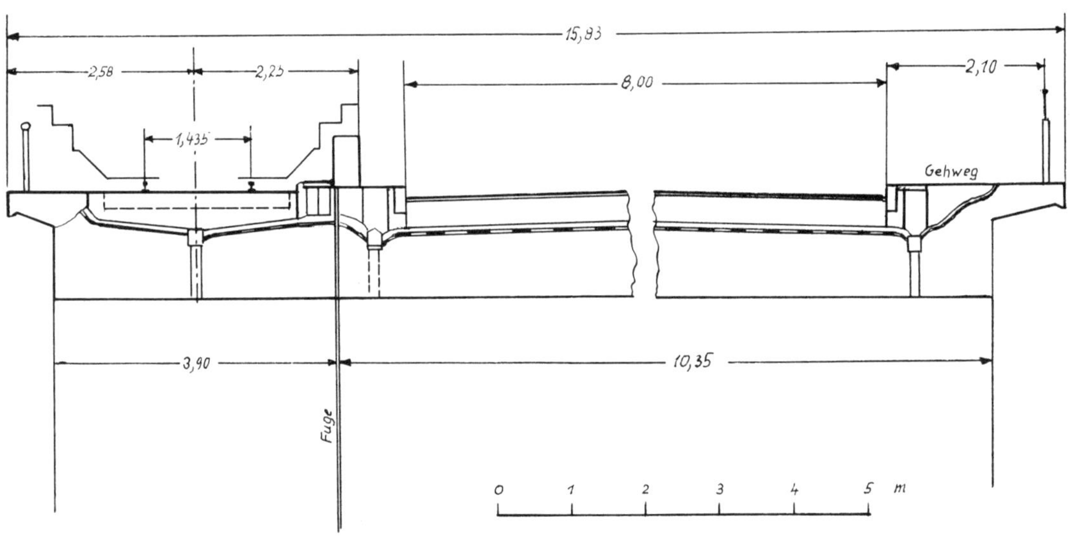

Querschnitt der neuen Enz-Brücke bei Enzweihingen, erbaut 1950/51

Zerstörungen an den Bahnanlagen eingetreten waren, mußte der Bahnbetrieb am 1. 4. 1945 ganz eingestellt werden. Erst über 1 Jahr später, am 2. 5. 1946, konnte der Verkehr von der Staatsbahnstation Vaihingen Reichsb., wie der Bahnhof Vaihingen Sersheim von der DRB genannt worden war, bis zum Anfang der etwa 500 m vor der Endstation Enzweihingen gelegenen zerstörten Enzbrücke wiederaufgenommen werden. Während der Zeit von der Wiederaufnahme des Verkehrs bis zur Erneuerung der Brücke im Jahre 1951 waren alle Fahrzeuge der Nebenbahn in Vaihingen Stadt beheimatet, wo man einen Lokschuppen mit Kohlenbansen, Wasserstation und Lokbehandlungsanlagen eingerichtet hatte. Erst vom 17. 7. 1951 an, seit die neue Enzbrücke benutzbar war, konnte der Verkehr wieder bis Enzweihingen durchgeführt werden. Die Fahrzeuge wurden wieder an die dort befindlichen Anlagen überwiesen.

Im Jahre 1949, zu einer Zeit, als kein durchgehender Verkehr möglich war, war eine bahneigene Omnibuslinie eingerichtet worden, die von Vaihingen Reichsb. über Vaihingen Stadt und Enzweihingen nach Oberriexingen ging. Da sie etwa parallel zur Bahnstrecke verlief, nahm sie der Bahn viele Fahrgäste weg. So kam der Personenverkehr auch nach der Wiederaufnahme des durchgehenden Verkehrs nicht mehr richtig in Gang; deshalb wurde ab 19. 5. 1951 nur noch je ein Berufszugpaar morgens und abends gefahren. Nach der Einrichtung der neuen Mittelpunktschule in Vaihingen nahm der Schülerverkehr auf der Bahn stark zu; man richtete sogar in der Nähe der Mittelpunktschule einen besonderen Haltepunkt ein, der die Bezeichnung »Vaihingen Schloßberg« bekam. Auch der Endbahnhof an der Staatsbahnstrecke wurde umbenannt und hieß seit etwa 1948 »Vaihingen Nord«. Das war nun schon der vierte Name für diesen Bahnhof seit der Eröffnung der Staatsbahnstrecke. Im Jahre 1970 richtete die Bahn südlich von Vaihingen 2 weitere Privatanschlußgleise ein. Die Nebenbahn hat heute für alle im Raum Vaihingen ansässigen Industrie-Unternehmen eine erhebliche Bedeutung. Eine wichtige Änderung fand im Bereich des Bahnhofs Vaihingen Nord nach der Eröffnung der neuen Straßenbrücke im Jahre 1979 statt. Auch bei der Planung und dem Bau der neuen Enzbrücke war man fortschrittlich, indem man statt der alten Brücke, bei der das Bahngleis im Straßenplanum gelegen hatte, 2 dicht nebeneinanderliegende Spannbetonbetonbrücken baute, von denen die eine, breitere, die

WEG-Nebenbahn Vaihingen–Enzweihingen

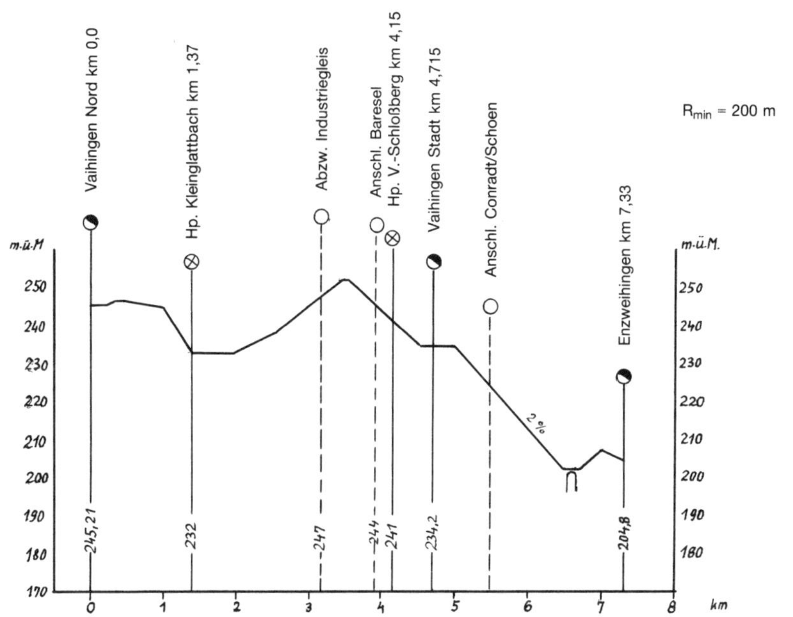

Straße und die andere das Bahngleis aufnimmt. Auf diese Weise ist der Bahnverkehr völlig vom Straßenverkehr getrennt. Durch die Anlage zahlreicher Privatanschlußgleise bemüht sich die Bahn um eine bestmögliche Bedienung der Industrie-Unternehmen in ihrem Einzugsgebiet. Sofern dieses Angebot auf die Dauer von der Wirtschaft honoriert wird, kann trotz des geringen Personenverkehrs, der außerdem noch wenig kostendeckend ist, mit einem Fortbestehen der Bahn auf weite Sicht gerechnet werden, dies um so mehr, als nicht die Gefahr besteht, daß die Hauptbahnstrecke Bietigheim–Mühlakker, die ein Teilstück der wichtigen Hauptbahn Stuttgart–Mannheim und Karlsruhe ist, und an die die Nebenbahn anschließt, stillgelegt wird.

Seit dem 1. 6. 1982 ist überdies die Nebenbahn Vaihingen–Enzweihingen an die Stufe II – Zwischenstufe – des Verkehrs- und Tarif-Verbunds Stuttgart (VVS) angeschlossen, was sich vorteilhaft auf das Verkehrsaufkommen der Bahn ausgewirkt hat.

T 03 WEG im Bahnhof Vaihingen Nord; März 1962
(Aufnahme G. Wolff)

T 03 WEG mit VS 208 WNB in Vaihingen Nord; Mai 1968
(Aufnahme R. Schatz)

Der GmP mit T 03 und VS 208 ist soeben in Vaihingen Stadt angekommen; Juni 1976 (Aufnahme G. Wolff)

2.5.3. STRECKENVERLAUF

Der Ausgangspunkt der Nebenbahn Vaihingen–Enzweihingen befindet sich auf dem Vorplatz des Staatsbahnhofs *Vaihingen Nord* (km 0,0; 245,21 m üM). Bis 1979 lag er schräg vor dem Empfangsgebäude der DB neben der Ladestraße. Die Nebenbahn besaß dort ein eigenes Bahnsteiggleis mit einem kurzen niedrigen Bahnsteig. Neben diesem Bahnsteiggleis, das in das Streckengleis übergeht, lag ein Umsetzgleis. Von beiden Enden des Bahnsteiggleises zweigen je ein Übergabegleis in die Gleisanlagen der Staatsbahn ab. Diese Gleise sind von der Fahrleitung überspannt, damit Rangierarbeiten durch Elloks der DB auch auf dem Privatbahngleis möglich sind. Während die Gleisanlagen der Staatsbahn sich auf der Nordseite des Empfangsgebäudes befinden, liegen die Gleise der Privatbahn auf der Südseite. Im Zuge der umfangreichen Umbauten im Bereich des Bahnhofs Vaihingen Nord in den Jahren 1977 bis 1979 und der damals erfolgten Ersetzung des niveaugleichen, durch Schranken gesicherten Bahnüberganges der Ortsverbindungsstraße Vaihingen–Sersheim und Horrheim durch eine großzügig angelegte Stahlbeton-Straßenbrücke wurde die Abfahrts- und Ankunftsstelle der Nebenbahn etwa 100 m nach Westen verlegt und befindet sich seither kurz vor der neuen Straßenbrücke, die sämtliche Gleise der Privatbahn und der DB überspannt. Auch an der neuen Abfahrtstelle der Privatbahnzüge gibt es einen kurzen, niedrigen Bahnsteig. Das Umsetzgleis der Nebenbahn wurde teilweise ausgebaut. Seit der Eröffnung der neuen Straßenbrücke geht das Streckengleis vorbei an einem unmittelbar vor der Brücke stehenden Ausfahrsignal unter der Brücke hindurch in westlicher Richtung zunächst noch ein kurzes Stück parallel zur DB-Strecke Richtung Müh-

Bahnhof Vaihingen Stadt mit T 04 und VS 208, hinten VT-Schuppen und Portalkran; Juni 1976 (Aufnahme G. Wolff)

lacker und biegt dann nach Südwesten ab. Es führt parallel zu der nach Kleinglattbach gehenden Straße am nördlichen Ortsrand der früher selbständigen Gemeinde Kleinglattbach vorbei, auf deren Grund auch die DB-Bahnhofsanlagen von Vaihingen Nord liegen. Bei km 0,959 wird der Weinbergweg mit Sicherung durch Blinklicht überquert. Dieser Streckenteil verläuft mit etwas Gefälle im Tal des Brünnlesbaches zu dem 1954 neu eingerichteten Haltepunkt *Kleinglattbach* (km 1,37; 232 m ü M). Unmittelbar hinter dem Haltepunkt wird die Ensinger Straße bei km 1,476 überquert; die Sicherung geschieht auch hier durch eine Blinklichtanlage. Auch der bei km 2,424 überschrittene Vicinalweg Vaihingen–Ensingen ist durch Blinklicht gesichert. Die Strecke geht nun auf einen Damm über, mittels dessen das Tal des Hummebachs übersetzt wird. Bald danach beginnt die Strecke mit einer Linkskurve, durch die ihre Richtung nach Südosten geändert wird. Zwischen km 3,2 und 3,7 befanden sich früher die Anlagen der Steinbrüche der Firma Baresel. Heute zweigt bei km 3,32 das Anschlußgleis zum Industriestammgleis ab, von dem aus mehrere Firmen bedient werden. Bei km 3,5 hat die Bahn am sog. Schinderrain ihren Scheitelpunkt in 250 m Meereshöhe.

Die Strecke tritt nun in die äußeren Bezirke der Stadt Vaihingen ein; bei km 4,045 zweigt das Anschlußgleis zum Bauhof der Firma Baresel ab, das nur noch wenig benutzt wird. Bei km 4,15 kommen wir zu dem neu eingerichteten Haltepunkt *Vaihingen Schloßberg*, an dem die Schüler der Mittelpunktschule ein- und aussteigen. Auf dem Streckenabschnitt zum Bahnhof von Vaihingen folgen nun mehrere Straßenüberquerungen: bei km 4,185 überschreitet die zum Schloß führende Straße die Bahnstrecke auf einer Betonbrücke mit einer Lichtweite von

Bahnhof Enzweihingen mit VS 208; links Bahnhofsgebäude; rechts hinten VT-Schuppen; September 1976 (Aufnahme G. Wolff)

10,8 m; bei km 4,384 überschreitet das Bahngleis auf einer eisernen Brücke von 10 m Lichtweite die Heilbronner Straße und bei km 4,659 folgt die niveaugleiche durch Blinklicht gesicherte Überquerung der Bismarckstraße. Unmittelbar danach kommen wir zur Einfahrt in den Bahnhof *Vaihingen Stadt*, der bei km 4,715 in 234,2 m Meereshöhe angelegt ist. In dem Bahnhofsgebäude sind die Bahnverwaltung sowie einige Diensträume untergebracht. Der 1945 erbaute Lokschuppen samt Nebenanlagen wurde 1982 wieder abgebrochen. Besonders hinzuweisen ist auf die lange, an einer Hochrampe liegende Verladeanlage für Zuckerrüben, an der gleichzeitig 6 Güterwagen beladen werden können. Von Bedeutung ist auch das bahneigene Ladegleis zu dem großen WLZ-Lagerhaus mit Hochsilo. Die Gleisanlagen in Vaihingen Stadt sind langgestreckt und erlauben die Bereitstellung von bis zu 20 Güterwagen, was zur Zeit der Rübenkampagne oftmals nötig ist. In der übrigen Jahreszeit werden nur 4 bis 6 Güterwagen pro Tag bereitgehalten.

Nach dem Verlassen des Bahnhofs Vaihingen Stadt wird bei km 4,886 die durch Blinklicht gesicherte, stark befahrene Heiligkreuz-Straße überquert. Nur wenige hundert Meter weiter befindet sich eine weitere blinklichtgesicherte Straßenüberquerung, die Kehlstraße. Dann kommen bei km 5,47 und 5,6 wieder 2 Privatgleis-Abzweigungen, von denen das eine zur Hautleimfabrik Conradt & Sohn und das andere zur Wellpappenfabrik F. Schoen führt. Die Strecke fällt nun mit der Maximalneigung von 1:50 (2%) zum Tal der Enz hinab, wobei sich von rechts die Bundesstraße 10 Pforzheim–Stuttgart der Bahntrasse nähert. Beide treffen am nordwestlichen Brückenkopf der Enzbrücke zusammen und überschreiten auf dieser Brücke nebeneinander die Enz (km 6,9). Die in Richtung Enzweihingen gesehen linke und schmalere Spannbeton-Brücke nimmt das Gleis der Nebenbahn und die rechte, mit 8 m wesentlich breitere die Straße auf. Gleich nach dem südöstlichen Brückenkopf quert die Bahn die durch Blinklicht gesicherte Vaihinger Straße und bei km 7,0 ohne technische Sicherung eine weitere Ortsstraße. In dieser Gegend macht die Strecke eine Linkskurve und nimmt auf den letzten 200 m eine östliche Richtung ein. Bei km 7,33 kommt dann der in 204,8 m Meereshöhe angelegte Endbahnhof *Enzweihingen* mit seinen ausgedehnten Anlagen. Der tiefste Punkt der ganzen Strecke liegt mit 202 m Meereshöhe auf der Enzbrücke. Im Endbahnhof befinden sich außer einem Bahnhofsgebäude mit Güterschuppen die Einrichtungen des Bahnbetriebswerks mit Fahrzeugschuppen, Werkstatt, Tankstelle usw. Aus dem Gleis 3 geht ein bahneigenes Abstellgleis mit 105 m Nutzlänge ab, auf dem die Firma Blum KG Schrott verlädt und Bleche auslädt. Im Bahnhof Enzweihingen ist heute auch der Omnibus-Betriebshof untergebracht, der 1977 auf dem Gelände von ehemaligen Baracken der Organisation Todt errichtet wurde. Voll mit eigenem Personal besetzt sind die Bahnhöfe Vaihingen Stadt und Enzweihingen.

Die ursprünglich zugelassene Höchstgeschwindigkeit von 30 km/Std. konnte schon vor dem Krieg auf 40 km/Std. heraufgesetzt werden. Vor einigen Jahren wurde sie nach gründlicher Durcharbeitung des Oberbaus auf 50 km/Std. erhöht.

Die Streckenlänge beträgt nach der Verkürzung durch die Verlegung der Abfahrtsstelle in Vaihingen Nord heute 7,094 km. Davon liegen in der Horizontalen 1,521 km (21,4%) und in Neigungen 5,573 km (78,6%). Die Summe aller geraden Streckenteile beläuft sich auf 3,852 km (54,3%) und der gekrümmten Abschnitte auf 3,242 km (45,7%). Die Länge aller Gleise einschließlich der Nebengleise ist 8,2 km, ohne das eigentliche städtische Industriegleis mit seiner Länge von 1,2 km. Die in der Streckenbeschreibung eingesetzten Kilometerangaben beziehen sich noch auf die alte Abfahrtsstelle in Vaihingen Nord; nach deren Verlegung müssen sie um 0,1 km vermindert werden. Die maximale Neigung beträgt 1:50 (2%) und wird auf dem Streckenteil von Vaihingen Stadt hinunter in das Tal der Enz benötigt. Der kleinste Krümmungsradius ist 200 m; er kommt nur in den beiden Bahnhöfen Vaihingen Stadt und Enzweihingen sowie in der Kurve am südöstlichen Brückenkopf der Enzbrücke vor. Die gesamte Strecke ist eingleisig und liegt auf eigenem Bahnkörper. Mit ihren nur wenig über 7 km Streckenlänge ist die Nebenbahn Vaihingen–Enzweihingen die kürzeste aller WEG-Nebenbahnen. Die Trasse liegt mit 7 km Länge auf eigenem Grund und Boden und nur 0,314 km auf fremdem Gelände.

Signale sind nur an der Grenze zwischen den Bereichen der DB und der Privatbahn in Vaihingen Nord (Einfahrsignal) und am Bahnsteig der Privatbahn (Ausfahrtsignal); es handelt sich um der DB gehörende und von ihrem Stellwerk aus bediente einflügelige Formsignale. Für die Abwicklung des Verkehrs wurde im Sommer 1984 der Bahn- und Rangierfunk eingeführt.

An der Strecke gibt es folgende Brückenbauten:

Bahn-km	*überbrücktes Objekt*	*Bau-material*	*Stützw. m*	*Lichtw. m*	*Bemer-kungen*
2,614	Bach	Gewölbe, Beton	—	2,0	
2,724	Ensinger Weg	Eisenbeton	7,2	5,0	
4,384	Heilbronner Str.	Stahlbau-werk	11,55	10,0	
4,470	Franckstraße	Stahlbeton	17,00	16,03	1981 erb.
6,602	Enz	Spannbeton	91,33	76,96	1951 erb.

Dazu kommen noch folgende zwei Straßenüberführungen über die Strecke

km 4,179 Schloßbergstraße Holzsteg 7,6 m Lichtweite,
km 4,186 Schloßbergstraße Beton-Gewölbe 10,85 m Lichtweite.

Da die Brücke über die Enz sowohl in der alten als auch in der neuen Form ein interessantes Bauwerk ist, lohnt es sich, sie kurz zu beschreiben. Die alte Enzbrücke bestand zur Zeit der Eröffnung des Bahnverkehrs schon als reine Straßenbrücke mit einer Stützweite von 98 m; sie überspannte die Enz und die beiderseitigen Hochwasserbetten mit 4 Feldern in Bogenform, die auf 2 an den Ufern angeordnete Endwiderlager und 3 weitere Pfeiler aufgestützt war; einer dieser Pfeiler stand im Flußbett selbst, der zweite am nordwestlichen Ufer und der dritte im Hochwasserbett. Da die WEG zur Zeit der Eröffnung der Bahn nicht über genügend Mittel für den Bau einer eigenen Brücke verfügte, wurde in Zusammenarbeit mit der Straßenbau-Verwaltung die vorhandene

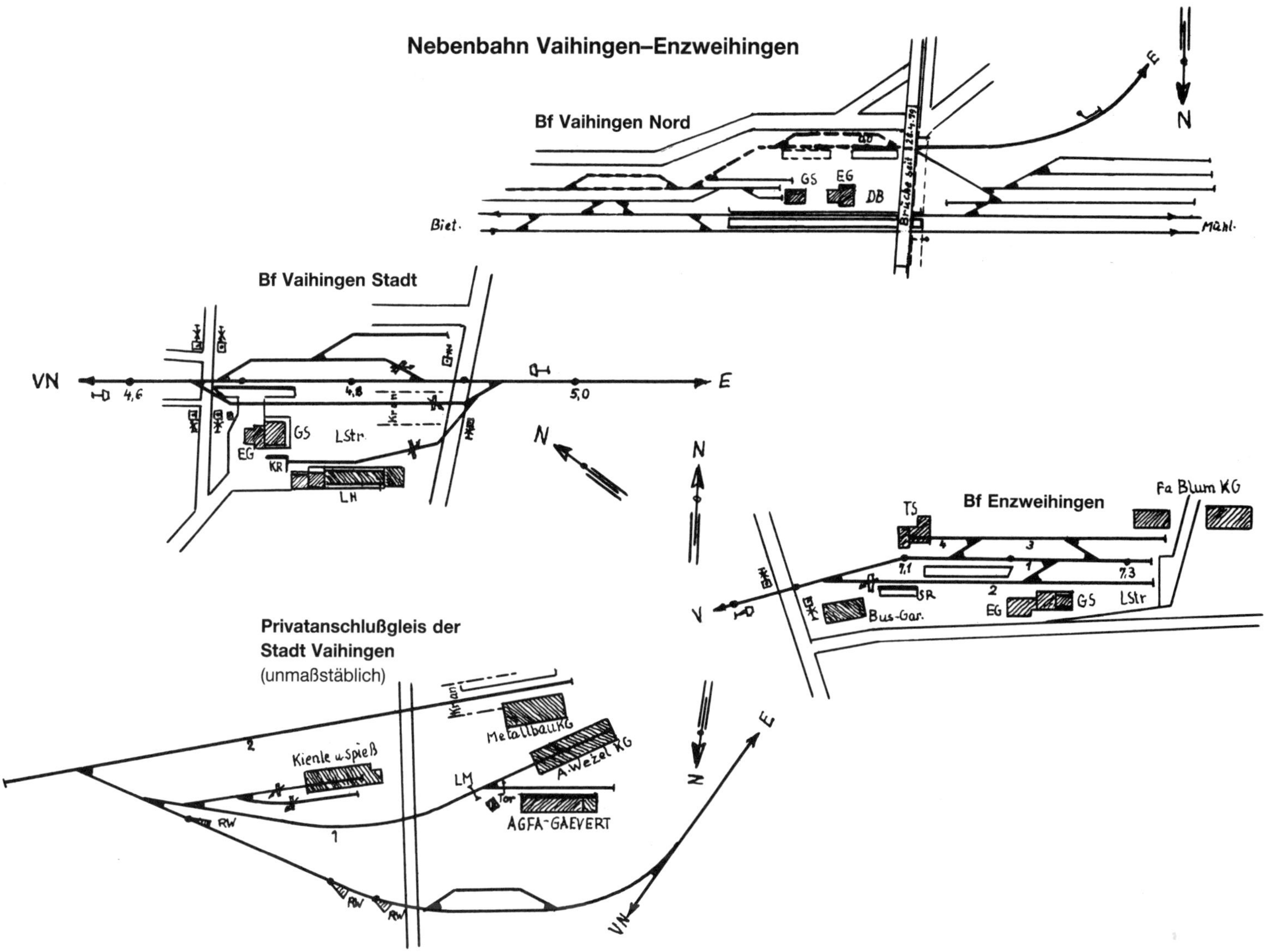

Bogenbrücke durch den Einbau eines Rillengleises so umgebaut, daß auch die Züge der Nebenbahn die Brücke benutzen konnten. Da die ganze Fahrbahnbreite nur 8 m betrug, war der Verkehr sehr beengt; die Begegnung eines Bahnzuges mit einem breiteren Straßenfuhrwerk dürfte kaum möglich gewesen sein.

An sich wollte die WEG die zerstörte Brücke schon 1946 wiederherstellen. Die Straßenbau-Verwaltung wollte aber eine neue, moderne Spannbeton-Brücke einige Meter flußabwärts der alten errichten. Die WEG entschloß sich damals aus Kostengründen, diesem Plan zuzustimmen, zumal eine Trennung von Bahngleis und Straßenfahrbahn vorgesehen war. Erst 1951 war die neue Brücke fertig; eigentlich waren es zwei Brücken, die unmittelbar nebeneinander lagen und keine feste bauliche Verbindung miteinander hatten. Die eigentliche Eisenbahnbrücke hat eine lichte Breite von 4,8 m und befindet sich in Richtung Enzweihingen gesehen links neben der Straßenbrücke, die eine lichte Breite von 8 m und außen daneben noch einen Fußweg von 2,1 m Breite aufweist. Bahntrasse und Fahrbahn sind durch eine 50 cm hohe Betonmauer voneinander getrennt. Die neue Brücke hat eine Stützweite von 91,93 m und überspannt die Enz und ihr Hochwasserbett in mehreren Bögen, die jeweils auf Pfeilern abgestützt sind. Die Felder haben Stützweiten von 23,0 m, 24,59 m, 22,94 m und 21,4 m. Das Bahngleis ist nicht mehr im Straßenpflaster eingelassen, sondern befindet sich in einem normalen Oberbau, bei dem in einer Wanne des Brückenprofils der Schotter liegt, in dem auf Holzschwellen Vignolschienen lagern. Das Profil der alten und der neuen Brücke ist in den beigefügten Querschnittszeichnungen dargestellt, aus denen Einzelheiten ersichtlich sind.

Um den Betriebsablauf flüssiger zu gestalten, wurde im Juli 1984 eine hochmoderne Bahn- und Rangierfunk-Einrichtung in Betrieb genommen, durch die ein ständiger Funkkontakt zwischen der Betriebsleitung und dem Triebfahrzeugführer bzw. dem Rangierer gewährleistet ist.

Im Zuge der Neubaustrecke der DB von Mannheim nach Stuttgart wird die Nebenbahn Vaihingen–Enzweihingen etwa bei km 2,22 von der neuen Schnellstrecke auf einem 136 m langen Brückenbauwerk überquert, das eine Spannweite über die Nebenbahn von 27 m bei einer lichten Höhe von 8,5 m hat. Die Vaihinger Bahn wird einen neuen Haltepunkt erhalten, der unterhalb des neuen, an der Schnellstrecke angelegten DB-Bahnhofs Vaihingen errichtet wird; dabei werden der neue DB-Bahnhof und der neue Haltepunkt der Nebenbahn durch einen Treppenabgang verbunden werden. Diese Bauarbeiten sollen im Frühjahr 1986 beginnen und etwa zweieinhalb Jahre dauern.

2.5.4. FAHRPLANGESTALTUNG

1906 verkehrten bis 1. 10. täglich 7 Zugpaare, ab 1. 10. sonntags ein weiteres. Von diesen Zügen fuhren 3 Zugpaare bis bzw. von Bietigheim. 1916 lief von den täglichen 5 Zugpaaren nur noch eines bis bzw. von Bietigheim. Im Jahre 1938 verkehrten täglich 6 Zugpaare mit Fahrzeiten zwischen 20 und 25 Min. Über den Güterverkehr geben die alten Fahrpläne keine Auskunft.

In dem ab 1. 4. 1940 geltenden Fahrplan ist angegeben, daß in Richtung Enzweihingen–Vaihingen Reichsbahn werktags 5 und sonntags 3 Personenzüge fuhren mit Fahrzeiten um 22 Min. Der Güterverkehr wurde täglich durch 2 Bedarfsgüterzüge ausgeführt, zu denen täglich 3 weitere Güterzüge kamen, die aber nur auf Teilstrecken verkehrten. In der Gegenrichtung waren werktags 5 und sonntags 4 Personenzüge angegeben. Der Güterverkehr wurde in dieser Richtung durch 2 tägliche Bedarfsgüterzüge auf der ganzen Strecke und ebenfalls täglich 3 Güterzüge auf Teilstrecken bedient. Die Fahrzeiten lagen zwischen 23 und 32 Min. Laut Sommerfahrplan 1961 verkehrten in Richtung Vaihingen Nord werktags 2 Personenzüge mit 18 Min. Fahrzeit, ferner montags bis freitags 3 Güterzüge und samstags 2 Güterzüge. In Richtung nach Enzweihingen wies der Fahrplan werktags 3 Personenzüge, sowie montags bis freitags 3 und samstags 1 Güterzug aus, dazu 1 Bedarfsgüterzug auf Teilstrekken. Dieser Fahrplan war schon weitgehend auf Triebwagen-Einsatz aufgebaut.

Der Sommerfahrplan 1984 enthält für die ganze Strecke montags bis freitags 2 Güterzugpaare und montags bis samstags 2 Personenzugpaare; letztere haben Fahrzeiten zwischen 17 und 24 Min. Dazu sind auf der Teilstrecke Enzweihingen–Vaihingen Stadt montags bis freitags ein Güterzugpaar und ein Leerzugpaar im Einsatz; auf der Teilstrecke Vaihingen Stadt–Vaihingen Nord finden wir montags bis freitags je 1 Güterzug nach Vaihingen Nord, 1 Bedarfsgüterzugpaar, ein Personenzugpaar sowie einen einzelnen Personenzug nach Vaihingen Nord. Diese Züge verkehren teilweise nur an Schultagen. Sonntags ist schon lange kein Verkehr mehr. Die Kursbuchnummer der Nebenbahn ist seit 1972: 772; früher hieß sie 320g.

2.5.5. BEFÖRDERUNGSLEISTUNGEN

Diese ergeben sich getrennt für Personenverkehr und Güterverkehr aus den beiden Grafiken in Blockdarstellung von der Betriebseröffnung bis 1984. Man erkennt daraus, daß der Personenverkehr in den meisten Jahren vor und im Zweiten Weltkrieg wesentlich mehr Fahrgäste beförderte als nach dem Krieg; beim Güterverkehr liegen die Verhältnisse im Prinzip genauso. Während in den Jahren ab 1946 kaum mehr als 50000 t pro Jahr transportiert wurden, waren es früher oft über 100000 t jährlich. Auch bei dieser Nebenbahn ist es ganz interessant zu erfahren, welche Güter hauptsächlich befördert wurden und welchen Anteil sie am gesamten Güterverkehr hatten; das ergibt sich aus folgender Tabelle:

Güterart	*1979*		*1981*		*1983*	
	t	*%*	*t*	*%*	*t*	*%*
Stückgut, Expreßgut	3613	6,2	3857	5,7	3119	4,6
Getreide	799	1,4	496	0,7	156	0,2
Obst, Gemüse, Kartoff.	232	0,4	128	0,2	112	0,2
Textilien	47	0,1	—	—	26	0,1
Holz	—	—	87	0,1	137	0,2
Zuckerrüben	20318	34,9	25425	37,6	14233	20,8
Häute, Felle, Leder	—	—	—	—	314	0,5
Futtermittel	180	0,3	270	0,4	617	0,9
Kohle	274	0,5	188	0,3	160	0,2
Benzin, Öl, Gas	119	0,2	115	0,2	115	0,2
Schrott, Erze	6771	11,7	4880	7,2	5126	7,5
Eisen, Stahl, Halbzeug	92	0,2	7183	10,6	6397	9,4
Düngemittel	2907	3,0	3265	4,8	2728	4,0
Chemikalien	811	1,4	3730	5,5	3896	5,7

Güterart	*1979*		*1981*		*1983*	
	t	*%*	*t*	*%*	*t*	*%*
Zellstoff, Altpapier	—	—	—	—	239	0,4
Kunststoff, chem. Erzeugnisse	—	—	—	—	166	0,2
Fahrzeuge, Maschinen	1068	1,8	431	0,6	332	0,5
Leder- u. Pelzwaren	—	—	—	—	13511	19,8
Baukalk, Zement, Gips	163	0,3	—	—	—	—
Erde, Kies, Sand	833	1,4	508	0,8	—	—
Betonwaren, Bimsstein	140	0,2	274	0,4	—	—
Papier	3786	6,5	121	0,2	—	—
Pflanzl. u. tier. Rohstoffe	15257	26,2	16062	23,8	—	—
Sammelgut, Umzugsgut	—	—	—	—	753	1,1
Sonstige Güter	755	1,3	607	0,9	—	—
Summe aller Güter	58170	100,0	67627	100,0	52137	100,0

WEG-Nebenbahn Vaihingen–Enzweihingen

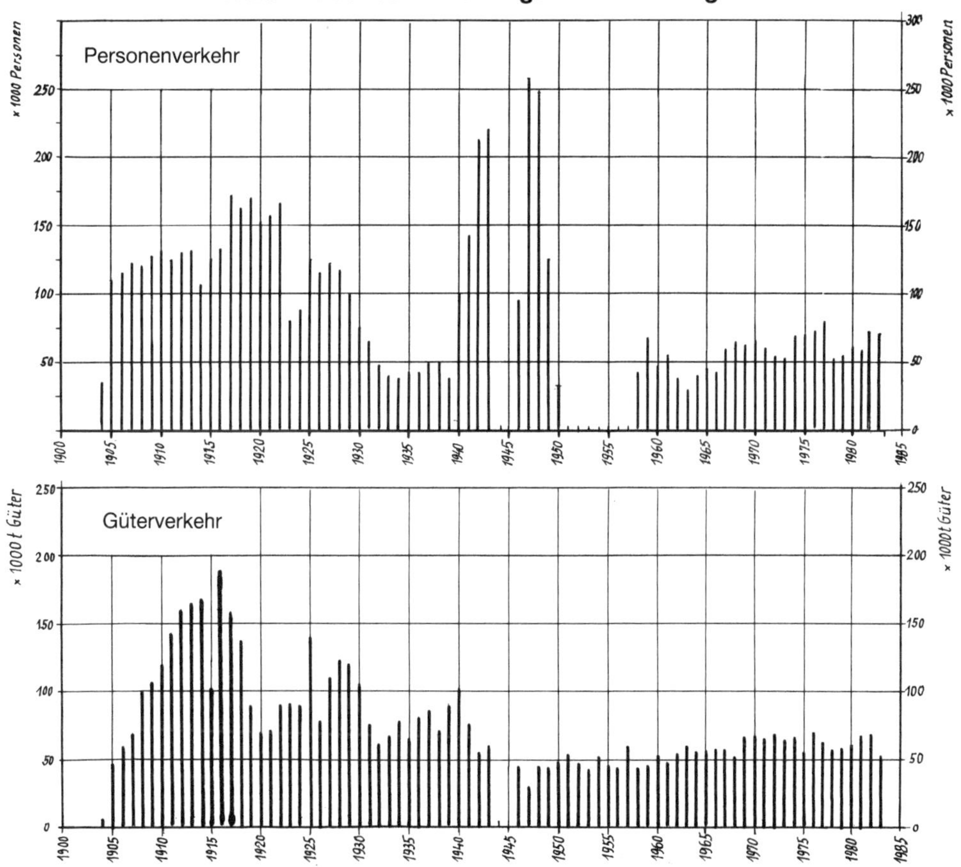

Man sieht daraus, daß die wichtigste Rolle die Zuckerrüben gespielt haben, gefolgt von Schrott, Erzen, Eisen u. Stahl-Halbzeugen und in einigen Jahren auch pflanzliche und tierische Rohstoffe (letzteres für die Hautleimherstellung). Die übrigen Güter haben meist einen nur geringen Anteil am gesamten Frachtaufkommen.

Im Jahre 1983 wurden im Güterbahnhof Vaihingen Nord 2458 Güterwagen von der DB übergeben bzw. von ihr übernommen, das sind durchschnittlich 205 Wagen pro Monat. Stückgutbahnhöfe sind Vaihingen Stadt und Enzweihingen.

2.5.6. FAHRZEUGE DER NEBENBAHN VAIHINGEN–ENZWEIHINGEN

2.5.6.1. *Dampflokomotiven*

Die WEG hatte der Nebenbahn Vaihingen–Enzweihingen zur Betriebseröffnung die beiden Cn2t-Loks Nr. 5 und 6 zugewiesen, die während ihrer ganzen Lebenszeit auch bei dieser Bahn blieben und dort verschrottet wurden. Während der Zeit der Betriebseinstellung waren sie in Vaihingen Stadt abgestellt. Da sie durch ihre vielen Dienstjahre, durch den Krieg und ihr Alter überholungsbedürftig waren, wurden sie im Frühjahr 1946 im Bahnbetriebswerk Kornwestheim der Staatsbahn gründlich überholt, so daß sie nach Wiederaufnahme des Verkehrs bis zur Enzbrücke wieder Verwendung finden konnten. Trotz dieser Überholung machten sich in den folgenden Jahren aber doch zunehmend Alterserscheinungen bemerkbar, so daß sie 1954 abgestellt wurden, nachdem jüngere Maschinen der Bahn zugewiesen worden waren. Nr. 5 wurde 1958 und Nr. 6 1959 in Enzweihingen verschrottet. Da sie schon früher manchmal bei der Förderung schwerer Züge nicht ausgereicht hatten, hatte die WEG schon 1909 die Dn2tv-Lok Nr. 13 nach Enzweihingen überstellt, sie blieb bis 1931 dort. Ab 1940 wurde sie wieder in Enzweihingen stationiert und blieb dort mit Unterbrechungen bis zu ihrer Verschrottung im Jahre 1956. Am 16. 10. 1954 hatte sie noch den anläßlich des 50jährigen Bestehens der Bahn verkehrenden Sonderzug geführt. Weitere bei der Bahn tätige Loks waren die Dn2tv-Loks Nr. 17, 20 und 11; sie verkehrten zeitweise auf der Bahn. Die letzte wurde überflüssig, nachdem 1957 der Triebwagen T 03 seinen Dienst aufgenommen hatte. Der letzte mit einer Dampflok bespannte Zug verkehrte auf der Nebenbahn Vaihingen–Enzweihingen am 23. 12. 1957; damit war das Dampfzeitalter auf dieser Bahn zu Ende.

2.5.6.2. *Triebwagen*

Der erste Triebwagen für die Vaihinger Bahn war der T 03 WEG, der am 23. 12. 1957 seinen Dienst aufnahm und bald den gesamten Verkehr besorgte. Bis 1975 war er das einzige Triebfahrzeug, dann mußte er wegen eines Schadens abgestellt werden. Als Ersatz kam der gleichartige T 04 WEG, der seitdem ebenfalls allein den gesamten Personen- und Güterverkehr bestreitet. Er ist noch heute bei der Bahn und wurde nur zeitweise durch den T 06 WEG oder T 08 WEG ersetzt, wenn er zur Überholung oder Reparatur in der Hauptwerkstatt Neuffen war. Weitere Triebwagen haben niemals die Schienen der Vaihinger Bahn gesehen.

2.5.6.3. *Personenwagen und Triebwagen-Beiwagen*

Bei der Eröffnung des Verkehrs besaß die Bahn 3 zweiachsige Personenwagen mit Dampfheizung und Westinghouse-Druckluftbremse. Dieser Bestand vermehrte sich zeitweise um 1 oder 3 gleichartige Fahrzeuge, so daß in den dreißiger Jahren vorübergehend bis zu 6 Personenwagen im Einsatz waren. 1950 gab es wiederum noch noch 3 Personenwagen mit den Nummern 7, 10 und 25. Sie wurden ausgemustert, als der Triebwagen seinen Dienst aufnahm. Vorübergehend muß auch noch ein Wagen mit der Nummer 15 auf der Bahn gewesen sein, von dem es ein Foto gibt, das 1959 in Enzweihingen gemacht wurde.

Als der Triebwagen allein nicht mehr den zunehmenden Schülerverkehr bewältigen konnte, wurde 1969 der Triebwagen-Beiwagen VB 208 nach Enzweihingen überstellt, der aus der Serie VB 201 bis 209 der WNB stammt. Er befindet sich auch heute noch bei der Bahn und besorgt zusammen mit dem T 04 den gesamten Personenverkehr.

2.5.6.4. *Gepäck/Postwagen und Güterwagen, Dienstfahrzeuge*

Der einzige Gepäck/Postwagen, der jemals bei der Bahn war, hatte die Nummer 101 WEG; es handelte sich um ein altmodisch aussehendes Fahrzeug, das vielleicht vorher schon bei einer anderen Bahn gewesen ist; es wurde 1959 ausgemustert, nachdem der Triebwagen in seinem geräumigen Gepäckabteil den Gepäcktransport übernommen hatte und der Postverkehr weggefallen war.

Bei der Eröffnung des Güterverkehrs waren 4 Güterwagen im Einsatz, 2 offene und 2 gedeckte. In den dreißiger Jahren gab es 4 gedeckte und 5 offene Güterwagen, 1927 sollen es sogar insgesamt 10 Fahrzeuge gewesen sein. 1950 waren noch 6 Einheiten vorhanden, die bei der Staatsbahn Dienst taten; sie wurden bis 1962 sämtlich ausgemustert. WEG-eigene Güterwagen für den Binnenverkehr waren schon 1950 nicht mehr vorhanden. Als Dienstfahrzeug ist ein Kleinwagen für die Rotte zu zählen, der keine Nummer hat und zum Transport von Baumaterial und Werkzeug zu den Arbeitsstellen der Rotte dient. Weitere Arbeitsfahrzeuge hat die Bahn nicht besessen.

Tabelle 17: **Entwicklung des Fahrzeugbestandes bei der Nebenbahn Vaihingen–Enzweihingen**

Jahr	*Dampf-loks*	*Trieb-wagen*	*Personen-wagen*	*VB/VS*	*Gepäck-/Postwagen*	*Güter-wagen*
1904	2	0	3	0	1	4
1916	3	0	4	0	1	7
1927	3	0	3	0	1	10
1936	3	0	6	0	1	9
1940	3	0	5	0	1	9
1950	3	0	3	0	1	6
1960	2	1	0	0	1	0
1964	0	1	0	0	0	0
1976	0	1	0	1	0	0
1984	0	1	0	1	0	0

2.6. Nebenbahn Amstetten–Gerstetten

2.6.1. VORGESCHICHTE

Durch den Entschluß der KWStE, den Bau der Hauptbahnstrecke Stuttgart–Ulm über Amstetten zu realisieren, waren die Hoffnungen der Gemeinden um Gerstetten, einen Eisenbahnanschluß zu erhalten, zunichte gemacht worden. Die dortige Bevölkerung, die sich von der Landwirtschaft ernährte und im Nebenerwerb in der Baumwoll- und Leinenweberei tätig war, erlitt mehr und mehr Nachteile, da sie gegen die Konkurrenz der an der neuen Bahnlinie liegenden Unternehmen, die sich über dies immer mehr durch den wachsenden Einsatz von Maschinen modernisierten, nicht mehr aufkommen konnten. Deshalb bemühte sich ein in Gerstetten zur Belebung der Wirtschaft gegründeter Verein seit 1896 intensiv darum, einen Gleisanschluß an eine der bestehenden Bahnstrecken zu erhalten und veranstaltete zur Vorbereitung einer Eingabe an die maßgeblichen Stellen am 19. 4. 1896 in Gerstetten eine Versammlung der Vertreter der umliegenden Gemeinden und Interessenten. In diesen Gesprächen wurde eine Bahnlinie diskutiert, die die über die Geislinger Steige verlaufende Hauptbahn mit der durch das Brenztal gehenden Strecke verbinden sollte. Man einigte sich darauf, eine Trasse vorzuschlagen, die von Amstetten über Gerstetten nach Herbrechtingen, an der Linie Ulm–Aalen, verlaufen sollte. Es wurde ein Eisenbahnkomitee gebildet, das den Stuttgarter Professor Maurer beauftragte, ein Gutachten über die zweckmäßige Trassenführung einer solchen Bahn auszuarbeiten. Nach Eingang dieses Gutachtens im Sommer 1896 richtete das Komitee am 23. 12. 1896 an die Regierung und die Ständekammer ein Gesuch um Genehmigung der Vorarbeiten für den Bau einer Bahnlinie mit der vorgeschlagenen Streckenführung. Inzwischen war noch ein weiteres Bahnprojekt entstanden, das eine Trasse betraf, die von Beimerstetten, an der Hauptbahn Stuttgart–Ulm, über Gerstetten nach Heidenheim führen sollte. Am 12. 5. 1897 nahm die Abgeordnetenkammer zu den beiden Projekten in dem Sinne Stellung, daß sie empfahl, zur besseren wirtschaftlichen Erschließung der Gegend um Gerstetten, eine Bahnverbindung zwischen der Hauptbahn Stuttgart–Ulm und der Brenztalbahn zu bauen. Die Planungsstelle der KWStE arbeitete im Winter 1897/98 ein Projekt für eine Schmalspurbahn von 750 mm Spurweite aus, die von Amstetten über Stubersheim, Schalkstetten, Gussenstadt, Gerstetten, Heldenfingen, Heuchlingen, Dettingen am Albuch, Anhausen nach Herbrechtingen verlaufen sollte. Da die Sache aber nicht weiterging, reichte das Komitee am 10. 5. 1899

WEG-Nebenbahn Amstetten–Gerstetten

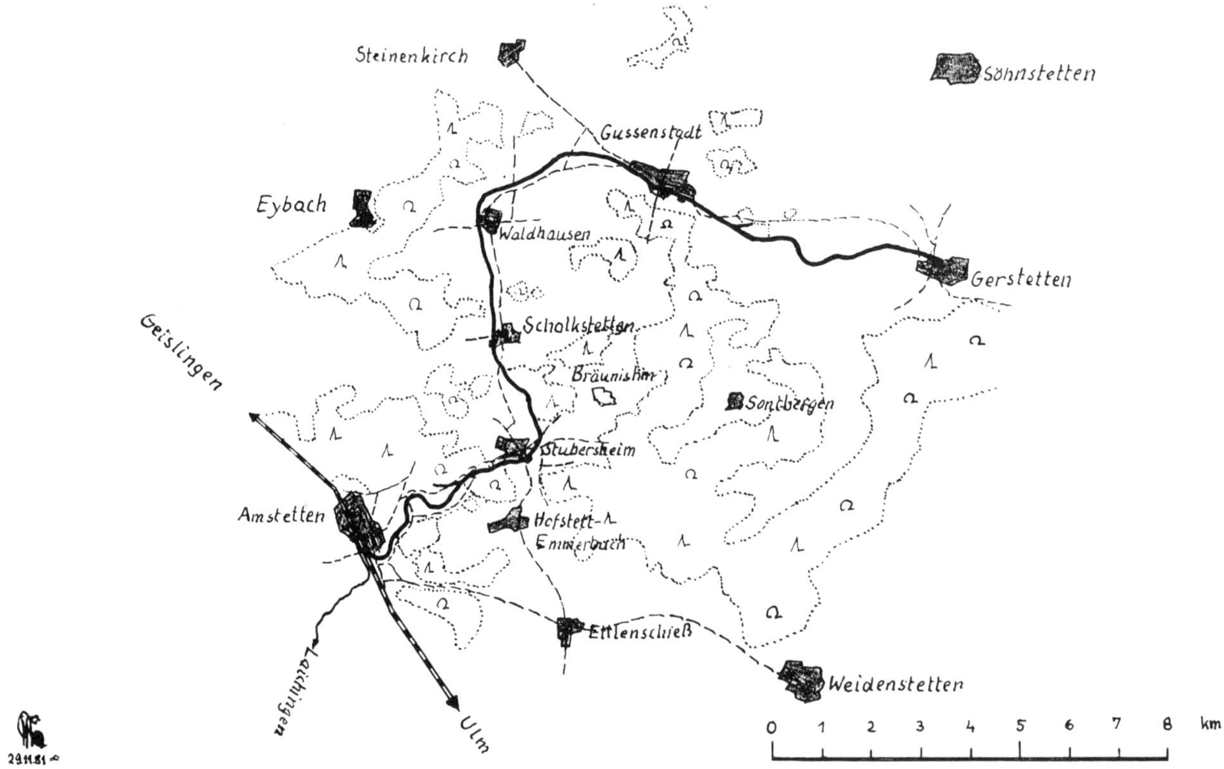

erneut ein Gesuch ein. Die Kgl. Staatsregierung entschied aber im Hinblick auf die hohen Kosten, daß zunächst nur der Streckenteil von Amstetten nach Gerstetten weiterverfolgt werden sollte.

Die Voraussetzungen für die Verwirklichung des Bahnbaus verbesserten sich, als durch einen Gesetzentwurf vom Juli 1899 in Württemberg auch private Eisenbahngesellschaften zugelassen wurden. Hier traf es sich sehr günstig, daß 1899 die WEG gegründet worden war. Das Komitee in Gerstetten nahm unverzüglich Verbindung mit der WEG auf und die beiderseitigen Gespräche führten dazu, daß am 4. 12. 1901 zwischen der WEG und den beteiligten Gemeinden ein Vorvertrag über den Bau und Betrieb einer Bahn von Amstetten nach Gerstetten abgeschlossen wurde. Die Gemeinden mußten einen Beteiligungsbetrag zur Verfügung stellen und auch die Kosten für das benötigte Gelände übernehmen. Die Regierung erklärte sich bereit, einen Zuschuß von 32000 Mark pro Bahnkilometer zu leisten. Die Verkehrsabteilung des Kgl. Ministeriums für auswärtige Angelegenheiten erteilte der WEG am 30. 7. 1902 die Konzession für eine eingleisige Nebenbahn von Amstetten über Stubersheim, Schalkstetten, Waldstetten, Gussenstadt nach Gerstetten. Die Verteilung der Kosten unter den beteiligten Gemeinden war folgendermaßen geregelt: Gerstetten als die größte der Gemeinden übernahm 43%, Gussenstadt 25%, Waldhausen 14%, Schalkstetten und Stubersheim je 9%.

Nach reiflichen Überlegungen hatten sich die Gemeinden den Bedingungen der WEG gefügt, in der Hoffnung, daß diese später einmal die Bahn bis zur Brenztalbahn weiterbauen würde. Diese Absicht ist zwar im Laufe der Jahre noch öfters diskutiert aber niemals verwirklicht worden. Der endgültige Vertrag zwischen der WEG und den Gemeinden wurde am 2. 2. 1903 in Gussenstadt abgeschlossen; er enthielt u.a. die Änderung der ursprünglichen Planung des Bahnbaus mit 750 mm Spur in eine solche für eine Normalspurbahn.

WEG-Nebenbahn Amstetten–Gerstetten

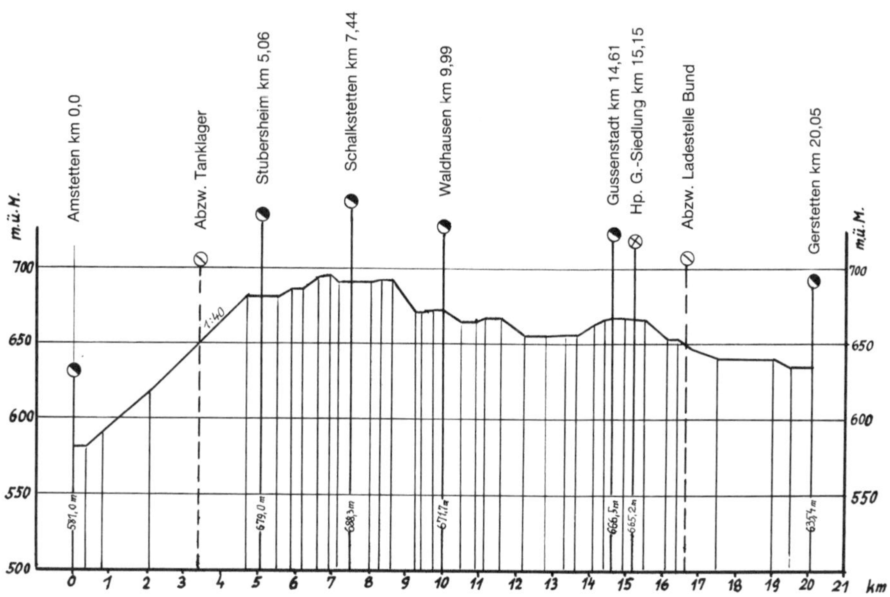

Inzwischen hatte die WEG mit der KWStE die Einzelheiten über die Einführung der neuen Bahn in den Staatsbahnhof Amstetten ausgehandelt, in dem ja auf der anderen Seite der Staatsbahnanlagen schon die WEG-Nebenbahn Amstetten–Laichingen endete. Die Vereinbarungen zwischen der WEG und der Staatsbahn wurden im Sommer 1903 paraphiert, so daß nun eigentlich die Bauarbeiten hätten aufgenommen werden können. Aus verschiedenen Gründen verzögerte sich aber der erste Spatenstich noch um über ein Jahr. Schließlich wurde am 1. 12. 1904 mit dem Bau angefangen; die Arbeiten schritten gut voran, da das Gelände keine besonders großen Schwierigkeiten machte. Brücken und Tunnels waren nicht nötig und auch die Zahl hoher Dämme und tiefer Einschnitte hielt sich in Grenzen. Immerhin zog sich der Bahnbau bis Juni 1906 hin.

2.6.2. GESCHICHTE

Schließlich war alles soweit, daß die Strecke von der zuständigen Behörde abgenommen werden konnte. Anschließend fanden die üblichen Eröffnungsfeierlichkeiten statt. Am 1. 7. 1906 wurde der öffentliche Personen- und Güterverkehr auf der neuen Nebenbahn Amstetten–Gerstetten, der sechsten Nebenbahn der WEG, aufgenommen. Die Kosten des Bahnbaus einschließlich der Beschaffung der benötigten Fahrzeuge beliefen sich auf 1650000 Mark, wozu noch Grunderwerbskosten in Höhe von 140000 Mark kamen.

Beide Verkehrsarten entwickelten sich in den folgenden Jahren in befriedigender Weise. Irgendwelche aufregenden Ereignisse blieben der neuen Bahn erspart, bis am 1. 8. 1914 der Erste Weltkrieg ausbrach und die nun bereits bekannten Erschwernisse und Probleme für die Bahn mit sich brachte. Bei der Nebenbahn Amstetten–Gerstetten, die ja durch landwirtschaftlich genutztes Ge-

Nebenbahn Amstetten–Gerstetten

Bf Amstetten

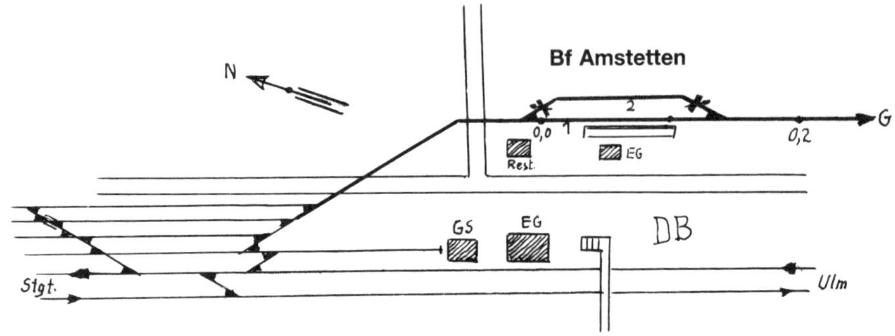

Bf Stubersheim

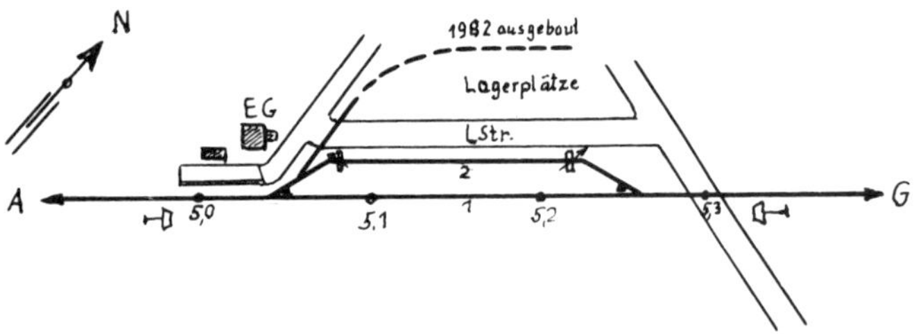

Bf Schalkstetten

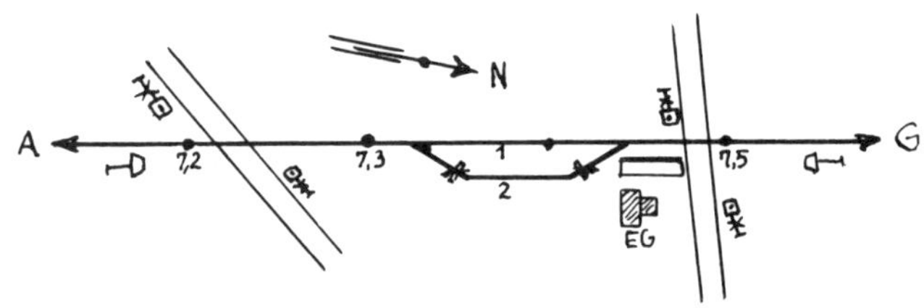

Bf Waldhausen

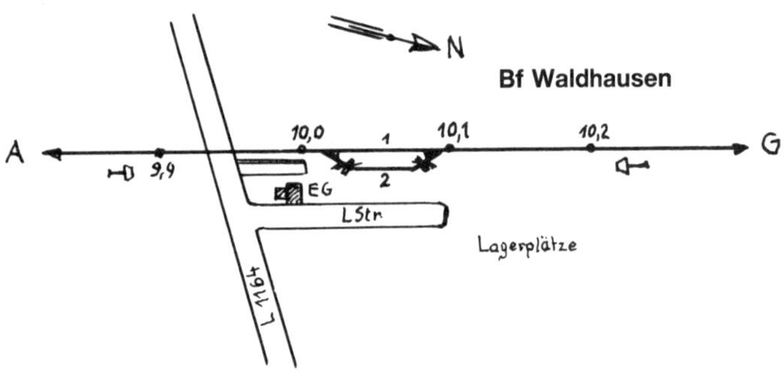

Bf Gussenstadt

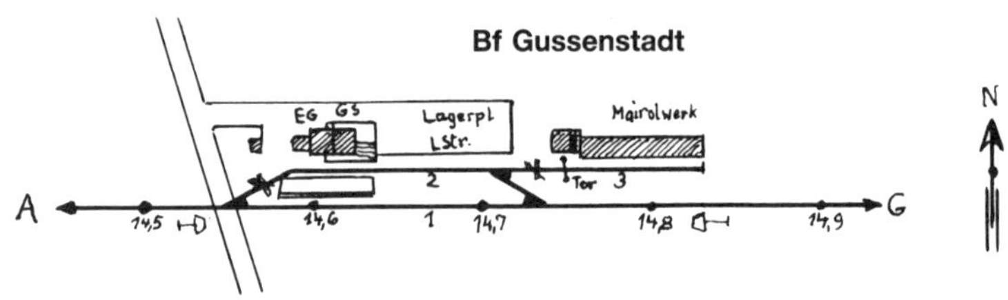

Bf Gerstetten

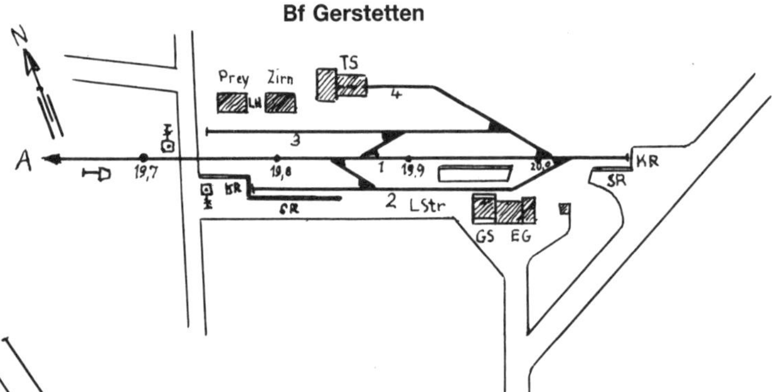

Ladestelle bei km 3,4

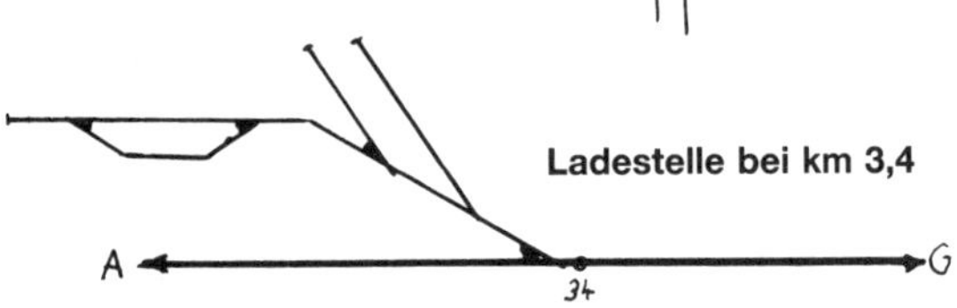

Ladestelle bei km 16,6

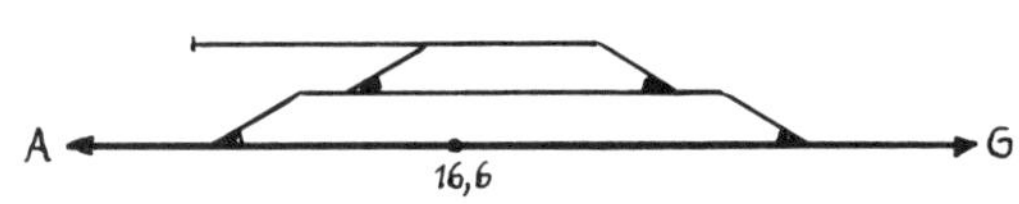

T 05 mit Bi 3 in Amstetten, links Dienstgebäude, hinten Übergabegleis zum DB-Bahnhof; September 1975 (Aufnahme G. Wolff)

biet verlief, waren die zusätzlichen Belastungen des Betriebs durch zahlreiche Hamsterer aus den großen Städten ein besonderes Problem; durch sie entstanden gewaltige Überfüllungen der Züge, wodurch die Fahrzeuge stark strapaziert wurden. Nach Kriegsende konnten wegen der zunehmenden Geldentwertung die dringend nötigen Instandsetzungen an Bahnkörper und Fahrzeugen nicht in ausreichendem Umfang durchgeführt werden. Das wurde erst nach der Stabilisierung der Geldverhältnisse ab 1924 möglich und es konnten nach und nach in den zwanziger Jahren wieder normale Verkehrsverhältnisse hergestellt werden. Um 1930 gab es infolge der Weltwirtschaftskrise einen erneuten Rückschlag, von dem sich die Bahn im Laufe der dreißiger Jahre erholen konnte. Dann kam am 1. 9. 1939 der Zweite Weltkrieg, der zunächst die gleichen Erschwernisse brachte wie der Erste. Dazu kam besonders in der letzten Phase der Luftkrieg, der auch die Nebenbahn nicht verschonte. Gegen Ende des Krieges, am 8. 4. 1945, mußte der Verkehr wegen Schäden an Bahnanlagen und Fahrzeugen eingestellt werden. Er konnte erst am 10. 11. 1945 nach Beseitigung der größten Schäden wieder aufgenommen werden.

Anfang der fünfziger Jahre wurden auch bei der Gerstettener Bahn Überlegungen angestellt, ob es nicht zweckmäßig sei, die Unkosten des Bahnbetriebs durch die Einsetzung von Dieseltriebwagen zu verringern. Bei der Firma Fuchs in Heidelberg wurde schließlich ein Triebwagen bestellt, der im Juni 1956 geliefert und am 2. 7. 1956 in Dienst gestellt wurde. Er leitete die vollständige Verdieselung des Verkehrs ein, so daß die Dampfloks abgestellt werden konnten. An neuen Anlagen wurden im Zweiten Weltkrieg 2 neue Anschluß- bzw. Ladegleise hergestellt. Über das eine wurde ein großes Tan-

T 05 WEG mit GmP vor Einfahrt Amstetten; Mai 1968 (Aufnahme F. Jäger)

klager der Wehrmacht beliefert, während das andere der Beschickung des Depots Steinhausen diente. Beide Anlagen werden heute für Lieferungen an die Bundeswehr benutzt.

Natürlich blieb auch die Nebenbahn Amstetten–Gerstetten nicht von Unfällen verschont. Ein besonders schwerer Zusammenstoß des einzigen Triebwagens mit einem Lastzug fand im Oktober 1965 statt, wobei sogar ein Toter zu beklagen war. Der Triebwagen wurde schwer beschädigt und mußte zur Reparatur in die Werkstatt Neuffen; bis zum Eintreffen eines Ersatz-Triebwagens wurden Omnibusse eingesetzt.

Da die Holztransporte in der waldreichen Gegend zeitweise einen erheblichen Umfang annahmen, wurden schon frühzeitig in den Bahnhöfen Gerstetten, Waldhausen, Schalkstetten und Stubersheim große Holzlagerplätze angelegt.

Fast wäre auch für diese Nebenbahn das Jahr 1984 zum Schicksalsjahr geworden, da infolge des Abbaus der staatlichen Subventionen für die nichtbundeseigenen Eisenbahnen der WEG das Geld für den firmeninternen Verlustausgleich fehlte. Doch ließen die Landkreise, Gemeinden und die Bundeswehr die Bahn nicht im Stich und gewährten der WEG für 5 Jahre Finanzhilfen. Auch hofft die WEG, daß der weitere Betrieb der Bahn aus eigener Kraft möglich sein wird, wenn in Gerstetten ein geplantes Bundeswehrdepot in Betrieb genommen wird.

2.6.3. STRECKENVERLAUF

Die Abfahrtstelle der Nebenbahn Amstetten–Gerstetten ist in einem kleinen Nebenbahnhof gegenüber dem Staatsbahnhof *Amstetten* (km 0,0; 581 m ü M). Er befin-

Bahnhof Schalkstetten mit T 05 WEG; September 1975 (Aufnahme G. Wolff)

det sich auf der nordöstlichen Seite der Staatsbahnanlagen. Auf der anderen, der südwestlichen Seite der Staatsbahn liegt bekanntlich der Nebenbahnhof der meterspurigen Nebenbahn Amstetten–Laichingen. Das Bahnsteiggleis der Bahn nach Gerstetten setzt sich nach rückwärts in das Übergabegleis zum Güterbahnhof der Staatsbahn fort, während das Streckengleis in entgegengesetzter südöstlicher Richtung das Bahnsteiggleis verläßt. Der Dienst für die Nebenbahn wird vom Personal der Staatsbahn in deren Bahnhofsgebäude besorgt. Das Streckengleis der Privatbahn verläuft zunächst etwa 300 m neben dem Staatsbahngleis Richtung Ulm und biegt dann in einer scharfen Linkskurve nach Nordosten ab, wobei es bei km 0,393 die heutige Bundesstraße 10, Ulm–Geislingen, überquert; wegen des starken Straßenverkehrs ist an dieser Kreuzung ein Blinklicht- und Halbschrankenanlage installiert. Die Strecke tritt dann in ein breites Wiesental ein, in dem bei km 0,6 die inzwischen aufgelassene Ladestelle Detal passiert wird; dort wurden Holz aus den benachbarten Wäldern und Steine aus einem in der Nähe liegenden Steinbruch verladen. Bei km 1,1 tritt die Bahn in ein ausgedehntes Waldgebiet ein. Nach rund 2 km Fahrt erblickt man links bei km 3,423 ein abzweigendes Anschlußgleis, das zu einem Tanklager führt. Am Anfang des Waldes, in dem die Bahn zum besseren Höhengewinn eine nach Norden ausholende Haarnadelkurve ausführt, beginnt eine längere Steilstrecke zur Erklimmung der Hochfläche der Schwäbischen Alb mit teilweise der Maximalsteigung von 1:40 (2,5%). Bei km 4,1 wird der Wald wieder verlassen, und bald hört auch die Steilstrecke auf. Die Bahn nähert sich nun, nach Überquerung der durch eine Blinklichtanlage gesicherten Landesstraße 1229 bei km 4,825, dem Bahnhof *Stubersheim* (km 5,06; 679,0 m ü M), in dem es eine

T 05 WEG ist gerade in Waldhausen angekommen; Oktober 1974 (Aufnahme R. Schatz)

Ladestelle für eine Sägerei gibt. Von Stubersheim ab verläuft die Strecke auf der Hochfläche der Alb mit geringen Höhenschwankungen weiter, wobei sie bald eine Linkskurve ausführt und dadurch in eine fast nördliche Richtung übergeht.

Nach Durchqueren eines kleinen Wäldchens wird bei km 7,226 die Straße L 1229 nochmals überquert, wobei zur Sicherung ebenfalls eine Blinklichtanlage installiert wurde. Bald danach kommen wir zum Bahnhof *Schalkstetten* (km 7,44; 688,3 m ü M), wo sich ebenfalls ein Ladegleis für Holz und ein großer Holzlagerplatz befinden. Kurz vor Schalkstetten liegt bei km 6,9 der höchste Punkt der ganzen Strecke in 695 m Meereshöhe. Nach der Ausfahrt aus der Station Schalkstetten wird bei km 7,489 die blinklichtgesicherte Kreisstraße 7312 überquert. Dann geht es weiter durch Acker- und Wiesengelände; bei km 9,957 überquert das Gleis die durch Blinklicht gedeckte Straße L 1164 (Eybach–Waldhausen) und gelangt zum Bahnhof *Waldhausen* (km 9,99; 671,7 m ü M); dort gab es zur Dampflokzeit eine Wasserstation, in der die Loks nach der Steilfahrt vor der Weiterfahrt nach Gerstetten Wasser nachfüllen konnten. Die Ausfahrt aus dem Bahnhof beginnt mit einer Rechtskurve, die die Strecke in eine etwa nordöstliche Richtung bringt. Bei km 12,5 beginnt eine weite Rechtskurve, nach deren Verlassen die Trasse nun eine südöstliche Generalrichtung eingenommen hat. Bei km 13,618 ist abermals eine durch Blinklicht gesicherte Straßenkreuzung, dieses Mal über die Landesstraße 1164. Rund einen Kilometer weiter führt die Bahn in den Bahnhof *Gussenstadt* (km 14,61; 666,5 m ü M) ein. Aus den Bahnhofsgleisen zweigt bei km 14,7 das Anschlußgleis für die Firma Maier, die den bekannten Blumendünger »Mairol« herstellt, ab. Am östlichen Rand der Ortschaft wurde 1956

Der soeben angekommene GmP 14 mit T 05 WEG hält vor dem Empfangsgebäude Gerstetten; Juni 1968 (Aufnahme F. Jäger)

der Haltepunkt *Gussenstadt Siedlung* (km 15,15) eingerichtet, nachdem dort ein neues Siedlungsgebiet entstanden war. Die Strecke berührt im weiteren Verlauf bei km 16,6 die Ladestelle der Bundeswehr, die mit 2 Ladegleisen von 260 m und 165 m Länge ausgestattet ist. Unmittelbar danach führt die Strecke an einem kleinen Wäldchen entlang und überquert drei weitere durch Blinklicht gesicherte Straßen, nämlich bei km 18,728 die Berliner Straße, bei km 19,066 die Straße L 1164 und bei km 19,796 die L 1165. Schießlich fährt der Zug dann in den Endbahnhof *Gerstetten* (km 20,05; 635,4 m ü M) ein. Dieser Bahnhof, der rund 30 m tiefer liegt als der gleichnamige Ort, ist in seiner Funktion als Endbahnhof und Zugleitstelle mit umfangreicheren Gleisanlagen und Gebäuden ausgestattet. In dem ziemlich großen Bahnhofsgebäude hat die örtliche Bahnverwaltung ihren Sitz; ferner befinden sich darin die Zugleitstelle, die sonstigen Diensträume für den Bahnbetrieb und ein Wartesaal. Der Fahrzeugschuppen, der früher Lokschuppen war, und heute für den Triebwagen bestimmt ist, hat zwei Stände und geht an seinem Ende in eine kleine Werkstatt über, an der ein auffälliger Wasserturm angebaut ist. In der Nähe des Schuppens befanden sich früher der Kohlenbansen, der Speisewasserkran und die Lokbehandlungsanlagen. Heute ist hier die Tankstelle für den Triebwagen. Eine lange Laderampe neben dem Ladegleis dient zum Verladen von Holz, das auf einem großen Holzplatz gelagert werden kann. Mit eigenem Personal ist derzeit nur der Bahnhof Gerstetten besetzt; Agenturbahnhöfe sind Schalkstetten und Gussenstadt.

Die eingleisige, normalspurige Strecke liegt ganz auf eigenem Bahnkörper und hat eine Länge von 20,19 km; die Länge aller Gleise beträgt 21,7 km. Von der Strecke liegen 11,87 km (59%) in der Geraden und 8,32 km

Die eingeschneiten Loks 10 und 11 im Bahnhof Gerstetten: daß man damit überhaupt noch fahren konnte! (Sammlung Archiv WEG/WNB)

(41%) in Krümmungen. Andererseits sind 5,85 km (29%) horizontal und 14,34 km (71%) geneigt. Die maximale Neigung ist 1:40 (2,5%) und kommt auf einem Abschnitt von rund 4 km zwischen Amstetten und Stubersheim vor. Der kleinste Krümmungsradius beträgt 200 m; die weitaus meisten Kurven sind aber wesentlich gestreckter.

Im Winter machen der Bahn die Schneeverhältnisse auf der Alb zu schaffen. Wegen der weiten Flächen, dem offenen Gelände, dem damit verbundenen starken Wind und den vielen Schneefällen treten oft große Schneeverwehungen auf. Dann kommen die Züge stark verschneit in den Endbahnhöfen an, sofern sie nicht schon unterwegs in den Wehen stecken geblieben sind. Eine intensive und ständige Schneeräumung ist daher im Winter oft vonnöten.

Wegen der oft großen Kälte im Winter ist eine besondere Sicherheits-Maßnahme notwendig. Vor dem Befahren der 2,5%igen Gefällestrecke von Stubersheim nach Amstetten muß bei Temperaturen von unter −12 °C in Stubersheim eine besondere Bremsprobe gemacht werden, die verhindern soll, daß die Bremse durch gefrorenes Kondenswasser auf der Gefällstrecke versagt.

Die Zugmeldung geschieht auch heute noch durch Fernsprecher. Form- oder Lichtsignale gibt es nicht; die Einfahrt in die Bahnhofsanlagen von Amstetten wird vom Stellwerk der DB aus geregelt.

2.6.4. FAHRPLANGESTALTUNG

Im Eröffnungsjahr und den Jahren danach waren werktags 3 und sonntags 4 Personenzugpaare eingesetzt, die eine Fahrzeit von 50 Min. in jeder Richtung benötig-

Winterfahrt des T 05 mit Schneepflug und Güterzug in Amstetten; Februar 1970 (Aufnahme H. Sickert)

ten. Außerdem verkehrten einzelne Güterzüge bei Bedarf. Nicht viel anders war der Fahrplan von 1938, in dem täglich 3 Zugpaare angegeben waren. Ganz anders sah der Sommerfahrplan von 1954 aus, in dem meist GmP-Züge und nur vereinzelt reine Personenzüge angegeben waren. In Richtung nach Amstetten verkehrten werktags 3 und sonntags 1 GmP-Zug, außerdem an Sonntagen 2 reine Personenzüge; dazu kam noch ein Bedarfsgüterzug, der täglich verkehren konnte. Die Gegenrichtung nach Gerstetten wurde bedient durch 3 GmP-Züge montags bis freitags, 2 samstags und einen sonntags; dazu kamen samstags ein und sonntags 2 reine Personenzüge und täglich ein Bedarfsgüterzug. Die Fahrzeiten lagen bei 49 Min. Der Sommerfahrplan 1984 weist für die ganze Strecke montags bis samstags sowie montags bis freitags je 1 Personenzugpaar aus, dazu montags bis freitags einen einzelnen Personenzug von Amstetten nach Gerstetten; die Fahrzeiten liegen beim Triebwageneinsatz um 35 Min. Auf der ganzen Strecke sind ferner montags bis freitags 2 Gmp-Zugpaare, montags bis freitags 1 Güterzug von Amstetten nach Gerstetten sowie samstags 1 GmP-Zugpaar im Einsatz. Auch 1 Bedarfsgüterzug Amstetten–Gerstetten ist eingeplant. Schließlich wird noch die Teilstrecke Stubersheim–Gerstetten von einem Bedarfsgüterzugpaar von montags bis freitags bedient. Einige der Personenzüge verkehren nur an Schultagen. Die Fahrzeiten der im Gütertransport tätigen Züge liegen für die ganze Strecke zwischen 36 und 50 Min. Die zugelassene Strecken-Höchstgeschwindigkeit beträgt 50 km/Std. Im heutigen Kursbuch ist die Nebenbahn auf Blatt 906 zu finden.

2.6.5. BEFÖRDERUNGSLEISTUNGEN

Aus den diesbezüglichen Grafiken ergibt sich, daß beim Personenverkehr während vieler Jahre um die 80000 Reisende pro Jahr befördert worden sind. Ausgesprochene Spitzenleistungen mit Zahlen bis zu 240000 gab es in den Nachkriegsjahren 1947 und 1948, während die geringsten Leistungen in den Jahren der Weltwirtschaftskrise und danach, also Anfang der dreißiger Jahre, erbracht wurden. Beim Güterverkehr liegen die Verhältnisse nicht viel anders. Auch hier wurden in vielen Jahren um die 20000 t Güter verfrachtet und nur in den Kriegsjahren 1942 und 1943 wurden ungeheuere Spitzenleistungen erzielt, die vermutlich mit der Einrichtung der bei-

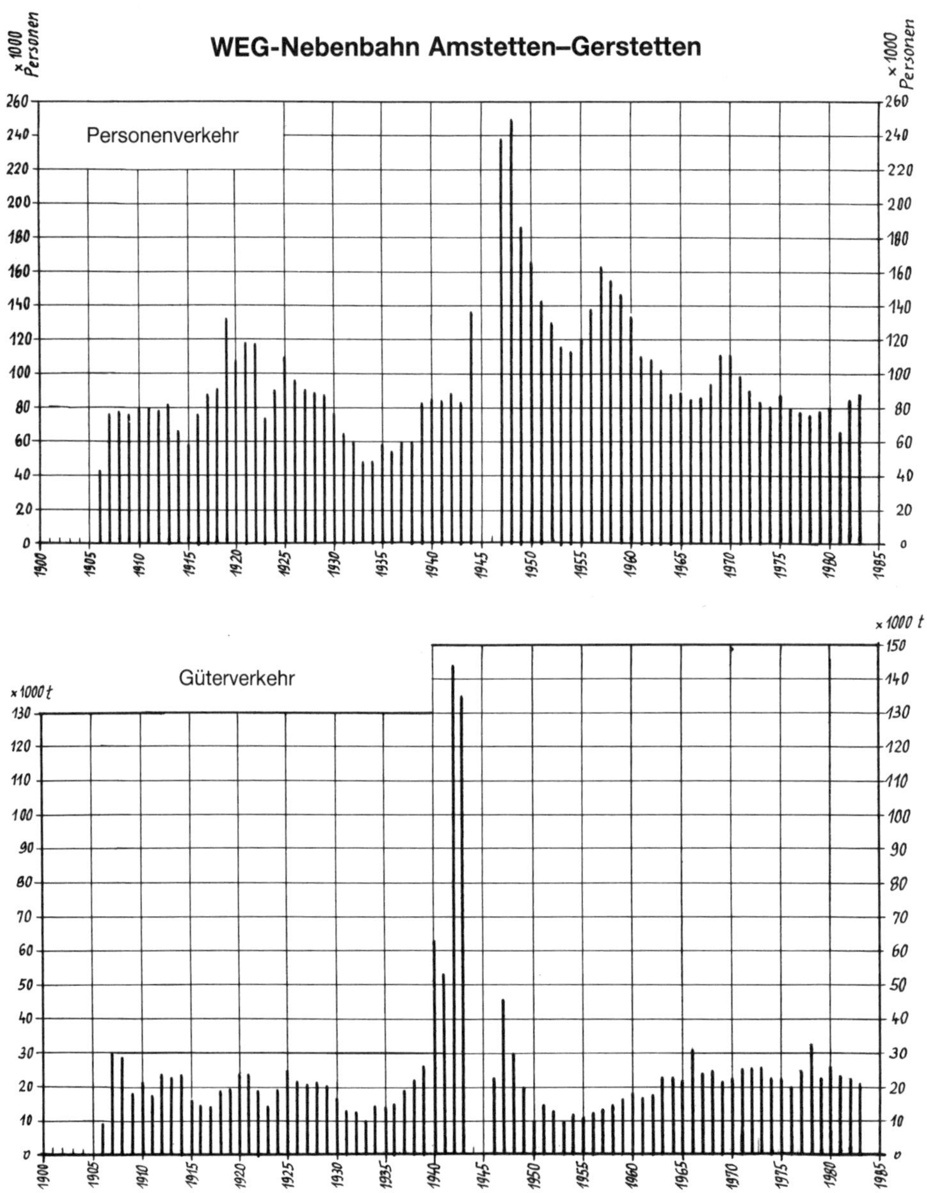

den Wehrmachtsdepots und deren Belieferung zusammenhängen.

Die Güterarten, aus denen sich in der heutigen Zeit der Güterverkehr zusammensetzt, ergeben sich aus der Tabelle:

Güterart	*1979*		*1981*		*1983*	
	t	*%*	*t*	*%*	*t*	*%*
Stückgut, Expreßgut	1490	6,6	1328	5,7	976	4,3
Getreide	398	1,8	—	—	54	0,2
Holz	1433	6,3	1486	6,3	951	4,2
Zuckerrüben	—	—	75	0,3	96	0,4
Kohle	585	2,6	395	1,7	400	1,8
Benzin, Öl, Gas	—	—	—	—	220	1,0
Eisen, Stahl, Halbzeug	—	—	546	2,3	649	2,9
Nichteisenmetalle	—	—	—	—	6	0,0
Steine, Schotter	28	0,1	1058	4,5	6	0,0
Zement, Kalk, Gips	313	1,4	81	0,3	26	0,1
Düngemittel	6969	30,8	7508	32,0	7055	31,1
Chemikalien	535	2,4	856	3,6	208	0,9
Fahrzeuge, Maschinen	—	—	—	—	404	1,8
Leder- u. Pelzwaren	—	—	—	—	21	0,1
Gummi, Papier, Möbel	—	—	—	—	6	0,0
Sammelgut, Umzugsgut	—	—	—	—	384	1,7
Militärgut	10021	44,4	9459	40,3	8990	39,6
Dienstgut	118	0,5	85	0,4	11	0,1
Summe aller Güter	22588	100,0	23478	100,0	20463	100,0

Den größten Anteil am Güterverkehr hat zweifellos mit um die 40% das Miliätgut, gefolgt von Düngemitteln mit rund 30% Beteiligung. Von den anderen Gütergruppen spielen noch Stückgut, Expreßgut und Holz eine gewisse Rolle. Alle anderen Güter haben nur einen unbedeutenden Anteil. Im Jahre 1983 wurden in Amstetten 1186 Güterwagen umgeschlagen, also etwa 99 im Monat. Derzeit ist der einzige Stückgutbahnhof in Gerstetten.

2.6.6. FAHRZEUGE DER NEBENBAHN AMSTETTEN–GERSTETTEN

2.6.6.1. *Dampflokomotiven*

Zur Betriebseröffnung hatte die Nebenbahn Amstetten–Gerstetten im Jahre 1906 die beiden fabrikneuen Dn2tv-Loks Nr. 9 und 10 erhalten, bei denen es sich um das fünfte Paar vom Werk direkt gelieferter Loks für die fünfte von der WEG eröffnete Normalspurbahn handelte. Bis 1933 taten beide Loks gemeinsam Dienst, die eine im Einsatz, die andere in Reserve. 1933 wurde Lok 10 an eine andere WEG-Bahn abgegeben und statt ihrer kam die Lok Nr. 11, gleiche Bauart wie Nr. 10, aber etwas jünger, nach Gerstetten. 1943 wurde auch die Lok 9 abgegeben, worauf Lok 10 zurückkam. Diese beiden Loks besorgten den Verkehr bis zum Eintreffen des Triebwagens. Nr. 11 wurde schon 1957 nach Enzweihingen versetzt, Nr. 10 blieb noch für etwaige Reservedienste in Gerstetten. Im Jahre 1963 wurde auch sie verschrottet.

2.6.6.2. *Dieseltriebwagen*

Der fabrikneue Dieseltriebwagen T 05 WEG wurde am 2. 7. 1956 geliefert und alsbald in Dienst gestellt. Er besorgte von Anfang an allein den gesamten Verkehr und verdrängte die noch vorhandene Lok 10 ganz aus dem Betrieb. Der Triebwagen konnte im Güterverkehr die aus folgender Tabelle ersichtlichen Leistungen vollbringen:

Streckenteil	*zulässige Anhängelast*				*Geschwindigkeit*	
	15	*20*	*30*	*40*	*50*	*km/h*
Amstetten–Stubersheim	110	80	60	35	20	t
Stubersheim–Gerstetten	245	220	130	90	60	t
Gerstetten–Stubersheim	110	80	60	35	20	t
Stubersheim–Amstetten	500	500	500	400	300	t

Im Personenverkehr schaffte der Triebwagen 2 der alten aus der Dampfzeit stammenden Personenwagen oder den auf der Linie Amstetten–Gerstetten eingesetzten Triebwagen-Beiwagen VS 209 und einen Güterwagen. T 05 blieb bis heute das einzige Triebfahrzeug auf dieser Bahn. Lediglich, wenn er zur Hauptuntersuchung oder zur Reparatur in die Werkstatt mußte, wurde ein Ersatz-Triebwagen eingesetzt, meist der T 08 WEG. T 05 erhielt seinerzeit als erstes WEG-Fahrzeug den neuen Anstrich der nichtbundeseigenen Bahnen, orange mit blauem Band unterhalb der Fenster.

In jüngster Zeit erhielt er den neuen WEG-Anstrich, wobei die Seitenwände mit den Wappen von Amstetten und Gerstetten verziert und die Anschrift »Lokalbahn« angebracht wurde; dadurch soll die Verbundenheit der Bahn mit den beiden Albgemeinden zum Ausdruck gebracht werden. Seit November 1985 ist das Fahrzeug in diesem Erscheinungsbild im Verkehr.

2.6.6.3. *Personenwagen und Triebwagen-Beiwagen*

Bei der Betriebseröffnung waren 3 zweiachsige Personenwagen vorhanden, ein Bestand, der sich offenbar auch in den folgenden Jahrzehnten nicht geändert hat, denn auch in der WEG-Aufstellung von 1964 sind für 1950 nur 3 Personenwagen aufgeführt, die die Nummern 3, 16, 18 hatten. Außer diesen 3 Fahrzeugen wurden aber in den sechziger Jahren noch weitere Personenwagen in Gerstetten beobachtet; dies waren ein Wagen Nr. 8 und einer mit Nr. 24. Außerdem sah man 1962 dort einen weiteren Wagen Nr. 8, der etwas moderner aussah und den creme/weinroten Anstrich der Triebwagen aufwies. Über weitere Personenwagen der Gerstettener Bahn aus dem Dampfbetrieb ist nichts bekanntgeworden. Seit 1976 ist aber zur Verstärkung der Kapazität des Triebwagens der Triebwagen-Beiwagen VS 209 in Gerstetten stationiert; es handelt sich um eines der Fahrzeuge aus der WNB-Reihe 201 bis 209. Zeitweise war auch der VB 122 (ex VB 22) ersatzweise bei der Bahn im Verkehr.

2.6.6.4. *Gepäck/Postwagen, Güterwagen, Dienstfahrzeuge*

Die Nebenbahn Amstetten–Gerstetten hat von ihrer Eröffnung an immer nur einen einzigen Gepäck/Postwagen besessen, der zuletzt die Nummer 104 trug. Er war zwar 1964 noch vorhanden, aber nicht mehr im Einsatz, da der geringe Post- und Gepäckverkehr vom Triebwagen in seinem großen Gepäckraum mitbesorgt wurde; außerdem hatte die Post ab 1957 den Bahnpostdienst eingestellt und beförderte ihre Postsachen mit eigenen Lkws.

Der Güterwagenpark der Nebenbahn bestand am Anfang aus je 2 gedeckten und offenen Güterwagen. Er erhöhte sich in den dreißiger Jahren auf 8 Fahrzeuge, je zur Hälfte offene und gedeckte Wagen. Im Jahre 1950 gab es noch 4 Güterwagen, von denen einer im Binnendienst tätig war (Nr. 160), während die 3 anderen im Wagenpark der DB liefen. Inzwischen ist keines dieser Fahrzeuge mehr vorhanden.

Früher besaß die Nebenbahn einen kleinen Rottenwagen für den Transport von Baumaterial und Werkzeug zu den Baustellen an der Strecke; er ist heute nicht mehr vorhanden. Hingegen hat die Bahn einen in jedem Winter oft benutzten großen Schneepflug, der an den Triebwagen angebaut werden kann und vom Führerstand des Triebwagens aus hydraulisch höhenverstellbar ist, um Unebenheiten an Bahnübergängen, Weichen u. dgl. überwinden zu können. Sonstige Dienstfahrzeuge gibt es nicht bei der Nebenbahn Amstetten–Gerstetten; sollte einmal eines benötigt werden, z. B. zur Unkrautbekämpfung, so wird es von einer anderen WEG-Bahn, die es besitzt, ausgeliehen.

Tabelle 18: **Entwicklung des Fahrzeugbestandes der Nebenbahn Amstetten–Gerstetten**

Jahr	*Dampfloks*	*Triebwagen*	*Personenwagen*	*Gepäck-/Postwagen*	*VB*	*Güterwagen*
1906	2	0	3	1	0	4
1916	2	0	3	1	0	4
1927	2	0	4	1	0	4
1936	2	0	3	1	0	8
1940	2	0	3	1	0	8
1950	2	0	3	1	0	4
1960	1	1	3	1	0	0
1964	0	1	5	1	0	0
1970	0	1	1	0	0	0
1984	0	1	0	0	1	0

2.7. Nebenbahn Jagstfeld–Ohrnberg

2.7.1. VORGESCHICHTE

Im Zuge der Entstehung der wichtigsten württembergischen Staatsbahnstrecken in der Mitte des vorigen Jahrhunderts hatte sich das heutige Bad Friedrichshall–Jagstfeld zu einem bedeutenden Eisenbahn-Knotenpunkt entwickelt. Infolge der Linienführung der beiderseits des unteren Kochertals entstandenen Bahnen waren die Ortschaften im unteren Kochertal vom Anschluß an die Bahn ausgeschlossen geblieben und erlebten nun nach und nach einen beachtlichen Rückschlag ihrer wirtschaftlichen Entwicklung. Damals ging z. B. die Einwohnerzahl von Neuenstadt (Kocher) stark zurück, weil die Einwohner in der im Raum Heilbronn und Neckarsulm aufblühenden Industrieansammlung Arbeit fanden und lieber am Arbeitsort wohnten als an weiter entfernten Orten. Nachdem die Verantwortlichen im unteren Kochertal diese gefährliche Tendenz erkannt hatten, be-

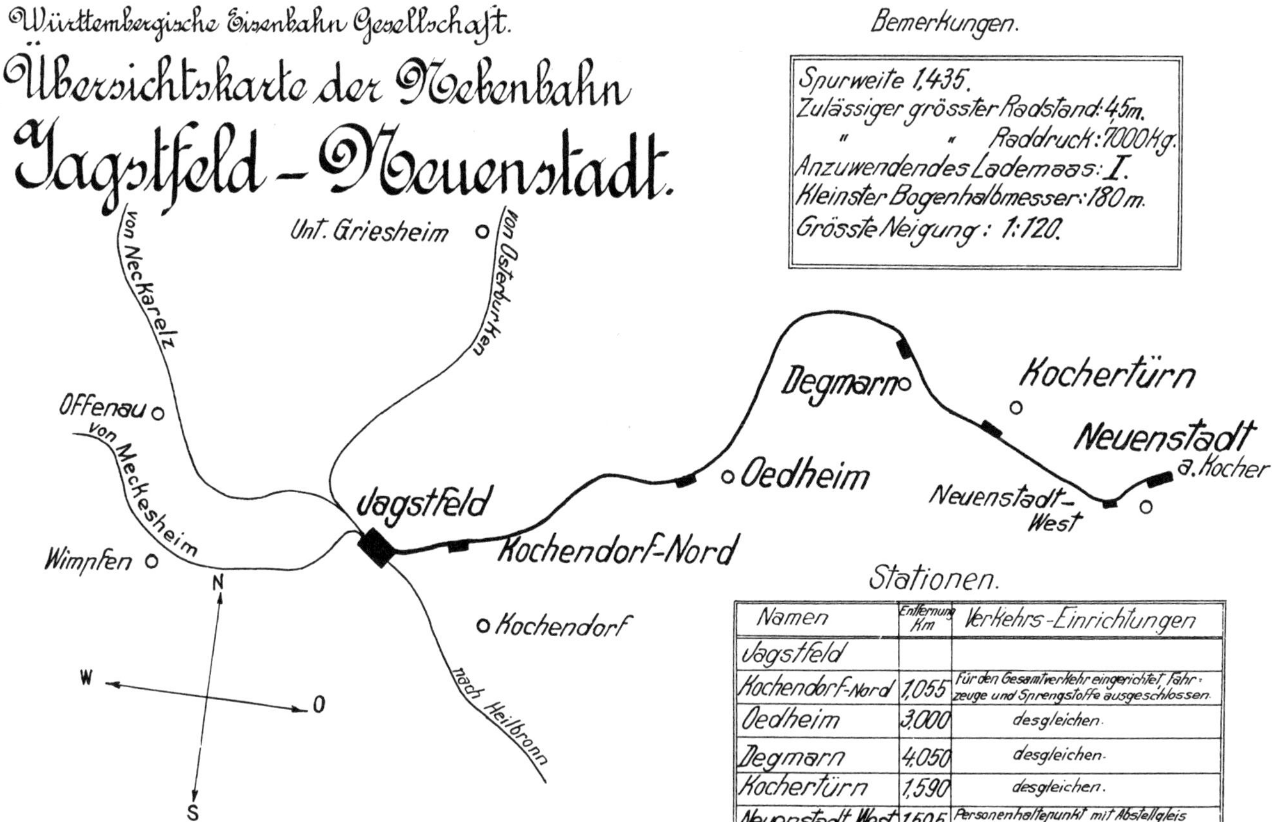

Namen	Entfernung Km	Verkehrs-Einrichtungen
Jagstfeld		
Kochendorf-Nord	1,055	Für den Gesamtverkehr eingerichtet, Fahrzeuge und Sprengstoffe ausgeschlossen.
Oedheim	3,000	desgleichen.
Degmarn	4,050	desgleichen.
Kochertürn	1,590	desgleichen.
Neuenstadt-West	1,595	Personenhaltepunkt mit Abstellgleis für Güterwagen.
Neuenstadt a/Kocher	0,680	Für den Gesamtverkehr eingerichtet, Fahrzeuge und Sprengstoffe ausgeschlossen.

Entwurfsskizze für den Streckenteil bis Neuenstadt

mühten sie sich, ihr entgegenzuwirken, indem sie schon 1873 in einer Eingabe an die Regierung in Stuttgart den Bau einer Bahnstrecke forderten, die diese Ortschaften im unteren Kochertal mit einer der bestehenden Staatsbahnstrecken verbinden sollte. Diese Wünsche blieben aber zunächst unberücksichtigt, weil der Staat durch den Bau weiterer Hauptbahnen finanziell stark belastet war. Erst als der Staat vom ausschließlichen Prinzip der Staatsbahnen abging und es zuließ, daß sich auch private Unternehmen am Bau von Eisenbahnen und deren Betrieb beteiligten, trat eine Wende ein. Unter diesen veränderten Umständen schloß ein von den Gemeinden Neuenstadt, Oedheim, Degmarn und Kocherthürn gebildetes Komitee am 15. 4. 1898 mit der Berliner Firma Artur Koppel einen Vertrag über die Durchführung von Vorarbeiten für eine schmalspurige Stichbahn von Jagstfeld nach Neuenstadt ab. Die Entscheidung war auf Jagstfeld als Ausgangspunkt gefallen, weil dort die Geländeverhältnisse günstig sowie bessere wirtschaftliche und verkehrsmäßige Verhältnisse zu erwarten waren. Der damalige Bevollmächtigte der Firma Koppel, Herr Köhler, der spätere Direktor der WEG, legte dem Komitee am 18. 12. 1898 den Plan für eine Schmalspurbahn mit 75 cm Spurweite vor, die von Jagstfeld nach Neuenstadt führen sollte. Nach langwierigen Verhandlungen über Einzelheiten dieses Projekts wurde am 25. 1. 1899 zwischen der Firma Koppel und dem Komitee ein Vertrag abgeschlossen, nach dem sich die Gemeinden verpflichteten, den nötigen Grund zur Verfügung zu stellen und einen einmaligen Beitrag von 50 000 Mark pro Bahnkilometer zu zahlen. Dieser Vertrag wurde noch im Jahre 1899 zur Begutachtung der Kgl. Staatsregierung überge-

Jagstfeld-Neuenstadt-Ohrnberg.

(für die Strecke **Neuenstadt-Ohrnberg vom Tage der Betriebseröffnung**)

km	2	4	6	8	10	12	14		Stationen		1	3	5	7	9	11	13
	6^{00}	8^{01}	10^{52}	12^{48}	3^{22}	5^{44}	6^{50}	ab	Stuttgart Hbf.	an	7^{45}	9^{02}	12^{40}	4^{04}	6^{20}	8^{20}	12^{00}
	7^{10}	10^{03}	1^{25}	2^{55}	6^{22}	6^{50}	8^{27}	ab	Heilbronn Hbf.	an	6^{03}	7^{28}	10^{28}	1^{43}	4^{00} 4^{59}	7^{19}	9^{57}
	7^{24}	10^{27}	1^{46}	3^{16}	6^{48}	7^{11}	8^{48}	an	Jagstfeld	ab	5^{36}	7^{07}	10^{05}	1^{22}	3^{42} 4^{39}	6^{54}	9^{35}
	—	7^{18}	12^{40}	—	4^{30}	4^{30}	7^{41}	ab	Osterburken	an	8^{03}	8^{03}	—	2^{44}	6^{30}	10^{02}	—
	5^{34}	8^{27}	1^{46}	—	5^{36}	5^{36}	9^{32}	an	Jagstfeld	ab	7^{25}	7^{25}	—	1^{26}	5^{15}	7^{17}	—
	5^{17}	8^{00}	11^{23}	12^{40}	5^{23}	5^{08}	7^{19}	ab	Heidelberg Hbf.	an	7^{50}	9^{49}	11^{56}	3^{31}	6^{19}	9^{11}	1^{15}
	7^{05}	10^{17}	1^{14}	2^{43}	6^{50}	7^{05}	9^{20}	an	Jagstfeld	ab	6^{05}	8^{04}	10^{05}	1^{49}	4^{42}	7^{14}	11^{08}
0	7^{30}	10^{35}	2^{00}	3^{42}	6^{56}	7^{20}	9^{40}	ab	Jagstfeld	an	5^{26}	6^{57}	9^{55}	1^{15}	3^{32}	6^{43}	9^{25}
2	7^{34}	10^{39}	2^{04}	3^{46}	7^{00}	7^{24}	9^{44}		Kochendorf Nord		5^{23}	6^{54}	9^{52}	1^{12}	3^{29}	6^{39}	9^{22}
5	7^{43}	10^{48}	2^{16}	3^{56}	7^{08}	7^{34}	9^{53}		Oedheim		5^{14}	6^{46}	9^{44}	1^{03}	3^{20}	6^{30}	9^{14}
9	7^{53}	10^{59}	2^{27}	4^{07}	7^{18}	7^{45}	10^{03}		Degmarn		5^{02}	6^{35}	9^{33}	12^{51}	3^{08}	6^{18}	9^{03}
10	7^{59}	11^{04}	2^{35}	4^{13}	7^{23}	7^{51}	10^{08}		Kochertürn		4^{57}	6^{30}	9^{28}	12^{46}	3^{03}	6^{12}	8^{58}
12	8^{03}	11^{09}	2^{40}	4^{18}	7^{28}	7^{56}	10^{13}		Neuenstadt West		4^{51}	6^{25}	9^{23}	12^{40}	2^{57}	6^{06}	8^{53}
	8^{05}	11^{11}	2^{42}	4^{20}	7^{30}	7^{58}	10^{15}	an	Neuenstadt (Kocher)	ab	4^{48}	6^{22}	9^{20}	12^{37}	2^{54}	6^{03}	8^{50}
12	8^{09}	11^{14}	—	4^{25}	7^{32}	8^{03}	10^{17}	ab		an	4^{43}	6^{20}	9^{18}	12^{32}	—	5^{58}	8^{48}
15	8^{15}	11^{20}	—	4^{31}	7^{38}	8^{09}	10^{23}		Gochsen		4^{38}	6^{15}	9^{13}	12^{27}	—	5^{53}	8^{43}
18	8^{25}	11^{29}	—	4^{41}	7^{47}	8^{19}	10^{32}		Kochersteinsfeld		4^{29}	6^{06}	9^{04}	12^{18}	—	5^{44}	8^{34}
21	8^{33}	11^{37}	—	4^{49}	7^{55}	8^{27}	10^{40}		Möglingen (Kocher)		4^{20}	5^{58}	8^{56}	12^{09}	—	5^{36}	8^{26}
23	8^{38}	11^{42}	—	4^{54}	8^{00}	8^{32}	10^{45}	an	Ohrnberg	ab	4^{14}	5^{52}	8^{50}	12^{03}	—	5^{30}	8^{20}
					S. u. F. und Mittw.	W. ausgenomm. Mittw.	S. u. F. und Mittw.				Werktags	Sonn- und Feiertgs.					S. u. F. und Mittw.

Fahrplan Jagstfeld–Ohrnberg vom Tage der Betriebs-Eröffnung 1913

km	2	4	6		10	12	14			Stationen		1	3	5	7	11		13	
	5^{49}	8^{01}	10^{52}		3^{26}	5^{44}	6^{49}	—	ab	Stuttgart Hbf.	an	7^{45}	9^{02}	12^{48}	4^{05}	8^{26}		12^{00}	—
	6^{49}	9^{59}	1^{18}		6^{22}	6^{54}	8^{28}	—	ab	Heilbronn Hbf.	an	5^{55}	7^{28}	10^{28}	1^{43}	7^{11}		9^{56}	—
	7^{04}	10^{19}	1^{39}		6^{48}	7^{17}	8^{49}	—	an	Jagstfeld	ab	5^{28}	7^{07}	10^{05}	1^{22}	6^{52}		9^{33}	—
	—	6^{40}	12^{33}		4^{30}	4^{30}	7^{41}	—	ab	Osterburken	an	7^{44}	7^{44}	—	2^{37}	10^{02}		—	—
	5^{25}	7^{49}	1^{39}		5^{36}	5^{36}	9^{32}	—	an	Jagstfeld	ab	7^{06}	7^{06}	—	1^{19}	6^{55}		—	—
	5^{17}	8^{00}	11^{23}		5^{23}	4^{35}	7^{19}	—	ab	Heidelberg Hbf.	an	7^{40}	8^{57}	12^{38}	3^{20}	9^{51}		1^{15}	—
	7^{05}	10^{17}	1^{14}		6^{50}	7^{05}	9^{29}	—	an	Jagstfeld	ab	5^{30}	7^{12}	10^{22}	1^{41}	7^{48}		11^{03}	—
0	7^{15}	10^{27}	1^{50}	1^{50}	6^{56}	7^{25}	9^{40}	—	ab	Jagstfeld	an	5^{18}	6^{57}	9^{55}	1^{12}	6^{40}	6^{40}	9^{23}	—
2	7^{19}	10^{31}	1^{54}	1^{54}	7^{00}	7^{29}	9^{44}	—		Kochendorf Nord		5^{15}	6^{54}	9^{52}	1^{09}	6^{37}	6^{37}	9^{20}	—
5	7^{28}	10^{40}	2^{03}	2^{07}	7^{08}	7^{39}	9^{53}	—		Oedheim		5^{06}	6^{46}	9^{44}	1^{01}	6^{28}	6^{29}	9^{12}	—
9	7^{39}	10^{51}	2^{14}	2^{18}	7^{18}	7^{50}	10^{03}	—		Degmarn		4^{54}	6^{35}	9^{33}	12^{49}	6^{18}	6^{18}	9^{01}	—
10	7^{45}	10^{56}	2^{19}	2^{27}	7^{23}	7^{56}	10^{08}	—		Kochertürn		4^{48}	6^{30}	9^{27}	12^{43}	6^{05}	6^{13}	8^{56}	—
12	7^{50}	11^{01}	2^{24}	2^{32}	7^{28}	8^{04}	10^{13}	—		Neuenstadt West		4^{42}	6^{25}	9^{22}	12^{37}	5^{57}	6^{08}	8^{51}	—
12	7^{56}	11^{06}	2^{28}	2^{42}	7^{32}	8^{08}	10^{17}	—		Neuenstadt (Kocher)		4^{39}	6^{22}	9^{19}	12^{34}	5^{54}	6^{05}	8^{48}	—
15	8^{02}	11^{12}	2^{37}	2^{50}	7^{38}	8^{14}	10^{23}	—		Gochsen		4^{29}	6^{15}	9^{12}	12^{24}	5^{44}	5^{58}	8^{41}	—
18	8^{12}	11^{22}	2^{43}	3^{04}	7^{47}	8^{24}	10^{32}	—		Kochersteinsfeld		4^{20}	6^{06}	9^{08}	12^{15}	5^{33}	5^{49}	8^{32}	—
21	8^{20}	11^{30}	2^{51}	3^{13}	7^{55}	8^{32}	10^{40}	—		Möglingen (Kocher)		4^{11}	5^{58}	8^{55}	12^{06}	5^{22}	5^{41}	8^{24}	—
23	8^{25}	11^{35}	2^{56}	3^{18}	8^{00}	8^{37}	10^{45}	—	an	Ohrnberg	ab	4^{05}	5^{52}	8^{49}	12^{00}	5^{16}	5^{35}	8^{18}	—
			Sonn- u. Feiertags	Werktags	Sonn- u. Feiertags.	Werktags.	Sonn- u. Feiertags.					Werktags	Sonn- u. Feiertags.			Werktags	Sonn- u. Feiertags	Sonn- u. Feiertags.	

Sommerfahrplan 1914

ben mit dem Antrag, die Konzession für die geplante Bahn zu erteilen und einen Baukostenzuschuß aus Staatsmitteln zu bewilligen. Die Konzession wurde am 29. 7. 1899 erteilt und außerdem wurde ein Kostenzuschuß in Höhe von 20000 Mark für den Bahnkilometer zugesagt.

Durch diesen Erfolg wurden nun auch die oberhalb von Neuenstadt im unteren Kochertal gelegenen Gemeinden angeregt, sich ebenfalls um eine Bahnverbindung zu bemühen; auch sie nahmen Verbindung mit der Firma Koppel auf, doch hatten sie vorerst keinen Erfolg.

Inzwischen war die 1899 gegründete WEG auf den Plan getreten und hatte die Aufgaben und Verpflichtungen der Firma Koppel übernommen. Als erste wesentliche Maßnahme hatte die WEG das Projekt Jagstfeld–Neuenstadt für Normalspur umarbeiten lassen. Die Gemeinden und das Komitee stimmten der Änderung der Spurweite zu und verpflichteten sich, die Mehrkosten von 5000 Mark pro Kilometer zu übernehmen. Das entsprechende Gesuch um Konzessionserteilung für eine Normalspurbahn von Jagstfeld nach Neuenstadt mit Personen- und Güterverkehr und Betrieb durch Dampfloks wurde am 25. 7. 1902 »in Gemäßheit der Allerhöchsten Entschließung Seiner Königlichen Majestät« aufgrund des Art. 6 des Gesetzes von 1843 bewilligt. Als Zuschuß zum Bahnbau sagte die Staatsregierung einen Betrag von 28000 Mark pro Bahnkilometer zu, wobei allerdings die Einschränkung gemacht war, daß die Summe von 338000 Mark nicht überschritten werden dürfe. Die Inbetriebnahme der neuen Bahn sollte nach § 10 der Konzessionsurkunde spätestens innerhalb von 4 Jahren erfolgen.

2.7.2. GESCHICHTE

Der Bahnbau wurde 1904 begonnen, und zwar zunächst im Bereich von Jagstfeld, weil man sich in Neuenstadt anfangs nicht über die Lage des Bahnhofs einigen konnte. Dadurch verzögerte sich der Beginn der Bauarbeiten in Neuenstadt bis 1906. Im Sommer 1907 waren die Bauarbeiten an der ganzen Strecke beendet und auch die sonstigen Baulichkeiten fertiggestellt. Auch waren die bestellten Fahrzeuge eingetroffen. Nach Abnahme der Strecke fanden die üblichen Eröffnungsfeierlichkeiten statt und am 14. 9. 1907 wurde die Eröffnungsfahrt durchgeführt. Der öffentliche Verkehr zwischen Jagstfeld und Neuenstadt wurde am 15. 9. 1907 aufgenommen.

Bereits im April 1907 hatte die WEG, um den Interessen der östlich von Neuenstadt gelegenen Gemeinden entgegenzukommen, ein Projekt für eine Verlängerung der Bahn bis Ohrnberg bei der Kgl. Staatsregierung eingereicht und um Erteilung einer Konzession gebeten. Die betroffenen Gemeinden Gochsen, Kochersteinsfeld, Möglingen und Ohrnberg hatten Anfang 1907 dieses Gesuch durch eine eigene Eingabe an die Regierung und die Ständekammer unterstützt. Die Regierung erteilte

Nebenbahn Jagstfeld–Ohrnberg, Lok 15 mit Personenzug in Bhf. Neuenstadt; Eröffnungsfahrt nach Ohrnberg 1913
(Aufnahme Flor Oehringen)

diese Konzession am 17. 5. 1910 in der Form, daß darin die Gesamtstrecke von Jagstfeld bis Ohrnberg genehmigt war. Für die Erweiterungsstrecke Neuenstadt–Ohrnberg hatte der Staat einen Zuschuß von 30000 Mark für den Bahnkilometer geleistet und die beteiligten Gemeinden hatten 80000 Mark sowie den benötigten Grund und Boden zur Verfügung gestellt. Die Baukosten für die Verlängerungsstrecke beliefen sich auf 1072000 Mark; die Konzession für die Gesamtstrecke wurde bis zum 1. 11. 2000 erteilt. Mit dem Bau der Verlängerungsstrecke wurde am 1. 11. 1911 begonnen. Im Juli 1913 waren die Bauarbeiten beendet, so daß die Strecke am 1. 8. 1913 dem Verkehr übergeben werden konnte; vorher hatten natürlich auch wieder die Feierlichkeiten anläßlich dieses Ereignisses stattgefunden. Der Personalbestand für die ganze Bahn betrug 18 Bedienstete.

Die nunmehr fertige Gesamtstrecke Jagstfeld–Ohrnberg ist mit 22,61 km die längste aller WEG-Nebenbahnstrecken. Der Verkehr entwickelte sich auch hier zunächst zufriedenstellend und war besonders nach Inbetriebnahme der Verlängerung zeitweise ganz beachtlich. Der Erste Weltkrieg verschonte natürlich auch diese Bahn nicht, so daß am Kriegsende Bahnanlagen und Fahrzeuge stark herabgewirtschaftet waren. Wegen der Inflation und der dadurch bedingten Entwertung der Rücklagen dauerte es bis Mitte der zwanziger Jahre, bis alles wieder in Ordnung gebracht und ein friedensmäßiger Betrieb möglich war. Dann kam um 1930 die Weltwirtschaftskrise, die auch an der deutschen Wirtschaft nicht vorüberging und die Bahn in Mitleidenschaft zog. Nach einigen Jahren der Erholung kam dann am 1. 9. 1939 der Zweite Weltkrieg, dessen Folgen noch übler waren als die des Ersten. Besonders in den letzten Kriegsmonaten gab es vielfache Schäden durch Bomben-

WEG-Nebenbahn Jagstfeld–Ohrnberg

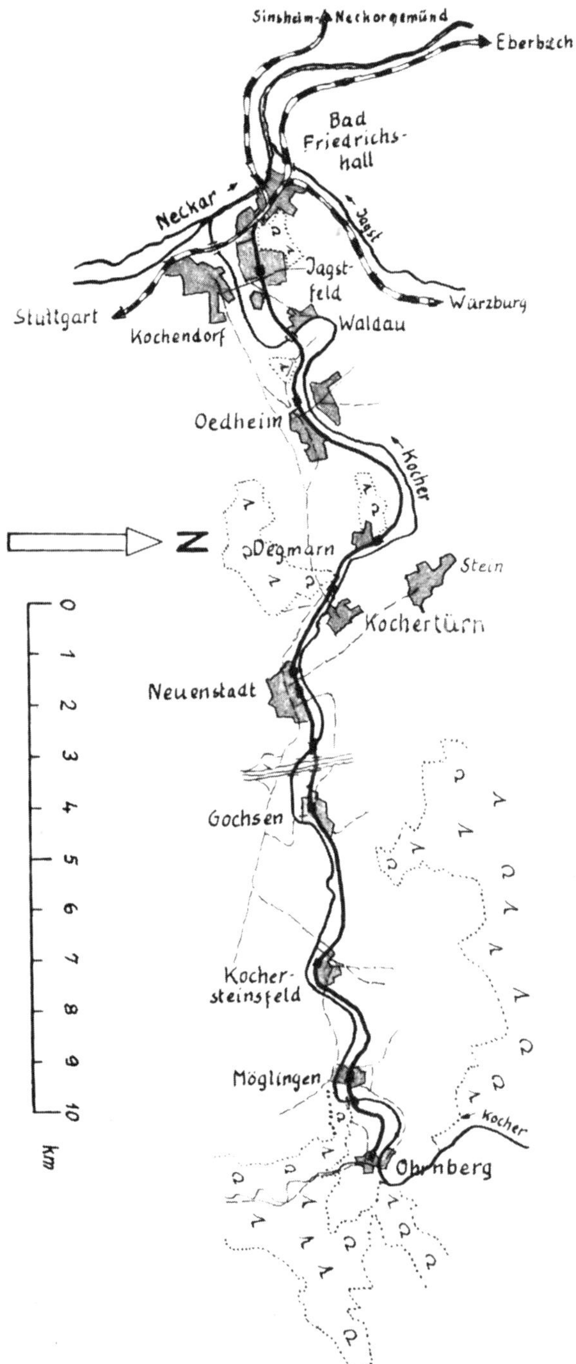

wurf und Tieffliegerangriffe; schließlich folgten auch noch Brückenzerstörungen durch zurückgehendes Militär, so daß am 1. 4. 1945 der Verkehr eingestellt werden mußte. Besonders an den Bahnanlagen in Jagstfeld, das ja ein wichtiger Eisenbahnknoten war, wurden große Zerstörungen angerichtet. Erst nach der Wiederherstellung der Brücken und Bahnanlagen konnte der Verkehr am 15. 8. 1946 bis Neuenstadt, am 23. 9. 1946 bis Möglingen und am 21. 12. 1946 bis Ohrnberg wiederaufgenommen werden. Anfang der fünfziger Jahre stellte man auch hier Überlegungen an, ob es vorteilhaft sein könne, wenn man den Verkehr auf Triebwagen umstellen und den kostenintensiven und personalaufwendigen Dampfbetrieb aufgeben würde. Man bestellte bei Fuchs in Heidelberg einen Dieseltriebwagen, der 1956 geliefert und bald in Dienst gestellt wurde. Dieses Fahrzeug blieb der einzige Triebwagen und übernahm trotz der Länge der Strecke den gesamten Verkehr. Die noch vorhandenen Dampfloks wurden bald danach verschrottet.

Etwa ab Mitte der fünfziger Jahre ging der allgemeine Reiseverkehr zurück und auch die Fahrten der Berufstätigen nahmen ab, als der Wohlstand der Deutschen größer und der eigene Personenkraftwagen immer mehr das persönliche Beförderungsmittel wurde. Aber auch die WEG selbst trug dazu bei, daß der Personenverkehr auf der Schiene rückläufig wurde, da sie Omnibuslinien eingerichtet hatte, die die Berufstätigen direkt und ohne Umsteigen in Bad Friedrichshall-Jagstfeld zu ihren Arbeitsstellen in Heilbronn und Neckarsulm brachten. An die Stelle der Berufspendler traten die Schüler als Fahrgäste, die mit der Bahn zu den damals neu entstandenen Mittelpunktsschulen fuhren. So wird das Reisepublikum heute im wesentlichen durch Schüler gestellt. Ob die Bahn daran ihre wahre Freude hat, muß bezweifelt werden, denn der Schülerverkehr bringt allerorten erhebliche Probleme und geringe Einnahmen mit sich. Im Güterverkehr haben die Holztransporte im Vergleich zur Vorkriegszeit abgenommen. Einen Ausgleich für diese Verluste stellt der stark gewachsene Zuckerrübenverkehr dar, der sich aber nur in wenigen Herbstmonaten abspielt.

Nach dem Krieg haben sich im Einzugsbereich der Nebenbahn neue Betriebe der verschiedensten Branchen angesiedelt, die teilweise über besondere private Anschlußgleise bedient werden. Besonders der Bahnhof Kochendorf Nord erhielt dadurch zusätzlichen Verkehr. In

Nebenbahn Jagstfeld–Ohrnberg

Bf Bad Friedrichshall–Jagstfeld

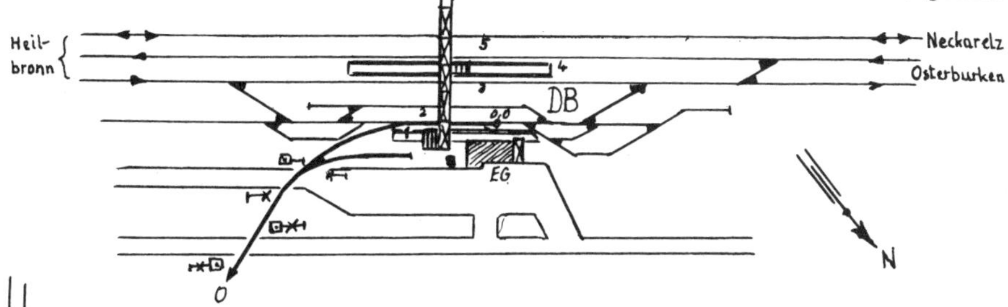

Bf Kochendorf Nord

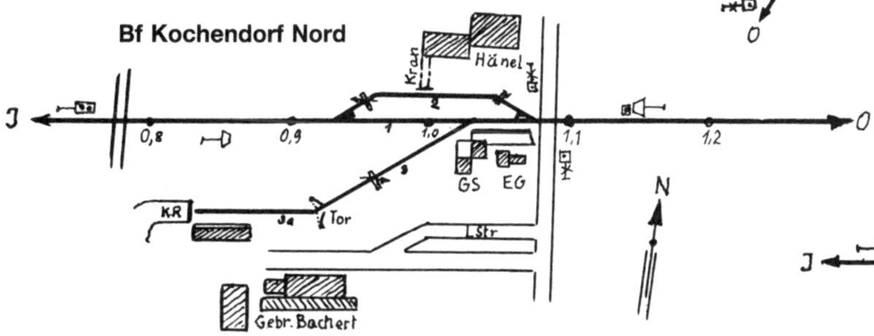

Bf Oedheim

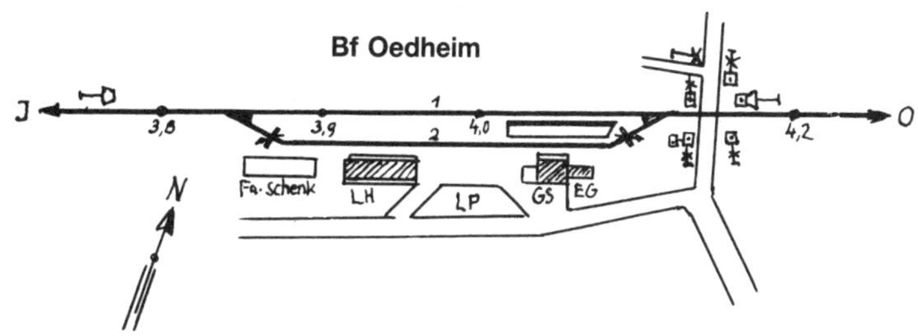

Bf Kochertürn

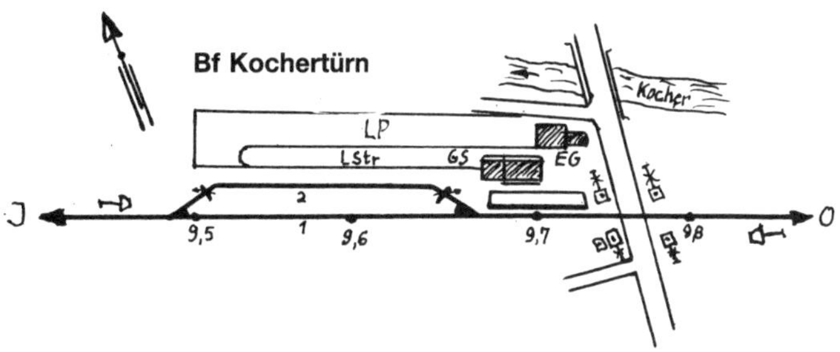

Bf Neuenstadt

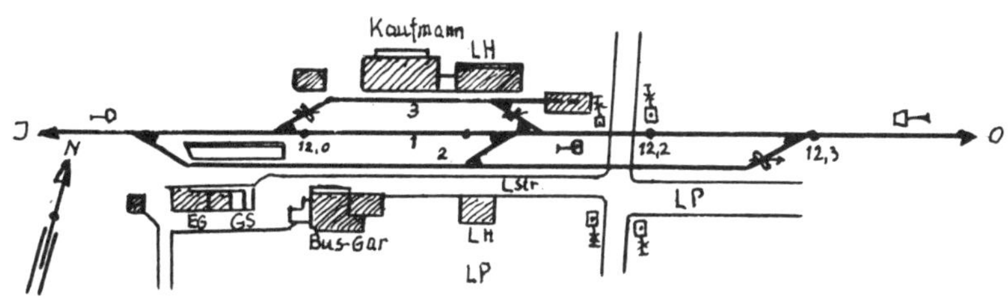

Bf Gochsen

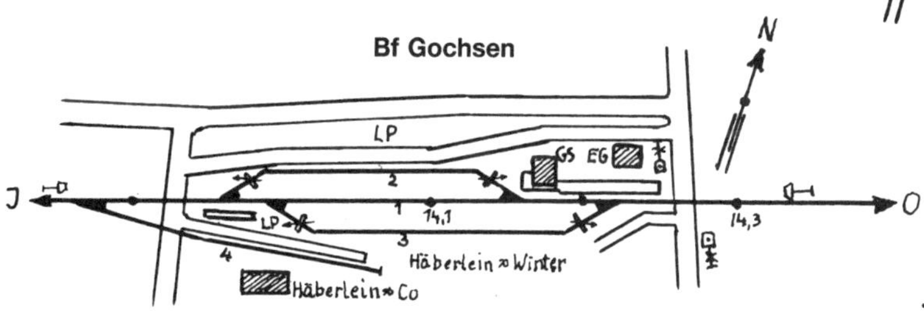

Bf Kochersteinfeld

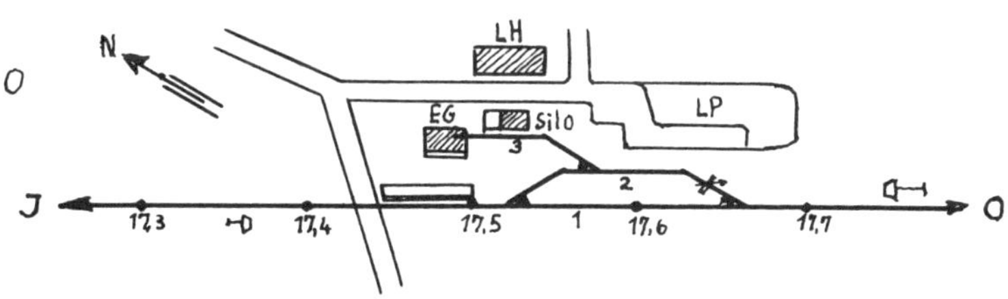

Bf Möglingen

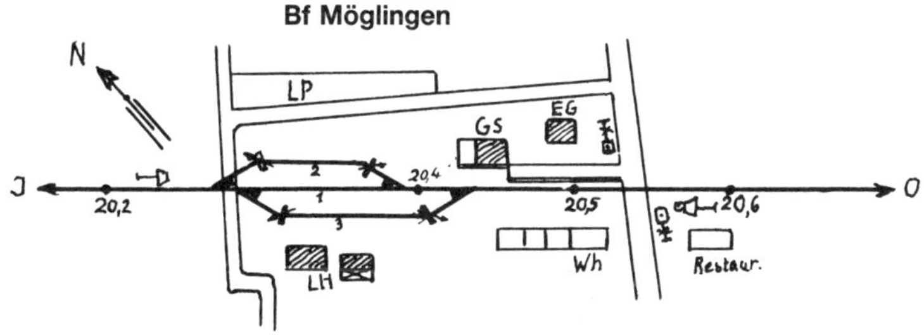

Bf Ohrnberg

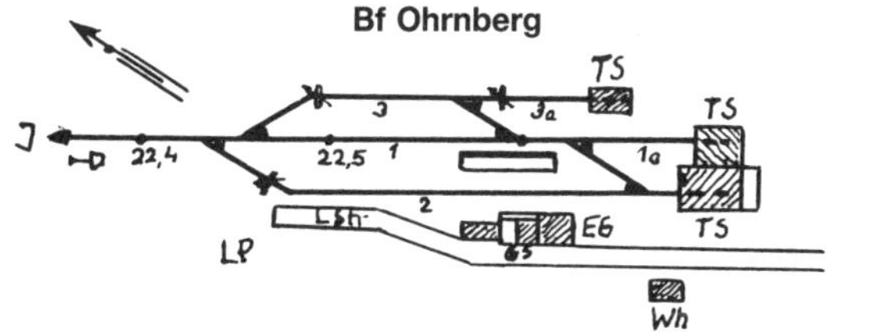

WEG-Nebenbahn Jagstfeld–Ohrnberg

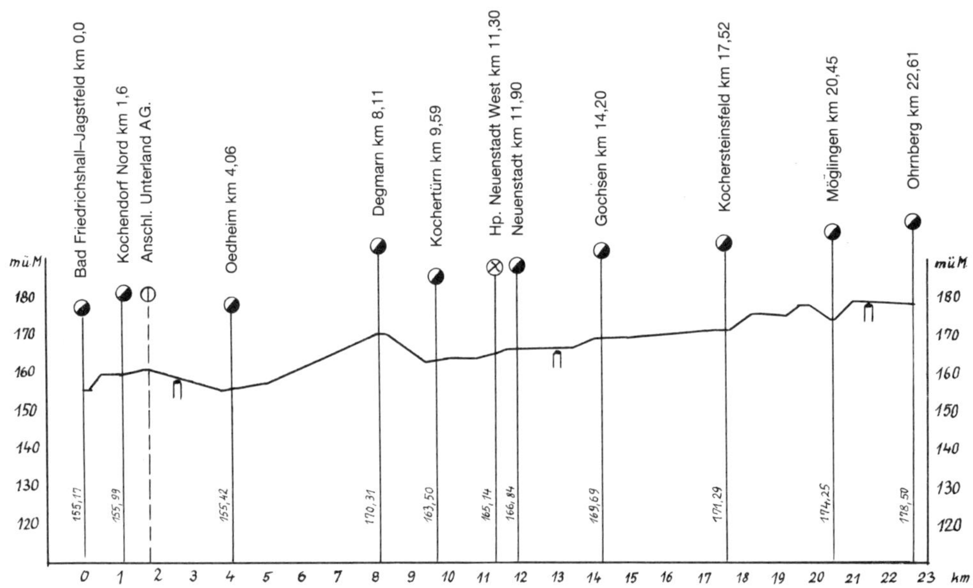

Neuenstadt, Kochersteinsfeld und Möglingen hat die WLZ große Lagerhäuser und Silos errichtet, die von besonderen Ladegleisen aus bedient werden. In Kochersteinsfeld, wo sich ein großer Teil der Zuckerrübenverladung abspielt, wurde vor einigen Jahren eine fahrbare Rübenverladeanlage aufgestellt. In Gochsen sind 2 große Sägewerke angesiedelt, die von der Bahn bedient werden.

Anläßlich des 75jährigen Bestehens der Bahn fand am 2. 10. 1982 in der Stadthalle Neuenstadt eine festliche Veranstaltung statt. Vorher war Gelegenheit, mit einem Dampf-Sonderzug der GES die Strecke der Nebenbahn zu befahren.

2.7.3. STRECKENVERLAUF

Die Abfahrtstelle der Züge der Nebenbahn Jagstfeld–Ohrnberg befindet sich seit 1952 auf dem Gleis 1 des DB-Bahnhofs *Bad Friedrichshall-Jagstfeld* (km 0,0; 155,7 m üM) direkt vor dem Empfangsgebäude der DB. Die Stadt Bad Friedrichshall besteht in der heutigen Form seit 1951, wobei Jagstfeld ein Stadtteil ist. Sie ist ein bekanntes und viel besuchtes Solbad am Neckar. Auch einige Industrie-Unternehmen haben sich dort angesiedelt, von denen insbesondere eine Eisengießerei und eine Glockengießerei erwähnt seien. Vor 1952 war die Abfahrtstelle der Nebenbahn auf dem Bahnhofsvorplatz vor dem Empfangsgebäude der DB, wo das Streckengleis stumpf endete. Die Gleisverbindung vom Streckengleis zum Gleis 1 der DB bestand aber schon damals und diente als Übergabegleis für die Güterwagen. Von diesem Verbindungsgleis zweigte damals das kurze Stumpfgleis ab, an dem die Personenzüge der Privatbahn endeten und abfuhren. Eigene Gebäude besitzt die WEG in Jagstfeld nicht; vielmehr werden die anfallenden Dienstobliegenheiten vom Personal der Staatsbahn mitbesorgt. Das Streckengleis biegt gleich nach dem Verlassen des Bahnsteigs 1 in einer Linkskurve ab und durchfährt den nördlichen Teil der Ortschaft Kochendorf, heute ebenfalls ein Stadtteil von Bad Friedrichshall. Bei km 1,06 befindet sich der erste Bahnhof mit der Bezeichnung *Kochendorf Nord* (155,99 m üM). Dort gibt es zwei Privatanschluß-

T 06 WEG im Bahnhof Bad Friedrichshall-Jagstfeld; Juni 1973 (Aufnahme G. Wolff)

gleise, und zwar bei km 1,015 für die Firma Gebr. Bachert und bei km 1,35 für die Obst- und Gemüseverwertung Unterland. In dieser Gegend tritt die Strecke in das Tal des Kocher ein, dem sie nun flußaufwärts folgt. Der Fluß macht in diesem letzten Teil seines Unterlaufs vor der Einmündung in den Neckar zahlreiche teilweise recht enge Windungen. Die erste von ihnen wird bei km 2,6 von der Nebenbahn auf einer Brücke abgeschnitten. Während der Kocher bisher auf der rechten Seite der Bahnstrecke war, wechselt er nun auf die linke Seite. Die nächste Station heißt *Oedheim* (km 4,06; 155,42 m Meereshöhe). Landschaftlich ist der nun folgende Streckenteil besonders reizvoll, weil hier der Kocher gestaut ist und sein Oberwasser durch einen Kanal zu einer Wassermühle geführt wird. Von Oedheim ab macht der Fluß eine weit nach Norden ausholende Schleife, die von der Bahnstrecke mitgemacht wird; sie endet bei der Ortschaft *Degmarn* (km 8,11; 170,31 m ü M). Diese Station ist heute ein Haltepunkt und war bis 1981 als Bahnhof deklariert. Die Bahn macht nun die zahlreichen Kurven des Kocher mit und erreicht, am rechten Flußufer liegend, den Bahnhof *Kochertürn* (km 9,69; 163,5 m ü M). Die Verbindung zwischen dem Bahnhof und dem gleichnamigen Ort, der auf der anderen Flußseite liegt, wird durch eine kleine idyllische Brücke hergestellt. Ziemlich geradlinig verläuft die Strecke weiter in Richtung auf Neuenstadt. Dort ist im westlichen Stadtteil bei km 11,30 der Haltepunkt *Neuenstadt West* (165,14 m ü M) angelegt. Bald danach folgt der wichtige Bahnhof *Neuenstadt* (km 11,96; 166,84 m ü M), der ursprüngliche Endpunkt der Bahn bis 1913, heute Sitz der örtlichen Bahnverwaltung. Dort steht auch ein großes Lagerhaus mit Silo der WLZ mit Anschlußgleis. Hinter Neuenstadt macht der Kocher einen nach Süden gerichteten Bogen, dessen An-

T 06 WEG mit Güterzug in Einfahrtskurve zum DB-Bahnhof Bad Friedrichshall-Jagstfeld; September 1959 (Aufnahme O. Ringlstetter)

T 23 WEG im Bahnhof Kochendorf Nord; Mai 1981 (Aufnahme G. Wolff)

T 23 WEG im Bahnhof Neuenstadt; Mai 1981 (Aufnahme G. Wolff)

fang bei km 13,0 von der Bahn auf einer Fachwerkbrücke überquert wird. Dann unterfährt die Bahn bei km 13,25 die Autobahn E 70 und gelangt, nunmehr, den Kocher mit seinem Südbogen rechts liegen lassend, zum Bahnhof *Gochsen* (km 14,2; 169,69 m ü M). Im Bahnhofsbereich befindet sich bei km 13,87 das Anschlußgleis zur Firma Häberlein & Co. mit 35 m Nutzlänge. Früher wurde hier noch ein weiteres Sägewerk bedient. Der Kocher hat sich seit Gochsen wieder mehr der Bahntrasse genähert und verläuft, meist in geringem Abstand, rechts neben ihr. Der nächste Bahnhof ist *Kochersteinsfeld* (km 17,52; 171,29 m ü M). Auch in diesem Bahnhof finden wir ein großes Lagerhaus mit Silo der WLZ mit einem Anschlußgleis bei km 17,58. In diesem Bahnhof ist im Herbst zur Zeit der Rübenernte viel Betrieb, da laufend die Lastzüge der Bauern mit den Rüben eintreffen und über die fahrbare Verladeanlage entleert werden. Der nächste Bahnhof ist *Möglingen* (km 20,45; 174,25 m ü M). Bei km 20,998 muß der Kocher von der Bahn zum dritten Mal überquert werden, um die weitausholenden beiden S-Schleifen des Flusses abkürzen zu können. Schließlich gelangt die Strecke in den Endbahnhof *Ohrnberg* (km 22,61; 178,5 m ü M). Ausgedehnte Bahnhofsanlagen mit Empfangsgebäude, Güterschuppen, Fahrzeugschuppen usw. sind hier zu finden.

Der einzige mit eigenem Personal vollbesetzte Bahnhof ist Neuenstadt. Agenturbahnhöfe sind Oedheim, Kochertürn, Kochersteinsfeld, Gochsen und Ohrnberg.

Wie sich aus dem Höhenprofil ergibt, hat die Bahn auf ihrer Strecke nur einen geringen Höhenunterschied zu überwinden, der etwa 24 m beträgt; die Steigungen sind geringfügig und der Höchstwert, der auf einem kurzen Streckenstück zwischen Kochersteinfeld und Möglingen besteht, beträgt nur 1:90 (1,1%). Der kleinste Krüm-

WEG-Nebenbahn Jagstfeld–Ohrnberg

Brücken über den Kocher

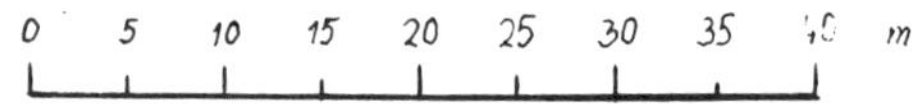

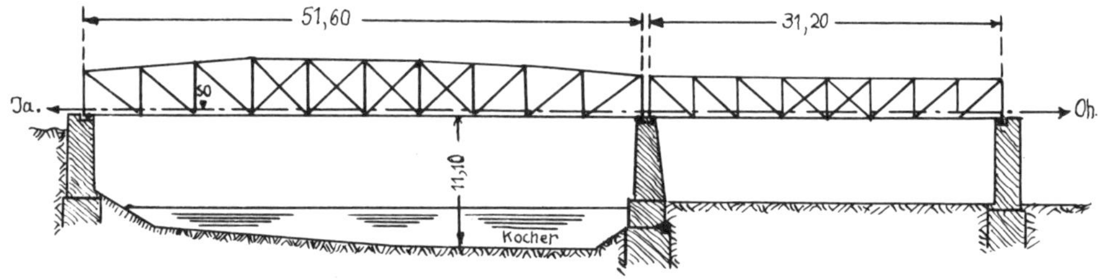

bei km 2,527/2,614 (Hagenbach)

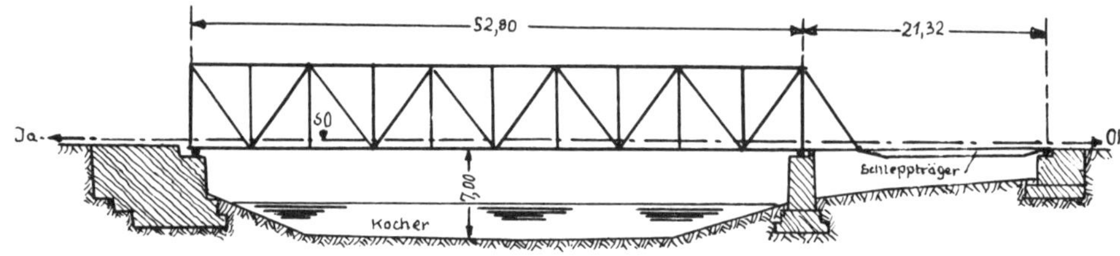

bei km 12,989/13,064 (Gochsen)

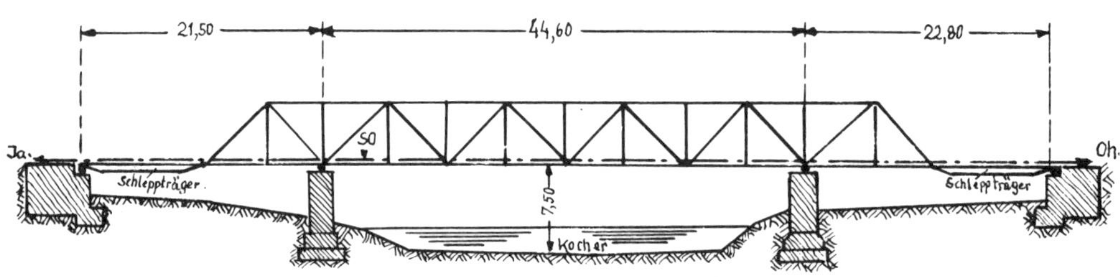

bei km 20,998/21,086 (Möglingen)

T 24 WEG vor der Kocherbrücke; Mai 1981 (Aufnahme G. Wolff)

mungsradius ist 180 m. Die gesamte Gleislänge inkl. aller Nebengleise ist 27,1 km. Die ganze 22,61 km lange Strecke ist eingleisig und liegt ganz auf eigenem Bahnkörper. 7,19 km (31,8%) liegen waagerecht und 15,42 km (68,2%) in Neigungen. Geradlinig sind 12,28 km (54,3%) und in Kurven liegen 10,33 km (45,7%).

An der Strecke müssen an mehreren Stellen zum Teil stark befahrene Straßen überquert werden, die aber sämtlich durch Blinklichtanlagen gesichert sind. Es handelt sich im einzelnen um die Straßenkreuzungen bei Bahn-km 0,254; 1,09; 1,57; 2,95; 4,12; 9,80; 11,44; 14,22; 15,88; 17,30; 18,05; 20,47. Die Kreuzung bei km 1,09 ist außerdem durch Halbschranken geschützt.

Außer den 3 in der Streckenbeschreibung erwähnten Brücken über den Kocher gibt es noch eine Anzahl kleinerer Brücken. Alle von der Bahn zu passierenden Brücken sind in der folgenden Aufstellung angegeben:

Bahn-km	*überquertes Objekt*	*Bauart*	*Stützweite in m*
2,614	Kocher	Stahl-Fachwerk	51,6 + 31,2
4,204	Mühlkanal Oedheim	Stahlbauwerk	2,70
4,306	Straße	Eisenbeton-Platte	2,78
4,513	Straße	Eisenbeton-Platte	2,70
8,167	Straße	Eisenbeton-Platte	3,30
11,377	Brettach	Stahl-Fachwerk	12,00
12,989 13,064	Kocher	Stahl-Fachwerk	58,79 + 21,30
13,128	Roßbach	Eisenbeton-Platte	2,80 (schiefe Platte)
15,252	Buchsbach	Eisenbeton-Platte	2,25
17,360	Steinbach	Eisenbeton-Träger	5,50
19,021	Hacklingerbach	Eisenbeton-Platte	2,25
20,998 21,086	Kocher	Stahl-Fachwerk	21,50 + 44,59 + 22,81

Die Ein- und Ausfahrt der Nebenbahnzüge in und aus dem Bahnhof Bad Friedrichshall-Jagstfeld ist durch Lichtsignale Hp der DB gesichert, die von deren Stell-

T 23 WEG im Endbahnhof Ohrnberg; Juni 1973 (Aufnahme G. Wolff)

werk aus bedient werden. Eigene Formsignale hat die Nebenbahn nicht. Das Einfahrsignal steht bei km 0,80 der Strecke, das Ausfahrsignal im Bahnhof am Gleis 1.

2.7.4. FAHRPLANGESTALTUNG

Aus dem ersten Fahrplan für die Gesamtstrecke vom 1. 8. 1913 ergibt sich, daß an Werktagen außer Mittwoch 4 Zugpaare sowie mittwochs und sonntags 5 Zugpaare verkehrten. Die Fahrzeiten lagen zwischen 62 und 72 Min. Zu diesen auf der ganzen Strecke verkehrenden Zügen kam noch ein Zugpaar zwischen Jagstfeld und Neuenstadt. Nach dem Sommerfahrplan 1954 verkehrten in Richtung Ohrnberg samstags 1 und sonntags 2 Personenzüge. Zu diesen kamen an Werktagen 2, sonntags 1 GmP-Zug sowie ein weiterer nur bis Neuenstadt, der werktags fuhr. Für die Richtung nach Jagstfeld waren aufgeführt: samstags 2 und sonntags 3 Personenzüge, ferner an allen Werktagen 1 GmP-Zug, alle mit Fahrzeiten um 60 Min. Außer diesen über die ganze Strecke fahrenden Zügen fuhr an allen Werktagen ein weiterer GmP-Zug von Neuenstadt nach Jagstfeld. Auch der Sommerfahrplan 1984 ist ziemlich verwickelt, weil wegen der Besonderheiten des Schülerverkehrs einige Schülerzüge nur auf Teilstrecken verkehren. Die Gesamtstrecke Jagstfeld–Ohrnberg wird nur montags bis freitags von einem einzigen Personenzugpaar bedient, zu dem montags bis samstags ein weiterer Personenzug Ohrnberg–Jagstfeld kommt. Der Güterverkehr wird montags bis freitags durch 1 GmP-Zugpaar und montags bis samstags durch 1 einzelnen GmP-Zug Jagstfeld–Ohrnberg bedient. Die Fahrzeiten der Personenzüge betragen 43 Min., die der GmP-Züge 64 bis 91 Min. Im Schülerverkehr sind auf dem Streckenteil Jagstfeld–Neuenstadt montags bis freitags 1 Personenzugpaar und 1 einzelner Personenzug von Jagstfeld nach Neuenstadt eingesetzt. Nur an Samstagen verkehrt 1 Personenzugpaar auf dem Abschnitt Neuenstadt–Ohrnberg. Schließlich ist auch noch auf dem Streckenteil Jagstfeld–Kochersteinsfeld montags bis freitags 1 Personenzugpaar zu finden. Auffällig ist, daß bei dieser Nebenbahn noch im Winterfahrplan 1981/82 Sonntagszüge ausgewiesen waren, was bei den anderen WEG-Bahnen schon lange nicht mehr der Fall war. Die zugelassene Höchstgeschwindigkeit für die ganze Strecke beträgt 50 km/Std. Der Personenfahrplan ist im Kursbuch unter Nr. 782 aufgeführt.

2.7.5. BEFÖRDERUNGSLEISTUNGEN

Aus der Grafik für den Personenverkehr sieht man, daß dieser im Laufe der Zeit außerordentlich schwankend gewesen ist. In den zwanziger Jahren wurden über 200 000 Personen pro Jahr befördert; dann kam in den dreißiger Jahren ein Tiefstand, der im Zweiten Weltkrieg wieder anstieg und in den ersten Jahren nach dem Krieg zu Höchstleistungen über 400 000 Fahrgästen im Jahr führte. Von 1952 an war der Personenverkehr nur noch relativ gering, denn es wurden jährlich nur noch um die 100 000 Reisende befördert. Der Güterverkehr war im Vergleich mit dem Personenverkehr gleichmäßiger und

WEG-Nebenbahn Jagstfeld–Ohrnberg

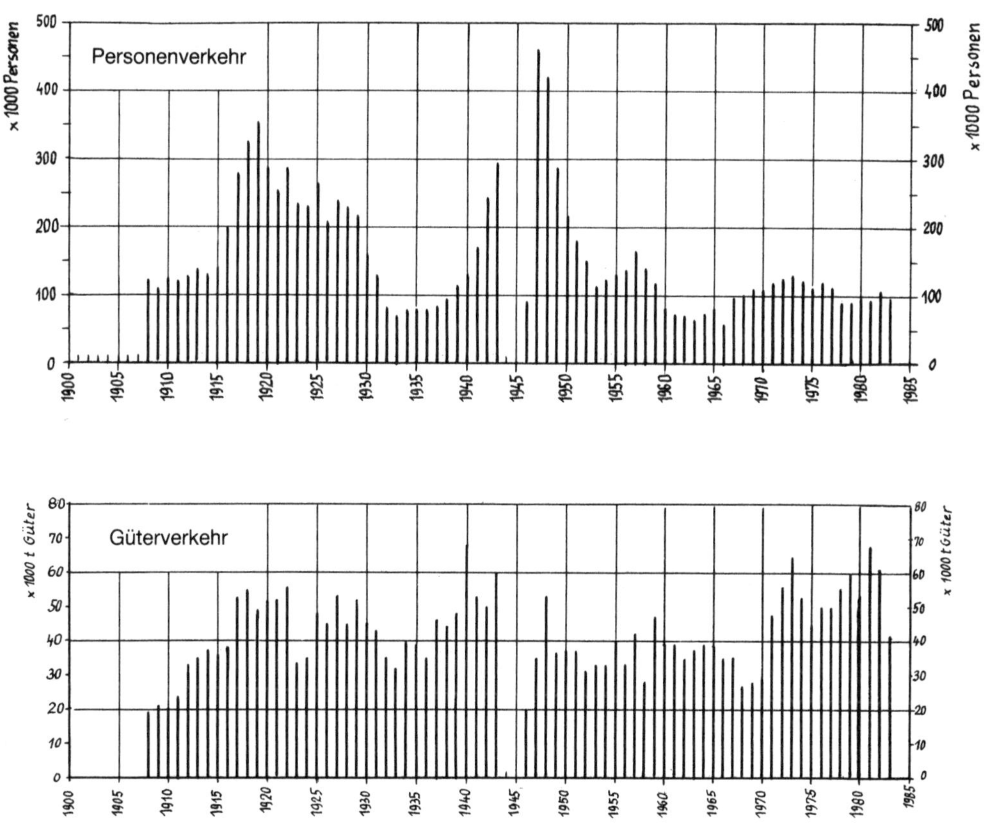

Lok 19 mit Personenzug Bi 5 und 21 in Ohrnberg; Juli 1962 (Aufnahme R. Ehlers)

stieg seit 1971 beachtlich an; die erreichten Höchstwerte lagen über 50000 t im Jahr, haben allerdings 1983 wieder abgenommen.

Aus der Tabelle ergibt sich, daß in den letzten Jahren die Zuckerrübentransporte weitaus den Löwenanteil ausgemacht haben mit bis zu 85% der Gesamttransporte. Alle übrigen Güterarten haben einen ganz wesentlich geringen Anteil.

Im Jahre 1983 wurden in Bad Friedrichshall-Jagstfeld 1960 Güterwagen von der DB übernommen bzw. an sie übergeben, das sind 163 Wagen im Monat durchschnittlich. Stückgutbahnhöfe sind Kochendorf Nord, Oedheim, Neuenstadt und Ohrnberg.

Anteil der einzelnen Güterarten am Güterverkehr

Güterart	*1979*		*1981*		*1983*	
	t	*%*	*t*	*%*	*t*	*%*
Stückgut, Expreßgut	1410	2,4	1959	2,9	1641	2,7
Obst, Gemüse, Kartoff.	25	0,1	—	—	158	0,3
Holz	575	1,0	379	0,6	516	0,8
Kohle	339	0,6	378	0,6	246	0,4
Benzin, Öl, Gas	253	0,4	276	0,4	281	0,5
Schrott, Erze	—	—	—	—	81	0,1
Eisen, Stahl, Halbzeug	237	0,4	793	1,1	731	1,2
Zement, Kalk, Gips	611	1,0	408	0,6	241	0,4
Sand, Kies, Steine	—	—	—	—	—	—
Düngemittel	3491	5,8	3703	5,5	2658	4,4
Zuckerrüben (Binnenv.)	45879	76,5	58159	85,7	32263	52,8
Zellstoff, Altpapier	—	—	—	—	53	0,1
Getreide	558	0,8	—	—	—	—
Kunststoffe etc.	—	—	—	—	2	0,0
Fahrzeuge, Maschinen	446	0,7	417	0,6	1070	1,8
Gummi, Papier, Möbel	—	—	—	—	30	0,1
Sammelgut, Umzugsgut	1475	2,5	808	1,2	417	0,7
Militärgut	269	0,5	309	0,5	846	1,4
Dienstgut	182	0,3	52	0,1	31	0,1
Sonstige Güter	4225	7,0	247	0,3	—	—
Summe aller Güter	59973	100,0	67888	100,0	41265	100,0

Lok 15 mit Personenzug in Jagstfeld (Aufnahme K. Dieterle)

2.7.6. FAHRZEUGE DER NEBENBAHN JAGSTFELD–OHRNBERG

2.7.6.1. *Dampflokomotiven*

Zur Eröffnung des Verkehrs auf der 1907 fertiggestellten Teilstrecke Jagstfeld–Neuenstadt wurden der Bahn die beiden Dn2tv-Loks Nr. 11 und 12 zugewiesen; es handelte sich um das sechste Paar fabrikneuer Loks, die zur sechsten Normalspurbahn der WEG kamen. Die Lok 11 wurde 1933 an die Nebenbahn Amstetten–Gerstetten abgegeben, während Lok 12 in Ohrnberg blieb. Als Ersatz für die Lok 11 und für den Verkehr auf der Verlängerungsstrecke bis Ohrnberg wurden die beiden Dn2tv-Loks Nr. 14 und 15 nach Ohrnberg versetzt, wo sie viele Jahre lang stationiert blieben. Nach dem Zweiten Weltkrieg erschien auch noch die Dn2tv-Lok Nr. 19 auf der Nebenbahn Jagstfeld–Ohrnberg, dabei ist aber nicht sicher bekannt, ob sie längere Zeit dort im Einsatz war. Ebenfalls nach dem Krieg war von 1952 bis 1957 die Cn2t-Lok Nr. 1 WNB auf der Nebenbahn tätig. Aus der »Statistik« ergibt sich, daß auf der Nebenbahn bis etwa 1950 immer 3 Loks verkehrten. Dabei hat es sich wahrscheinlich um die Loks Nr. 12, 14, 15 gehandelt. Nach dem Zweiten Weltkrieg soll zeitweise eine Leihlok der Baureihe 91 oder 94 der DB auf der Bahn Dienst getan haben. Mit dem Einsatz des neuen Triebwagens wurden die noch vorhandenen Loks arbeitslos und abgestellt; sie sind bald danach verschrottet worden.

2.7.6.2. *Dieseltriebwagen*

Am 14. 2 1956 wurde der Dieseltriebwagen T 06 in Dienst gestellt, der sogleich den gesamten Verkehr übernahm. Er blieb viele Jahre das einzige Triebfahrzeug bei der Bahn, wenn man die kurzen Zeiten abzieht, in denen

Personenwagen Bi 21 und 5 mit Lok 19 Ohrnberg; Juli 1962 (Aufnahme R. Ehlers)

er zur Hauptuntersuchung oder zu Reparaturen in der Hauptwerkstatt war. Während dieser Zeiten kam ein anderer WEG-Triebwagen als Ersatzfahrzeug; das war meist der T 08 WEG. Anfang Oktober 1979 waren bei der Nebenbahn Nürtingen–Neuffen die beiden Triebwagen T 23 und T 24 WEG überflüssig geworden und konnten an die Nebenbahn Jagstfeld–Ohrnberg abgegeben werden. Sie trafen am 3. 10. 1979 in Ohrnberg ein und übernahmen die Dienste des T 06. Es wird berichtet, daß vorübergehend auch einmal der vierachsige T 11 WEG (heute VT 401) auf der Ohrnberger Bahn stationiert gewesen sei; vielleicht war das zur Zeit der Rübenkampagne, wenn besonders schwere Güterzüge zu fahren waren.

2.7.6.3. *Personenwagen und Triebwagen-Beiwagen*

Für den Personenverkehr besaß die Bahn bei der Eröffnung des Streckenteils bis Neuenstadt 1907 3 zweiachsige Personenwagen und einen ebenfalls zweiachsigen kombinierten Gepäck/Postwagen mit einem zusätzlichen Abteil der alten 2. Klasse. Bei der Eröffnung der Streckenverlängerung bis Ohrnberg kamen 3 weitere Personenwagen dazu. Dieser Bestand von 6 Personenwagen war bis 1950 vorhanden, denn aus der Liste der WEG aus 1964 ergibt sich, daß 1950 noch die Wagen Nr. 5, 6, 15, 21, 23 und 24 in Ohrnberg stationiert waren. Selbst 1964 gab es von diesen alten Fahrzeugen noch die Wagen 5, 21 und 24. Heute sind sie alle längst verschrottet.

Als der Triebwagen T 06 allein nicht mehr den Schülerverkehr bewältigen konnte und die alten Personenwagen nicht mehr einsetzbar waren, überstellte die WEG den Triebwagen-Beiwagen VB 122 WEG, einen Vierachser, nach Ohrnberg. Mit dem Einsatz der jüngeren Triebwagen T 23 und T 24 wurde er überflüssig und wurde im Oktober 1979 nach Neuffen abgegeben. Da aber gelegentlich doch wohl die beiden Triebwagen in ihrer Kapazität nicht ganz ausreichen, wurde 1980 der VB 204 WNB nach Ohrnberg versetzt. Heute wird der gesamte Verkehr von den beiden Triebwagen und diesem Triebwagen-Beiwagen besorgt, wobei die Triebwagen je nach Bedarf einzeln oder gemeinsam eingesetzt werden.

VB 122 und T 06 WEG in Ohrnberg; Juni 1973 (Aufnahme G. Wolff)

2.7.6.4. *Gepäck/Postwagen, Güterwagen, Dienstfahrzeuge*

Bei der Eröffnung der Teilstrecke bis Neuenstadt war der bereits erwähnte kombinierte Wagen mit dem Abteil der alten 2. Klasse vorhanden. Anscheinend wurde dieses Abteil später ausgebaut und dem Gepäckraum zugeschlagen. Jedenfalls besaß die Bahn immer nur einen einzigen Gepäck/Postwagen, der auch 1950 noch als Nr. 106 vorhanden war. Als die Postbeförderung mit der Bahn 1958 eingestellt wurde, war das Fahrzeug nicht mehr nötig und konnte ausgemustert werden.

Tabelle 19: **Entwicklung des Fahrzeugbestandes der Nebenbahn Jagstfeld–Ohrnberg**

Jahr	*Dampf-loks*	*Trieb-wagen*	*Personen-wagen*	*VB*	*Gepäck-/ Postwagen*	*Güter-wagen*
1907	2	0	3	0	1	6
1916	3	0	4	0	1	8
1927	3	0	6	0	1	8
1936	3	0	6	0	1	7
1940	3	0	6	0	1	8
1950	3	0	6	0	1	4
1960	1	1	3	0	0	1
1964	0	1	3	0	0	1
1970	0	1	0	0	0	1
1976	0	1	0	1	0	1
1982	0	2	0	1	0	0

Der Güterwagenbestand bei der Eröffnung des Verkehrs 1907 belief sich auf 2 gedeckte und 4 offene Güterwagen. Viel mehr hat die Bahn offenbar auch später nicht besessen, denn die Jahrgänge der »Statistik« aus den dreißiger Jahren führen immer nur 8 Güterwagen aus, von denen 3 gedeckte und 5 offene waren. Von diesen waren 1950 noch 4 Fahrzeuge vorhanden, und zwar der Wagen Nr. 162 für den Binnenverkehr und 3 weitere im Park der DB. Inzwischen sind sie alle von den Schienen verschwunden. Hinsichtlich Dienstfahrzeuge ist in der Liste von 1964 ein Arbeitswagen aufgeführt, über den aber nichts Näheres bekannt ist. Möglicherweise handelt es sich dabei um den Spritzwagen zur Unkrautbekämpfung mit der Bezeichnung S 2, der aber auch auf anderen WEG-Strecken eingesetzt werden konnte. Stückgut wird gelegentlich von einem besonderen Stückgutwagen von und nach Kornwestheim befördert.

2.8. **Die WEG-Straßenbahn in Reutlingen**

2.8.1. VORGESCHICHTE

Seit dem 1. 11. 1899 verkehrte zwischen Reutlingen und der benachbarten Ortschaft Eningen die Lokalbahn Reutlingen–Eningen, die in der Hauptsache Personenverkehr, in geringem Umfang auch Güterverkehr betrieb. Ertragsreich war der Bahnbetrieb aber nicht, denn bereits im ersten Geschäftsjahr entstand ein Verlust von 20883 Mark. Unter diesen Umständen ist es verständlich, daß die Lokalbahn-Gesellschaft sich nach einem Käufer umsah. Sie fand ihn in Gestalt der Gemeinde Eningen, mit der ein Verkaufsvertrag abgeschlossen wurde, den der Gemeinderat am 14. 1. 1903 ratifizierte. Die Lokalbahn Reutlingen–Eningen ging mit Wirkung vom 1. 2. 1903 in den Besitz der Gemeinde Eningen über, die auch die Betriebsführung übernahm. Die ursprüngliche Gesellschaft, die »Localbahn Reutlingen–Eningen«, wurde liquidiert.

Aber auch die Gemeinde Eningen kam mit der Bahn nicht auf einen grünen Zweig und bemühte sich daher ihrerseits um eine Veräußerung der Bahn. Im Jahre 1908 fanden erstmals Besprechungen zwischen den Vertretern der Gemeinden Reutlingen, Eningen, Betzingen und Pfullingen statt, die zum Ziel hatten, die Bahn zu erweitern und zu erlektrifizieren; man hoffte dadurch eher aus den roten Zahlen zu kommen. Geplant waren Verlängerungen nach Betzingen und eine Abzweigung nach Pfullingen. Wegen der Realisierung solcher Pläne nahm man Verbindung mit der WEG auf, die ja schon in der Nähe von Reutlingen die Nebenbahn Nürtingen–Neuffen betrieb. Die WEG zeigte Interesse und machte ein Angebot für den Kauf der Bahn um den Betrag von 210000 Mark, das am 23. 12. 1909 vom Eninger Gemeinderat akzeptiert wurde. Die WEG hatte die Erfüllung des Vertrags von dem Umstand abhängig gemacht, daß die Regierung den Kauf genehmigt und daß die Stadt Reutlingen der Elektrifizierung und der Verlängerung bis in die 1907 eingemeindete Ortschaft Betzingen zustimmt. Eine weitere Voraussetzung war die Genehmigung des Baus der Abzweigung nach Pfullingen. Hier machten aber zunächst die Gemeinderäte von Pfullingen Schwierigkeiten wegen der Übernahme der Kosten für nötige Grunderwerbungen. Um keine Zeit zu verlieren, erklärte sich die WEG schließlich aber doch bereit, die Verlängerung nach Betzingen zu bauen und die ganze Strecke zu elektrifizieren, auch wenn der Pfullinger Zweig vorerst nicht gebaut würde. Nachdem am 20. 4. 1911 vom Ministerium die Konzession erteilt worden war, erfolgte am 1. 6. 1911 die Übergabe der Lokalbahn mit allen festen und beweglichen Objekten an die WEG.

2.8.2. GESCHICHTE

Der bisherige Dampfbetrieb blieb unter der neuen Regie zunächst bestehen. Da die Elektrifizierung erst für die ganze Strecke Eningen–Betzingen durchgeführt werden sollte, mußte erst einmal die Verlängerung nach Betzingen gebaut werden. Man begann damit am 15. 3. 1912 in Betzingen und am 25. 3. 1912 in Reutlingen in der Wilhelmstraße. Die Führung der Strecke durch die Wilhelmstraße, statt wie bei der Dampfbahn durch die Gartenstraße, war auf Drängen der Geschäftsleute in der Wilhelmstraße beschlossen worden. Verkehrsmäßig war die ziemlich schmale Wilhelmstraße sicher weniger vorteilhaft als die breitere Gartenstraße. Die neue Strecke war Anfang Mai 1912 fertig und es konnten erstmals mit Dampfloks betriebene Bauzüge von Eningen nach Betzingen fahren. Der Bau der Fahrleitung war ebenfalls inzwischen begonnen worden und wurde energisch vorangetrieben; am 24. 7. 1912 konnte der erste elektrisch betriebene Straßenbahnzug über die ganze Strecke fahren. Die Dampfbahn stellte am gleichen Tage ihren Betrieb ein. Die Gesamtkosten für die Streckenverlängerung, die Elektrifizierung und die Fahrzeugbeschaffung beliefen sich auf 370000 Mark. In der Nähe der Station Eningen wurde 1913 ein Anschlußgleis zur Weberei Eningen angelegt.

Inzwischen war auch bei den Gemeinderäten von Pfullingen unter dem Druck einiger Bürger und Industrieller ein Meinungsumschwung eingetreten, der nun auch den Bau der Zweigstrecke vom Staatsbahnhof Reutlingen Süd nach Pfullingen ermöglichte. Die WEG schloß am 23. 7. 1913 mit der Gemeinde Pfullingen einen Vertrag ab und nahm die Planungsarbeiten für die Strecke auf. Obwohl die Konzession bereits am 20. 12. 1913 erteilt worden

WEG-Straßenbahn-Linien in Reutlingen um 1935

(Maßstäbliche Streckenskizze)

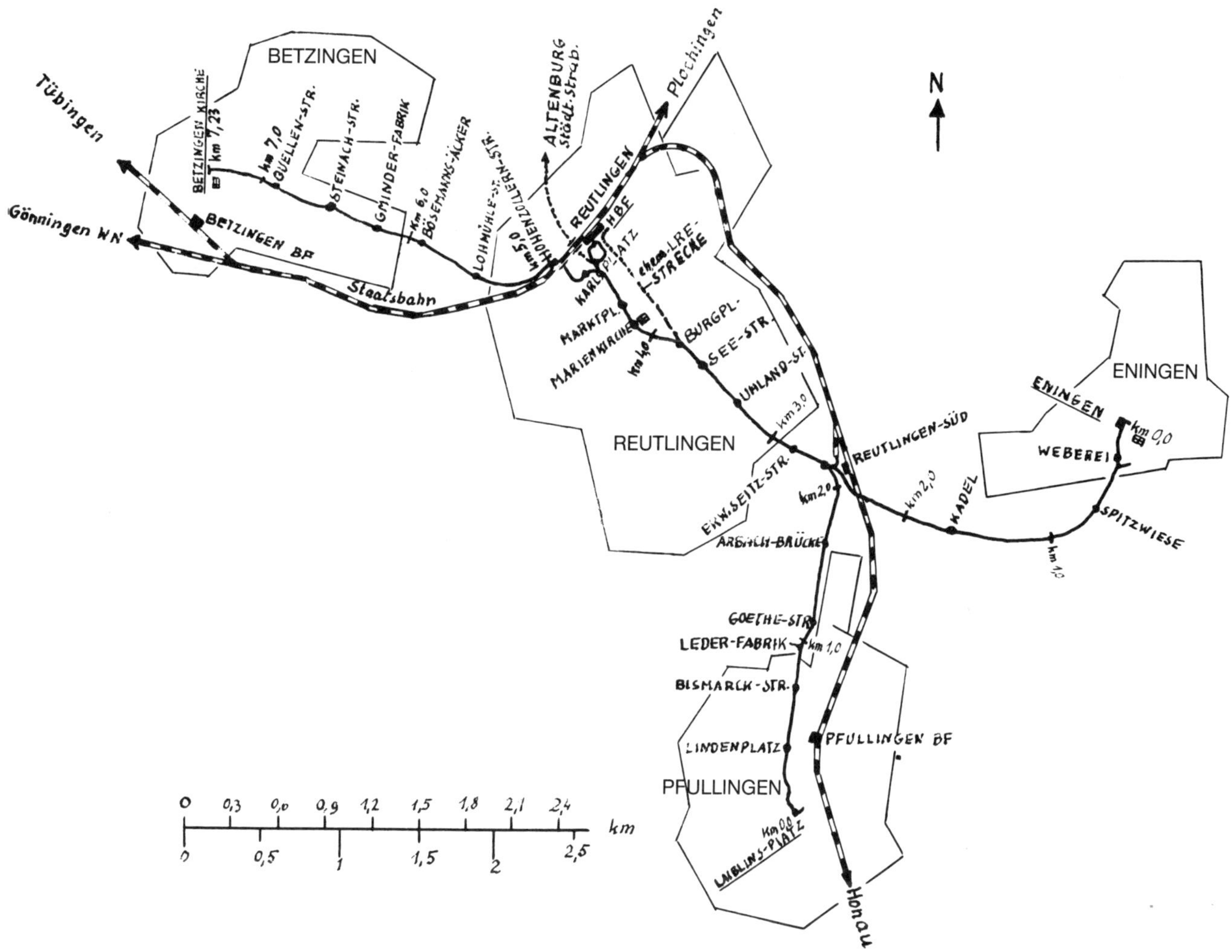

war, zogen sich die Vorarbeiten noch über ein Jahr hin und gerieten so in die durch den Ausbruch des Ersten Weltkriegs bedingten erschwerten Verhältnisse. Anscheinend hatte man mit dem Baubeginn bis Kriegsende warten wollen, doch entschloß man sich 1916 zum Baubeginn, weil der Krieg länger dauerte als man in der ersten euphorischen Begeisterung im Sommer 1914 angenommen hatte, zumal Schienen und Fahrzeuge bereits geliefert waren. Allerdings mußte die Fahrleitung aus Eisendraht hergestellt werden, weil Kupfer als kriegswichtiger Rohstoff nicht zu erhalten war.

Nachdem Anfang Juni 1916 mit dem Bau begonnen worden war, konnte am 29. 9. 1916 die Strecke bis zur vorläufigen Endstation in Pfullingen beim Gasthof Traube in Betrieb genommen werden. Ein Anschlußgleis, das an der Kunstmühle vom Streckengleis abzweigte, führte zur Lederfabrik Schlayer. Die normalspurigen Güterwagen der Staatsbahn wurden im Bahnhof Reutlingen Süd auf Rollböcke der Straßenbahn gesetzt und von einer kleinen Ellok zu dem Empfängern befördert. Der Betrieb wurde von 26 Bediensteten geführt.

Nach Kriegsende und in den Jahren der zunehmenden

WEG-Straßenbahn-Linien in Reutlingen

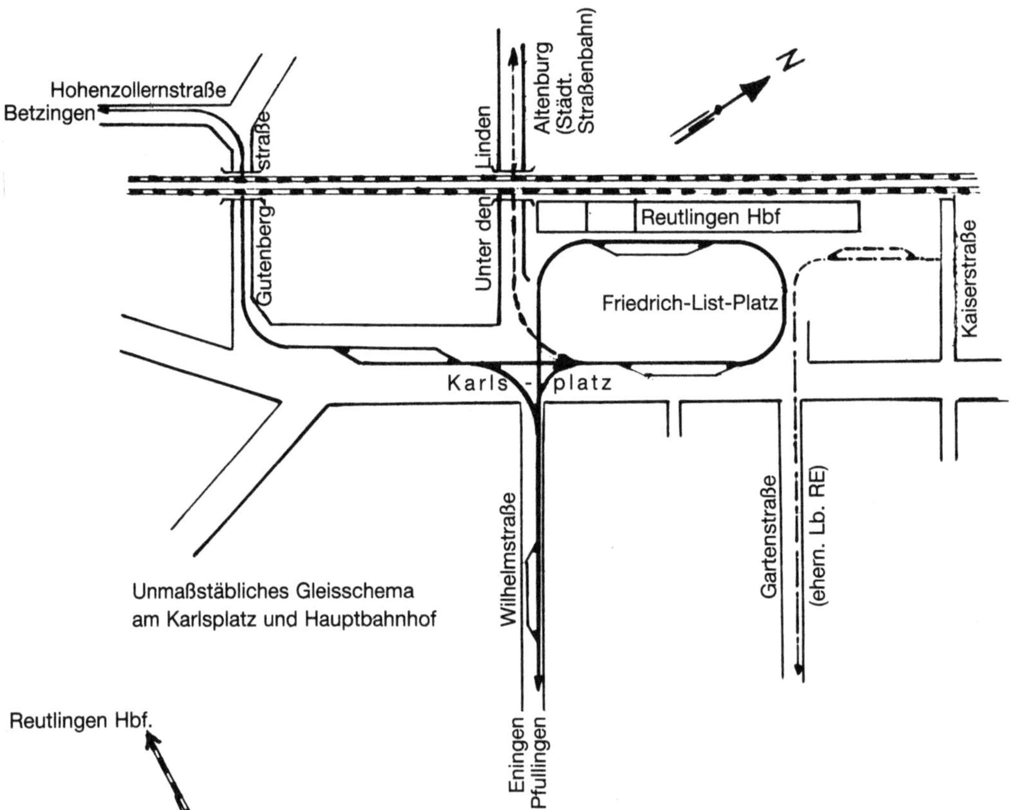

Unmaßstäbliches Gleisschema am Karlsplatz und Hauptbahnhof

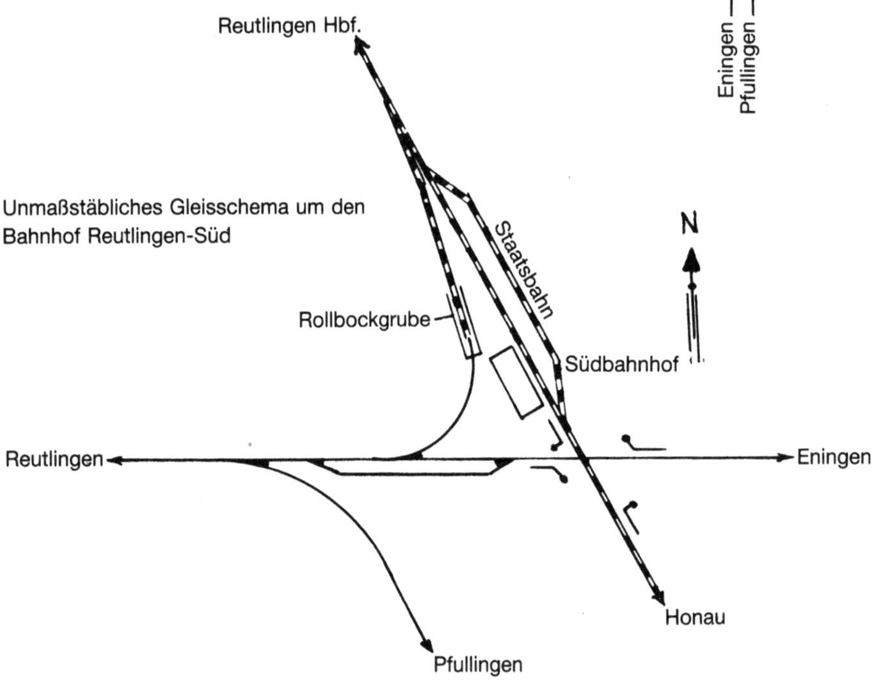

Unmaßstäbliches Gleisschema um den Bahnhof Reutlingen-Süd

WEG-Bahnhof Eningen um 1914
(unmaßstäbliche Skizze)

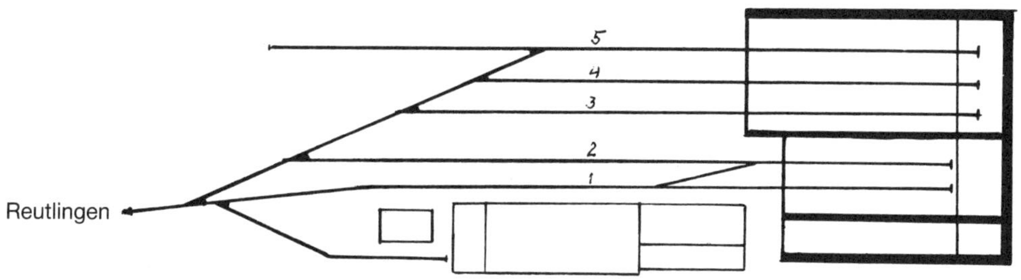

Geldentwertung war eine Fortsetzung des Streckenbaus unmöglich. Zeitweise wurde die Lage der Straßenbahn sogar so kritisch, daß im Winter 1922/23 ihre Existenz gefährdet war. Nachdem sich Mitte der zwanziger Jahre die wirtschaftliche Lage gebessert hatte, konnte man den geplanten Weiterbau in Pfullingen in Angriff nehmen. Auch konnte 1925 die dringend nötige Vergrößerung der Wagenhalle in Eningen ausgeführt werden. Am 21. 5. 1926 wurde der Streckenteil bis zum Lindenplatz in Pfullingen dem Verkehr übergeben. Nach einigen Streitigkeiten mit den Pfullinger Gemeinderäten wurde dann die Strecke nach den ursprünglichen Plänen weitergebaut bis zur endgültigen Endstation am Laiblinsplatz; dieser letzte Streckenteil wurde am 20. 10. 1927 eröffnet. Nun war also das der WEG gehörende und von ihr betriebene Straßenbahnnetz in Reutlingen fertig. Lediglich wurde noch in Reutlingen im Bereich der Pfullinger Linie die Gleisschleife Karlsplatz–Listplatz–Hauptbahnhof erbaut und am 8. 8. 1927 in Betrieb genommen.

Über ihre Tätigkeit auf den eigenen Strecken hinaus hat die WEG für die Stadt Reutlingen die stadteigene Straßenbahn-Linie nach Altenburg gebaut; auf ihr wurde am 1. 8. 1928 der Verkehr aufgenommen. Die WEG hat auf dieser Linie auch die Betriebsführung wahrgenommen, bis sich mit der Stadt wachsende Schwierigkeiten ergaben. Die Stadt beendete den Betriebsführungsvertrag am 24. 7. 1930 und übernahm selbst durch das städtische Elektrizitätswerk die Betriebsführung ab 1. 1. 1931. Die Stadt Reutlingen liebäugelte mit dem Gedanken, die WEG-Linien in städtischen Besitz zu bringen, um durch ein einheitliches Netz bessere wirtschaftliche Bedingungen zu erreichen. Da die WEG sich aber nicht bereit zeigte, die Straßenbahn zu verkaufen, rief die Stadt ein Schiedsgericht an, das am 16. 12. 1943 die Entscheidung fällte, die WEG habe dem Antrag der Stadt auf Kündigung des bestehenden Vertrags in vollem Umfang nachzukommen. So wurde die Kündigung des Vertrags zum 31. 12. 43 rechtswirksam. Der am 4. 10. 1944 unterzeichnete endgültige Verkaufsvertrag gewährte der WEG einen Verkaufspreis von 1057857 RM, von dem 738000 RM auf die Bahnanlagen samt Gebäuden und 236000 RM auf die Fahrzeuge entfielen, während durch den Rest Betriebsgeräte und Vorräte abgedeckt waren. Mit der Abwicklung dieses Vertrages waren die Aktivitäten der WEG in Reutlingen beendet.

2.8.3. STRECKENVERLAUF DER ELEKTRISCHEN WEG-STRASSENBAHN

2.8.3.1. *Strecke Eningen–Betzingen*

Die elektrische Straßenbahn benutzte auf dem Streckenteil von Eningen bis in das Stadtzentrum von Reutlingen hinein die gleiche Trasse wie die alte Lokalbahn. Ausgangsbahnhof war ebenfalls die Dampfbahnstation Eningen, deren Anlagen für den elektrischen Betrieb umgebaut und erweitert wurden. So wurde nach rechts an die bestehende Wagenhalle eine zweigleisige Holzhalle angebaut, die die Beiwagen aufnehmen mußte. Die Einfahrten der Gleise 3 bis 5 waren durch zweiflügelige Tore verschließbar, diejenigen der Gleise 1 und 2 waren hingegen offen. Die abfahrenden Züge verließen den Bahnhof vom Gleis 1 direkt am Bahnhofsgebäude durch

Dampflok Bn2t Nr. 4 der ehemaligen Lokalbahn Reutlingen–Eningen (Werkfoto)

einen Ausschnitt in der Umfassungsmauer für das gesamte Bahnhofsgelände, überquerten sogleich die heutige Wengenstraße und gingen auf den eigenen Bahnkörper über, der sich nach etwa 300 m der Reutlinger Straße näherte. Der weitere Streckenverlauf bis Reutlingen Süd war fast der gleiche wie bei der Lokalbahn; auf diesem Streckenteil gab es die Haltestellen *Weberei* (km 0,3), *Spitzwiesen* (km 0,6) und *Kadel* (km 1,7). Ungefähr 100 m vor der Haltestelle Reutlingen Süd überquerte auch die Straßenbahn niveaugleich die Nebenbahnstrecke Reutlingen–Honau–Münsingen. Dieser neuralgische Punkt war signalmäßig durch 4 einflügelige Formsignale gedeckt, von denen 2 aus beiden Richtungen die Straßenbahnstrecke und 2 ebenfalls aus beiden Richtungen die Nebenbahnstrecke sicherten. Die beiden Signalpaare waren gegeneinander verriegelt, so daß die Straßenbahnsignale nur dann auf »Fahrt« gestellt werden konnten, wenn die Eisenbahnsignale auf »Halt« standen und umgekehrt. Die Einstellung der Signale wurde vom Stellwerk Reutlingen Süd aus besorgt.

Gleich nach der Kreuzung kam die Haltestelle *Reutlingen Süd* (km 2,4), wo auch eine Ausweiche war. Vom Streckengleis zweigte im Bereich der Ausweiche aus Richtung Reutlingen nach links das Anschlußgleis zum Staatsbahnhof ab, das an einer Rollbockgrube endete. An dieser Übergabestelle besaß die WEG außer der Rollbockgrube ein Rangiergleis und ein kleines Betriebsgebäude. Die auf Rollböcke gesetzten Normalspur-Güterwagen wurden von einer Ellok von dem Anschlußgleis auf das Streckengleis gezogen und nach Umsetzen der Lok zu den erwähnten Anschlußgleisen befördert.

Die Straßenbahnstrecke ging von der Haltestelle Reutlingen Süd zunächst weiter auf eigenem Bahnkörper rechts neben der Straße, die heute Marktstraße heißt, und mündete etwa am Anfang der Albstraße in deren Planum ein, wo das Gleis nunmehr im Straßenbelag eingelassen war. Auf den nächsten rund 800 m langen Streckenteil mit den Haltestellen *Erwin-Seitz-Str.* (km 2,8), *Uhlandstraße* (km 3,3), *Seestraße* (km 3,6) mit Ausweiche lag das Gleis am rechten Straßenrand der Albstraße und

Triebwagen 21 und Ellok in Bahnhof Eningen (Sammlung Archiv WEG/WNB)

Lokalbahn Reutlingen–Eningen; Lokalbahnzug abfahrbereit in Eningen; etwa 1904 (Sammlung Archiv WEG/WNB)

Triebwagen 21 mit 2 Beiwagen (Nr. 1–10) im Depot Eningen; August 1958 (Aufnahme nach der WEG-Zeit von P. Boehm)

gelangte zum *Burgplatz* (km 3,8). Hier verließ die Trasse die ursprüngliche Strecke der Lokalbahn und bog nach halblinks in die Wilhelmstraße ein. Die beiden Haltestellen im Zuge dieser Straße waren *Marienkirche* (km 4,2) und *Marktplatz* (km 4,3). In der Wilhelmstraße, in der das Gleis auch wieder am rechten Straßenrand lag, wurde an den beiden Ausweichen an den soeben genannten Haltestellen von dem Streckengleis und dem Ausweichgleis die gesamte Breite der schmalen Straße in Anspruch genommen. Das führte natürlich später bei zunehmendem Straßenverkehr oft zu schwierigen Verkehrssituationen.

Am Ende der Wilhelmstraße schwenkte das Gleis nach links in den breiten Karlsplatz ein, wo im südwestlichen Teil auf einer Insel in Platzmitte die Haltestelle *Karlsplatz* (km 4,6) lag; sie hatte ein Ausweichgleis und erhielt später eine geräumige, auf soliden Säulen abgestützte Wartehalle. Nach dem Verlassen dieser Station machte die Strecke am Anfang der Gustav-Werner-Straße eine scharfe Rechtskurve und gelangte in die Gutenbergstraße hinein. Dort unterquerte sie in einer Unterführung die Gleise der Staatsbahn nach Tübngen und der WNB-Nebenbahn Reutlingen–Gönningen. Hinter der Unterführung war eine ziemlich enge Linkskurve an der Einmündung des Gleises in die damalige Hohenzollernstraße, heute Tübinger Straße. Hier war die Haltestelle *Hohenzollernstraße* (km 5,0). Das Gleis, das auf diesem Streckenabschnitt in ganzer Länge im Straßenpflaster eingelassen war, folgte der Hohenzollernstraße bis an den Rand der früher selbständigen Gemeinde Betzingen. Hier lagen die Haltestellen *Lohmühlstraße* (km 5,5), *Bösemannsäcker* (km 5,9), *Gminder-Fabrik* (km 6,3), *Steinachstraße* (km 6,6), *Quellenstraße* (km 6,9). Die Endstation *Betzingen Kirche* (km 7,23) lag unmittelbar vor

Triebwagen 29 mit Bw 17″–19″ in der Bahnhofsschleife; März 1953 (Aufnahme nach der WEG-Zeit von P. Boehm)

der Straßenkreuzung am Ende der Steinachstraße nahe der Mauritiuskirche. Zum Umsetzen des Triebwagens diente ein einfaches Umsetzgleis; weitere Bahnanlagen gab es nicht. Auch auf diesem letzten Streckenteil lag das Gleis am rechten Rand der Straße im Planum. Diese Seitenlage war zweckmäßig, weil auf diese Weise wenigstens die eine Hälfte der an sich meist geringen Straßenbreite von Schienen und Straßenbahnfahrzeugen freigehalten wurde, so daß dort auch größere Straßenfahrzeuge (Pferdegespann, Lkw u. a.) noch neben den Straßenbahnzügen fahren konnten.

2.8.3.2. *Strecke Pfullingen–Reutlingen*

Die Pfullinger Linie begann zuletzt am *Laiblinsplatz* in Pfullingen; dort war zur Zeit der WEG nur ein Umsetzgleis neben dem Streckengleis vorhanden. Das Streckengleis führte im Straßenplanum am linken Rand in nördlicher Richtung zur Haltestelle *Lindenplatz* (km 0,4), wo es früher ebenfalls ein Umsetzgleis gegeben hat; es ging dann weiter zu den Haltestellen *Bismarckstraße* (km 0,7) und *Goethestraße* (km 1,1), wo sich eine Ausweiche befand. Hier überquerte die Strecke die nach Reutlingen führende Marktstraße und verlief weiter rechts in geringem Abstand von der Straße auf eigenem Bahnkörper vorbei an der Haltestelle *Arbach-Brücke* (km 1,6) zum Südbahnhof, wo sie in die von Eningen kommende Strecke einmündete. Eine weitere Ausweiche, die sog. Arbach-Weiche, war in der Nähe der Erwin-Seitz-Straße angelegt, wo die Pfullinger Wagen mit etwaigen Wagen aus Eningen oder Betzingen kreuzen konnten. Dann ging die Strecke weiter wie bei der Eninger Linie beschrieben, bis zum Ende der Wilhelmstraße; dort waren auch die gleichen Haltestellen. Am nordwestlichen Ende der Wilhelmstraße bog das Gleis aber nicht nach links ab, son-

Tw 26 und Bw 17'' sowie Bw 11 in Eningen nach der WEG-Zeit; der 3. Teil der Wagenhalle ist erst im Bau; August 1950
(Aufnahme T. Alt)

dern führte geradeaus quer über den Karlsplatz in die Straße Unter den Linden hinein und bog vor der Eisenbahn-Unterführung nach rechts ab; das Streckengleis endete stumpf vor dem Bahnhofsgebäude; auch dort war ein Umsetzgleis. Diese Endhaltestelle hieß *Hauptbahnhof* (km 3,9). 1927 wurde, wie schon kurz erwähnt, die sog. Bahnhofsschleife gebaut, die von dieser Endstation über den Listplatz zum Karlsplatz verlief; dort hatte man auf dem nordwestlich der Wilhelmstraße gelegenen Teil des Karlsplatzes auf einer Insel eine zweite Haltestelle *Karlsplatz* bei km 4,2 angelegt, an der es neben einem Umsetzgleis auch ein Abstellgleis gab. Von hier aus fuhren die Pfullinger Wagen in einer Linkskurve wieder in die Wilhelmstraße ein, um nach Pfullingen zurückzukehren. Die verhältnismäßig großzügigen Anlagen an dieser Inselhaltestelle waren dadurch bedingt, daß die städtische Straßenbahnlinie nach Altenburg ebenfalls an dieser Haltestelle ankam und abfuhr. Die Neigungen auf den beiden WEG-Strecken waren mit maximal 1:65 (1,5%) nur unbedeutend.

Die Strecke Eningen–Betzingen war insgesamt 7,23 km und die Strecke nach Pfullingen 4,2 km lang. Die Länge der Ausweichen war recht unterschiedlich; am längsten war die Ausweiche Arbach-Weiche mit 95 m und am kürzesten die Ausweiche an der Marienkriche mit nur 36 m Nutzlänge.

2.8.4. FAHRPLAN UND BEFÖRDERUNGSLEISTUNGEN

Aus der Zeit der Eröffnung der Zweiglinie nach Pfullingen ist bekannt, daß vorher, bis zum 30. 4. 1916 auf der bisher bestehenden Strecke Eningen–Betzingen werktags 22 und sonntags 18 Zugpaare verkehrten. Ab 1. 5. 1915 nahm ihre Zahl auf 23 bzw. 20 Zugpaare zu. Erheblich verstärkt wurde der Gesamtverkehr nach der Eröffnung der Linie nach Pfullingen. Ab 29. 9. 1916 waren auf beiden Strecken insgesamt an Werktagen 48 und an Sonntagen 42 Züge im Fahrplan aufgeführt.

Hinsichtlich der Beförderungsleistungen ergibt sich aus den beiden Grafiken, daß der Personenverkehr bei der Dampf-Lokalbahn recht gering war und daß er erst nach Einführung des elektrischen Betriebs erheblich zunahm. In den Kriegsjahren wurden gewaltige Beförderungsleistungen bis zu 2,4 Millionen Fahrgäste im Jahr 1918 erreicht. Nach einem vorübergehenden Rückgang um 1923 stieg der Verkehr ab 1925 wieder stark an und überschritt in den letzten zwanziger Jahren die Zahl von 2,5 Millionen Beförderungsfällen. Dann ging die Zahl

Localbahn Eningen–Reutlingen 1899–1910
WEG-Straßenbahn Eningen–Betzingen 1911–1944
WEG-Straßenbahn Reutlingen-Pfullingen 1916–1944

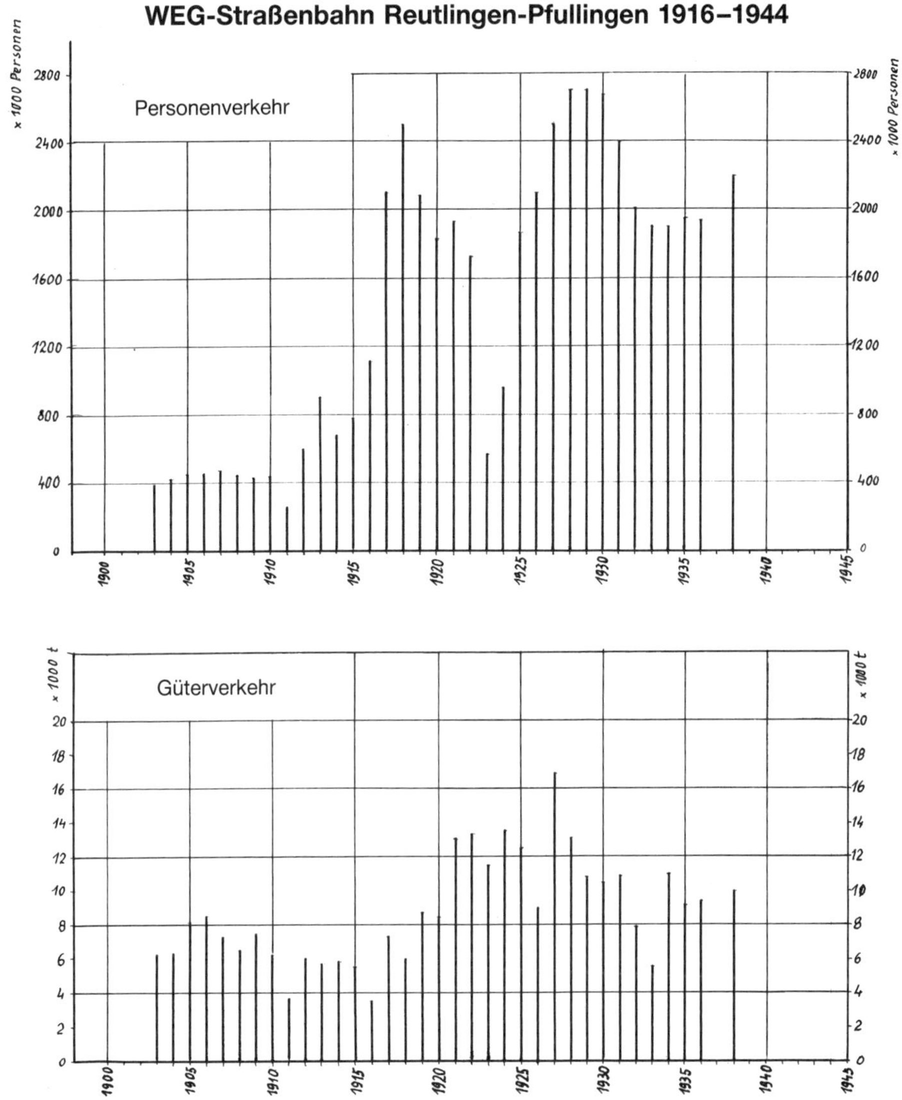

ENINGEN

Triebwagen in der Bahnhofsschleife am Karlsplatz; Mai 1941 (Aufnahme Gebrüder Metz)

der Fahrgäste in den dreißiger Jahren auf unter 2 Millionen zurück. Aus den letzten Jahren der WEG-Aktivität in Reutlingen liegen keine Zahlen vor. Aus der Grafik für den Güterverkehr ist zu ersehen, daß dieser immer nur gering war. Selbst in den Jahren, in denen relativ viele Güter transportiert wurden, waren es nur etwas über 12000 t pro Jahr.

2.8.5. FAHRZEUGE DER WEG-STRASSENBAHN REUTLINGEN

Darüber wurde im allgemeinen Teil des Buches über die WEG das Wichtigste berichtet. Es genügt daher, die zur WEG-Zeit vorhandenen Fahrzeuge noch einmal kurz nummernmäßig aufzuführen. Die Dampfloks der Lokalbahn wurden nach der Elektrifizierung der Strecke ausgemustert. Für den elektrischen Betrieb waren die zweiachsigen Triebwagen Nr. 21 bis 30 angeschafft worden. An Beiwagen hatte die WEG die 10 kleinen Fahrzeuge der Dampfbahn (Nr. 1–10) übernomen und dazu selbst die Beiwagen Nr. 11 bis 20 teils gebraucht, teils fabrikneu angeschafft. Für den Güterverkehr war die kleine Ellok in Dienst gestellt worden. An Dienstfahrzeugen gab es je einen Bahnmeisterwagen, Turmwagen und Salzwagen sowie 4 Rollböcke. Alle Fahrzeuge gingen 1944 an die Stadt Reutlingen über und wurden von der städtischen Straßenbahn weiterbenutzt.

Demjenigen Leser, der mehr über die Reutlinger Straßenbahn erfahren möchte, wird das Buch von Gassmann und Jeanmaire empfohlen, das im Verlag »Eisenbahn« in CH 5234 Villigen (Schweiz) erschienen ist.

Straßenbahnzug nach Eningen in der Wilhelmstraße nach der Kreuzung an der Marienkirche; Mai 1941
(Aufnahme Gebrüder Metz Tübingen)

3. Die Württembergischen Nebenbahnen GmbH (WNB)

3.1. Vorgeschichte

Nachdem wir nun das Wichtigste über die Geschichte der Württembergischen Eisenbahn-Gesellschaft kennengelernt haben, wollen wir uns mit der zweiten bedeutenden württembergischen Privat-Gesellschaft, der »Württembergischen Nebenbahnen GmbH« (WNB), bis vor kurzem einer Tochter der WEG, zuwenden. Der Name dieses Unternehmens ist erst am 29. 5. 1905 entstanden; man könnte also annehmen, daß auch die Geschichte der WNB an diesem Tage begonnen hat. Das trifft aber keineswegs zu, denn die WNB ist aus einer Vorgänger-Gesellschaft entstanden, nämlich der »Filderbahn-Gesellschaft« (FBG). Die Geschichte der WNB beginnt daher, genaugenommen, bereits am 14. 7. 1884, dem Tag, an dem die FBG gegründet wurde. Die Entstehung der FBG geht auf eine Konzession vom 28. 4. 1884 zurück, die dem Direktor der Maschinenfabrik Esslingen, Emil von Kessler, und dem Ziegeleibesitzer Karl Kühner aus Degerloch für den Bau und Betrieb einer Zahnradbahn von Stuttgart nach Degerloch erteilt worden war. Diese Zahnradbahn wurde am 23. 8. 1884 eröffnet. Die beiden Konzessionsinhaber übertrugen die Konzession am 14. 1. 1885 auf die FBG. In den Jahren 1888 bis 1904 baute die FBG auf der Höhe der Filder, einer Hochfläche südöstlich von Stuttgart, mehrere Meterspurstrecken, nämlich die Linien Degerloch–Möhringen–Hohenheim, Möhringen–Vaihingen (Filder) Staatsbahnhof und Vaihingen Ort sowie Möhringen–Neuhausen (Filder). Es zeigte sich im Laufe der ersten Betriebsjahre, daß die Anlage der Strecken in Meterspur unzweckmäßig gewesen war, da der zunehmende Güterverkehr durch das Umladen von Normalspur- auf Meterspur-Güterwagen umständlich und teuer war und daß der Dampfbetrieb der Personenzüge mit wachsendem Verkehr ebenfalls nicht optimal war. Die FBG entschloß sich daher um die Jahrhundertwende, ihre Strecken auf den Fildern mit einer 3. Schiene zu versehen, um Vollspurwagen direkt befördern zu können. Außerdem plante sie, die vorhandenen Schmalspurstrecken zu elektrifizieren. Zur Verwirklichung dieser Projekte suchte die FBG einen finanzkräftigen Geldgeber; sie fand ihn 1902 in der »Westdeutschen Eisenbahn-Gesellschaft« in Köln (WDEG). Da die WDEG sich stark beim Bau und Betrieb von Nebenbahnen im damaligen Großherzogtum Baden engagiert hatte, gründete sie zum Betrieb der in Baden gelegenen Bahnen eine Tochtergesellschaft, die »Badische Lokal-Eisenbahn-Aktien-Gesellschaft« (BLEAG) mit Sitz in Karlsruhe. Die WDEG bzw. BLEAG trat am 1. 6. 1903 zur Klarstellung der Besitzverhältnisse in die FBG ein und übernahm die Betriebsführung.

Inzwischen war die BLEAG aber noch weiter in Württemberg aktiv geworden und hatte Konzessionen für den Bau und Betrieb mehrerer Nebenbahnen erhalten. Es handelte sich dabei um die Nebenbahnen Reutlingen–Gönningen und Korntal–Weissach; dazu kam die Meterspurbahn Aalen–Ballmertshofen(–Dillingen). Für die Betreuung ihrer Bahnbauten im Königreich Württemberg hatte die BLEAG in Stuttgart eine Unterabteilung gegründet, die den Namen »Württembergische Lokal-Eisenbahnen« (WLE) führte; bei ihr handelte es sich aber nicht um eine Tochter der BLEAG, sondern um eine Art Dependence, die die Arbeiten im Raum Württemberg erleichtern sollte. Die BLEAG trat die ihr am 4. 5. 1901 erteilte Konzession für die Nebenbahn Korntal–Weissach an die FBG ab. Dieser Übergang der Konzession an die FBG hatte weitere Folgen. Die Ständekammer und die

Staatsregierung von Württemberg waren bedrängt worden, sich dafür einzusetzen, daß die Konzessionen für die beiden übrigen in Württemberg gelegenen Nebenbahnen der BLEAG, Reutlingen–Gönningen und Aalen–Ballmersthofen(–Dillingen) auf eine württembergische Gesellschaft übertragen würden. Durch Vermittlung der WDEG kam man auf die FBG, wobei die WDEG hoffte, daß durch die Verbindung der FBG mit der Nebenbahn Korntal–Weissach der FBG finanziell geholfen werden könne, so daß sie wieder finanzkräftiger werden würde. In der Generalversammlung vom 29 5. 1905 wurde die Übernahme der Konzession für die Nebenbahn Korntal–Weissach beschlossen. Gleichzeitig änderte die FBG ihren Namen in »Württembergische Nebenbahnen AG«, weil sich nun das Tätigkeitsgebiet der Gesellschaft auf Gebiete ausdehnte, die sich außerhalb der Filder befinden. Wir sind also jetzt bei dem Unternehmen angekommen, das den Gegenstand des 2. Teils des vorliegenden Buches bilden soll.

3.2. **Geschichte**

Die Namensänderung der FBG in WNB wurde im »Regierungsblatt« vom 11. 8. 1905 veröffentlicht und damit rechtskräftig. Ferner wurde durch eine Bekanntmachung der Verkehrsabteilung des Ministeriums für auswärtige Angelegenheiten vom 20. 12. 1905 die Übertragung der Konzession der Nebenbahn Korntal–Weissach an die WNB genehmigt. Der Verkehr auf dieser Bahn konnte am 14. 8. 1906 eröffnet werden. Die Übertragung der Konzessionen der beiden anderen Nebenbahnen der BLEAG, Reutlingen–Gönningen und Aalen–Ballmertshofen–Dillingen, an die WNB ließ noch einige Jahre auf sich warten, obwohl die erstgenannte Bahn bereits am 20. 4. 1902 und die zweite in zwei Etappen am 30. 10. 1901 und am 4. 4. 1906 den Verkehr aufgenomen hatten. Die Übertragung der Konzessionen wurde erst am 25. 11. 1910 vollzogen. Die nun rein württembergische WNB verfügte jetzt über folgende Bahnen:

1) Filderbahn mit den oben genannten Strecken (Meter- u. Normalspur),
2) Nebenbahn Reutlingen–Gönningen (Normalspur),
3) Nebenbahn Aalen–Ballmertshofen–Dillingen (Meterspur),
4) Nebenbahn Korntal–Weissach (Normalspur).

Die WNB hatte damals die größte Ausdehnung ihres Netzes erreicht, nämlich bei der Filderbahn 31,79 km, bei Reutlingen–Gönningen 16,50 km, bei Aalen–Dillingen 55,6 km und bei Korntal–Weissach 22,25 km, zusammen 126,14 km. Dieser Zustand blieb bis 1920 im wesentlichen unverändert. Nachdem die BLEAG alle ihre Konzessionen für in Württemberg gelegene Bahnen an die WNB abgetreten hatte, löste sie ihre Dependance »Württembergische Lokal-Eisenbahn« (WLE) auf und betätigte sich künftig nur noch bei ihren übrigen süddeutschen Bahnen, besonders in Baden.

Nach dem Ersten Weltkrieg hatte sich die finanzielle Situation der WNB drastisch verschlechtert, ein Umstand, der im wesentlichen zu Lasten der Filderbahn-Strecken ging. Durch Verhandlungen mit dem nunmehrigen Freistaat Württemberg, der Stadt Stuttgart und der Staatsbahn wurde eine Vereinbarung getroffen, nach der die Filderbahn-Strecken mit Wirkung vom 1. 3. 1920 verkauft wurden. Die Strecke Echterdingen–Neuhausen (Filder) ging an die Staatsbahn über, während die übrigen Strecken auf den Fildern einschließlich der Zahnradbahn mit allen festen und beweglichen Objekten Eigentum der Stadt Stuttgart wurden. Durch diese Änderungen reduzierte sich die Länge der Strecken der WNB auf 94,35 km.

An dieser Stelle sei erwähnt, daß die WNB zwischen 1922 und 1924 die Betriebsführung der »Teuringer Talbahn« übernommen hatte, einer Nebenbahn, die von Friedrichshafen Stadt nach Oberteuringen führte; die Länge der Bahn war 10,6 km. Da das Verkehrsaufkommen aber sehr zu wünschen übrigließ, gab die WNB ihre Tätigkeit bei dieser Bahn wieder auf.

Nach dem Verkauf der Filderbahnstrecken war die WNB wieder finanziell gesund, doch war ihre Verkehrsgrundlage stark beeinträchtigt, was sich in den folgenden Jahren darin zeigte, daß der Verkehrswert der WNB-Aktien nach und nach zurückging. Daß die WNB, wie auch alle anderen Privatbahnen, durch die Auswirkungen der beiden Weltkriege stark getroffen wurden, soll nur am Rande erwähnt werden. Von den Folgen erholte sich das Unternehmen in beiden Fällen erst langsam im Laufe der Nachkriegsjahre, nachdem alle kriegsbedingten direkten und indirekten Schäden beseitigt waren.

Eine wesentliche gesellschaftsrechtliche Änderung trat 1965 ein, als die WNB auf Beschluß der Hauptversammlung vom 29. 12. 1965 von einer Aktiengesellschaft in eine Gesellschaft mit beschränkter Haftung (GmbH) umgewandelt wurde. Dabei wurde das in der Bilanz für 1965 ausgewiesene Grundkapital in gleicher Höhe in der Bilanz für 1966 als Stammkapital weitergeführt. Die offizielle Umwandlung in eine GmbH erfolgte am 21. 4. 1966 und die entsprechende Eintragung im Handelsregister war am 20. 6. 1966. Das Stammkapital der WNB betrug 2292500 DM; es verteilte sich auf folgende Teilhaber:

Württembergische Eisenbahn-Gesellschaft mbH (WEG)	2265900 DM
Bankhaus Sal. Oppenheim jr. & Cie in Köln	26600 DM

Inzwischen wurde die bereits bei der Besprechung der WEG mitgeteilte Verschmelzung der WNB mit der WEG vollzogen. Durch Beschluß der Gesellschafter-Versammlungen der beiden Unternehmen wurde am 13. 8. 1984 der entsprechende Vertrag unterzeichnet. Damit hat die WNB als selbständiges Unternehmen aufgehört zu bestehen. Wir wollen sie aber bei den folgenden Ausführungen über die Fahrzeuge und die zu ihr gehörenden Nebenbahnen noch als eigenständige Gesellschaft ansehen, obwohl jetzt alle Bahnen und Fahrzeuge Eigentum der WEG sind. Infolge der permanenten Verschlechterung der wirtschaftlichen Lage bei der Nebenbahn Aalen–Dillingen, der sog. Härtsfeldbahn, seit Beginn der siebziger Jahre bemühte sich die WNB bei interessierten Landratsämtern und Bürgermeistereien um eine Subventionierung der Bahn. Da aber keine Einigung zu erreichen war, sah sich die WNB gezwungen, Antrag auf Entbindung von der Betriebs- und Beförderungspflicht für die Härtsfeldbahn zu stellen. Nachdem dieser Antrag genehmigt war, wurde am 30. 9. 1972 der Personenverkehr und am 30. 11. 1972 auch der Güterverkehr auf der Nebenbahn Aalen–Dillingen eingestellt. Bald darauf wurden die Bahnanlagen abgebaut. Nach der Stillegung der Härtsfeldbahn blieben der WNB nur noch die beiden normalspurigen Nebenbahnen Korntal–Weissach und Reutlingen–Gönningen mit einer restlichen Streckenlänge von 38,75 km. Davon waren 3,634 km (9,4%) waagerecht, 35,116 km (90,6%) geneigt und andererseits 21,355 km (55,1%) gerade und 17,395 km (44,9%) in Kurven.

Inzwischen hat sich die Nebenbahn Korntal–Weissach, die sog. Strohgäubahn, zu einem bedeutenden Verkehrsbetrieb entwickelt, der insbesondere durch die Aufnahme in die Stufe II des Stuttgarter Verkehrs- und Tarif-Verbunds (VVS) einen weiter wachsenden Personenverkehr erlebte. Um einen solchen S-Bahn-Zubringerverkehr zeitgerecht und schnell durchführen zu können, hat sich die WNB bemüht, das Zugangebot durch den Einsatz von modernen vierachsigen Triebwagen und Steuerwagen attraktiv zu machen; der Erfolg ist in einer Zunahme der Fahrgäste deutlich erkennbar.

Gegenüber dieser positiven Entwicklung bei der Strohgäubahn ging es bei der Nebenbahn Reutlingen–Gönningen immer mehr abwärts. Der Streckenteil von Ohmenhausen bis zur Endstation Gönningen (6,5 km) mußte am 30. 6. 1982 stillgelegt werden, nachdem der restliche Güterverkehr stark abgenommen hatte. Bald danach traten weitere ungünstige Umstände beim Frachtaufkommen ein, die auch zur Einstellung des Verkehrs auf der Reststrecke Ohmenhausen–Reutlingen führten. Hier verkehrte der letzte Zug Ende Juni 1985.

Von den ehemaligen WNB-Nebenbahnen existiert also nur noch die Nebenbahn Korntal–Weissach, heute im Besitz der WEG.

Die geografische Lage der Strecken der WNB ergibt sich aus der Übersichtskarte. Mit Ausnahme der Härtsfeldbahn liegen bzw. lagen sie alle im näheren oder weiteren Einzugsbereich von Stuttgart. Die Strecken der Filderbahn lagen auf der südöstlich von Stuttgart befindlichen Hochfläche der Filder, die Nebenbahn Reutlingen–Gönningen finden wir in einigem Abstand südlich von Stuttgart und die Nebenbahn Korntal–Weissach im unmittelbaren Einzugsbereich nur wenig nördlich der Landeshauptstadt.

Die Beförderungsleistungen der WNB insgesamt im Personenverkehr und im Güterverkehr sind aus den beiden Grafiken ersichtlich, die die Angaben von der Eröffnung der Nebenbahn Korntal–Weissach bis zum Jahre 1984 zeigen. Im Personenverkehr fehlen die Zahlen für eine Anzahl Jahre vor 1920; danach folgt eine Reihe Jahre mit stark schwankenden jährlichen Fahrgastzahlen. In den Jahren nach 1945 wurden ungewöhnliche Spitzenwerte über 2400000 Reisende pro Jahr erreicht; dann ging es ab 1951 rapide abwärts bis sich 1974 eine gewisse Konsolidierung um 400000 Beförderungsfälle pro Jahr eingependelt hatte. Seit 1982 stieg die Zahl der Reisenden wieder an, was auf die oben erwähnten Ursachen bei der Strohgäubahn zurückzuführen ist. Der Güterverkehr nahm nach einer vorübergehenden Spitze nach dem Zweiten Weltkrieg im ganzen gesehen ständig ab und erreichte um 1980 Werte in der Größenordnung 40000 t im Jahr; seit 1982 sind die Zahlen noch weiter gesunken. Die Ursachen dafür werden wir bei der Besprechung der einzelnen Nebenbahnen der WNB erfahren.

Württembergische Nebenbahnen GmbH

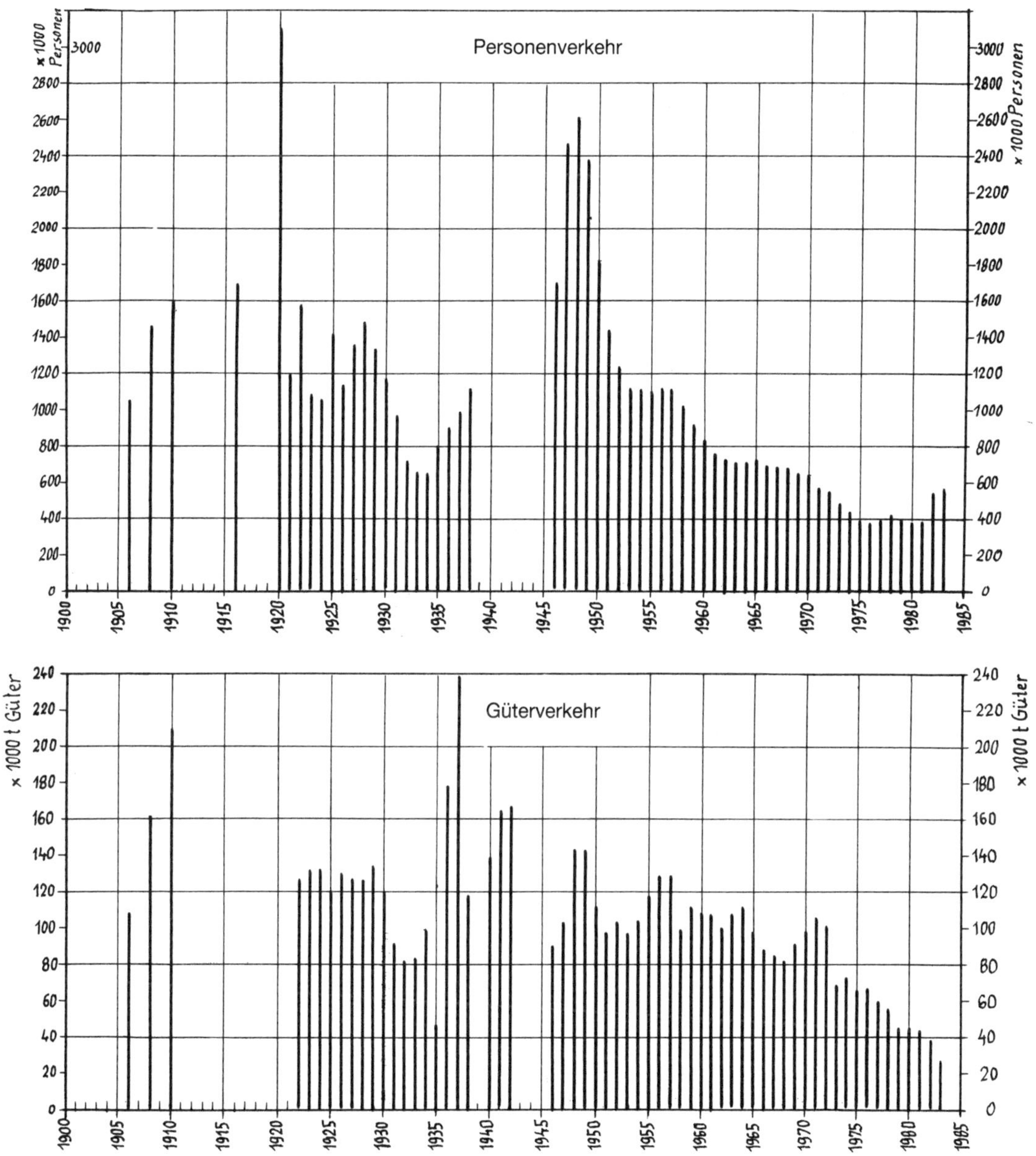

3.3. Die normalspurigen Fahrzeuge der WNB

3.3.1. DIE DAMPFLOKOMOTIVEN

Bei der WNB liegen die Verhältnisse bei den Dampfloks nicht so einfach wie bei der WEG, die ihre Loks laufend durchnumeriert hatte und keine Umzeichnungen vorgenommen hat. Demgegenüber haben die einzelnen Vorläuferbahnen der WNB ihre Dampfloks jeweils mit eigenen Nummernfolgen bezeichnet, die dann von der WNB bei der Übernahme beibehalten wurden. Auf diese Weise ist es zu Doppel- und sogar Dreifach-Numerierungen gekommen. So kamen allein von der FBG zur WNB 2 von Hohenzollern gebaute Mallet-Loks, ferner 2 Cn2t-Loks, 3 Dn4tv-Loks und eine En2t-Lok; andererseits verkehrte zeitweise eine von der WNB direkt beschaffte Lok auf der FBG. Von der BLEAG hat die WNB 1910 mit der Nebenbahn Reutlingen–Gönningen ebenfalls 3 Cn2t-Loks übernommen und mit unveränderter Nummer auf dieser Strecke weiterverwendet. Weitere Loks waren von der WNB direkt für ihre Nebenbahn Korntal–Weissach beschafft und benummert worden. Durch die Gewohnheit der WNB, die Nummern der übernommenen Loks nicht zu ändern, sind bei den Normalspur-Maschinen allein die Nummern 1 bis 3 dreimal verwendet worden. Nach diesen Vorausbemerkungen können wir mit der Besprechung der einzelnen Loks beginnen, wobei berücksichtigt werden muß, daß auch hier einige Angaben nicht ganz sicher sind.

Der Anfang soll mit den beiden Mallet-Loks der FBG gemacht werden, die die Achsfolge *B'Bn4tv* hatten und die Nummern *1 und 2* trugen. Sie waren 1902 von der Maschinenfabrik Hohenzollern als Werknummern 1599 und 1600 gebaut worden und wurden bei der FBG auf der Normalspurstrecke eingesetzt. Lok 1 ist 1906 an die Bergheimer Kreisbahn abgegeben worden, während die Nr. 2 ab 1906 ein neues Betätigungsfeld bei der Moselbahn gefunden hat.

Von der FBG hat die WNB noch zwei weitere kleine Loks erhalten, nämlich die 1902 erbaute *Cn2t-Lok Nr. 3* und die 1904 entstandene *Bn2t-Lok Nr. 4*. Hersteller und Werknummer beider Loks sind nicht bekannt. Nr. 3 wurde 1906 und Nr. 4 1916 verkauft, vermutlich an eine andere Bahn der WDEG.

Für die Betriebseröffnung auf der Nebenbahn Reutlingen–Gönningen hatte die BLEAG 3 baugleiche *Cn2t-Loks* bei der Maschinenfabrik Humboldt in Köln bestellt, die 1902 gebaut wurden und die Werknummern 109, 110 und 143 trugen; die BLEAG gab ihnen die Nummern *1 bis 3*, die auch bei der Übergabe an die WNB erhalten blieben. Lok Nr. 1 kam 1952 zur WEG-Nebenbahn Jagstfeld–Ohrnberg und wurde dort 1957 verschrottet. Ob sie auf der WEG-Strecke Dienst getan hat, ist nicht bekannt. Nr. 2, die zuletzt einen Kessel mit der Werknummer 1481 hatte, wurde 1960 bei der Nebenbahn Reutlingen–Gönningen, auf der sie immer geblieben war, verschrottet. Die Nr. 3 ist schon vor 1929 an eine nicht näher bezeichnete Bahn abgegeben worden. Die 3 Maschinen hatten eine Bauart ähnlich der pr T 3 und wirkten deshalb etwas fremdartig in Württemberg.

Es folgen nun 5 Verbundloks mit der Achsfolge *Dn2tv*, die von Humboldt in den Jahren 1903 bis 1906 für die FBG und die Nebenbahn Korntal–Weissach gebaut worden waren. Sie hatten die Werknummern 290, 291, 293, 294, 295 und wurden bei der FBG und der WNB als *Nr. 1 bis 5* bezeichnet. Damit sind die Nummern 1 bis 3 im Bereich der WNB schon zum dritten Mal und die Nr. 2 zum zweiten Mal vergeben worden. Die Dn2tv-Loks Nr. 1 und 2 waren bei der Filderbahn tätig und wurden 1920 an die Firma Stern & Co. in Stuttgart verkauft, vermutlich zur Verschrottung. Nr. 3 war ebenfalls zuerst bei der Filderbahn, kam aber 1915 im Tausch gegen die noch zu besprechende Lok 12'' zur Nebenbahn Korntal–Weissach. Von dieser gelangte sie 1955 zur Nebenbahn Reutlingen–Gönningen, wo sie 1959 verschrottet worden ist. Die Loks Nr. 4 und 5 sind von der Lieferung an bei der Nebenbahn Korntal–Weissach tätig gewesen. Dort wurde der Kessel von Nr. 4 1958 verschrottet, während das Fahrgestell in die Lok Nr. 5 eingebaut wurde. Zu erwähnen wäre, daß die Lok 5 zeitweise bei der Filderbahn verkehrte. Die WNB verkaufte sie 1960 als Schrott an die Firma Bados, wo sie 1968 dem Schneidbrenner zum Opfer fiel. Im äußeren Aussehen ähnelten diese 5 Maschinen sehr den WEG-Loks Nr. 9 bis 12, die ja ebenfalls Dn2tv-Loks waren und 1905 und 1906 von Humboldt gebaut wurden. Ein auffälliger Unterschied bestand in dem dicken Schalldämpferrohr hinter dem Schornstein.

Wir kommen nun zu 2 kuriosen Loks der WNB, die einen stehenden Kittel-Kessel und ein Heißdampf-Trieb-

Lok Nr. 1 Cn2t Humboldt, Reutlingen Hauptbahnhof; 1952 (Aufnahme T. Alt)

Lok Nr. 2 Cn2t Humboldt, teilweise demontiert, in Gönningen; Mai 1960 (Aufnahme H. Bürnheim)

Lok Nr. 3 Dn2tv WNB Humboldt in Gönningen; Mai 1960 (Aufnahme H. Bürnheim)

Lok Nr. 5 Dn2tv (Humboldt) in Weissach; Juli 1958 (Aufnahme R. Ehlers)

werk *Bh2t* mit Heusinger-Steuerung besaßen. Die beiden Maschinen waren 1908 zusammen mit 2 weiteren Exemplaren gleicher Bauart von der Maschinenfabrik Esslingen als Werknummern 3480 bis 3483 gebaut worden. Bei der Nebenbahn Korntal–Weissach waren sie als *Nr. 11 und 12* zum Einsatz gekommen. Offenbar haben sie sich auf dieser Strecke wegen zu geringer Zugkraft nicht besonders bewährt, denn schon 1912 wurden sie an die KWStE verkauft, wo sie als KL1 und 2 noch bis 1917 oder 1918 dem Bw Tübingen zugeteilt waren. Diese originelle Bauart ist in Deutschland weder bei sonstigen Privatbahnen noch bei der Staatsbahn bekanntgeworden, wenn man von den beiden anderen Exemplaren dieser Serie absieht, die vermutlich bei einer anderen Strecke der WDEG verkehrt haben. Der Kittel-Kessel stand aufrecht in der Mitte über den beiden Kuppelachsen und der Aufbau bestand aus einem rechteckigen Kasten, der die Bedienungsräume und alle Bedienungseinrichtungen enthielt. Da von diesen originellen Loks die wichtigsten technischen Daten bekannt sind, sollen sie nachfolgende angegeben werden:

Zylinderdurchm.	275 mm	Dienstmasse	25,5 t
Kolbenhub	520 mm	Kohlenvorrat	0,6 t
Kesseldruck	16 kg/qcm	Wasservorrat	2,7 cbm
Heizfläche	44,65 qm	Indiz. Leistung	120 PS
Rostfläche	0,98 qm	Höchstgeschwindigk.	55 km/h
Überhitzerfläche	14,39 qm		

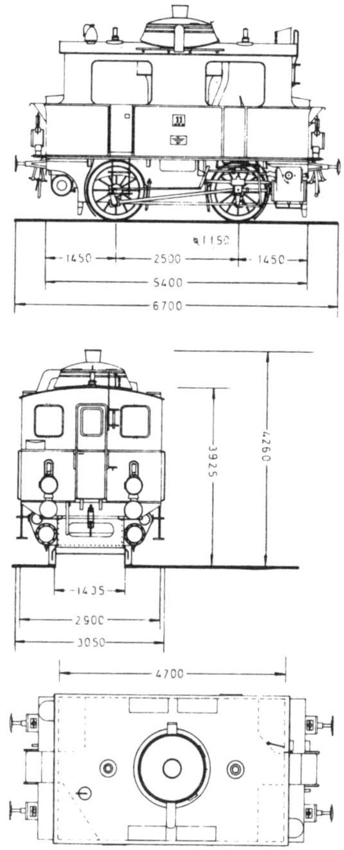

WNB Dampflok Bh2t Nr. 11′ (Zeichnung G. König)

Lok Nr. 11′ Bh2t (Werkfoto Maschinenfabrik Esslingen)

Wir kommen nun zu den beiden schwersten Normalspurloks der WNB, den *En2t*-Zwillingsloks *Nr. 11 und 12* in zweiter Belegung, die 1911 ebenfalls von der Maschinenfabrik Esslingen als Werknummern 3590 und 3624 gebaut wurden. Nr. 11″ war ursprünglich bei der Filderbahn tätig und blieb auch nach 1920 zunächst noch dort. 1925 wurde sie an die Industriebahn Stuttgart Münster–Cannstatt abgegeben, tauchte aber 1926 wieder bei der Nebenbahn Korntal–Weissach auf, wo sie offenbar bis 1950 blieb. Von 1950 bis 1952 gab sie ein Gastspiel bei der Nebenbahn Reutlingen–Gönningen und wurde schließlich 1959 in Weissach verschrottet. Die Lok

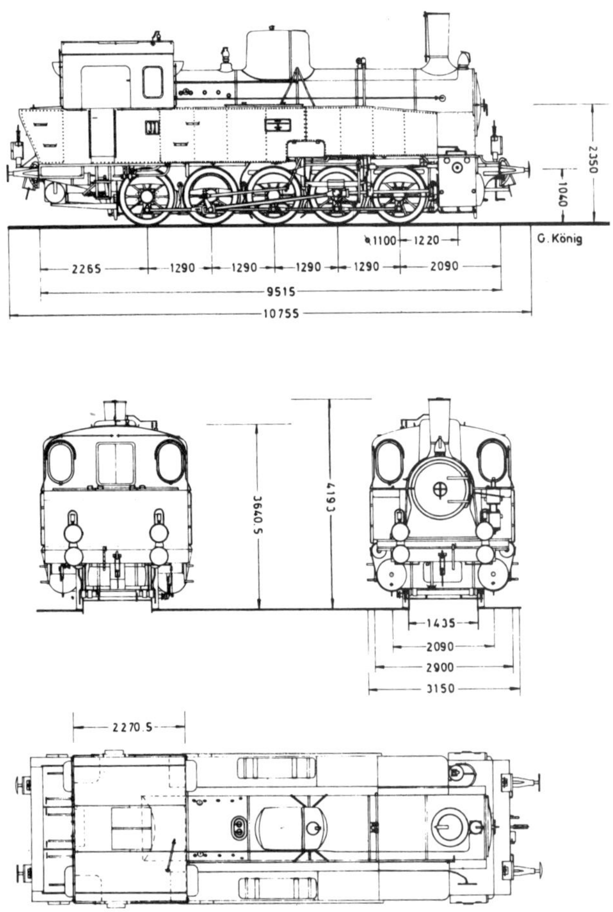

WNB Dampflok En2t Nr. 11″ (Zeichnung G. König)

Tabelle 8: **Normalspurige Dampfloks der WNB und ihrer Vorläufer**

Betr.-Nr.	*Achsfolge*	*Hersteller*	*Werk-Nr.*	*Baujahr*	*Einsatz-Bahn*	*Bemerkungen*
1	B′Bn4tv	Hohenz.	1599	1902	FBG	1906 an Bergheimer Krb. (Nr. 9^{nm})
2	B′Bn4tv	Hohenz.	1600	1902	FBG	1906 an Moselbahn (Nr. 9^{m})
3	Cn2t	?	?	1902	FBG KW	1906 an Unbekannt verkauft
4	Bn2t	?	?	1904	FBG KW	1916 an Unbekannt verkauft
1	Cn2t	Humb.	109	1902	RG	1952 an JO; 1957 verschrottet JO
2	Cn2t	Humb.	110	1902	RG	1960 in Gönningen verschrottet
3	Cn2t	Humb.	143	1902	RG	vor 1929 an Unbekannt verkauft
1	Dn2tv	Humb.	290	1905	FB	1920 verkauft an Stern & Co.
2	Dn2tv	Humb.	291	1905	FB	1920 verkauft an Stern & Co.
3	Dn2tv	Humb.	293	1906	FB KW RG	1915 v. FB an KW; 1955 von KW an RG; 1959 in Gönningen verschrottet
4	Dn2tv	Humb.	294	1906	KW	1958 Kessel verschrottet, Fahrgestell in Nr. 5 eingebaut
5	Dn2tv	Humb.	295	1906	KW FB	1958 Fahrgestell von Nr. 4 erhalten; 1960 an Fa. Bados verkauft; 1968 verschrottet (evtl. schon 1960)
11′	Bh2t	Essl.	(3480–3483)	1908	KW	Kittel-Stehkessel; 1912 an KWStE verkauft (KL 1)
12′	Bh2t	Essl.	(3480–3483)	1908	KW	wie Nr. 11; bei KWStE KL 2
11″	En2t	Essl.	3590	1911	FB KW RG	1925 an Industriebahn Stuttgart-Münster–Cannstatt verkauft; 1926 bis 1950 bei KW; 1950 bis 1952 bei RG; 1959 bei KW verschrottet
12″	En2t	Essl.	3624	1911	KW FB	1915 an FB im Tausch gegen Nr. 3; 1922 verkauft an Stern & Co.; 1929 an HzL (22) weiterverkauft
3b	Cn2t	Karlsr.	1063	1883	RG	1920 ex KPEV Elberfeld 6127; 1930 verschrottet
?	Bn2t	Hohenz.	1217	1900	RG	1936 ex HzL Nr. 2; ex Lenz 2^{d}

Nr. 12″ war direkt an die Nebenbahn Korntal–Weissach geliefert worden und blieb dort bis 1915; dann wurde sie im Tausch gegen die Dn2tv-Lok Nr. 3 zur Filderbahn versetzt. Nach dem Ausscheiden der Filderbahn-Strecken aus dem Besitz der WNB wurde die Nr. 12″ im Jahre 1922 an die Firma Stern & Co. verkauft, die sie weiter an die Hohenzollernsche Landesbahn veräußerte, wo sie seit 1929 als Nr. 22 verkehrte. Auch von diesen beiden Loks sind die wichtigsten technischen Daten bekannt:

Lok Nr. 11″ En2t in Korntal; etwa 1952 (Aufnahme T. Alt)

Lok Nr. 12″ En2t in Möhringen; 1914 (Sammlung Archiv WEG/WNB)

WNB VT 410 und 411 im Werksgelände Waggon-Union Berlin; Nov. 1981 (Werkfoto Waggon-Union)

Zylinderdurchmesser	490 mm
Kolbenhub	560 mm
Kesseldruck	12 kg/qcm
Heizfläche	109,86 qm
Rostfläche	1,88 qm
Treibraddurchmesser	1100 mm
Gesamtachsstand	5160 mm
Länge ü. Puffer	etwa 10000 mm
Leermasse	39,82 t
Dienstmasse	52,86 t

Bei den normalspurigen Dampfloks der WNB wäre noch eine weitere alte *Cn2tv*-Lok mit der *Nummer 3b* zu erwähnen, welche die WNB 1920 von der KPEV gekauft hatte; es handelte sich um die »Elberfeld 6127«, die schon 1883 von der Maschinenfabrik Karlsruhe als Werknummer 1063 gebaut wurde. Sie verkehrte bei der Nebenbahn Reutlingen–Gönningen und ist bereits 1930 verschrottet worden. Näheres über diese kleine Lok, deren Nr. 3 nun schon zum vierten Mal im Bereich der WNB Verwendung gefunden hat, konnte nicht ermittelt werden. Bei der gleichen Nebenbahn soll zeitweise eine von der Hohenzollernschen Landesbahn gebraucht gekaufte Bn2t-Lok (ex Nr. 2) tätig gewesen sein, die als Werknummer 1217 im Jahre 1900 von Hohenzollern gebaut worden sein soll. Auch über diese Lok ist nichts Näheres bekannt, außer, daß der Kauf 1936 stattgefunden hat.

3.3.2. TRIEBWAGEN

Mit diesen Fahrzeugen können wir uns kurzfassen, da sie bereits bei den Fahrzeugen der WEG zusammen mit deren Triebwagen behandelt wurden, weil sie in einem

Diesellok V 83 WNB; Juli 1983 (Aufnahme M. Aschpals)

gemeinsamen Nummernsystem eingeordnet sind. Es genügt daher, an dieser Stelle noch einmal die Nummern der der WNB gehörenden Triebwagen zu nennen: Zweiachser *T 01', T 01", T 07, T 12, T 21, T 22;* Vierachser *VT 402, VT 405, VT 410, VT 411.* Dazu kommen noch die weiteren gebraucht gekauften Triebwagen, die aber bei der WNB nicht zum Einsatz gekommen sind: T 80 ex KSch, VT 110 ex KN, VT 2.10 ex AKN und VT 4.44 ex ANB.

3.3.3. DIESELLOKOMOTIVE

Um die Triebwagen besonders bei dem schweren Güterverkehr zur Zeit der Zuckerrübenernte zu entlasten, kaufte die WNB 1978 von der Hohenzollernschen Landesbahn (HzL) deren vierachsige Stangenantriebs-Diesellok V 82 und stellte sie als *V 83 WNB* in Dienst. Die Lok wurde 1957 von der Maschinenfabrik Kiel (MaK) als Werknummer 800090 gebaut; sie war mit einem Dieselmotor von 650 kW (850 PS) ausgerüstet, der seine Leistung über ein hydraulisches Getriebe auf eine unter der Fahrzeugmitte gelagerte Blindwelle übertrug; von dieser wurden die 4 Kuppelachsen über Kuppelstangen angetrieben. Die Maschine hatte die von anderen Privatbahnen bekannte Bauart mit Mittelführerhaus und 2 verschieden langen Vorbauten, wobei in dem längeren der Motor untergebracht war. Die Länge über Puffer betrug 11,36 m, die Dienstmasse 62 t. Da die neuen Triebwagen VT 410 und 411 den Güterverkehr übernommen haben, wurde die Diesellok überflüssig und wurde 1983 an die Firma Layritz in München verkauft.

3.3.4. NORMALSPURIGE PERSONENWAGEN DES DAMPFBETRIEBS

Wie schon bei der WEG ist auch über diese Fahrzeuggattung bei der WNB kein vollständiges Bild mehr zu rekonstruieren. Einzige Anhaltspunkte sind neben wenigen guten Fotos die »Statistik der deutschen Eisenbahnen« und das schon bei der WEG erwähnte Fahrzeug-Verzeichnis mit Angaben über den Bestand an Personenwagen in den Jahren 1950 und 1964. Darin sind natürlich die Wagen der Filderbahn-Strecken nicht mehr enthalten.

Die Filderbahn besaß im Jahre 1914 die Personenwagen Nr. 1 bis 5 (Vierachser; Beuchelt 1902, 1906), Nr. 11 bis 22 (Vierachser; Beuchelt 1902–1910) und Nr. 9, 10 (Zweiachser; ex SBB; 1914 gekauft).

Die Jahrgänge der »Statistik« aus den dreißiger Jahren weisen für die WNB einen Bestand von 24 Personenwagen aus, die auf den beiden Nebenbahnen Reutlingen–Gönningen und Korntal–Weissach vorhanden waren. Dieser Bestand muß auch nach dem Zweiten Weltkrieg noch existiert haben, denn in dem erwähnten Fahrzeug-Verzeichnis der WNB sind für 1950 bei der Nebenbahn Reutlingen-Gönningen 14 und bei Korntal–Weissach 11 Einheiten aufgeführt. Aus dem Verzeichnis, das nachfolgend abgedruckt ist, sind auch die Jahre der Ausmusterung bzw. Verschrottung ersichtlich; auch ist angegeben, welche Fahrgestelle für den Aufbau neuer Triebwagen-

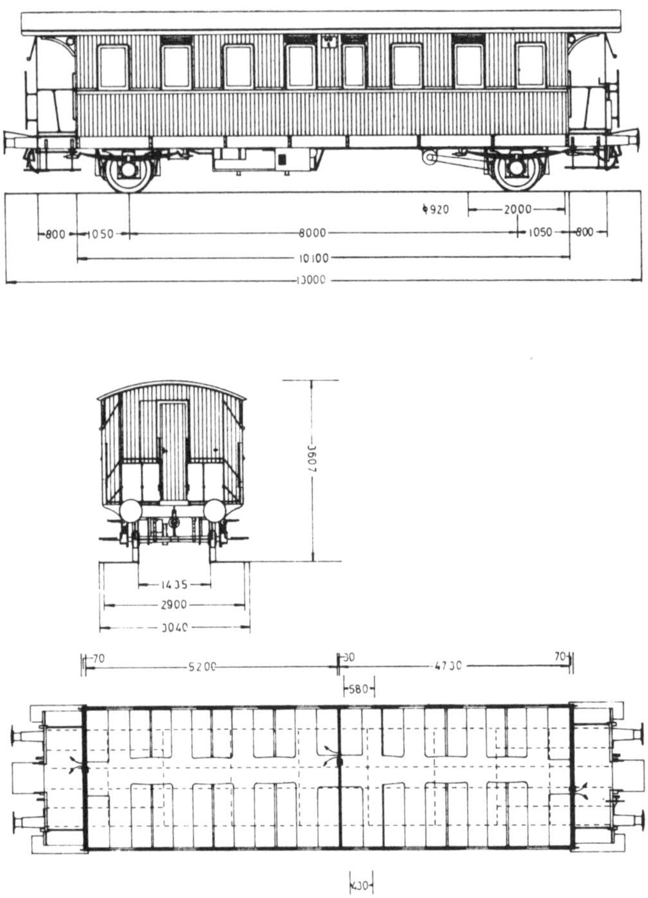

WNB-Personenwagen Nr. 6 (Zeichnung G. König)

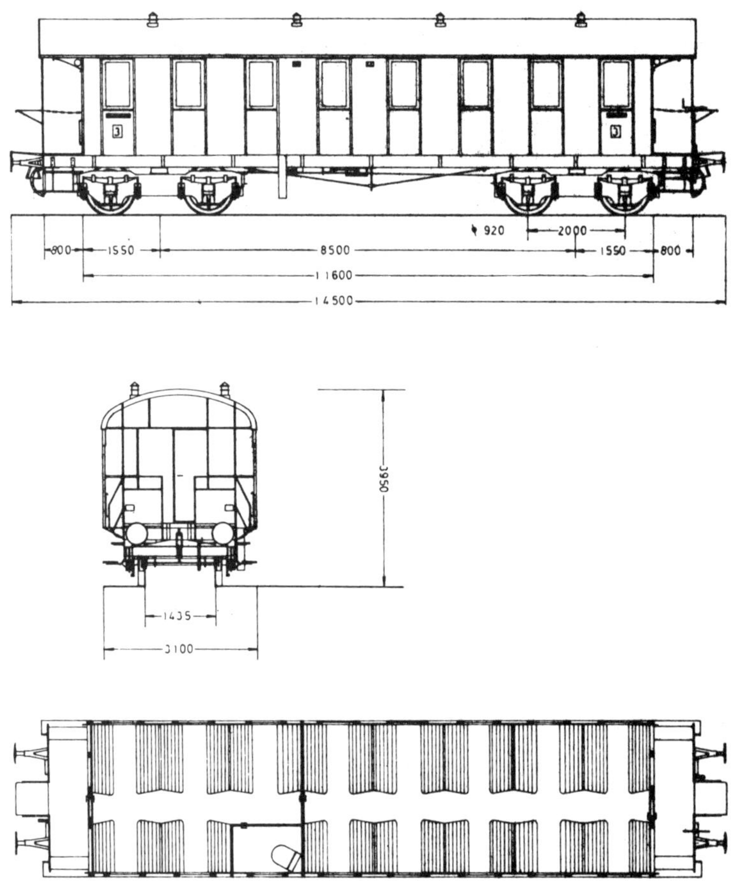

WNB Personenwagen Nr. 13 und 14 (Zeichnung G. König)

Bi Nr. 6 in Weissach; Mai 1963 (Aufnahme D. Höltge)

Bi Nr. 10 (oder 15) in Gomaringen; Mai 1961 (Aufnahme D. Höltge)

Bi Nr. 13 in Weissach; Mai 1963 (Aufnahme D. Höltge)

Beiwagen mit Auwärter-Wagenkästen benutzt worden sind. Offenbar hat die WNB einige Personenwagen in den fünfziger Jahren an die WEG abgegeben, denn ein Wagen Nr. 8 WN wurde 1962 in Neuffen ohne Fahrgestell als Materiallager gesehen.

Die auf der Nebenbahn Reutlingen–Gönningen verkehrenden Personenwagen, z. B. Nr. 8, 10, 16, waren Zweiachser mit Wölbdach und offenen Endplattformen. In den Seitenwänden befanden sich 5 bzw. 6 Fenster.

Bei der Nebenbahn Korntal–Weissach hat es sowohl Zweiachser als auch Vierachser gegeben. Der Zweiacher Nr. 6 war z. B. ein langes Fahrzeug mit einem für einen Zweiachser ungewöhnlich großen Achsabstand, das in seine Seitenwänden 8 ziemlich schmale Fenster besaß. Der Wagen Nr. 17 war viel kürzer als Nr. 6 und hatte nur 6 Seitenfenster. Die Vierachser waren recht lange Fahrzeuge mit Wölbdach, offenen Endplattformen und 8 Seitenfenstern. Weiter ist ein Wagen Nr. 11, offenbar ein Vierachser bekannt, der viel Ähnlichkeit mit dem Vierachser Nr. 13 hat. Ein Vierachser mit der Nr. 14 soll 1906 bei Herbrand gebaut worden sein.

Zu den Personenwagen können auch 2 kombinierte Personen/Gepäckwagen der Nebenbahn Korntal–Weissach gezählt werden, die die Nummern 14 und 20 hatten; sie waren in der halben Länge Personenwagen mit 3 Seitenfenstern und in der anderen Hälfte Gepäckwagen mit seitlichen Schiebetüren. An beiden Enden befanden sich offene Plattformen. Der Wagen mit der Nummer 20 war noch 1962 in Weissach vorhanden. Nach der Einführung des Triebwagenverkehrs wurde der Personenwagen Nr. 6 der Nebenbahn Reutlingen–Gönningen zu einem Triebwagen-Beiwagen umgebaut; dabei ist die eine Plattform weggefallen. Das Fahrzeug hatte in diesem Zustand die Bezeichnung 250 WNB (Wüna) und den zweifarbigen Anstrich der Triebwagen.

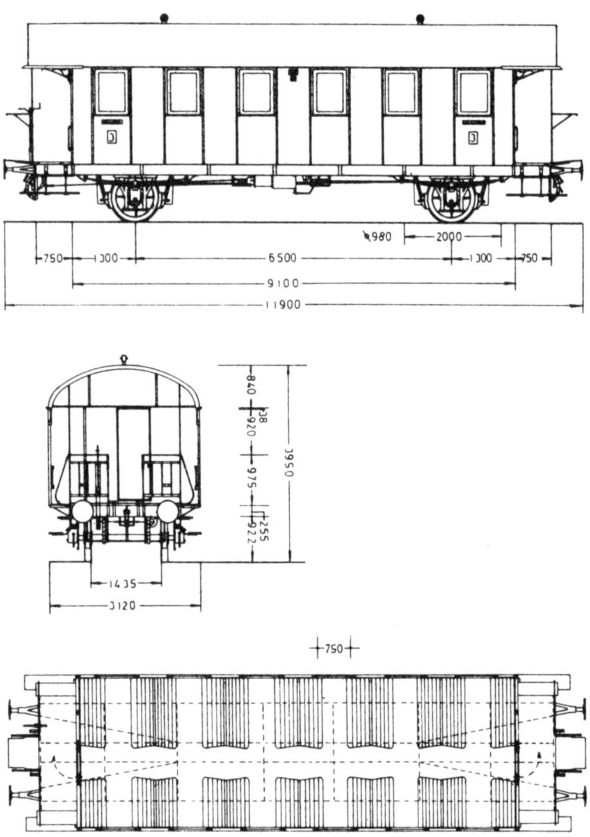

Personenwagen Nr. 16 WNB (Zeichnung G. König)

Tabelle 9: **Normalspurige Personenwagen der WNB für Dampfbetrieb**

Betr.-Nr.	*Einsatz-strecke*	*Verbleib*
2	R–G	abgegeben an Korntal–Weissach; 1956 verschrottet
3	R–G	verkauft an WEG
4	R–G	1953 ausgemustert und verschrottet
6	R–G	abgegeben an K–W und Umbau zu BPw 250 WNB
8	R–G	1958 verkauft an WEG; 1982 Lagerraum in Neuffen
9	R–G	1958 verkauft an WEG
10	R–G	1965 noch vorhanden, danach verschrottet
11	R–G	1951 ausgemustert und verschrottet
12	R–G	1956 verkauft an WEG
13	R–G	1951 ausgemustert und verschrottet
14	R–G	1953 verkauft an WEG
15	R–G	1959 ausgemustert und verschrottet
16	R–G	1964 noch vorhanden, danach verschrottet
17	R–G	abgegeben an K–W; 1963 verschrottet
1	K–W	1963 als Schrott verkauft
2	K–W	1958 ausgemustert; Fahrgestell f. VB 201 verwendet
3	K–W	1958 ausgemustert; Fahrgestell f. VB 206 verwendet
4	K–W	1958 ausgemustert; Fahrgestell f. VB 203 verwendet
5	K–W	1958 ausgemustert; Fahrgestell f. VB 204 verwendet
6	K–W	1963 als Schrott verkauft
11	K–W	1958 ausgemustert; Fahrgestell f. VB 202 verwendet
12	K–W	1955 ausgemustert und verschrottet
13	K–W	1963 ausgemustert; Fahrgestell f. VB 22 (→122) verwendet
14	K–W	1963 als Schrott verkauft
20	K–W	1959 ausgemustert und verschrottet

Bi Nr. 16 in Gomaringen; Mai 1962
(Aufnahme G. Wolff)

PwPost Nr. 21 in Gomaringen; Mai 1961
(Aufnahme D. Höltge)

BPw Nr. 250 in Weissach; November 1960
(Aufnahme H. Bürnheim)

Tabelle 10: **Normalspurige Fahrzeuge der Filderbahn (FBG/WNB)**

Jahr	*Loks*	*Personenwagen*	*Gepäckwagen*	*ged. Güterwagen*	*offene Güterwagen*
1902	3	9	–	–	–
1903	3	13	2	–	–
1905	4	13	2	–	–
1910	4	15	2	2	18
1912	5	19	2	2	18
1918	4	19	2	2	18

3.3.5. TRIEBWAGEN-BEIWAGEN UND STEUERWAGEN

Über diese Fahrzeuggattung ist bereits in dem gleichnamigen Kapitel bei der WEG berichtet worden, da beide Gesellschaften auch hier ein gemeinsames Nummernsystem anwenden. Dabei war festgestellt worden, daß die WNB ihre diesbezüglichen Wagen mit Nummern ab 201 bezeichnet, während die WEG die Nummern ab 101 verwendet. Ganz lupenrein ist diese Handhabung nicht, denn einige Fahrzeuge mit Nummern der Reihe ab 101 verkehren bei der Nebenbahn Korntal–Weissach; es sind der VB 110 und der VS 113, die beide zusammen mit dem T 12 WNB einen Pendelzug bilden. Andererseits verkehren auch einige VB der WNB mit Nummern der Reihe ab 201 auf Strecken der WEG. Um Wiederholungen zu vermeiden, wird auf das diesbezügliche Kapitel im Teil 1 des Buches verwiesen.

3.3.6. GEPÄCKWAGEN, GÜTERWAGEN, DIENSTFAHRZEUGE

Aus der Aufstellung der WEG/WNB aus 1964 ergibt sich, daß die beiden normalspurigen WNB-Bahnen 1950 noch je einen *kombinierten Gepäck/Postwagen* besaßen, und zwar die Nebenbahn Reutlingen–Gönningen mit der *Nummer 21* und Korntal–Weissach mit der *Nummer 22.* Der Wagen Nr. 22 wurde 1959 ausgemustert, während Nr. 21 noch 1964 existiert hat und erst später verschwand. Beide Fahrzeuge hatten den Gesamt-Aufbau ähnlich wie die gleichartigen WEG-Wagen. Bei Nr. 21 war der Wagenkasten mit Holzbrettern verkleidet. Im Zusammenhang mit den Gepäckwagen sei nochmals kurz auf die bei den Personenwagen behandelten kombinierten Personen/Gepäckwagen erinnert.

Die Filderbahn besaß laut »Statistik« von 1903 bis 1920 zwei Gepäckwagen.

Nach den Angaben der »Statistik« besaß die WNB in den Jahren bis zum Ersten Weltkrieg 12 gedeckte und 45 offene normalspurige *Güterwagen.* Davon gehörten der Filderbahn 9 gedeckte und 19 offene Wagen. In den dreißiger Jahren weist die »Statistik« nur noch 4 gedeckte und 25 offene Güterwagen bei der WNB aus, wobei zu berücksichtigen ist, daß damals schon die Filderbahn aus der WNB ausgeschieden war. Von diesen insgesamt 29 Fahrzeugen gehörten 4 zur Nebenbahn Reutlingen–Gönningen und 25 zur Nebenbahn Korntal–Weissach; die übrigen sind wohl 1920 bei der Filderbahn geblieben. Die Filderbahn soll bis zum Ausscheiden aus der WNB 9 gedeckte und 19 offene Güterwagen besessen haben, zu denen 1 Bahnmeisterwagen kam. Die schon mehrfach zu Rate gezogene Aufstellung der WEG/WNB aus 1964 gibt für das Jahr 1950 bei der Strohgäubahn noch 3 gedeckte und 11 offene Güterwagen an, die sämtlich im Wagenpark der Staatsbahn liefen. Die Nebenbahn Reutlingen–Gönningen hatte offenbar schon 1950 keine eigenen Güterwagen mehr.

Heute besitzt die WNB keine eigenen Dienstfahrzeuge mehr auf ihren Normalspurstrecken; nach Auskunft werden solche Wagen im Bedarfsfall bei einer anderen WEG-Bahn ausgeliehen.

3.4. Meterspurige Fahrzeuge der WNB

3.4.1. DAMPFLOKOMOTIVEN DER FILDERBAHN

3.4.1.1. *Zahnradloks*

Die Dampf-Zahnradbahn der Filderbahn wurde 1884 mit den beiden Zahnradloks *Nr. 1 »Stuttgart«* und *Nr. 2 »Degerloch«* eröffnet. 1885 kam noch eine dritte hinzu, die *Nr. 3 »Filder«*. Alle 3 Loks waren von der Maschinenfabrik Esslingen erbaut: Nr. 1 Baujahr 1883, Werknummer 2000, Nr. 2 1884/2051 und Nr. 3 1885/2088. Die Maschinen waren zweiachsig und hatten je ein Triebzahnrad. Lok Nr. 1 wurde 1921 verschrottet; Lok Nr. 2 wurde 1914 und Nr. 3 schon 1902 dem Schneidbrenner übergeben.

In den Jahren 1898 und 1899 kamen 2 weitere Zahnradloks zur Filderbahn, die ursprünglich für Brasilien bestimmt waren; wegen Nichtbezahlung wurden sie zurückgenommen und an die Filderbahn verkauft. Sie wurden als *Nr. 11 »Alb«* und *Nr. 12 »Aussicht«* in Dienst gestellt. Beide Maschinen waren 1892 von der Tochtergesellschaft SARONNO der ME in Italien als Werknummer 53 und 54 hergestellt worden.

Nach dem Übergang der Filderbahn an die Stadt Stuttgart wurden diese beiden Maschinen 1922 an die Firma Stern & Co. als Schrott verkauft. Wegen des kriegsbedingten Strommangels und der Überalterung der vorhandenen Zahnradloks kaufte die Filderbahn 1918 von der Brünigbahn der SBB nochmals 2 gebrauchte Zahnradloks. Diese beiden Loks waren 1899 und 1901 von der Schweizerischen Lokomotiv- und Maschinenfabrik Winterthur (SLM) als Werknummern 1192 und 1339 gebaut worden. Sie hatten bei der SBB die *Nummern 1010 und 1012* und bei deren Vorgängerin, der Jura-Simplon-Bahn, die Nummern 960 und 962 gehabt. Es handelte sich um Loks mit kombiniertem Reibungs- und Zahnradantrieb, weshalb sie zur schweizerischen Gattung

Tabelle 11: **Meterspurige Dampfloks der Filderbahn (FBG und WNB)**

Betr.-Nr.	*Name*	*Achsfolge*	*Herstellerin*	*Werk-Nr.*	*Baujahr*	*Bemerkungen*
a) Zahnradloks						
1	Stuttgart	Bn2tz	ME	2000	1883	1921 verschrottet
2	Degerloch	Bn2tz	ME	2051	1884	1914 verschrottet
3	Filder	Bn2tz	ME	2088	1885	1903 verschrottet
11	Alb	Bn2tz	ME/SA	53	1893	1922 verschrottet
12	Aussicht	Bn2tz	ME/SA	54	1893	1922 verschrottet
		Bn2tz	SLM	1192	1899	1918 ex SBB-Brünig 1010 ex JS 960; 1921 verschrottet
		Bn2tz	SLM	1339	1901	1918 ex SBB-Brünig 1012 ex JS 962; 1921 verschrottet
b) Reibungsloks						
4	Möhringen	Bn2tK	ME	2285	1888	Tramlok; 1915 verkauft
5	Hohenheim	Bn2tK	ME	2286	1888	Tramlok; 1901–1902 bei Härtsfeldbahn; 1915 verkauft
6	Plieningen	Bn2tK	ME	2357	1889	Tramlok; 1902 verkauft
7	Echterdingen	Cn2tK	ME	2904	1897	Tramlok; 1909 an Härtsfeldbahn abgegeben
8	Neuhausen	Cn2tK	ME	2905	1897	Tramlok; 1910 verkauft
9	Bernhausen	Cn2tK	ME/SA	119	1898	Tramlok; 1902 verkauft
10	Aichen	Cn2tK	ME/SA	120	1898	Tramlok; 1902 verkauft
13	Sielmingen	Cn2tK	ME/SA	134	1900	Tramlok; 1903 verkauft
14	Uhlberg	Cn2tK	ME/SA	135	1900	Tramlok; 1903 verkauft
9″		Bn2tK	ME	2968	1899	Tramlok mit Serpollet-Kessel; ex Lenz 1^s; 1908 an Härtsfeldbahn
10″		Bn2tK	ME	2969	1899	Tramlok mit Serpollet-Kessel; ex Lenz 2^s; 1908 an Härtsfeldbahn

Anmerkungen: ME heißt Maschinenfabrik Esslingen; ME/SA heißt die Tochterfirma Saronno von ME.
K ist ein Kurzzeichen für eine Straßenbahnlok mit Kastenaufbau.

HG 2/2 gehörten. Beide Loks wurden 1921 an die Firma Stern & Co. als Schrott verkauft.

3.4.1.2. *Reibungsloks*

Bei den Reibungsloks der Filderbahn sind zunächst 3 baugleiche Straßenbahn-Loks zu erwähnen, also Loks mit verkleidetem Triebwerk und rechteckigem Kastenaufbau, der den Kessel samt Vorräten und Arbeitsraum für das Personal aufnahm. Die 3 Maschinen hatten Nummern und Namen, nämlich *Nr. 4 »Möhringen«, Nr. 5 »Hohenheim«* und *Nr. 6 »Plieningen«;* die Bn2tK-Loks waren 1888 und 1889 von der Maschinenfabrik Esslingen als Werknumemrn 2285, 2286 und 2357 gebaut worden. Nach Einführung des elektrischen Betriebs wurden sie abgestellt und 1915 verkauft. Lok Nr. 5 war von 1901 bis 1902 bei der Härtsfeldbahn eingesetzt.

Es folgt nun eine kleine Serie von Dreikuppler-Loks ebenfalls in Straßenbahn-Bauart mit verkleidetem Triebwerk und Kastenaufbau. Auch sie trugen Nummern und Namen wie folgt: *Nr. 7 »Echterdingen«, Nr. 8 »Neuhausen«, Nr. 9 »Bernhausen«, Nr. 10 »Aichen«, Nr. 13 »Sielmingen«* und *Nr. 14 »Uhlberg«.* Herstellerin von Nr. 7 und 8 war die Maschinenfabrik Esslingen (1897/2904 und 1897/2905). Die 4 übrigen wurden von der Tochtergesellschaft SARONNO der ME erbaut unter folgenden Baujahren und Werknummern: 1898/119, 1898/120, 1900/134, 1900/135. Die fehlenden Nummern 11 und 12 waren von Zahnradloks besetzt. Die Loks Nr. 7 bis 10, 13, 14 hatten einen ungewöhnlich kleinen Achsabstand und außerdem war die mittlere Kuppelachse mit spurkranzlosen Rädern versehen. Von dieser Serie wurde Nr. 7 1909 an die Härtsfeldbahn abgegeben. Nr. 9, 10, 13, 14 wurden 1902 und 1903 an Unbekannte verkauft; Nr. 8 folgte erst 1910. Im Jahre 1905 erwarb die Filderbahn von der Eisenbahnfirma Lenz & Co. GmbH 2 Kastenloks der Achsfolge Bn2t, die bei Lenz die Nummern 1^s und 2^s hatten und 1899 von der Maschinenfabrik Esslingen als Werknummern 2968 und 2969 erbaut wurden.

Es handelte sich um eine ausgefallene Bauart mit einem stehenden Serpollet-Kessel und einem Kastenaufbau. Die Filderbahn gab den beiden Loks die *Nummern 9 und 10* in zweiter Belegung, nachdem inzwischen die beiden Zahnradloks gleicher Nummer verkauft waren. Sie wurden nach schweizerischer Manier als »Trakteure« bezeichnet und sind 1908 an die Härtsfeldbahn abgegeben worden, wo sie als Nr. 5 und 6 weiterverwendet wurden.

Von diesen Meterspurloks sind einige technische Daten bekannt, die in folgender Tabelle zusammengestellt sind:

Loknummer	*4, 5, 6*	*9″, 10″*	*7–10, 13, 14*
Achsfolge	Bn2tK	Bn2tK	Cn2tK
Zylinderdurchmesser in mm	230	200	300
Kolbenhub	300	300	300
Treibraddurchmesser in mm	710	900	710
Heizfläche m^2	19,94	13,85	35,17
Rostfläche m^2	0,60	0,575	0,75
Kesseldruck kg/cm^2	14,0	25,0	14,0
Leermasse in t	9,82	12,08	16,23
Dienstmasse in t	11,79	13,70	19,77
Achsabstand in mm	1400	1750	1600
Länge über Puffer in mm	4820	4750	5360
Höchstgeschwindigkeit km/h	15	20	15

3.4.2. DAMPFLOKS DER HÄRTSFELDBAHN

Bei der Betriebseröffnung auf dem ersten Streckenabschnitt Aalen–Ballmertshofen im Jahre 1901 standen 3 Dampfloks verschiedener Bauart zur Verfügung, die für den anfänglich geringen Verkehr genügten. Es waren dies die Malletlok *B′ Bn4tv* mit der Bezeichnung *WLE 1,* ferner die von der Filderbahn übernommene Bn2tK-Lok Nr. 5 »Hohenheim«, die als *WLE Nr. 4* zum Einsatz kam, und die von der Ronsdorf-Müngstener Eisenbahn (RME) stammende Cn2t-Lok »Solingen« als *WLE Nr. 2.* Diese 3 Loks hatte die WDEG bzw. BLEAG der Härtsfeldbahn zur Verfügung gestellt. Im Jahre 1903 kam eine zweite Malletlok *B′ Bn4tv* mit der Bezeichnung *WLE 2″* hinzu. Die Buchstaben WLE bezeichnen die damalige Zugehörigkeit der Härtsfeldbahn zur »Württembergischen Lokal-Eisenbahn«, der Dependance der BLEAG, die die Betriebsführung ausübte. Die neue Lok 2″ war ein guter Ersatz für die 1902 an die Filderbahn zurückgegebene Lok WLE 4 (= ex FBG 5 »Hohenheim«).

Anläßlich der Eröffnung der Verlängerungsstrecke Ballmertshofen–Dillingen wurden 2 weitere Malletloks der gleichen Bauart wie die bisherigen in Dienst gestellt, die die Bezeichnungen *WLE 3 und WLE 4* bekamen. Die kleine Lok »Solingen« wurde 1903 an eine andere Bahn

Lok »Solingen« Cn2t ex RME, Krauß
(Sammlung H. Bürnheim)

Lok Nr. 2 B′ Bn4tv in Neresheim; August 1951
(Aufnahme T. Alt)

Lok Nr. 4″ ex FBG 5 »Hohenheim« (Werkfoto; Sammlung H. Bürnheim)

abgegeben. Auch die vierte Malletlok Nr. 4 blieb nicht lange bei der Härtsfeldbahn, denn sie wurde 1908 abgezogen und an die Kleinbahn Mödrath–Liblar–Brühl versetzt. Im Tausch gegen sie erhielt die Härtsfeldbahn von der Filderbahn die beiden sog. Trakteure FB 10 und FB 11 (ex Lenz 1^s und 2^s), die bei der Härtsfeldbahn in *WLE 5 und WLE 6* umgezeichnet wurden; sie hatten bekanntlich die Achsfolge Bn2t. Wieso dieser sicher nicht vorteilhafte Tausch zustande kam, ist nicht bekannt. Im Jahre 1909 war von der Filderbahn eine weitere sicher nicht sehr geeignete Lok zur Härtsfeldbahn überstellt worden, nämlich die *Cn2t-Straßenbahnlok Nr. 7 »Echterdingen«*. Beim Übergang der Härtsfeldbahn von der WDEG bzw. BLEAG an die WNB im Jahre 1910 waren somit folgende Loks vorhanden: Nr. 1, 2, 3, 5, 6, 7. Ihre Bezeichnung wurde lediglich insofern geändert als statt der Buchstaben WLE nun die Buchstaben WNB (damals vielfach noch WN) eingesetzt wurden. Als Ersatz für die beiden 1913 verschrotteten Trakteure WNB 5 und 6 konnte die Bahn völlig neuartige Loks in Betrieb nehmen, die für Heißdampf und Einmannbetrieb eingerichtet waren. Diese beiden *Bh2t-Loks WNB 11 und WNB 12* blieben von 1913 bis zur völligen Einstellung des Dampfbetriebs bei der Härtsfeldbahn tätig.

Inzwischen war der Erste Weltkrieg ausgebrochen und ging nicht spurlos an der Härtsfeldbahn vorüber. Besonders unangenehm war 1916 die Requirierung der Malletlok WNB 3 durch die Militärbehörden zum Einsatz in der französischen Etappe; sie kam zur Strecke Montmédy–Verdun hinter dem in schweren Kämpfen stehenden Frontabschnitt bei Verdun zum Einsatz und wurde dort durch Kriegseinwirkung zerstört. Der verbliebene Lokbestand war für die Härtsfeldbahn äußerst knapp, weshalb sich die WNB um eine Ersatzlok bemühte. Schließlich wurde der Bahn eine Heeresfeldbahn-Lok der Bauart *Dn2t* zugewiesen, welche die Bezeichnung *WNB 5 in zweiter Belegung* erhielt. Sie blieb trotz einiger Mängel bis 1960 bei der Härtsfeldbahn. Da für die ehemalige Filderbahn-Lok 7 keine Aufgaben mehr bei der Härtsfeldbahn bestanden, wurde sie 1920 verkauft.

Nach dem Ersten Weltkrieg besaß die Bahn folgende Loks:
B'Bn4tv 1 und 2 (1965 ausgemustert), Cn2t 7 (1920 verkauft), Dn2t 5'' (1960 verschrottet) und Bh2t 11 und 12 (1963 ausgemustert). Nach diesem Überblick über die Geschichte der Dampfloks bei der Härtsfeldbahn sollen noch einige zusätzliche Bemerkungen zu den einzelnen Bauarten gemacht werden:

Die *Malletloks Nr. 1 bis 4* waren von untereinander im wesentlichen gleicher Bauart und stammten von der Lokomotivfabrik Hohenzollern in Düsseldorf Grafenberg. Nr. 1 war 1901 als Werknummer 1498 und Nr. 2 1903 als Werknummer 1688 hergestellt worden. Von Nr. 3 und 4 ist nur das Baujahr 1906 bekannt, nicht aber kennt man die Werknummern. Dieser Loktyp war besonders für die kurven- und steigungsreiche Strecke der Härtsfeldbahn geeignet und bewährte sich dementsprechend gut, zumal keine hohen Geschwindigkeiten gefordert wurden. Bei höheren Geschwindigkeiten nämlich neigten Malletloks von leichter Bauart stark zum Schlingern und bei Rückwärtsfahrt war die seitliche Führung schlecht. Die beiden Mallets blieben bis zur Einführung der Triebwagen im Einsatz. In folgender Aufstellung sind ihre wichtigsten technischen Daten angegeben:

Achsfolge B'Bh2tv	Verdampfungsheizfl.	56,5 m^2
Betriebsnummern 1 bis 4 WNB	Rostfläche	0,95 m^2
Zylinderdurchmesser des	Kesseldruck	14 kg/cm^2
HD-Triebwerks 300 mm	Leermasse	23,3 t
Zylinderdurchmesser des	Dienstmasse	32,0 t
ND-Triebwerks 420 mm	Achsstand i. G.	1150 mm
Kolbenhub 380 mm	Länge über Puffer	8330 mm
Treibraddurchmesser 800 mm	Höchstgeschwind.	20 km/h

Ein nur kurzes Gastspiel der Härtsfeldbahn hatte die 1901 von der Filderbahn überwiesene Straßenbahnlok »Hohenheim«, *WLE 4* erste Belegung, die 1884 als Werknummer 2285 von der Maschinenfabrik Esslingen für die Filderbahn gebaut war; dort hatte sie die Nummer 5 und den obigen Namen. Sie blieb nur etwa ein Jahr auf dem Härtsfeld und wurde dann an die Filderbahn zurückgegeben.

Auch die ehemalige Lok »Solingen« der Ronsdorf–Müngstener Eisenbahn blieb nicht lange bei der Härtsfeldbahn. Die Cn2t-Lok war 1891 als Werknummer 2555 von der Lokomotivfabrik Krauß & Cie. in München gebaut worden und kam 1901 zur Härtsfeldbahn, wo sie als *Nr. 2 WLE* bezeichnet wurde. Schon vor der Betriebseröffnung war sie beim Bau der Strecke Aalen–Ballmertshofen tätig gewesen. Soweit bekannt, verkehrte die Maschine nur bis 1895 bei der RME und wurde dann als Baulok zur Albtalbahn verkauft; von dort gelangte sie schließlich zur Härtsfeldbahn. Für den Streckeneinsatz

Lok Nr. 5 ex FGB 10 ex Lenz 1^s (Trakteur) (Werkfoto; Sammlung H. Bürnheim)

Lok Nr. 5″ ex Heeresfeldbahn (Werkfoto; Sammlung H. Bürnheim)

Lok Nr. 11 Bh2t (Werkfoto Maschinenfabrik Esslingen; Sammlung H. Bürnheim)

auf der Steilstrecke war die »Solingen« aber doch wohl zu schwach, denn schon 1903 wurde sie wieder abgegeben, nachdem die Malletlok Nr. 2″ auf dem Härtsfeld eingetroffen war. Die wichtigsten technischen Daten sind folgende:

Achsfolge		Kesseldruck	12 kg/cm²
und Bezeichnung	Cn2t WLE 2	Leermasse	12,41 t
Zylinderdurchmesser	250 mm	Dienstmasse	15,96 t
Kolbenhub	400 mm	Achsstand i. G.	1800 mm
Treibraddurchmesser	800 mm	Länge über Puffer	5750 mm
Heizfäche	29,01 m²	Höchstgeschwind.	20 km/h
Rostfläche	0,52 m²		

Auch die beiden von der Filderbahn gekommenen Trakteure *WLE 5 und 6*, später WNB 5 und 6, die 1899 als Werknummern 2968 und 2969 von der Maschinenfabrik Esslingen erbaut waren, erwiesen sich beim Einsatz bei der Härtsfeldbahn als zu leicht und neigten daher zum Entgleisen. Der Trakteur WLE 5 war denn auch 1908 an einem Unfall bei Zöschlingsweiler beteiligt, bei dem das geringe Gewicht mindestens mitschuldig an der Schwere des Unfalls war. Immerhin blieben die beiden Trakteure rund 5 Jahre bei der Härtsfeldbahn und wurden erst 1913 verschrottet, als man neuere und leistungsfähigere Loks zur Verfügung hatte.

Die Lok *WLE Nr. 7 »Echterdingen«* war 1897 von der Maschinenfabrik Esslingen als Werknummer 2904 für die Filderbahn gebaut worden; sie war wegen ihres kurzen Radstandes und der großen Überhänge sicher nicht besonders für die Härtsfeldbahn geeignet, da sie schon bei der geringen Maximalgeschwindigkeit von 15 km/Std. stark zum Schlingern neigte. Man hatte auch bald bei der Härtsfeldbahn keine richtige Aufgabe mehr für sie und so stand sie die meiste Zeit in Neresheim herum. Man war deshalb froh, als man sie 1920 verkaufen konnte. Weitere Angaben zu den von der Filderbahn zur Härtsfeldbahn versetzten Loks WLE 5 »Hohenheim«, WLE 7 »Echterdingen« und WLE 5, 6 mit Serpollet-Kessel wird ergänzend auf die diesbezüglichen Ausführungen im Kapitel über die Meterspurloks der Filderbahn verwiesen.

Die beiden 1913 von der Maschinenfabrik Esslingen gelieferten *Bh2t-Loks Nr. 11 und 12 WNB* waren für die damalige Zeit etwas völlig Neues für eine Schmalspurbahn. Aufgrund der Forderungen der WNB hatte die Herstellerin 2 Heißdampfloks gebaut, die schon in ihrem Äußeren erheblich von den bisher üblichen Kleinbahnloks abwichen. Beide waren 1913 als Werknummern 3710 und 3711 entstanden. Nach einigen Änderungen im Laufe der Betriebszeit hatte Lok 11 zuletzt hinter dem Schornstein 2 nebeneinander angeordnete Abdampfrohre für die Druckluftpumpe und den Turbogenerator, während Nr. 12 nur ein solches Rohr vor dem Schornstein besaß. Daran waren die beiden Loks leicht zu unterscheiden; sie hatten aber auch noch einige Unterschiede in der Größe der Heizfläche und damit der Leistungsfähigkeit. Beide Maschinen bewährten sich bei der Härtsfeldbahn ausgezeichnet und waren auch auf der Steilstrecke recht leistungsfähig, obwohl sie nur 2 Kuppelachsen hatten. Auch nach der Indienststellung der schweren Dieseltriebwagen T 30 und T 31 WNB wurden beide Maschinen noch oft in Reserveeinsätzen benutzt, wenn einer der Triebwagen ausfiel oder wenn außerplanmäßige Sonderfahrten zu fahren waren. Gegen Ende des Zweiten Weltkrieges wurde die Lok 12, wie auch die beiden Mallet-Loks 1 und 2, durch Tiefflieger-Angriffe schwer beschädigt. Nun mußten die Lok 11 und die noch zu besprechende Lok 5″ den gesamten Zugverkehr besorgen. 1963 wurden dann aber auch Nr. 11 und 12 endgültig ausgemustert, nachdem genügend Triebwagen verfügbar waren. Sie blieben noch einige Jahre in Neresheim abgestellt und fanden dann eine etwas zweifelhafte Ehrung durch Aufstellung als Denkmäler. Lok Nr. 11 bekam ihren Standplatz vor dem Bahnhofsgebäude in Neresheim, während Nr. 12 zu einem Kinderspielplatz oberhalb Heidenheim transportiert wurde. Die wichtigsten technischen Daten dieser interessanten Loks sind folgende:

Betriebsnummern	WNB 11	Leermasse	16,7 t
	u. WNB 12	Dienstmasse	18,06 t
Achsfolge	Bh2t	Wasservorrat	1,57 m³
Zylinderdurchmesser	320 mm	Kohlenvorrat	0,5 t
Kolbenhub	360 mm	Höchstgeschw.	20 km/h
Treibraddurchmesser	800 mm		
Dampfdruck d. Kessels	12 kg/cm²		
Rostfläche	0,66 m²		
Heizfläche Nr. 11	31,0 m²		
Heizfläche Nr. 12	47,70 m²		
Überhitzerfläche	16,70 m²		

Als letzte der bei der Härtsfeldbahn im Einsatz gewesenen Loks ist nun noch die *Dn2t-Lok Nr. 5″ WNB* zu besprechen, die als Ersatz für die im Krieg bei Verdun

Lok Nr. 11 Bh2t als Denkmal in Neresheim; März 1967 (Aufnahme H. Bürnheim)

Lok Nr. 12 Bh2t in Neresheim; Mai 1958 (Aufnahme H. Bürnheim)

Tabelle 12: **Meterspurlokomotiven der WNB-Nebenbahn Aalen–Dillingen (Härtsfeldbahn)**

Betr.-Nr.	*Achsfolge*	*Herstellerin*	*Werk-Nr.*	*Baujahr*	*bei AD seit*	*Bemerkungen*
1	B'Bn4tv	Hohenz.	1498	1901	1901	1956 ausgemustert und verschrottet
2'	Cn2t	Krauß	2555	1891	1901	ex RME »Solingen«; vorher ATB als Baulok; 1903 verkauft
4'	Bn2tK	MEssl.	2285	1884	1901	ex Filderbahn Nr. 5 »Hohenheim«; 1902 zurück an Filderbahn
2''	B'Bn4tv	Hohenz.	1688	1903	1903	1956 ausgemustert und verschrottet
3	B'Bn4tv	Hohenz.	?	1905	1905	1916 vom Heer requiriert und bei Verdun zerstört
4''	B'Bn4tv	Hohenz.	?	1905	1905	1908 an Klb. Mödrath–Liblar–Brühl abgegeben
5'	Bn2tK	MEssl.	2968	1899	1908	ex Filderbahn 10; ex Lenz 1[s]; 1913 verschrottet (Serpollet-Kessel)
6	Bn2tK	MEssl.	2969	1899	1908	ex Filderbahn 11; ex Lenz 2[s]; 1913 verschrottet (Serpollet-Kesssel)
7	Cn2tK	MEssl.	2904	1897	1909	ex Filderbahn 7 »Echterdingen«; 1920 verkauft
11	Bh2t	MEssl.	3710	1913	1913	für Einmannbedienung; 1963 ausgem.; 1967 Denkmal in Neresheim
12	Bh2t	MEssl.	3711	1913	1913	für Einmannbedienung; 1963 ausgem.; 1967 Denkmal in Heidenheim
5''	Dn2t	Krauß	7562	1919	1920	Heeresfeldbahnlok HK 91; Ersatz für Lok 3; 1958 ausgem.; 1960 verschrottet

verlorengegangene Mallet-Lok 3 zur Härtsfeldbahn gekommen war. Die Nr. 5'' war eine Heeresfeldbahnlok der Type HK 91, die 1919 von Krauß & Cie. in München als Werknummer 7562 gebaut wurde, aber wegen des Waffenstillstandes nicht mehr zur Heeresfeldbahn gekommen war. Die Nummer 5 wurde bei der Härtsfeldbahn zum zweiten Mal verwendet, nachdem die erste Nr. 5, einer der beiden Trakteure mit Serpollet-Kessel, bereits 1913 verschrottet worden war. Die neue Lok 5'' machte äußerlich einen wuchtigen und kräftigen Eindruck, besonders im Vergleich mit den schlanken Mallet-Loks 1 und 2 und den zierlichen Heißdampfloks 11 und 12. Sie war aber weder beim Personal noch bei der Bahnverwaltung sonderlich beliebt, weil sie wegen ihrer fest im Rahmen gelagerten 4 Treibachsen in den vielen engen Kurven der Strecke stark zwängte und deshalb sowohl einen starken Verschleiß an den Radbandagen als auch an den Schienen verursachte. Trotzdem wurde sie besonders vor schweren Zügen oft verwendet, da sie natürlich wegen ihrer 4 Kuppelachsen und ihres Gewichts eine große Zugkraft entwickelte. Bei den Tieffliegerangriffen in den letzten Monaten des Zweiten Weltkrieges blieb sie, neben der Lok 11, weitgehend unbeschädigt und mußte wegen des Ausfalls der anderen Loks große Verkehrsleistungen vollbringen. Schließlich wurde aber auch sie 1958 ausgemustert und 1960 verschrottet. Die Maschine hatte folgende Daten:

Achsfolge und Betriebsnummer	Dn2t 5''
Zylinderdurchmesser	405 mm
Kolbenhub	460 mm
Treibraddurchmesser	930 mm
Verdampfungsheizfläche	84,12 m^2
Rostfläche	1,5 m^2
Kesseldruck	12 kg/cm^2
Leermasse	30 t
Dienstmasse	38,7 t
Achsstand im ganzen	3200 mm
Länge über Puffer	8190 mm
Höchstgeschwindigkeit	25 km/h

3.4.3. DIESELTRIEBWAGEN

Auf der Strecke der *Härtsfeldbahn* haben die Dieseltriebwagen T 30, T 31, T 32, T 33 und T 37, damals noch mit dem Kurzzeichen Wüna, verkehrt. Da die WEG und die WNB ihre Triebwagen, auch für Meterspur, in einem gemeinsamen Nummernsystem eingeordnet hatten, haben wir sie bereits in dem Kapitel über die Meterspur-Triebwagen der WEG besprochen. Wir können uns daher eine Wiederholung der Einzelheiten ersparen und auf das betreffende Kapitel in dem Buchteil, der die WEG behandelt, hinweisen.

T 30 WNB in Neresheim; Mai 1958
(Aufnahme H. Bürnheim)

T 31 WNB in Neresheim; März 1967
(Aufnahme H. Bürnheim)

T 32 WNB ex BTE in Aalen; Mai 1958
(Aufnahme H. Bürnheim)

T 32 WNB nach dem Umbau mit TA 3 in Dillingen (Aufnahme O. Ringlstetter)

T 37 ex VT 14 SHE Neresheim; August 1965; vor Umbau (Aufnahme D. Höltge)

T 37 ex VT 14 SHE nach Umbau in Dillingen; März 1972 (Aufnahme G. Wolff)

Bei der *Filderbahn* sind niemals Dieseltriebwagen oder solche mit anderen Verbrennungsmotoren im Verkehr gewesen.

3.4.4. ELEKTRISCHE TRIEBWAGEN DER FILDERBAHN

3.4.4.1. *Zahnrad-Triebwagen*

Für den Zahnradbetrieb hatte die FBG zunächst 4 Triebwagen mit Zahnradsystem Riggenbach erhalten, deren mechanischer Teil von der Waggonfabrik Herbrand in Köln-Ehrenfeld und elektrischer Teil von Siemens im Jahre 1902 erbaut worden war. Ein fünfter Triebwagen gleicher Bauart kam 1912 hinzu. Die FBG gab ihnen die *Betriebsnummern 1 bis 5*. Es handelte sich um vierachsige Fahrzeuge, bei denen jedes der beiden Triebzahnräder auf den Endachsen angeordnet war. Jeder Motor war in einem besonderen Gestell gelagert, das sich auf die zugehörige Endachse und eine Laufachse abstützte. Von den ersten 4 Fahrzeugen waren 3 mit nur einem Motor von 57 kW (75 PS) geliefert worden, während die beiden anderen mit 2 derartigen Motoren ausgerüstet waren. Die einmotorigen Wagen wurden aber schon 1905 mit einem zweiten Motor gleicher Leistung versehen. Wegen der großen und schweren Motore war der Achsabstand der Endachsen mit den Triebzahnrädern mit 4,3 m recht groß. Die Wagenkästen in Holzbauweise hatten ursprünglich an den Enden offene Plattformen, die erst später verglast worden sind. Der Fahrstrom, 600 Volt Gleichstrom, wurde aus der Fahrleitung mittels zweier Lyrabügel entnommen. Die Fahrzeuge hatten eine Kastenlänge von 9,2 m, eine Masse von 25 t und enthielten 32 Sitzplätze in Queranordnung. Die Beschriftung war an den Seitenwänden unterhalb der plattformnahen Fenster angebracht: »F.B.G.« in einer oberen Zeile und »M No. 1« (bis 5) in der Zeile darunter. Diese alten Fahrzeuge hatten eine zulässige Geschwindigkeit von 15 km/Std. und konnten zwei Vorstell-Personenwagen oder einen Güterwagen bergwärts schieben oder talwärts abstützen. Alle 5 Zahnradtriebwagen gelangten 1920 in den Besitz der Stadt Stuttgart.

3.4.4.2. *Reibungstriebwagen*

Zum Einsatz auf den Überlandstrecken nach Hohenheim, Vaihingen (Filder) und Neuhausen hatte die FBG 1902 und 1903 insgesamt 4 vierachsige elektrische Triebwagen von den Firmen Herbrand/Siemens bauen lassen, die die *Betriebsnummern 11 bis 13* (Baujahr 1903) bekamen. Es waren lange Wagen mit Maximum-Drehgestellen (Typ Brill 22E) von 12,35 m Länge, einer Masse von 16,9 t und einem Gesamtachsstand von 8,0 m bei 1,23 m Achsabstand in den Drehgestellen. In dem in Holzbauweise erstellten Wagenkasten waren 36 Sitzplätze auf Längsbänken untergebracht. Die Fahrzeuge hatten anfangs seitlich offene Plattformen. Auf dem flachen Dach war ein Lüftungsaufsatz angebracht, der 2 Lyrabügel trug. Der Antrieb erfolgte durch 2 Motore zu je 26 kW (35 PS) und für die Bremsung war neben der üblichen Handbremse eine Druckluftbremse eingebaut. Auf den äußeren Feldern der Seitenwände war unterhalb der breiten Seitenfenster die Beschriftung in gleicher Weise wie bei den Zahnradtriebwagen angegeben, aufgemalt. Auch diese 4 Triebwagen wurden 1920 an die Stadt Stuttgart übergeben und von der SSB weiterbenutzt. Im Jahre 1902 waren 3 von ihnen bei einem Großfeuer in der Wagenhalle Möhringen niedergebrannt; sie wurden durch Aufsetzen neuer Wagenkästen und Reparatur des Fahrgestells wieder hergestellt.

Für den Einsatz auf der Linie Bopser–Degerloch beschaffte die FBG 1904 5 zweiachsige Triebwagen ebenfalls von der Firmengruppe Herbrand/Siemens. Sie wurden mit den *Nummern 21 bis 25* in Dienst gestellt. Diese wegen der starken Steigung möglichst leicht gebauten Wagen waren 8,2 m lang, hatten eine Masse von 11,5 t, einen Achsabstand von 2,5 m und enthielten in dem aus Holz gefertigten Wagenkasten 20 Sitze auf Längsbänken. Die beiden Antriebsmotore hatten je 26 kW (35 PS) Leistung. Schon bei der Lieferung besaßen sie verglaste Plattformen, bei denen die Einstiege durch Schiebetüren verschließbar waren. Auf dem Lüftungsaufsatz der Dächer waren je 2 Lyrabügel montiert, die den Fahrstrom von 600 Volt Spannung aus der Fahrleitung entnahmen. Die beiden Lyrabügel wurden später bei allen FBG-Triebwagen durch Scherenstromabnehmer ersetzt. An den Dachenden saßen, wie es damals üblich war, je 2 Positionslaternen. Zwischen der in der Mitte der Seitenwände angeschriebenen Wagennummer und der einen Plattform war eine weiße rechteckige Tafel befestigt, die die Endstationen bezeichnete. Das Fahrgestell war in einem besonderen Rahmen eingebaut, dessen Teile die Wagenräder und deren Federung weitgehend verdeckten.

1910 kaufte die WNB von der VKA (ex 21–26) die gebrauchten Triebwagen 15–20 für die Neue Weinsteige-Strecke; da sie aber nicht störungsfrei liefen, wurden sie schon 1913 zurückgegeben.

Sehr ähnlich den Triebwagen 21 bis 25 sahen die etwas größeren und stärkeren Triebwagen *Nr. 26 bis 29* aus, die von der WNB 1912 von den Firmen Herbrand und Siemens beschafft wurden. Sie hatten ebenfalls Holzkästen, mit einer Länge von 8,65 m, einer Masse von 12,3 t und einem Achsabstand von 2,7 m. Der Antrieb erfolgte durch 2 AEG-Motore von je 33 kW (45 PS), und im Innern befanden sich 20 Sitzplätze auf Längsbänken. Die von Anfang an verglasten Plattformen konnten an den Einstiegen durch seitliche Schiebetüren verschlossen werden. Die Beschriftung an den Seitenwänden war wesentlich einfacher und kleiner als bei den vorhergehenden Wagen; sie bestand aus der klein geschriebenen Buchstabengruppe »W N« und einer darunter in kleinen Ziffern ausgeführten Wagennummer. Später bekamen diese Wagen eine leichte Scharffenberg-Kupplung, die zugleich die Druckluftleitung und die elektrischen Leitungen kuppelte. Statt der ursprünglichen beiden Lyrabügel wurde später ein Scheren-Stromabnehmer montiert. Alle Triebwagen der Reihe 21 bis 29 kamen 1920 zur Stadt Stuttgart und wurden von der SSB weiterverwendet. Zwischen 1904 und 1920 soll es bei der FBG bzw. WNB eine vierachsige meterspurige Ellok gegeben haben.

3.4.5. PERSONENWAGEN DER FILDERBAHN

3.4.5.1. *Zahnradbahn*

Bei der Betriebseröffnung der Zahnradbahn waren im ganzen 4 zweiachsige Personenwagen vorhanden, die 2 verschiedenen Bauarten angehörten. Die beiden größeren mit der Bezeichnung *A 1 und A 2* waren 1884 von der Maschinenfabrik Esslingen gebaut worden und hatten 48 Sitze der 3. Klasse. Ihre Länge war 9,9 m, ihr Achsabstand 4,0 m und die Masse 5,63 t. Die Endplattformen waren offen. Auf einer der beiden Achsen war ein Bremszahnrad aufgekeilt. Bei der Bergfahrt war die bergseitige Plattform von einem Zugbegleiter besetzt. 1897 wurden beide Wagen für den Einsatz auf den Reibungsstrecken umgebaut und erhielten die neuen Nummern *FBG 15 und 16.* Als sie nicht mehr benötigt wurden, kamen sie 1906 zur Härtsfeldbahn.

Die beiden kleineren Wagen mit 6 Plätzen der 2. Klasse und 18 Plätzen der 3. Klasse wurden ebenfalls 1884 von ME gebaut und als *B 1 und B 2* in Dienst gestellt. Sie waren 7,0 m lang, bei einem Achsabstand von 2,3 m und einer Masse von 4,6 t. Auch diese Wagen wurden 1898 für den Einsatz auf den Reibungsstrecken umgebaut und erhielten die neuen Nummern *FBG 17 und 18.* Nachdem sie einige Jahre auf den Reibungsstrecken verwendet worden waren, wurden sie 1906 an die Härtsfeldbahn abgegeben.

Für den Einsatz an warmen Sommertagen besaß die Zahnradbahn 4 halboffene Sommerwagen mit der Bezeichnung *F 1 bis F 4,* ab 1899 *11–14.* Im Jahre 1897 stellte die FBG für die Zahnradbahn 6 neue geschlossene Personenwagen in Dienst, die zunächst die Nummern *A 3 bis A 8* bekamen; ab 1899 wurden sie als *Nr. 1 bis 6* bezeichnet. Herstellerin war die Firma Herbrand. Es handelte sich um leichte Zweiachser mit 48 Sitzplätzen, die eine Länge von 9,4 m, einen Achsabstand von 4,0 m und eine Dienstmasse von 6,1 t besaßen. Auch diese Wagen hatten anfangs noch offene Endplattformen; später wurde zum Schutz des Zugbegleiters die bergseitige Plattform mit 3 Frontfenstern verglast. Diese 6 Wagen wurden ab 1904 für den elektrischen Betrieb umgebaut und verkehrten zusammen mit den elektrischen Triebwagen Nr. 1 bis 5. Alle 6 Wagen wurden 1920 an die Stadt Stuttgart übergeben, deren Straßenbahn sie auf der Zahnradstrecke weiterverwendete.

3.4.5.2. *Reibungsstrecken*

Für den Einsatz auf der meterspurigen dampfbetriebenen Strecke nach Hohenheim, die 1888 eröffnet wurde, hatte die FBG 8 zweiachsige Personenwagen beschafft, die im gleichen Jahr von der Maschinenfabrik Esslingen hergestellt worden waren. Es handelte sich um Fahrzeuge mit 3 unterschiedlichen Innenraum-Gestaltungen. Die Wagen *C 1 bis C 5* waren mit 24 Sitzen der 3. Klasse ausgestattet; die Wagen *D 1 und D 2* enthielten 2 getrennte Räume mit 6 Sitzen der 2. Klasse und 18 Sitzen der 3. Klasse. Der 5. Wagen mit der Bezeichnung E 1 war ein reiner Zweitklasswagen mit 18 Sitzen. Bei der Umzeichnung 1897/98 erhielten diese Wagen folgende neue Nummern: aus C 1 bis C 5 wurden die Wagen 34 bis 38, aus beiden zweiklassigen Wagen entstanden Nr. 32 und 33 und der Zweitklasswagen E 1 wurde zum Wagen 31. Alle diese Fahrzeuge wurden nach der Elektrifizierung überflüssig und in den Jahren 1902 bis 1904 verkauft. Die Kästen von C 5 und D 2 konnte man später noch als Gartenhäuschen bewundern.

Ab 1897 wurde eine Serie von 10 vierachsigen Personenwagen für die Reibungsstrecken der Filderbahn beschafft, deren erste Teillieferung mit den Bezeichnungen *G 1 bis G 4* 1897 in Dienst gestellt wurde; von ihnen wurden 1902 zwei Einheiten an die KWStE verkauft. Die übrigen wurden bei der Nummernänderung in *FBG 41 und 42* umgezeichnet. Schon 1898 folgten diesen ersten Vierachsern 4 weitere Wagen gleicher Bauart, die zunächst als *G 5 bis G 8* bezeichnet wurden und bei der Umzeichnung die Nummern *FBG 43 bis 46* erhielten. Zwei weitere Fahrzeuge gleicher Art wurden 1900 in Dienst gestellt; sie hießen zuerst *G 9 und G 10,* später *FBG 47 und 48.* Nach der Änderung der Firmenbezeichnung von FBG in WNB blieben die neuen Nummern unverändert; lediglich die Initialen wurden angepaßt. Die neuen Wagen hatten eine Länge von 10 m, einen Gesamtachsstand von 7,1 m, einen Drehzapfenabstand von 6,04 m und einen Achsabstand in den Drehgestellen von 1,1 m. Die Dienstmasse betrug 8,9 t und das Platzangebot belief sich auf 48 Sitzplätze. Bei der Herrichtung für den elektrischen Betrieb blieben die Wagen im wesentlichen unverändert mit Ausnahme der Anpassung der Betriebseinrichtungen an den Verkehr mit elektrischen Triebwagen. Wie auch schon die vorher besprochenen Personenwagen der Filderbahn besaßen auch diese Vierachser Holzkästen mit Blechverkleidung. Die verbliebenen 8 Fahrzeuge dieser Serie gelangten 1920 an die Stadt Stuttgart, die sie noch viele Jahre weiterbenutzte.

Für die Verstärkung der Kapazität auf der Straßenbahn über die Neue Weinstgeige hatte die FBG in den Jahren 1904 bis 1911 5 leichte Zweiachs-Beiwagen *Nr. 31 bis 35* angeschafft. Die beiden ersten kamen 1904 und wurden seit 1910 als *WN 34" und 35"* geführt. Ein weiterer Wagen einer fast gleichen Bauart kam 1905 und erhielt die Bezeichnung *WN 32".* Die zweite Verwendung der Nummern 32, 34, 35 war möglich geworden, nachdem die Dampfstraßenbahn-Wagen gleicher Nummer bereits ausgemustert waren. Die ursprünglich offenen Plattformen dieser 3 Wagen wurden später an den Stirnseiten durch 3 Fenster verglast. Die Wagenlänge betrug 6,4 m, der Achsabstand 2,5 m und die Dienstmasse 4,8 t. Im Innenraum gab es 18 Sitzplätze. Auf der Strecke sah man diese Wagen meist in Verbindung mit den etwas stärkeren Triebwagen Nr. 26 bis 29. Die letzten Personenwagen schaffte die Bahn 1910 und 1911 an; es waren die leichten zweiachsigen Beiwagen *Nr. 31 und 33,* später *WN 16" und 17".* Diese letzten insgesamt 5 Straßenbahn-Beiwagen waren von Herbrand hergestellt; sie hatten 18 Sitze und teilweise offene Plattformen. 1920 kamen sie zur Stadt Stuttgart und wurden dort weiterbenutzt.

3.4.6. PERSONENWAGEN DER HÄRTSFELDBAHN

Die Härtsfeldbahn eröffnete ihren Verkehr 1901 mit einer Serie von 7 vierachsigen Personenwagen, die von Herbrand geliefert waren. Sie haben bei der WLE (BLEAG) die *Nummern 1 bis 7* bekommen. Die Wagen Nr. 1 und 2 besaßen neben einem großen Abteil der 3. Klasse auch ein kleineres der 2. Klasse, während Nr. 3 bis 7 reine Drittklaßwagen waren. Alle 7 Wagen besaßen Holzkästen mit offenen Endplattformen. Ihre Länge über Puffer betrug 11,6 m (Nr. 1 u. 2: 11,9 m), der Drehzapfenabstand 7,0 m, der Drehgestell-Achsabstand 1,2 m und die Masse 11,0 t. In den Drittklasswagen befanden sich 48 Sitze. 1910 wurden Nr. 4 und 5 an die Albtalbahn verkauft. Die übrigen 5 Einheiten kamen zusammen mit der Härtsfeldbahn in den Besitz der WNB, wobei sie ihre Nummern, aber mit angepaßtem Signet, behielten. Die beiden zweiklassigen Wagen Nr. 1 und 2 wurden im Ersten Weltkrieg in reine Drittklaßwagen umgebaut. Somit existierten bei der Bahn ab 1916 die C4i-Wagen Nr. 1, 2, 3, 6, 7. Nach der Indienststellung der ersten Triebwagen wurden Nr. 1 und 3 in Triebwagen-Beiwagen umgebaut. Die übrigen Einheiten wurden 1972 verschrottet.

Anläßlich der Streckenverlängerung von Ballmertshofen nach Dillingen erhielt die Härtsfeldbahn von der Filderbahn 4 zweiachsige leichte Personenwagen, von denen 2 etwas größer waren als die beiden anderen. Es handelte sich um die FBG-Wagen *Nr. 15 bis 18,* die bei der FBG auf der Zahnradstrecke und später auf den Reibungsstrecken verkehrt hatten. Der Wagen 16 hatte das Ungklück, bei dem Unfall in der Nähe von Zöschlingsweiler 1908 total zerstört zu werden, worauf er verschrottet wurde. Beim Übergang der Härtsfeldbahn an die WNB wurde der Wagen Nr. 15 in *WNB Nr. 8* umgezeichnet; er existierte noch bis 1958 und wurde dann verschrottet. Die Wagen Nr. 17 und 18 bekamen die Nummern WNB 9 und 10; ihr Lebensende war bereits 1937. Hinsichtlich der Herkunft und der Daten dieser 4 ehemalgien FBG-Wagen wird auf die entsprechenden Ausführungen bei der FBG verwiesen.

Eine weitere kleine Serie von gebrauchten Personenwagen kam 1910 zur Härtsfeldbahn; es waren 2 von der Waggonfabrik van der Zypen & Charlier in Köln-Deutz gebaute zweiklassige Drehgestellwagen, die an die Kleinbahn Mödrath–Liblar–Brühl geliefert worden waren. Die WNB bezeichnete sie als *Nr. 4 und 5 in zweiter Belegung.* 1916 wurden auch sie in reine Drittklaßwagen umgebaut. Trotz ihres Alters überlebten die beiden Fahrzeuge den Zweiten Weltkrieg; sie wurden 1956 ausgemustert und 1958 verschrottet.

Die Härtsfeldbahn war eine der wenigen deutschen Privatbahnen, die auf Schmalspurstrecken dreiachsige Lenkachswagen verwendete. Die WNB kaufte nämlich 1949 von der Brünigbahn der SBB 4 gebrauchte dreiachsige Personenwagen, denen sie die Nummern *10 bis 13* gab. Diese über Puffer 9850 mm langen Wagen hatten eine Masse von 8 t und enthielten 40 Sitzplätze. Sie wurden in der Reihenfolge der WNB-Nummern in den Jahren 1889, 1892, 1889, 1888 von der SIG in Neuhausen gebaut und an die damalige Jura-Bern-Luzern-Bahn (JBL) geliefert. Von dort kamen sie zur Jura-Simplon-Bahn (JS) und nach deren Übergang in die SBB zu dieser. Die früheren schweizerischen Betriebsnummern waren folgende:

WNB	*JLB*	*JS*	*SBB*
10	459	1159	209
11	–	1173	223
12	463	1163	213
13	451	1151	201

Nr. 11 und 12 erlebten bei der Einführung des Dieselbetriebs auf der Härtsfeldbahn noch eine Renaissance, indem sie zu Triebwagen-Anhängern umgebaut wurden.

Zusammen mit den nach dem Zweiten Weltkrieg von der KBT gekauften Triebwagen übernahm die WNB 1956 von dieser norddeutschen Kleinbahn auch 2 vierachsige Personenwagen (KBT 24 und 30), die in *WNB Nr. 4 und 5 in dritter Belegung* umgezeichnet wurden. Baujahr und Hersteller sind leider unbekannt. Sie waren über Puffer 12,05 m lang, hatten einen Drehzapfenabstand von 7,1 m, einen Drehgestell-Achsstand von 1,1 m und eine Mase von 8,16 t. Die im Wageninnern befindlichen 48 Holzsitze waren nicht gerade sehr bequem. Auffällig waren die ungewöhnlich großen Endplattformen. Diese beiden Fahrzeuge hatten zuletzt noch den creme/weinroten Anstrich der Triebwagen erhalten und wurden wohl zusammen mit diesen verwendet. Nach der Indienststellung der 4 aus alten Personenwagen durch Neukarossierung hergerichteten Triebwagen-Anhänger wurden die beiden ex KBT-Wagen abgestellt und vergammelten langsam auf einem Abstellgleis des Güterbahnhofs Aalen. Schließlich wurden sie total verrostet verschrottet.

3.4.7. TRIEBWAGEN-ANHÄNGER

Um bei starkem Verkehr die Kapazität der Triebwagen mit modern erscheinenden Beiwagen verstärken zu können, ließ die WNB aus den beiden vierachsigen Personenwagen Nr. 1 und 3 neuzeitliche Triebwagen-Anhänger herstellen. Zu diesem Zweck wurden die alten Wagenkästen von den Fahrgestellen entfernt und durch neue, von Auwärter hergestellte Aufbauten ersetzt. Diese Fahrzeuge wurden 1956 als *C4 TA Nr. 1 und 3* in Dienst gestellt und später in *101 und 103* umgezeichnet. Die Länge über Puffer war nun 12 m, der Drehzapfenabstand 6 m, der Achsabstand in den Drehgestellen 1,2 m und die Masse 11,53 t. Durch den Fortfall der alten offenen Plattformen war der nutzbare Wagenkasten länger geworden, so daß in ihm nun 62 Sitzplätze untergebracht werden konnten. Nach der Stillegung der Härtsfeldbahn wurden die beiden Wagen 1973 zur WEG-Nebenbahn Amstetten–Laichingen überstellt.

Zwei weitere Triebwagen-Anhänger ließ die WNB für die Härtsfeldbahn 1963 durch Modernisierung der beiden alten Brünigbahn-Dreiachser WNB 11 und 12 herstellen. Dabei wurden ebenfalls die alten Wagenkästen entfernt und der innere Radsatz ausgebaut. Von Auwärter hergestellte neue Wagenkästen wurden auf die nunmehr zweiachsigen Fahrgestelle aufgesetzt. Die beiden Wagen wurden als fest miteinander gekuppeltes Fahrzeugpaar konzipiert, das an den inneren Wagenenden mit gummiwulstgeschützten Übergängen und seitlichen Einstiegen versehen war. Die Fahrzeuge trugen nun die Bezeichnung *WNB B2y 253/254;* sie hatten 50 + 46 Sitz-

Ci Nr. 5 und 4 WNB ex MLB in Neresheim; August 1951 (Aufnahme T. Alt)

Ci Nr. 4″ und 5″ mit PwPost 23 in Aalen Güterbahnhof; 1968 (Aufnahme H. Bürnheim)

Bi Nr. 10 und 13 ex Brünigbahn in Neresheim; März 1967 (Aufnahme H. Bürnheim)

TA Nr. 103 und 101 in Neresheim; September 1972 (Aufnahme H. Sickert)

TA 253/254 ex Brünigbahnwagen, Dillingen; 1967 (Aufnahme H. Bürnheim)

plätze und waren über Puffer 20 m lang. Das Wagenpaar hat sich im Triebwagenverkehr gut bewährt und sein Einsatz hatte die Abstellung der noch vorhandenen alten Personenwagen aus der Zeit des Dampfbetriebs zur Folge. Als die Härtsfeldbahn 1972 ihren Betrieb einstellte, standen die beiden Wagen noch einige Monate abgestellt in Neresheim; dann wurden sie ebenfalls zur Nebenbahn der WEG nach Laichingen überführt, wo sie weiter verwendet wurden.

3.4.8. GEPÄCK/POSTWAGEN

Von den Meterspurstrecken der *Filderbahn* ist bekannt, daß dort zwei Gepäck/Postwagen verkehrten, die zuletzt die Nummern WN 21 und 22 hatten.

Für die Gepäck- und Postbeförderung auf der *Härtsfeldbahn* hatte die WLE (BLEAG) zunächst 2 kombinierte Gepäck/Postwagen bestellt, die 1901 von Herbrand geliefert wurden. Anläßlich der Streckenverlängerung nach Dillingen kam ein dritter hinzu, der 1907 ebenfalls von Herbrand erbaut worden war. Die 3 Wagen bekamen die Bezeichnung *WLE PwPost Nr. 21 bis 23.* Die WNB behielt diese Nummern nach der Übernahme der Härtsfeldbahn bei. Die Fahrzeuge besaßen am Gepäckraumende eine offene Plattform, während das Postraumende keine Plattform hatte. In der Mitte des Fahrzeugs befand sich, wie damals vielfach üblich, am Boden ein Hundeabteil. Die Wagen Nr. 21 und 22 wurden 1962 verschrottet. Nr. 23, der nachträglich einen Abort erhalten hatte, blieb noch einige Jahre länger bei der Bahn.

Ein weiterer Gepäckwagen ohne Postabteil entstand 1948 durch Umbau des gedeckten Güterwagens 102; er bekam die Nummer *Pw 24 WNB* und besaß ebenfalls nur am einen Ende eine offene Plattform. Er wurde spätestens nach der Stillegung der Härtsfeldbahn verschrottet. Die Fahrzeuge dieser Gattung hatten folgende Abmessungen:

	Nr. 21	*Nr. 22*	*Nr. 23*	*Nr. 24*	
Länge über Puffer	8150	8150	8150	8150	mm
Achsabstand	3800	3800	3100	3800	mm
Eigenmasse	6200	6200	6720	6720	kg
Tragfähigkeit	10,5	10,5	10,5	10,0	t

3.4.9. GÜTERWAGEN, DIENSTFAHRZEUGE

Die *Filderbahn* besaß für ihre Meterspurstrecken 7 offene (WN 201–207) und 2 gedeckte (WN 101, 102) Güterwagen, ferner 1 Salzwagen und 1 Bahnmeisterwagen sowie 1 Handdräsine und 20 Paare Rollböcke.

Bei der *Härtsfeldbahn* gab es eine größere Anzahl verschiedenartiger Güterwagen. *Gedeckte Güterwagen* waren in 2 verschiedenen Größen vorhanden; dabei hatte die größere Bauart eine offene Endplattform, die bei einigen Exemplaren mit einem Bremserplatz versehen war; diese Fahrzeuge trugen die Nummern *101 bis 117* und waren 1901 bis 1907 erbaut worden. Aus den Wagen Nr. 107 bis 110 entstanden Pufferwagen und aus Nr. 102 der bereits erwähnte Gepäckwagen Nr. 24. Alle diese Fahrzeuge hatten eine Tragfähigkeit von 10 t; einige von ihnen waren mit Bremse ausgerüstet; nur die Nr. 108, 111, 114, 116, 117 hatten keine Bremse.

Die kürzeren gedeckten Güterwagen *Nr. 118 bis 120,* die 1904 von der Firma Both & Tillmann in Dortmund erbaut waren, hatten sämtlich eine Bremse und konnten ebenfalls 10 t tragen. Nr. 118 war ein Bremswagen für das Kalkwerk bei Neresheim. Mit Ausnahme von 2 Pufferwagen wurden alle gedeckten Güterwagen schon 1960 ausgemustert.

Bei den *offenen Güterwagen* gab es 3 verschiedene Bauarten, die meist an einem Ende einen offenen Bremsersitz mit Bremskurbel hatten. Alle waren mit dreiviertelhohen Seitenwänden versehen. Die erste Gruppe der offenen Güterwagen hatte die Nummern *364 bis 371* und war 1899 bei Herbrand entstanden. Ohne Bremse waren lediglich die Wagen 364, 368, 369; schon 1958 ausgemustert waren Nr. 364, 367 und 370; die übrigen folgten spätestens nach der Stillegung der Härtsfeldbahn. Die zweite Gruppe offener Wagen hatte die Nummern *401 bis 407* und war 1906 bei der Waggonfabrik Rastatt hergestellt worden. Ohne Bremse waren Nr. 405 bis 407. Im Gegensatz zu den Wagen der ersten Gruppe konnten diese Wagen 15 t Last tragen. Diese 7 Fahrzeuge sind 1951 an die Brohltalbahn verkauft worden. Im Jahre 1907 kam eine dritte Gruppe offener Wagen von der Firma Both & Tillmann hinzu, die als *Nr. 361 bis 363* in Dienst gestellt wurden und eine Tragfähigkeit von 10 t hatten; Nr. 361 und 363 waren ohne eigene Bremse.

Zu erwähnen wären noch die 5 *Kalkdeckelwagen Nr. 372 bis 376,* die 1904 zur Härtsfeldbahn kamen und

Packwagen Nr. 24 in Neresheim (Sammlung Archiv WEG/WNB)

Pufferwagen Nr. 107 und TA 253/254 in Neresheim; September 1972 (Aufnahme H. Sickert)

1921 zu Langholzwagen mit Drehschemeln umgebaut wurden; sie wurden 1960 verschrottet.

Da die Härtsfeldbahn in frühen Zeiten umfangreiche Holztransporte durchführte, benötigte sie eine Anzahl *Langholzwagen* mit Drehschemeln; davon gab es 16 Einheiten mit den Nummern 301 bis 312, 321, 322, 372, 376, die teils mit, teils ohne Bremsausrüstung waren. Die meisten wurden 1958 verschrottet; erhalten blieben nur Nr. 301 und 302 zur Verwendung bei der Bahnmeisterei. Nr. 322 wurde 1917 zum Rungenwagen umgebaut, der der einzige Wagen dieser Art bei der Härtsfeldbahn blieb.

Für den Transport von *Schienen, Langholz, Schwellen* zu irgendwelchen Baustellen besaß die Bahn 2 vierachsige Fahrzeuge mit den Bezeichnungen *SSW 202 und 201,* die beide mit Bremsen versehen waren. Sie hatten 15 t Tragfähigkeit und wurden 1958/59 ausgemustert.

Im Jahre 1973 nach der Stillegung wurden alle noch vorhandenen Güterwagen verschrottet; dies waren Nr. 101, 103, 107, 110, 301, 302, 322, 366, 368, 369, 371.

Zu den *Bahndienstwagen* zählten die zweiachsigen *Rollböcke,* die in größerer Stückzahl benötigt wurden. Bei der Eröffnung der Streckenverlängerung von Ballmertshofen nach Dillingen, auf der zuerst der Rollbockverkehr aufgenommen wurde, waren 24 Rollböcke mit den Nummern *1 bis 24* vorhanden. Etwa 1960 wurden von der DB-Strecke Nagold–Altensteig 16 weitere gebrauchte Rollböcke übernommen, denen man die Nummern *25 bis 40* gab. Sie wurden nach erfolgter Anpassung an die Betriebsverhältnisse bei der Härtsfeldbahn in den ersten sechziger Jahren nach und nach in Benutzung genommen. Wegen des großen Bedarfs an Rollböcken hatte die Bahn um 1950 von der WEG-Nebenbahn Amstetten–Laichingen 16 Rollböcke geliehen, die bis zur Beendigung der Anpassungsarbeiten an den ex DB-Rollböcken verwendet wurden; danach wurden sie nach Laichingen zurückgegeben. Alle Rollböcke der Härtsfeldbahn hatten die bereits bei den Fahrzeugen der Laichinger Bahn kurz beschriebene Bauart und wurden auch in gleicher Weise verwendet wie dort. Nach der Verkehrseinstellung bei der Härtsfeldbahn wurden die Rollböcke Nr. 4, 6, 8, 9, 15, 18, 20, 24, 26, 29 nach Laichingen abgegeben. Nr. 2 wurde an die Stadt Aalen verkauft; alle übrigen Rollböcke wurden 1973 verschrottet.

Für Inspektionsfahrten auf ihrer Strecke besaß die Härtsfeldbahn eine *Motordräsine,* die zweisitzig war und einen kleinen Einachs-Anhänger mitführen konnte. Weiter gehörten der Bahnmeisterei 2 kleine zweiachsige *Loren* und ein für den Transport von Schotter, Gerät u. dgl. bestimmten *Flachwagen,* der sogar eine Nummer hatte, nämlich *X 311;* es war ein ehemaliger Rungenwagen, der 1917 in der Neresheimer Werkstatt zum Bahndienstwagen umgebaut worden war. Diese Dienstfahrzeuge wurden nach der Betriebseinstellung, soweit sie noch vorhanden waren, sämtlich verschrottet.

4. Die Bahnen der Württembergischen Nebenbahnen GmbH (AG)

4.1. Die Filderbahnen

Da die Filderbahn-Gesellschaft die Vorläuferin der Württembergischen Nebenbahnen AG war, wurden ihre Vorgeschichte und Geschichte bereits kurz in dem allgemeinen Teil über die Württembergischen Nebenbahnen AG gestreift, so daß wir im vorliegenden speziellen Kapitel über die Filderbahnen nur noch Einzelheiten über die Entstehung und die Geschichte zu bringen brauchen. Diese Mitteilungen sollen nur bis zu der Zeit reichen, zu der die Rechtsnachfolgerin der FBG, die WNB, Eigentümer und Betreiber der Strecken auf den Fildern war, also bis zum Verkauf an die Stadt Stuttgart und die Staatsbahn im Jahre 1920.

4.1.1. VORGESCHICHTE

Im letzten Viertel des vorigen Jahrhunderts hatte sich zwischen der Landeshauptstadt Stuttgart und den Ortschaften auf der Höhe der Filder, jener südlich von Stuttgart gelegenen Hochfläche, ein zunehmendes Verkehrsbedürfnis entwickelt. Dieses war dadurch entstanden, daß Angestellte, Arbeiter und Schüler aus den Filder-Ortschaften in zunehmendem Ausmaß ihren Beruf in Stuttgart ausübten und Schüler die Stuttgarter Schulen besuchten. Dieser Personenkreis mußte damals die verschiedensten Wege benutzen, um von den Fildergemeinden hinab nach Stuttgart zu gelangen. Zu diesem reinen Personenverkehr kam ein Warenverkehr durch Botenfahrzeuge, Milchwagen und -karren; sie mußten jeden Morgen und Abend die steilen Wege der beiden Weinsteigen benutzen, was bei den damaligen Straßenverhältnissen eine große Mühe war. So machte sich mehr und mehr das Bedürfnis nach einer Bahnverbindung von Stuttgart auf die Höhe der Filder und deren Verzweigung auf der Filderhöhe bemerkbar. Einflußreiche Kreise hatten sich Anfang der achtziger Jahre des vorigen Jahrhunderts der Sache angenommen und ein Eisenbahnkomitee gebildet, dem u. a. der Direktor der Maschinenfabrik Esslingen, Emil von Kessler, und der Ziegeleibesitzer Karl Kühner in Degerloch angehörten. Um die Angelegenheit in Gang zu bringen, beantragten diese beiden rührigen Männer zunächst einmal eine Konzession für eine Zahnradbahn von Stuttgart nach Degerloch, dem der Landeshauptstadt am nächsten gelegenen Ort auf den Fildern; der Antrag wurde am 11. 6. 1883 eingereicht. Er fand bei den maßgeblichen Stellen Verständnis, und so wurde schon am 28. 4. 1884 den beiden Antragstellern die Konzession für eine Zahnradbahn erteilt, die von der Filderstraße in Stuttgart über die Alte Weinsteige bis Degerloch führen sollte. Die Bauarbeiten schritten schnell voran und so konnte schon am 23. 8. 1884 der Betrieb der Zahnradbahn eröffnet werden. Damit waren erst einmal die größten Schwierigkeiten beseitigt. Bald machte sich aber als Folge der neuen Bahnverbindung die Notwendigkeit bemerkbar, weitere Bahnverbindungen von Degerloch zu den wichtigsten Gemeinden der Filder herzustellen, die an dem Verkehr von und nach Stuttgart interessiert waren. Es entstanden also bald Pläne für weitere Bahnen auf der Höhe der Filder, als deren wichtigste Zielortschaften Hohenheim, Vaihingen (Filder), Echterdingen und Neuhausen (Filder) erkannt wurden.

Filderbahn um 1912

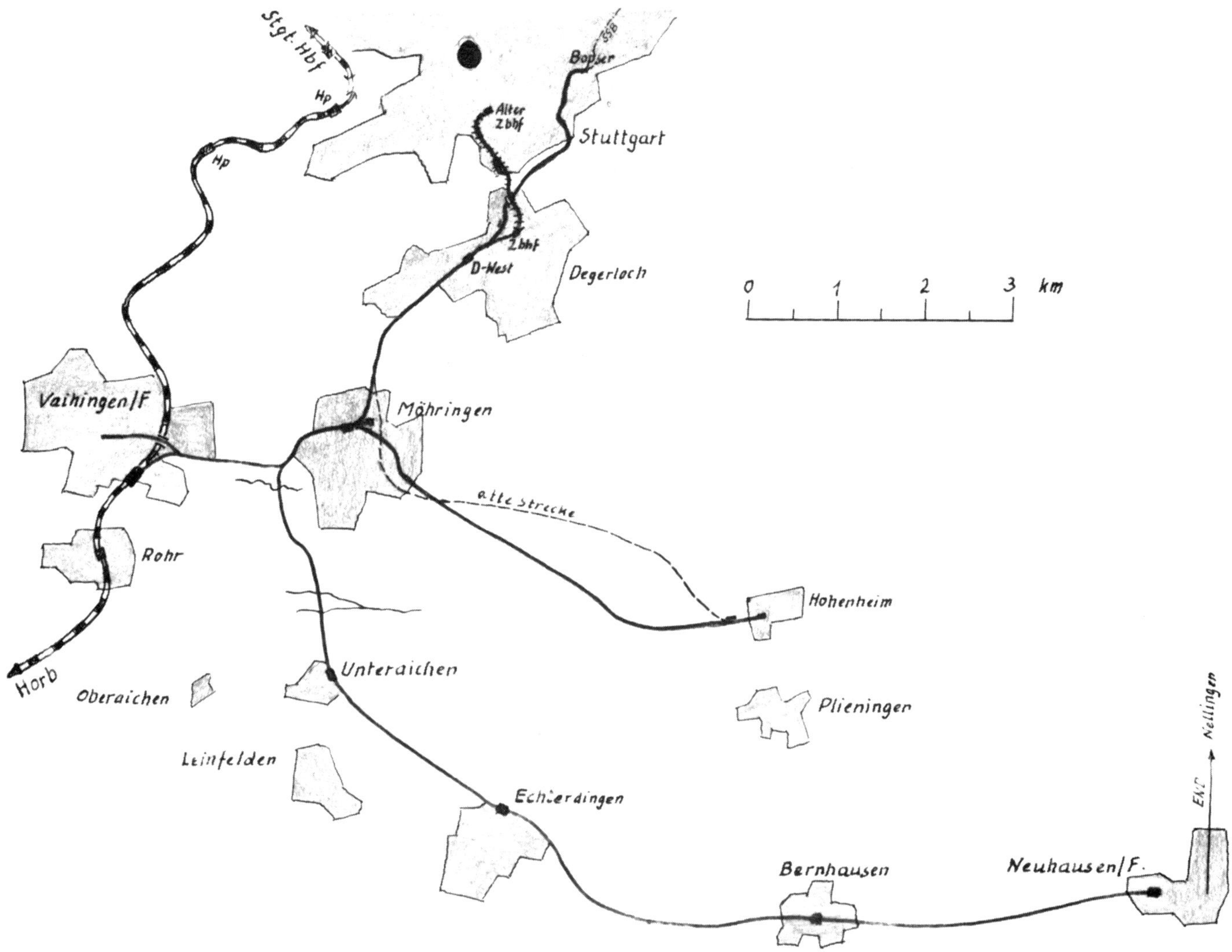

4.1.2. GESCHICHTE DER FILDERBAHNEN BIS 1920

Um einen rechtliche und organisatorische Basis für die Pläne zu erhalten, wurde am 14. 7. 1884 die »Filderbahn-Gesellschaft« (FBG) gegründet und die beiden Konzessionsinhaber für die Zahnradbahn übertrugen ihre Konzession am 14. 1. 1885 auf die neue Gesellschaft. Nun wurden nach und nach weitere Strecken gebaut und dem Verkehr übergeben. Als wichtigste erschien die Verbindung der Ortschaft Hohenheim, die schon damals ein beliebtes Ausflugsziel und zudem Sitz einer landwirtschaftlichen Hochschule war, mit Degerloch. Nach der Genehmigung der entsprechenden Pläne wurde mit dem Bau der Bahnstrecke Degerloch–Möhringen–Hohenheim begonnen und so schnell beendet, daß bereits am 12. 12. 1888 der Verkehr eröffnet werden konnte.

Im Hinblick auf die weiteren Eisenbahnpläne der FBG wurde in Möhringen ein neuer Fahrzeugschuppen mit Versorgungsanlagen sowie ein Bahnhof erbaut, der am 24. 12. 1897 in Benutzung genommen wurde. In ihm wurde auch der Güterverkehr abgewickelt. Der alte Bahnhof an der Ecke Vaihingerstraße/Rembrandtstraße wurde abgebrochen. Möhringen sollte sich zum Verzweigungsbahnhof für die Strecken auf den Fildern entwickeln.

Inzwischen hattee auch schon der Bau einer meterspurigen Strecke von Möhringen nach Vaihingen (Filder) begonnen; diese Strecke wurde für den Personenverkehr am 24. 12. 1897 eröffnet; sie endete am Staatsbahnhof von Vaihingen.

Zum gleichen Zeitpunkt war auch die meterspurige Strecke Möhringen–Echterdingen–Neuhausen (Filder) dem Verkehr übergeben worden. Alle diese Strecken führten zunächst nur Personenverkehr aus, wobei die Züge von Dampfloks befördert wurden.

Wie nicht anders zu erwarten war, entstand mit dem Vorhandensein der Schienenverbindungen für den Personenverkehr der Wunsch, diese Strecken auch für den Güterverkehr nutzbar zu machen und den mühsamen Warentransport auf den schlechten Straßen zu vermeiden. So wurde am 1. 7. 1898 der Stückgutverkehr und am 16. 9. 1898 der Wagenladungsverkehr auf diesen Meterspurstrecken aufgenommen. Inzwischen waren aber schon wieder weitere Pläne entstanden, da das Verkehrsaufkommen stark zugenommen hatte und insbesondere das Umladen der Güter vom Normalspurfahrzeug der Staatsbahn in den Meterspurwagen der Filderbahn und umgekehrt umständlich und teuer war. Der zur Vereinfachung eingeführte Rollbockverkehr konnte diesen Mangel nur begrenzt beseitigen. Die FBG entschloß sich daher um die Jahrhundertwende, den Personenverkehr auf elektrischen Betrieb umzustellen und für den Güterverkehr neben den Meterspurgleisen eine 3. Schiene einzubauen oder die Strecke ganz auf Normalspur umzubauen. Diese Pläne erforderten aber zur Verwirklichung beträchtliche finanzielle Mittel, die der Bahn nicht zur Verfügung standen. Die FBG mußte sich deshalb nach einem Geldgeber umsehen.

Sie fand ihn in Gestalt der damals sehr rührigen »Westdeutschen Eisenbahn-Gesellschaft« (WDEG) in Köln. Dieses Unternehmen übernahm 1902 die Aktien der FBG und die Betriebsfrühung auf deren Strecken. Der von der FBG mit der WDEG geschlossene Vertrag enthielt u. a. Bestimmungen über die Finanzierung des Umbaus der Bahnanlagen für die Benutzbarkeit durch Normalspurfahrzeuge, die Elektrifizierung aller Strecken der FBG und die Errichtung eines neuen Bahnhofs für normalspurige Fahrzeuge in Degerloch West. Anstelle der WDEG selbst trat künftig deren Tochtergesellschaft die »Badische Lokaleisenbahn-Gesellschaft« (BLEAG) in Erscheinung. Ihr wurden damals noch weitere Konzessionen für im Königreich Württemberg zu bauende Nebenbahnen erteilt, so daß sie bald zu bedeutendem Einfluß gelangte. Um Klarheit über die Rechtsverhältnisse zu schaffen, wurde der BLEAG am 25. 9. 1902 eine einheitliche Konzession für alle Strecken der Filderbahn erteilt.

Bei den von Siemens & Halske durchgeführten Elektrifizierungs-Arbeiten hatte man mit der Strecke Degerloch–Möhringen–Vaihingen (Filder) begonnen. Bereits am 6. 5. 1902 konnte der erste elektrische Zug fahren.

Im Laufe des Jahres 1902 waren auch die Umspurungen bzw. der Zubau der dritten Schiene bei einigen Strecken der Filderbahn durchgeführt worden. So konnte am 1. 10. 1902 der regelspurige Verkehr im neuen Bahnhof Degerloch West, auf der dreischienigen Strecke Degerloch West–Möhringen–Vaihingen sowie auf der für Normalspur umgebauten Strecke Möhringen–Echterdingen mit Dampfbetrieb eröffnet werden. Zwei Wochen später, am 15. 10. 1902, war auch der Streckenteil Echterdingen–Bernhausen und am 1. 11. 1902 der Restabschnitt Bernhausen–Neuhausen (Filder) fertig. Die ganze Strecke von Möhringen bis Neuhausen war also jetzt normalspurig (nicht dreischienig).

Am 16. 9. 1903 wurde auch im Bahnhof Möhringen der Güter- und Wagenladungsverkehr eröffnet. Die Elektrifizierungsarbeiten machten gute Fortschritte; am 1. 5. 1904 wurde auf der Zahnradbahn Stuttgart–Degerloch der elektrische Betrieb aufgenommen. Zunächst verkehrten aber noch in den Stunden des Hauptverkehrs zwischen den elektrischen Zügen Dampfzüge, da die elektrischen Fahrzeuge und das elektrische Versorgungsnetz den in diesen Stunden herrschenden starken Verkehr noch nicht verkraften konnten.

Im gleichen Jahr entstanden noch eine neue Strecke und die Verlängerung einer bestehenden Filderbahnstrecke. Am 1. 5. 1904 wurde die elektrische Straßenbahn von Stuttgart Bopser über die Neue Weinsteige nach Degerloch West eröffnet. Diese Wagen hatten am Bopser Anschluß an die Wagen der Stuttgarter Straßenbahn, die vom Schloßplatz hinaufkamen. Es mußte aber damals noch umgestiegen werden, weil aus verschiedenen Grün-

Zug der Dampfzahnradbahn mit Lok »Stuttgart« und Bw A 1 um 1890 (Sammlung H. Bürnheim)

den ein durchgehender Verkehr nicht möglich war. Auch bestand noch keine Gleisverbindung am Bopser.

Da für die Einwohner von Vaihingen der Weg zur Endstation der Filderbahn-Linie am Staatsbahnhof unbequem und weit war, wurde am 1. 5. 1904 eine 865 m lange Verlängerungsstrecke von Vaihingen Staatsbahnhof in Betrieb genommen, die vor der Endstation von der Strecke abzweigt, über eine Bahnbrücke in die Ortschaft hineinging und mitten in der Gemeinde Vaihingen endete.

Im Jahre 1905 trat nun eine Änderung ein, die im Verlauf des Bestehens der Filderbahnen eine Zäsur darstellt. Der BLEAG war am 4. 5. 1901 die Konzession für die Nebenbahn Korntal–Weissach erteilt worden. Zur Betreuung ihren württembergischen Bahnen hatte die BLEAG in Stuttgart eine Art Dependance gegründet, die den Namen »Württembergische Lokal-Eisenbahn« (WLE) führte. Außerdem besaß die BLEAG die Konzessionen für die ebenfalls in Württemberg gelegenen Nebenbahnen Aalen–Ballmertshofen und Reutlingen–Gönningen. In den folgenden Jahren bemühten sich einflußreiche und patriotische Kreise in Württemberg darum, daß alle in Württemberg gelegenen Privatbahnen, deren Konzession im Besitz der BLEAG war, in einer württembergischen Gesellschaft zusammengefaßt würden. Auf der Suche nach einem geeigneten, möglichst schon bestehenden Bahnunternehmen, stieß man auf die FBG. Die BLEAG und damit auch die WDEG hofften, durch eine Fusion der FBG mit der Nebenbahn Korntal–Weissach eine Verbesserung der ungünstigen Finanzlage der FBG zu erreichen. Nach längeren Verhandlungen beschloß die Generalversammlung der FBG vom 29. 5. 1905, die Konzession der BLEAG für die Nebenbahn Korntal–Weissach zu übernehmen und ihren Namen in »Württembergische Nebenbahnen AG« (WNB) zu ändern. Gleichzeitig hatte man die Absicht, auch die Konzessionen der BLEAG für die beiden anderen in Württemberg gelegenen Nebenbahnen der BLEAG auf die neue WNB übertragen zu lassen. Damit waren die Wünsche der patriotischen Kreise erfüllt worden und ein rein württembergisches Bahnunternehmen für alle in Frage stehenden privaten Nebenbahnen in Württemberg ent-

Zahnradlok ex JBL Nr. 352 (Brünigbahn) (Sammlung H. Bürnheim)

standen. Die Namensänderung der FBG in »Württembergische Nebenbahnen AG« (WN, später auch Wüna und heute WNB abgekürzt) wurde am 11. 8. 1905 im Regierungsblatt veröffentlicht und damit rechtskräftig. Wir können also jetzt den Firmennamen »Filderbahn-Gesellschaft« vergessen und uns nur noch der Bezeichnung »Württembergische Nebenbahnen« bedienen, in deren Rahmen die Strecken auf den Fildern im bisherigen Umfang weiterbetrieben wurden. Wenn wir auch weiter von der »Filderbahn« sprechen, so ist damit nicht mehr die ehemalige FBG gemeint, sondern diese Bezeichnung bezieht sich nur noch auf die auf den Fildern verkehrenden Filderbahn-Linien einschließlich der Zahnradbahn.

Die nächste Aktivität im Bereich der Filderbahn, nun schon unter der Regie der WNB, war der Umbau der noch mit Dampfloks betriebenen Meterspurstrecke Möhringen–Hohenheim auf elektrischen Betrieb, sowie die Hinzufügung einer 3. Schiene, um den Güterverkehr mit Normalspurwagen ohne Aufbocken und Umladen direkt bis Hohenheim durchführen zu können. Im Zuge dieser Umstellungsarbeiten wurde der bisher auf der Verbindungsstraße Möhringen–Hohenheim und Plieningen (heute Plieningerstraße/Filder-Hauptstraße) gelegene Teil der Strecke auf einen eigenen Bahnkörper südlich dieser Straße verlegt. Der Verkehr auf der umgebauten Strecke nach Hohenheim wurde am 14. 2. 1906 aufgenommen.

Nun war also auf allen drei Strecken auf der Höhe der Filder ein normalspuriger Güterverkehr mit Dampfloks möglich, während der Personenverkehr mit elektrischen Fahrzeugen abgewickelt wurde.

Einen Beweis für die Leistungsfähigkeit konnte die Filderbahn erbringen, als am 5. 8. 1908 das Zeppelin-Luftschiff LZ4 zwischen Echterdingen und Bernhausen eine Notlandung machen mußte und dabei durch ein aufziehendes Gewitter in Brand geriet. Die Filderbahn mußte an diesem Tag ungeheuere Massen von Neugierigen zu dem Unglücksort transportieren, wodurch besonders die Zahnradbahn, die ja ohnehin nur eine begrenzte Leistungsfähigkeit hat und gar nicht für den Massen- und Stoßbetrieb geeignet ist, bis ins Unendliche überlastet wurde. Man schätzt, daß damals an einem Tage rund 17000 Fahrscheine an Leute verkauft wurden, die mit der Zahnradbahn nach Degerloch hinauf wollten, um dann nach Echterdingen weiterzufahren.

Zum. 1. 1. 1910 wurde der am 21. 8. 1905 zwischen der WNB und der BLEAG geschlossene Pacht- und Betriebsführungsvertrag in beiderseitigem Einvernehmen aufgehoben. In den folgenden Jahren, bis zum Ersten Weltkrieg, wurden die wirtschaftlichen und betrieblichen

Alter Talbahnhof in Stuttgart an der Filderstraße; Blick aus der Halle auf einen abfahrbereiten Dampfzug der Zahnradbahn und einen elektrischen Triebwagen außerhalb der Halle, 1909 (Sammlung Archiv WEG/WNB)

Verhältnisse der Filderbahn stabilisiert und noch mancherlei Mängel beseitigt. Bald nach Kriegsbeginn traten auch bei der Filderbahn die kriegsbedingten Erschwernisse ein. Kritisch wurde die Lage, als die Heeresverwaltung anfing, bei den elektrisch betriebenen Bahnen kupferne Fahrleitungen zu requirieren. Bei diesen Aktionen kam auch die Filderbahn nicht ungeschoren davon, denn sie wurde gezwungen, die Fahrleitung für die nicht als kriegswichtig erachtete Streckenverlängerung von Vaihingen Staatsbahnhof in den Ort Vaihingen abzubauen und den Militärbehörden zur Verfügung zu stellen. Infolgedessen mußte dieser Streckenteil am 15. 1. 1915 stillgelegt werden.

Nach Kriegsende verschlechterte sich die wirtschaftliche Lage der WNB und das Unternehmen war gezwungen, sich nach finanzieller Hilfe umzusehen. Dieserhalb wurden Verhandlungen mit dem Freistaat Württemberg, der Stadt Stuttgart und der Staatsbahn aufgenommen. Diese hatten das Ergebnis, daß durch Vertrag vom 27. 2. 1920 die Strecken der Filderbahn zum 1. 3. 1920 an die Stadt Stuttgart verkauft wurden, mit Ausnahme der Strecke Echterdingen–Neuhausen (Filder), die von der Staatsbahn übernommen wurde. Dadurch hatte letztere die Möglichkeit, nach Eröffnung ihrer Neubaustrecke Vaihingen–Rohr–Leinfelden–Echterdingen nun einen durchgehenden Verkehr von Vaihingen bis Neuhausen durchzuführen. Die Stadt Stuttgart übertrug die Betriebsführung der Filderbahnstrecken an die Stuttgarter Straßenbahn (SSB). Die WNB erhielten für den Verkauf einen Erlös von 6000000 Mark, womit sie ihre Obligationsschulden in gleicher Höhe zurückzahlen konnte. Nun war die WNB zwar schuldenfrei, aber mit dem

Zahnrad-Triebwagen Nr. 1 FGB, später 107
(Sammlung P. Boehm)

Ausscheiden der Filderbahn war ihr zugleich das verkehrliche Rückgrat gebrochen, denn die Filderbahn hatte einen erheblichen Anteil am gesamten Verkehrsaufkommen der WNB und damit auch an den Einnahmen. Die Tätigkeit der WNB auf den Fildern endete also mit dem 28. 2. 1920.

4.1.3. STRECKENVERLAUF

4.1.3.1. *Zahnradbahn Stuttgart–Degerloch*

Die meterspurige mit Zahnstangensystem Riggenbach ausgerüstete Zahnradbahn hatte zur Zeit der FBG und WNB ihre Talstation in Stuttgart direkt oberhalb der Filderstraße (km 0,0; 272 m ü M). Links neben der alten Talstation befanden sich die Werkstatt und die Fahrzeughalle, die mit den Bahnsteiggleisen durch eine Schiebebühne verbunden waren. Die Bahntrasse überquerte bald nach dem Verlassen des Talbahnhofs die heutige Liststraße und ging dann in einer Kurve auf einer Gitterbrücke in die Alte Weinsteige über; hier war die maximale Steigung mit 17,2%. Das Gleis lag nun am Rande der Alten Weinsteige bis zu der für den elektrischen Betrieb angelegten Ausweiche an der Wielandshöhe. Vorher war eine Ausweiche am Königsträßle (heute Haigstaffel) gewesen, die aber aufgegeben wurde. Am bergseitigen Ende der jetzigen Ausweiche lag das Gleis wieder auf der Straße und bog in einer Rechts/Linkskurve in die Richtung der Brücke über die Neue Weinsteige ab. Diese sog. Türkenbrücke bei km 1,4 war ein 100 m langes leichtes Fachwerk, das unterhalb der Fahrbahn der Zahnradbahn angeordnet war, so daß die letztere auf dem Obergut fuhr. Gleich nach dem Verlassen der Brücke machte die Strecke mit 15% Steigung eine Rechtskurve, passierte die Haltestelle Hohenwaldau (473 m ü M) und mündete, zuletzt auf eigenem Bahnkörper mit etwa 3% Gefälle, in das Areal des Bergbahnhofs Degerloch (km 1,93; 455 m ü M) ein. Dort befand sich ein ursprünglich eingleisiger, später zweigleisiger Fahrzeugschuppen. Am anderen Ende dieser Halle führte das Streckengleis der meterspurigen Bahn nach Möhringen hinaus. Neben der Halle und hinter ihr gab es ein Umsetzgleis für die Loks der Möhringer Richtung sowie Abstellgleise. Das Gleis der Möhringer Linie hatte eine Verbindung mit dem Gleis der Zahnradbahn, um Postwagen und Güterwagen übergeben zu können. Mit der

Zahnrad-Triebwagen auf der Türkenbrücke (Sammlung H. Bürnheim)

späteren Straßenbahnlinie über die Neue Weinsteige hingegen hatte die Zahnradbahn keine direkte Verbindung. Die Streckenlänge der Zahnradbahn war 1,93 km; davon lagen 1,03 km auf besonderem Bahnkörper und 0,9 km in der Alten Weinsteige. Die maximale Steigung war 1:5,7 (17,2%) und der kleinste Radius lag bei 120 m. Beim Dampfbetrieb waren in beiden Richtungen 10 km/Std, beim elektrischen Betrieb 15 km/Std. zugelassen. Der überwundene Höhenunterschied war 183 m.

4.1.3.2. *Strecke Degerloch–Möhringen–Hohenheim*

Diese ursprünglich 8,5 km lange Strecke nahm ihren Ausgang in der Halle des Degerlocher Zahnradbahnhofs auf einem neben dem Zahnradbahngleis liegenden eigenen Meterspurgleis. Sie bog etwa auf halbem Weg zwischen Degerloch und Möhringen aus der südwestlichen in die südliche Richtung ab, um zum alten Bahnhof Möhringen zu gelangen. Hier schwenkte die Trasse in eine fast südöstliche Richtung und folgte der Ortsverbindungsstraße Möhringen–Plieningen, auf der sie bis zum Ortsanfang von Plieningen und Hohenheim blieb. Die maximale Steigung betrug 1:41 (2,4%) und der kleinste Radius war 80 m. Die Strecke endete vor dem Schloß Hohenheim. Wegen der Eröffnung des neuen Möhringer Bahnhofs 1897 wurde auch die Hohenheimer Strecke etwas verlegt und dem neuen Bahnhof angepaßt. Als 1906 der Streckenteil Möhringen–Hohenheim mit einer 3. Schiene versehen und elektrifiziert wurde, hat man den größten Teil der Strecke von der Straße auf einen südlich davon befindlichen eigenen Bahnkörper verlegt. Dadurch erhielt dieser Streckenteil eine Länge von 5,71 km; die Höchststeigung sank auf 1:60 (1,66%) und der kleinste Radius wurde 180 m. Von diesem Streckenteil lagen nun 3,506 km (61%) gerade und 2,204 km (39%) in

Zahnrad-Triebwagen auf der Alten Weinsteige; um 1950 (Aufnahme T. Alt)

Kurven; 0,06 km (1%) waren horizontal und 5,65 km (99%) lagen in Neigungen. Die Einmündung des auf eigenem Bahnkörper liegenden Streckenteils in die Landstraße war nahe der Haltestelle beim Gasthaus Garbe, etwa 400 m vor der Endstation. Dieses letzte Streckenstück verlief wieder in der Straße. Die Endstation Hohenheim war mit einem dreischienigen Bahnsteiggleis, einem ebensolchen Umsetzgleis und einem Abstellgleis ausgerüstet. Die zugelassene Höchstgeschwindigkeit betrug beim Dampfbetrieb 20 km/Std; nach Verlegung auf eigenen Bahnkörper wurde sie auf diesem auf 30 km/Std. heraufgesetzt.

4.1.3.3. *Degerloch–Möhringen–Vaihingen (Filder)*

Diese Strecke verlief von Degerloch bis Möhringen auf der gleichen Trasse wie die Hohenheimer Linie. Sie war ursprünglich ebenfalls meterspurig und wurde nur von Dampf-Personenzügen befahren. Die Länge des Abschnitts vom neuen Bahnhof Möhringen bis Vaihingen Staatsbahnhof betrug 2,7 km; die ganze Strecke von Degerloch an war 5,1 km lang. Davon lagen 0,6 km (12%) horizontal und 4,5 km (88%) in Neigungen; 3,5 km (68%) waren gerade und 1,6 km (32%) lagen in Kurven. Die größte Neigung betrug 1:38 (2,6%), der kleinste Radius war 180 m. Von Möhringen lief die Strecke erst nach Südwesten, bog dann am Ortsrand von Möhringen nach Überqueren der Vaihinger Straße bei km 0,65 ab Möhringen nach Westen ab und schwenkte kurz vor Erreichen der Staatsbahnstrecke wieder nach Südwesten. In Vaihingen Staatsbahnhof konnten Normalspur-Güterwagen vom Dreischienengleis auf einem Übergabegleis in die Bahnhofsanlagen des Staatsbahnhofs übergeben werden. Die später erbaute Verlängerungsstrecke in den Ort Vaihingen hinein zweigte über eine Weiche bei km 1,85 (ab Möhringen) von der Stammstrecke ab, überschritt nach etwa 200 m auf einer eisernen Kastenbrücke die Staatsbahnstrecke und führte auf einer Ortsstraße zur Endstation nahe der Brauerei Leicht (km 3,05). Außer einem Umsetzgleis waren hier keine Bahnanlagen. Von der 865 m langen Verlängerungsstrecke lagen 610 m (70%) auf der Straße und 255 m (30%) auf besonderem Bahnkörper; dies war das Stück von der Abzweigung bis hinter die Brücke.

4.1.3.4. *Straßenbahn Bopser–Degerloch*

Die damals eingleisige meterspurige Straßenbahnstrecke begann etwa auf halber Höhe der Neuen Weinsteige am *Bopser* (km 0,0). Die 2,65 km lange Strecke lag ganz auf der Straße, meist am linken Rand und machte die vielen Krümmungen der Straße mit. An der Strecke lagen 6 Haltestellen, davon 2 mit Ausweichen. Die Endstation in *Degerloch* (km 2,65) war *beim Gasthof »Linde«* in der Steigung der Oberen Weinsteige. Etwa 150 m weiter war, nahe dem Gasthof »Ritter«, eine Weiche vorgesehen, die eine Verbindung des Straßenbahngleises mit dem Streckengleis nach Möhringen herstellte. Über dieses Gleis konnten die Straßenbahnwagen zur Halle und Werkstatt Möhringen fahren. Die maximale Neigung war 1:16 (6,3% und der kleinste Radius 30 m. Die Strecke war landschaftlich recht schön mit ihrem Blick über die Weinberge auf die tiefliegenden Stadtteile. Interessant war die Stelle, an der die Straßenbahn unter der bereits erwähnten Türkenbrücke durchfuhr. Diese Stelle, die auch heute noch, wenn auch mit anderen technischen Einrichtungen, existiert, war immer ein beliebtes Motiv für Fotografen, besonders wenn gleichzeitig ein Zug der Zahnradbahn und einer der Straßenbahn zu sehen waren.

4.1.3.5 *Möhringen–Echterdingen–Neuhausen (Filder)*

Diese als letzte der Eisenbahnstrecken 1897 eröffnete Strecke der Filderbahn zweigte rund 0,65 km hinter der Ausfahrt aus dem neuen Bahnhof Möhringen von der Vaihinger Strecke ab und verlief nach Überqueren einiger Bäche in südlicher Richtung zur Ortschaft *Unteraichen* (km 3,63 ab Degerloch); von dort aus wendete sich die Trasse in eine südöstliche Richtung und erreichte den Ort *Echterdingen,* wo bei km 5,99 der Bahnhof angelegt war. Die Trasse ging zunächst weiter nach Südosten und schwenkte kurz vor dem Bahnhof *Bernhausen* (km 10,3) nach Osten, eine Richtung, die sie bis zur Endstation *Neuhausen* (Filder) (km 14,33) beibehielt. Die Strecke hatte eine Länge von 14,33 km; davon lagen 3,022 km (21%) in der Horizontalen und 11,306 km (79%) in Neigungen von maximal 1:42 (2,38%). Gerade Streckenteile waren insgesamt 10,504 km (73%) und gekrümmte 3,826 km (27%) lang. Der kleinste Radius war 180 m.

Die gesamte Länge aller Strecken der Filderbahn zur Zeit der WNB betrug 1914: 31,1 km. Nach der Stillegung des Verlängerungsstückes nach Vaihingen Ort verminderte sie sich auf 30,23 km. Von den Strecken waren die Zahnradbahn und die Straßenbahn zum Bopser meterspurig, die Strecken Degerloch–Möhringen, Möhringen–Hohenheim und Möhringen–Vaihingen Staatsbahnhof dreischienig und schließlich die Strecke Möhringen Abzweigung bis Neuhausen (Filder) normalspurig.

Es sei daran erinnert, daß sich die vorherige Beschreibung der Strecken der Filderbahn auf die Zeit vor 1920 bezieht, als die Bahn noch im Besitz der FBG bzw. WNB war. Nach dem Verkauf an die Stadt Stuttgart und die Staatsbahn im Jahre 1920, hat sich vieles geändert, doch kann darauf im Hinblick auf den Rahmen und das Thema des vorliegenden Buches nicht eingegangen werden.

4.1.4. ORTSFESTE ANLAGEN

Die Fahrleitung für den elektrischen Betrieb, die mit 600 Volt Gleichstrom gespeist wurde, bestand bei Streckenteilen mit hoher Strombelastung aus 2 nebeneinander liegenden Kupferdrähten von je 80 mm^2 Querschnitt, bei den übrigen Streckenteilen aus einem solchen Kupferdraht. Meist waren die Drähte zwischen den Enden von gebogenen Auslegern an Fachwerkmasten aufgehängt, die neben dem Gleis aufgestellt waren. Im Bereich des Bahnhofs Möhringen, wo mehrere Gleise nebeneinander verlegt waren, wurden die Fahrleitungen an einem Querseil aufgehängt, das zwischen neben den äußeren Gleisen stehenden Masten verspannt war. Speisestellen befanden sich bei der Zahnradbahn neben der ursprünglichen Ausweiche am Königsträßle (heute Haigstaffel) und bei den oberen Filderbahnstrecken in Möhringen, wo auch das Kraftwerk und die Umspann- und Gleichrichterstation installiert waren.

Adhäsions-Triebwagen Nr. 11 FBG (Sammlung P. Boehm)

Alle Züge der Filderbahn trugen am letzten Wagen eine rot/weiße Zugschlußscheibe bzw. rote Laterne, ein Zeichen, daß die Filderbahn als Eisenbahn angesehen wurde.

Bahnhofsgebäude gab es bei der Zahnradbahn an der Talstation und an der Bergstation, bei den oberen Filderstrecken in Degerloch West, Möhringen, Echterdingen, Bernhausen und Neuhausen; an einigen weiteren Stationen befanden sich kleine Gebäude oder Wartehäuschen. In Möhringen stand in dem Winkel zwischen den von Hohenheim und Degerloch kommenden Gleisen eine Fahrzughalle, die ursprünglich 3 Gleise besaß und später durch 2 weitere Gleise erweitert wurde. Die Werkstatt und das Kraftwerk samt Umspannwerk und Gleichrichterhaus waren außen neben dem von Degerloch kommenden Gleis errichtet worden. An den Bahnhofsgebäuden war meist ein Güterschuppen angebaut.

4.1.5. VERKEHRSAUFKOMMEN

Es sollen zu diesem Punkt einige Angaben zur Verkehrshäufigkeit und zu den Beförderugnsleistungen gemacht werden, um ein Bild von der Bedeutung der Filderbahn zu gewinnen. Die Zahnradbahn verkehrte bei der Eröffnung nur mit 8 Zugpaaren am Tage; der Verkehr wuchs im Laufe der Jahre stark an; 1911 verkehrten 55 Zugpaare, durchschnittlich alle 15 Min. war eine Fahrt. Bei großem Andrang fuhren mehrere Züge als eine Fahrt mit Abstand hintereinander; in diesem Fall trug der vordere Zug ein weißes Schild mit einem schrägstehenden schwarzen Kreuz als Hinweis, daß noch ein weiterer Zug folgt. In den ersten Jahren nach der Elektrifizierung verkehrten in den Hauptverkehrszeiten noch Dampfzüge zwischen den elektrischen Wagen. Auch mußte der elektrische Betrieb noch einmal vorübergehend eingestellt werden, weil sich Störungen an den Fahrzeugen zeigten.

Auf der Strecke nach Neuhausen verkehrten 1914 werktags 10 und sonntags 8 Zugpaare im Personenver-

Adhäsions-Triebwagen Nr. 24 FBG (Sammlung P. Boehm)

kehr. Auf der Hohenheimer Strecke wies der Fahrplan von 1914 werktags 10 und sonntags 14 Zugpaare aus und auf der Strecke nach Vaihingen waren werktags 17 und sonntags 16 Zugpaare aufgeführt. Der Personenverkehr nach Hohenheim und Vaihingen wurde mit elektrischen Zügen durchgeführt, während auf der Strecke nach Neuhausen Dampfzüge verkehrten. Die alten Fahrplannummern der Filderbahn waren 327 e, f, g, h, k und n.

Die Beförderungsleistungen in der Zeit der FBG und WNB ergeben sich aus folgener Tabelle:

Jahr	*Personen mal tausend*	*Güter mal 1000 in t*
1902	1260	35,8
1904	878	35,1
1906	970	16,4
1908	1293	10,2
1910	1581	11,4
1916	1475	10,0
1920	2864	8,6

Man sieht, daß der Personenverkehr recht beachtlich war und es auch bis zur Übergabe an die Stadt Stuttgart blieb. Der Güterverkehr war aber mit maximal knapp 36000 t im Jahr nie sehr bedeutend und nahm dazu noch von Jahr zu Jahr laufend ab, bis auf 8600 t im Jahr des Verkaufs der Filderbahn. Im Güterverkehr wurden in der Hauptsache landwirtschaftliche Produkte, z.B. Obst, Gemüse, Milch, für die Versorgung der Stadt Stuttgart, aus den landwirtschaftlichen Betrieben auf den Fildern transportiert. Es soll aber auch nicht verschwiegen werden, daß außer diesen nahrhaften Waren in umgekehrter Richtung auch weniger appetitliche Fracht befördert wurde, denn die Filderbahn hatte auch den Transport von Fäkalien aus Stuttgart zu den Ablagerungsstätten bei Echterdingen zu besorgen. Hierfür waren besondere Behälterwagen vorhanden.

Triebwagen Nr. 26 (Sammlung H. Bürnheim)

4.1.6. DIE FAHRZEUGE DER FILDERBAHN BIS 1920

Über die Fahrzeuge der Filderbahn wurde das Wichtigste bereits im Zusammenhang mit den anderen WNB-Bahnen im allgemeinen Teil über die WNB berichtet. Wir können uns daher im folgenden auf die nummernmäßige Aufzählung beschränken.

4.1.6.1. *Fahrzeuge für Normalspur*

Zuerst verkehrten auf den Normalspurstrecken und den Dreischienen-Strecken im Güterverkehr die beiden Malletloks B'Bn4tv Nr. 1 und 2; hinzu kamen später die Loks Cn2t Nr. 3 und Bn2t Nr. 4. Ab 1905 waren die Dn2tv-Loks Nr. 1 bis 3 auf den Normalspurgleisen tätig. Zuletzt, als die Züge schwerer wurden, beschaffte man die En2t-Loks Nr. 11 und 12, von denen eine zur Strohgäubahn kam. Diese Aufzählung ist nicht so zu verstehen, daß alle diese Loks gleichzeitig bei der Filderbahn tätig waren, vielmehr wurden die älteren und schwächeren Loks immer von jüngeren und stärkeren abgelöst. Im allgemeinen genügten 2 oder 3 Normalspurloks für den Verkehr.

Für den Personenverkehr waren die Vierachser Nr. 1 bis 5 und 11 bis 22 sowie die Zweiachser Nr. 9 und 10 vorhanden. An normalspurigen Gepäck/Postwagen gab es 2 Einheiten mit den Nummern 21 und 22. Der Bestand an Güterwagen belief sich auf 9 gedeckte und 19 offene Fahrzeuge, die teils mit, teils ohne Bremse waren. Für den Streckenbeobachtungsdienst war ein Bahnmeisterwagen vorhanden.

4.1.6.2. *Fahrzeuge für Meterspur*

Bei der *Zahnradbahn* gab es die 3 Loks Nr. 1 bis 3, später kamen hinzu die Loks Nr. 11 und 12. Im Jahre 1918 wurden diese alten Loks teilweise durch 2 gebraucht gekaufte Loks der Brünigbahn der SBB ersetzt, als im Ersten Weltkrieg wegen Stromknappheit zeitweise wieder mit Dampf gefahren werden mußte.

Für die *Adhäsionsstrecken* auf den Fildern waren ursprünglich die Straßenbahnloks Nr. 4, 5, 6 (Bn2tK) vorhanden. Hinzu kamen später die Straßenbahnloks Nr. 7, 8, 9, 10, 13, 14 (Cn2tK). Schließlich wurde der Lokbestand durch die beiden ex Lenz-Loks mit Serpollet-Kessel Nr. 9 und 10 (Bn2tK) ergänzt. Einige dieser Loks

Triebwagen Nr. 14 und 3 ex Dampfbahn-Bw in Hohenheim (Sammlung H. Bürnheim)

waren zeitweise bei der Härtsfeldbahn; die übrigen wurden nach der Elektrifizierung verschrottet oder verkauft.

An elektrischen Triebwagen für die *Zahnradbahn* besaß die FBG bzw. WNB die Zahnradtriebwagen Nr. 1 bis 5. Für die *Reibungsstrecken* waren die Vierachser Nr. 11 bis 14 und die Zweiachser Nr. 21 bis 29 vorhanden. Die von der VKA gebraucht gekauften 6 Triebwagen Nr. 15 bis 20 bewährten sich wegen ihrer Fahrgestellkonstruktion auf der Neue Weinsteige-Strecke zum Bopser nicht und wurden 1913 zurückgegeben.

An Personenwagen gehörten zur *Zahnradbahn* die Zweiachser A 1, A 2, B 1, B 2, (später FBG 15 bis 18), ferner die Sommerwagen F 1 bis F 4, und schließlich die etwas jüngeren Wagen A 3 bis A 8 (später 1 bis 6). Auf den *Reibungsstrecken* verkehrten im Dampfbetrieb die Zweiachser C 1 bis C 5, D 1 und E 1 (31–38). Sie wurden ab 1897 ersetzt durch die Vierachser G 1 bis G 10, später 39 bis 48, nachdem 2 Wagen verkauft worden waren. Für die Neue Weinsteige-Linie waren die Zweiachser Nr. 31 bis 35 (später 32, 34, 35, 16, 17) beschafft worden. Es gab auch für die Meterspurstrecken 2 Gepäck/Postwagen mit den Nummern B 1 und B 2 (später 21 und 22) sowie 2 gedeckte und 7 offene Güterwagen. Auch ein Salzwagen, der mit einem Schneepflug ausgerüstet werden konnte, und ein Bahnmeisterwagen waren im Bestand; eine Handdräsine war für die Streckenüberwachung vorhanden. Der Rollbockverkehr wurde mit Hilfe von 20 Paaren Rollböcken ermöglicht.

In diesem Kapitel über die Filderbahn konnten nur die wichtigsten Gesichtspunkte berücksichtigt werden, um beim Thema zu bleiben und den Umfang des Buches in Grenzen zu halten. Leser, die sich eingehender mit der Filderbahn beschäftigen möchten, werden auf das Buch »Die Filderbahn« hingewiesen, das von Gottfried Bauer und Claude Jeanmaire verfaßt wurde und im Verlag »Eisenbahn« in CH 5234 Villingen (Schweiz) erschienen ist. Außerdem hat die Stuttgarter Straßenbahn AG im Herbst 1984 eine Jubiläumsschrift zum 100jährigen Bestehen der Zahnradbahn mit dem Titel »100 Jahre Zahnradbahn Stuttgart–Degerloch 1884 bis 1984« herausgegeben.

4.2. **Nebenbahn Aalen–Dillingen (Härtsfeldbahn), meterspurig**

4.2.1. VORGESCHICHTE

Der wirtschaftliche Mittelpunkt des Härtsfelds, einer eigenartigen karstigen Landschaft am äußersten nordöstlichen Teil der langgezogenen Schwäbischen Alb, ist die Stadt Neresheim, die durch die weitläufigen Anlagen des Benediktiner-Klosters und die von Balthasar Neumann erbaute Abtei bekannt ist. Diese, von der Natur recht stiefmütterlich behandelte Landschaft, war auch beim Bau der Eisenbahnen im vergangenen Jahrhundert zu kurz gekommen, da keine der von der damaligen Staatsbahn erbauten Strecken durch das Härtsfeld führte. Sie verliefen vielmehr sämtlich um das Härtsfeld herum: im Westen die Strecke Ulm–Heidenheim–Aalen–Wasseralfingen, im Norden die Strecke Donauwörth–Nördlingen–Goldshöfe–Aalen, im Süden und Osten die Strecke Neuoffingen–Dillingen–Donauwörth. Diese ungünstige Verkehrslage des Härtsfelds hatte gegen Ende des vorigen Jahrhunderts in zunehmendem Maße einen wirtschaftlichen Rückgang der auf dem Härtsfeld liegenden Gemeinden zur Folge. Dies verursachte u. a. eine Abwanderung der Bevölkerung zu den an den Bahnstrecken liegenden wirtschaftlich aufstrebenden Orten. Wegen der wachsenden Not in den Härtsfeld-Gemeinden ging die Bevölkerung gegen Ende des 19. Jahrhunderts mehr und mehr zurück und das Land verarmte zusehends. Unter diesen Umständen ist es verständlich, daß sich in diesen Gemeinden Bestrebungen bemerkbar machten, einen Bahnanschluß zu erhalten. Der Staat hatte kein Interesse daran, Bahnlinien zu bauen, die von vornherein defizitär sein würden. Um diese Zeit bildeten einige weitsichtige Männer ein Eisenbahn-Komitee, das bald aktiv wurde und den Stuttgarter Professor W. Sapper mit der Abfassung einer Denkschrift über die Verkehrserschließung des Härtsfelds durch eine Eisenbahn beauftragte. Aufgrund der Denkschrift wurde am 25. 5. 1892 von den Initiatoren eine Eingabe an die zuständgen Regierungsstellen gerichtet, nachdem der Neresheimer Oberamtsbaumeister Kaspar Vogler vor der Abgeordnetenkammer einen Vortrag über die Probleme des Baus von Nebenbahnen in Württemberg und speziell auf dem Härtsfeld gehalten hatte. In der genannten Denkschrift hatte Prof. Sappel gleich mehrere Projekte für die Trassierung einer Bahn über das Härtsfeld vorgeschlagen. Der erste Vorschlag sah eine Adhäsionsbahn von 75 cm Spurweite vor, die von Aalen über Waldhausen, Ebnat, Elchingen, Neresheim nach Dischingen führen sollte. Bei der zweiten Variante war an eine kombinierte Adhäsions- und Zahnradbahn gedacht von Unterkochen zunächst als Adhäsionsbahn und weiter über Läuterhäusle als Zahnradbahn nach Ebnat. Ein dritter Vorschlag sah eine von Unterkochen ausgehende Zahnradbahn vor, die unter weitgehender Benutzung der Vicinalstraße ebenfalls nach Ebnat gelangt wäre und dann als Adhäsionsbahn auf der gleichen Strecke wie Vorschlag 1 hätte weiterführen sollen.

Es blieb aber nicht allein bei den Vorschlägen von Prof. Sappel, denn 1897 schaltete sich auch die Stadt Heidenheim an der Brenz in die Debatten ein und forderte, daß eine Bahn über das Härtsfeld von Heidenheim ausgehen müsse. Diese Bemühungen blieben aber unbeachtet, als sich die Stadt Aalen auf die Seite des Neresheimer Komitees stellte und sich bereit erklärte, die auf die Gemeinde Aalen entfallenden Grunderwerbskosten zu übernehmen. Anfang 1897 wurde das vom Neresheimer Komitee ausgearbeitete Eisenbahn-Gesuch von der Abgeordnetenkammer an die Regierung weitergegeben. Nachdem damals die KWStE der Einschaltung privater Unternehmer für den Bau und Betrieb von Eisenbahnen in Württemberg zugestimmt hatte, mußte nun ein Träger für den Bau der Bahn gesucht werden, denn es war jetzt damit zu rechnen, daß der Staat seine Zustimmung geben würde. Nach längeren Verhandlungen fand das Komitee in der WDEG einen geeigneten Partner für den Bau und Betrieb der geplanten Bahn. Dieses Unternehmen war besonders geeignet, weil es in Württemberg ohnehin weitere Bahnen bauen wollte. Schließlich erteilte das Königreich Württemberg, vertreten durch die Verkehrsabteilung des Ministeriums für auswärtige Angelegenheiten, der WDEG die Genehmigung, die Bahn von Aalen über Neresheim nach Ballmertshofen zu bauen. Die entsprechende Konzession wurde der BLEAG, der in Süddeutschland tätigen Tochter der WDEG, erteilt; sie wurde am 16. 7. 1900 im Regierungsblatt des Königreichs Württemberg veröffentlicht und bezog sich auf eine meterspurige Bahn mit Dampfbetrieb. Für den Bahnbau gewährte der Staat einen einmaligen unverzinslichen und nicht rückzahlbaren Betrag in Höhe von

Lok 11, der Härtsfeldbahn, rechte Seite, mit Personal (Sammlung Archiv WEG/WNB)

60000 Mark zu den Einführungsanlagen in den Staatsbahnhof Aalen und von 20000 Mark für den Bahnkilometer der Strecke Aalen–Neresheim. Die Grunderwerbskosten waren von den an der Strecke liegenden Gemeinden übernommen worden. Von den 3 ursprünglichen Trassenvorschlägen war also der Vorschlag 1 in seinen Grundzügen übernommen worden. Den Bau der Strecke und die Beschaffung der benötigten Fahrzeuge wurde von der WDEG besorgt, während die BLEAG als Konzessions-Inhaberin und Eigentümerin fungierte. Die Betriebsführung sollte der in Stuttgart gebildeten Dependance der BLEAG, der »Württembergischen Lokaleisenbahn« (WLE) übertragen werden.

Der Bahnbau begann im Juni 1900 an dem schwierigsten Abschnitt zwischen Unterkochen und Ebnat, wo mehrere größere Kunstbauten errichtet werden mußten. Bei günstigen Witterungsverhältnissen konnte bis Januar 1901 gearbeitet werden. Dann mußte wegen starker Schneefälle bis Ostern 1901 pausiert werden. Nach Ostern ging der Bahnbau zügig weiter und bis August 1901 waren bereits die Schienen bis Neresheim verlegt.

4.2.2. GESCHICHTE

Am 22. 8. 1901 fuhr der erste mit Baumaterial beladene Zug über den fertigen Streckenteil und traf ordnungsgemäß in Neresheim ein. Auch der Weiterbau bis Ballmertshofen ging flott vonstatten, da hier keine geländemäßig bedingten Probleme zu überwinden waren. Im Oktober 1901 war die ganze Strecke Aalen–Ballmertshofen fertig, so daß die Abnahme durch die zuständigen Behörden stattfinden konnte. Die umfangreichen Eröffnungsfeierlichkeiten fanden am 30. 10. 1901 statt und am 1. 11. 1901 wurde der öffentliche Verkehr aufgenommen.

Um der neuen Bahn für den Güterverkehr eine solide

9

Höchstgeschwindigkeit Aalen Güterbahnhof bis Höllhau 20 km/h, im übrigen 30 km/h, für Züge mit Rollbockbeförderung zwischen Neresheim und Dillingen 25 km/h.

Dillingen-Neresheim-Aalen

9

Entfernung km	Kürzeste Fahrzeit mit Rollböcke Min.	ohne Rollböcke Min.	Betriebsstellen	P 1 an Aalener Markttagen von Ballmertshofen				P 5 bis Neresheim Sa* ab Neresheim S, Mi u Sa			
				Ankunft	Aufenthalt Min.	Abfahrt	Kreuzung mit Zug	Ankunft	Aufenthalt Min.	Abfahrt	Kreuzung mit Zug
–	–	–	Dillingen					–	–	7^{50}	
1,4	4	3	Hausen					–	×	54	
2,2	6	5	Lauingen					7^{59}	1	8^{00}	
3,7	9	8	Zöschlingsweiler					$8^{08}{}_{,5}$	0,5	09	
1,6	4	4	● Wittislingen					13	1	14	
4,2	10	10	Ziertheim					24	1	25	
1,5	4	3	Reistingen					–	×	28	
2,1	5	5	Ballmertshofen	–	–	3^{59}		33	1	34	
1,3	3	3	Guldesmühle	–	×	4^{02}		–	×	37	
1,6	4	4	Dischingen	4^{05}	1	06		41	1	42	
2,3	6	5	Katzenstein	–	×	12		–	×	48	
1,2	3	3	● Iggenhausen	–	×	15		–	×	51	
1,5	4	3	● Sägmühle	–	×	19			×	55	
0,8	2	2	Härtsfeldwerke	–	×	22		57	3	9^{00}	
2,0	5	5	● Neresheim	4^{28}	–	4^{35}		9^{05}	10	15	4
4,0	–	10	● Dossingen	–	×	46		–	×	22	
2,0	–	5	● Bärenloh	–	–	–		–	–	–	
2,1	–	5	● Elchingen	4^{58}	1	59		31	1	32	
4,0	–	9	Brünstholz	–	×	5^{10}		–	×	40	
3,6	–	8	Ebnat (Härtsfeld)	5^{20}	1	21		48	1	49	
2,0	–	5	● Höllhau	–	–	–		–	–	–	
3,0	–	10	● Waldhausen	–	×	38		–	×	10^{00}	
2,9	–	10	● Unterkochen	48	1	49		10^{12}	1	13	
3,7	–	12	● Aalen Gbf	6^{01}	1	6^{02}		24	1	25	
0,8	–	2	● Aalen Pbf	6^{05}	–	–		10^{27}	–	–	
55,5	69	139	Dauer der Fahrt	28 + 1 / 29 Min.		86 + 4 / 90 Min.		134.5 + 22,5 / 157 Min.			

Betriebsstellen	P 7				P 9 bis Neresheim S, Mi u Sa ab Neresheim S**				P 11 S u Sa				Gmp 21 an Aalener Markttagen				Bedarfsgüterzug 31 W außer an Tagen vor Ostern, Pfingsten und Weihnachten			
	Ankunft	Aufenthalt Min.	Abfahrt	Kreuzung mit Zug	Ankunft	Aufenthalt Min.	Abfahrt	Kreuzung mit Zug	Ankunft	Aufenthalt Min.	Abfahrt	Kreuzung mit Zug	Ankunft	Aufenthalt Min.	Abfahrt	Kreuzung mit Zug	Ankunft	Aufenthalt Min.	Abfahrt	Kreuzung mit Zug
Dillingen			13^{05}			–	18^{05}		–	–	21^{40}									
Hausen		/	09			×	$08{}_{,5}$		–	×	44									
Lauingen	13^{15}	1	16		$18^{13}{}_{,5}$	0,5	14		21^{49}	1	50									
Zöschlingsweiler	25	1	26		–	×	23		–	×	22^{00}									
● Wittislingen	34	1	35		27	1	28		22^{05}	1	06									
Ziertheim	47	1	48		38	1	39		16	1	17									
Reistingen	–	×	52		–	×	43		–	×	21									
Ballmertshofen	58	2	14^{00}	6 S, Mi u Sa	49	1	50		26	1	27		–	–	20^{15}					
Guldesmühle	–	×	04		–	×	53		–	×	31		–	×	18					
Dischingen	14^{09}	2	11		57	1	58		35	1	36		20^{22}	2	23					
Katzenstein	–	×	17		–	×	19^{03}		–	×	42			×	29					
● Iggenhausen	–	×	20		–	×	06		–	×	45			×	32					
● Sägmühle	–	×	24		–	×	10			×	49		–	×	36					
Härtsfeldwerke	26	6	32		–	×	12			×	52		38	2	40					
● Neresheim	38	6	44		19^{17}	8	25	8	22^{58}	–			20^{45}	–	–		–	–	21^{30}	
● Dossingen	–	×	55		–	×	34										–	–	–	
● Bärenloh			–		–												21^{45}	15	22^{00}	
● Elchingen	15^{07}	1	15^{08}		43	1	44										22^{10}	10	20	
Brünstholz	–	×	19		–	×	53										30	5	35	
Ebnat (Härtsfeld)	29	1	30		20^{01}	1	20^{02}										45	5	50	
● Höllhau	–		–		–	–	–										22^{55}	–		
● Waldhausen		×	46		–	×	17													
● Unterkochen	56	1	57		26	1	27													
● Aalen Gbf	16^{09}	1	16^{10}		38	1	39													
● Aalen Pbf	16^{12}	–	–		20^{41}	–	–													
Dauer der Fahrt	163 + 24 / 187 Min.				139.5 + 16,5 / 156 Min.				73 + 5 / 78 Min.				27 + 3 / 30 Min.				50 + 35 / 85 Min.			

Die Sonn- und Feiertagszüge verkehren außerdem auch an Josephstag, Fronleichnam, Peter und Paul, Mariä Himmelfahrt und Allerheiligen, wogegen die Werktagszüge ausfallen.

*Auch an Dillinger Markttagen jeden dritten Dienstag im Monat von Dillingen bis Neresheim.
**Auch an Tagen vor Ostern, Pfingsten und Weihnachten von Neresheim bis Aalen.

10

Höchstgeschwindigkeit Aalen Güterbahnhof bis Höllhau 20 km/h, im übrigen 30 km/h, für Züge mit Rollbockbeförderung zwischen Neresheim und Dillingen 25 km/h.

Aalen-Neresheim-Dillingen

10

Entfernung km	Kürzeste Fahrzeit mit Rollböcke Min.	ohne Rollböcke Min.	Betriebsstellen	Gmp 22 an Aalener Markttagen				P 2 Sa*			
				Ankunft	Aufenthalt Min.	Abfahrt	Kreuzung mit Zug	Ankunft	Aufenthalt Min.	Abfahrt	Kreuzung mit Zug
–	–	–	● Aalen Pbf								
0,8	–	2	● Aalen Gbf								
3,7	–	12	● Unterkochen								
2,9	–	10	● Waldhausen								
3,0	–	10	● Höllhau								
2,0	–	5	Ebnat (Härtsfeld)								
3,6	–	8	Brünstholz								
4,0	–	9	● Elchingen								
2,1	–	5	● Bärenloh								
2,0	–	5	● Dossingen								
4,0	–	10	● Neresheim	–	–	3^{19}		–	–	5^{00}	
2,0	5	5	Härtsfeldwerke	3^{24}	2	26		5^{05}	4	09	
0,8	2	2	● Sägmühle		×	28		–	×	12	
1,5	4	3	● Iggenhausen	–	×	32		–	×	16	
1,2	3	3	Katzenstein	–	×	35		–	×	19	
2,3	6	5	Dischingen	41	1	42		24	1	25	
1,6	4	4	Guldesmühle		×	46		–	×	29	
1,3	3	3	Ballmertshofen	3^{50}	–			32	1	33	
2,1	5	5	Reistingen					–	×	39	
1,5	4	3	Ziertheim					6^{44}	1	45	
4,2	10	10	● Wittislingen					55	1	56	
1,6	4	4	Zöschlingsweiler					$59{}_{,5}$	0,5	6^{00}	
3,7	9	8	Lauingen					6^{09}	1	10	
2,2	6	5	Hausen					–	×	15	
1,4	4	3	Dillingen					6^{19}	–	–	
55,5	69	139	Dauer der Fahrt	28 + 3 / 31 Min.				69,5 + 9,5 / 79 Min.			

Betriebsstellen	P 4				P 6 S, Mi u Sa				P 8** ab Neresheim nur S u Sa				P 10*** S				Lz 32 w außer an Tagen vor Ostern, Pfingsten und Weihnachten			
	Ankunft	Aufenthalt Min.	Abfahrt	Kreuzung mit Zug	Ankunft	Aufenthalt Min.	Abfahrt	Kreuzung mit Zug	Ankunft	Aufenthalt Min.	Abfahrt	Kreuzung mit Zug	Ankunft	Aufenthalt Min.	Abfahrt	Kreuzung mit Zug	Ankunft	Aufenthalt Min.	Abfahrt	Kreuzung mit Zug
● Aalen Pbf		–	7^{54}		–	–	12^{10}			–	18^{05}		–	–	22^{23}					
● Aalen Gbf	7^{56}	1	57		12^{12}	1	13		18^{07}	1	08		–	–	–					
● Unterkochen	8^{09}	1	8^{10}		25	1	26		20	1	21		22^{39}	1	40					
● Waldhausen		×	20			×	36		–	×	31		–	×	50					
● Höllhau			–				–		–	–	–		–	–	–		–	–	23^{10}	
Ebnat (Härtsfeld)	8^{33}	1	34		51	1	52		46	1	47		23^{05}	1	23^{06}		–	–	–	
Brünstholz		×	44		–	×	13^{00}		–	×	55		–	×	14		–	–	–	
● Elchingen	53	1	54		13^{09}	1	10		19^{04}	1	19^{05}		24	1	25		–	–	–	
● Bärenloh		–	–		–	–	–		–	–	–		–	–	–		–	–	–	
● Dossingen	–	×	9^{04}		–	×	20		–	×	15		–	×	35		–	–	–	
● Neresheim	9^{14}	3	17	5 S, Mi u Sa	30	2	32		19^{25}	7	19^{32}	9 S, Mi u Sa	23^{45}	–	–		23^{50}	–	–	
Härtsfeldwerke	23	2	25		37	1	38		–	–	40									
● Sägmühle	–	×	27		–	×	40		–	×	42									
● Iggenhausen		×	32			×	43		–	×	46									
Katzenstein	–	×	35		–	×	47		–	×	50									
Dischingen	40	1	41		52	1	53		56	1	57									
Guldesmühle		×	46		–	×	57		–	×	20^{01}									
Ballmertshofen	49	1	50		14^{00}	1	14^{01}	7	20^{05}	1	06									
Reistingen		×	55			×	06		–	×	12									
Ziertheim	58	1	59		10	1	11		16	1	17									
● Wittislingen	10^{09}	1	10^{10}		21	1	22		27	1	28									
Zöschlingsweiler	14	1	15		26	1	27		–	×	33									
Lauingen	24	1	25		$35{}_{,5}$	0,5	36		42	1	43									
Hausen	–	×	31		–	×	41		–	×	49									
Dillingen	10^{35}	–	–		14^{44}	–	–		20^{53}	–	–									
Dauer der Fahrt	146 + 15 / 161 Min.				141,5 + 12,5 / 154 Min.				152 + 16 / 168 Min.				79 + 3 / 82 Min.				40 + 0 / 40 Min.			

Die Sonn- und Feiertagszüge verkehren außerdem auch an Josephstag, Fronleichnam, Peter und Paul, Mariä Himmelfahrt und Allerheiligen, wogegen die Werktagszüge ausfallen.

* Auch an Dillinger Markttagen jeden dritten Dienstag im Monat.
** Auch an Aalener Markttagen von Neresheim bis Ballmertshofen.
*** Auch an Tagen vor Ostern, Pfingsten und Weihnachten.

Basis zu verschaffen, hatte die WDEG 1900 von der Gemeinde Neresheim ein Grundstück gekauft, auf dem sie ein Kalkwerk errichten wollte, das mit Rohmaterial aus den stadteigenen Steinbrüchen an der Zweig versorgt werden sollte. Der Plan, ein Zementwerk zu bauen, ließ sich leider nicht verwirklichen, während der Bau des Kalkwerks 1904 erfolgte. Inzwischen war auch das am 21. 3. 1904 von Johannes Müller gegründete Neresheimer Weißkalkwerk unter der Firma »Härtsfeldwerke Neresheim GmbH« im Egautal zwischen Steinmühle und Sägmühle fertig geworden und hatte einen Bahnanschluß erhalten.

Die Initiatoren der Härtsfeldbahn, wie die neue Bahn bald genannt wurde, waren sich wohl von Anfang an darüber einig, daß es bei dem Endpunkt Ballmertshofen nicht bleiben würde und daß eine Weiterführung in Richtung auf die im Königreich Bayern im Tal der Donau liegende Stadt Dillingen anzustreben sei. Hierzu war aber eine Übereinkunft mit Bayern nötig. Eine Einigung mit der Stadt Dillingen war bald erreicht, zumal diese von sich aus an einer Bahnverbindung zum Härtsfeld interessiert war und schon im April 1897 ein Eisenbahnkomitee gebildet hatte, das eine Eingabe an die Generaldirektion der KBayStE gemacht hatte. Die bald nach der Einigung mit Dillingen aufgenommenen Verhandlungen mit dem bayerischen Ministerpräsidenten von Podwitz in München führten zu einem Staatsvertrag zwischen den beiden Königreichen vom 12. 4. 1905, der im Regierungsblatt von Württemberg vom 18. 7. 1905 veröffentlicht wurde. Die Konzession für den Bau und Betrieb der Verlängerung Ballmertshofen–Dillingen wurde der BLEAG am 4. 8. 1905 erteilt. Die Strecke, deren Bau ebenfalls zügig voranging, war Anfang April 1906 fertig und konnte am 3. 4. 1906, abermals mit großen Festlichkeiten, eröffnet werden. Der öffentliche Verkehr wurde am 4. 4. 1906 aufgenommen. Für den Streckenbau hatte die Kgl. Bay. Staatsregierung einen Zuschuß in Höhe von 300000 Mark geleistet und die Grunderwerbskosten in Höhe von 120000 Mark teilten sich die an der Strecke liegenden Gemeinden sowie der Fürst von Thurn & Taxis.

Die an dem neuen Streckenteil liegenden Gemeinden hatten nun die Möglichkeit, sich wirtschaftlich zu erholen und zu entwickeln, da nach Aalen auf der württembergischen und nach Dillingen auf der bayerischen Seite gute Verbindungen bestanden. Dillingen und Lauingen

WNB-Nebenbahn Aalen–Dillingen

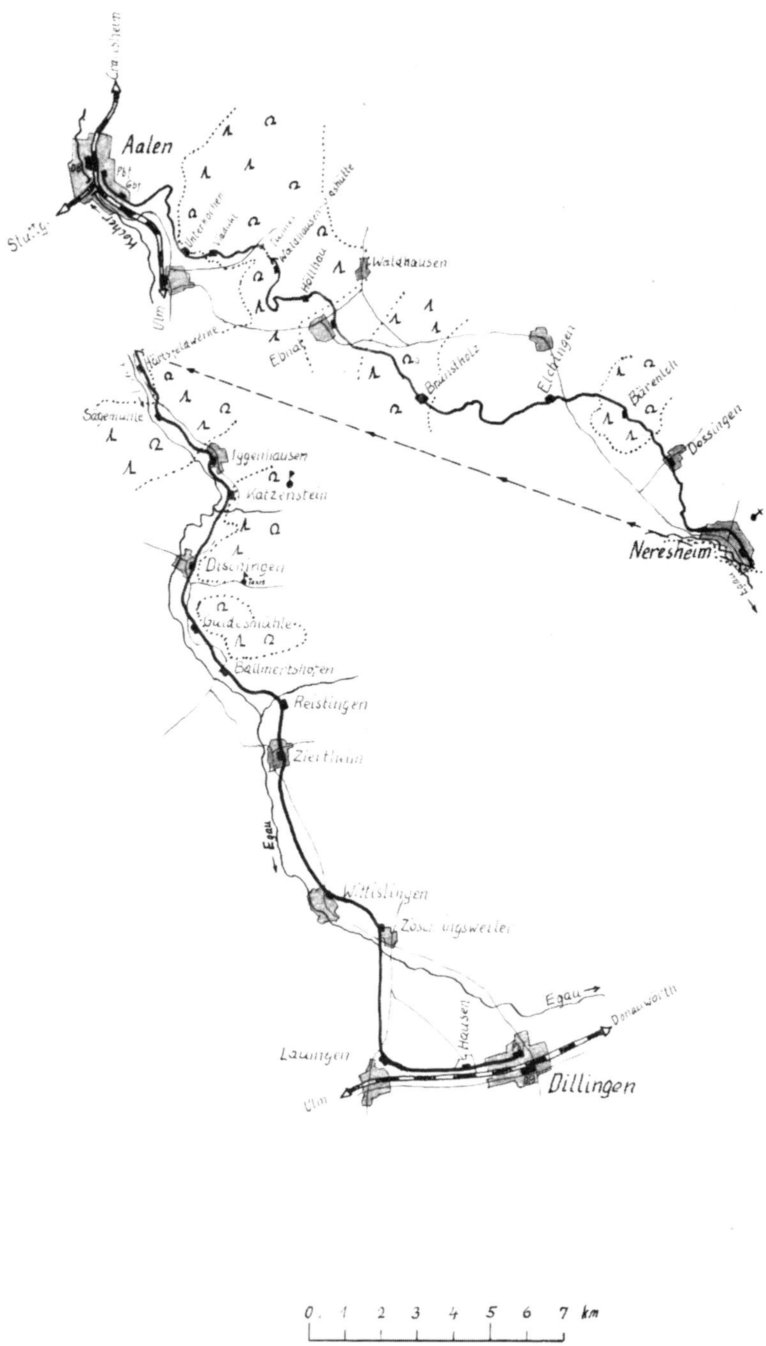

T 30 solo auf dem Viadukt; Mai 1967 (Foto H. Sickert)

Zugführer in Uniform (Foto M. Aschpals)

Lok 12 mit Güterzug auf dem Viadukt (Foto M. Aschpals)

Linke Seite: Dampflok im Einschnitt vor Tunnel (Foto M. Aschpals)

Blick auf Bhf. Dillingen mit T 37 und TA 253/254; 1967 – Unten links: T 31 mit TA 103 im Bw Neresheim; März 1967 – Rechts: T 37 in Dillingen Härtsfeldbahn Pbf; April 1967 (Fotos Dr. H. Bürnheim)

Oben: T 21 WNB in Weissach; 16. 6. 1977 – Unten links: T 12/VM 110/VS 113 in Weissach; Juni 1979 – Rechts: T 10 WNB in Weissach; 16. 6. 1977 (Fotos M. Aschpals)

Oben: VT 410 und 411 im Werk Berlin Waggon-Union; 28. 11. 1981 (Foto M. Aschpals)

Unten links: VT 410 und 411 nach Ankunft in Weissach; Januar 1982 – Rechts: Führerplatz der neuen Triebwagen VT 410/411; Januar 1982 (Fotos M. Aschpals)

konnten einen Teil ihrer alten Marktbeziehungen zum Härtsfeld, die teilweise verlorengegangen waren, wiederherstellen. Leider haben sich die damals gehegten Hoffnungen auf Ansiedlung von mehr Industrie auf dem Härtsfeld nicht erfüllt, wodurch der Keim für die spätere schlechte Geschäftslage der Bahn gelegt war.

Für die Betriebsorganisation hatte die Streckenverlängerung die Folge, daß sich Neresheim nun zur Zentralstation entwickelte und diese Funktion dem bisherigen Endbahnhof Ballmertshofen abnahm. Das äußerte sich darin, daß in Neresheim nunmehr die Werkstattanlagen und der Lokschuppen mit den Lokbehandlungsanlagen eingerichtet wurden. Der alte Lokschuppen in Ballmertshofen wurde 1907 abgerissen. Der bisherige Sitz der Bahnverwaltung im Güterbahnhof Aalen wurde 1908 nach Neresheim verlegt.

Eine wichtige Neuerung war die Aufnahme des Rollbockverkehrs zwischen Dillingen und Ebnat, seit der Eröffnung der Streckenverlängerung. An die Steilstrecke zwischen Aalen und Ebnat traute man sich damals mit den etwas heiklen Rollbockzügen noch nicht heran. Dieser Streckenteil wurde erst seit 1950 mit Rollbockzügen befahren.

Leider hatte die Bahn im Laufe der Jahre auch einige schwere Unfälle zu beklagen. Im Juni 1906 wurde im Kalkwerk Neresheim eine Lok von einem auf einem stark fallenden Gleis entlaufenen Güterwagen durch eine Flankenfahrt umgestoßen und beschädigt. Ein weit schwererer Unfall ereignete sich am 26. 7. 1908, als ein Zug auf einer Straßenkreuzung zwischen Lauingen und Wittislingen entgleiste, wobei sich die Personenwagen auf den als Zuglok arbeitenden Traktor Nr. 5 schoben und ihn umwarfen. Dabei wurde der Traktor schwer beschädigt und der erste Personenwagen demoliert. Größere Personenschäden traten glücklicherweise nicht ein.

Mit Wirkung vom 1. 10. 1910 wurde die Härtsfeldbahn zusammen mit der Nebenbahn Reutlingen–Gönningen von der BLEAG an die 1905 neu gegründete WNB abgetreten, ebenso die für diese Bahnen erteilten Konzessionen.

Nach ruhigem und stetigem Verlauf des Verkehrs während einiger Jahre nach dieser Änderung der Eigentumsverhältnisse, brachte der Erste Weltkrieg mancherlei Belastungen für die Bahn mit sich. 1916 wurde sogar eine Lok von der Heeresverwaltung beschlagnahmt und nach Frankreich in das Frontgebiet überführt. Aber auch nach Kriegsende war an eine ordnungsgemäße Wiederherstellung der arg abgenutzten Einrichtungen nicht zu denken, da die für solche Umstände bereitgestellten Rücklagen durch die Inflation restlos entwertet waren. Der wirtschaftliche Niedergang des Deutschen Reiches als Folge des verlorenen Kriegs und später durch die Weltwirtschaftskrise taten ein übriges dazu, daß die Existenzgrundlage der Bahn gefährdet wurde. In den ersten dreißiger Jahren entwickelte sich die Lage derart ungünstig, daß an eine Stillegung gedacht werden mußte. Diese schwierige Lage wurde u. a. auch durch die aufkommende Konkurrenz der Kraftfahrzuge verstärkt, die der Bahn Fahrgäste und Fracht wegnahmen. Zwar ging es in den späteren dreißiger Jahren wieder etwas aufwärts und der Zweite Weltkrieg brachte sogar eine Belebung des Verkehrs, doch war diese Erholung nicht von Dauer.

Auch brachte der Krieg im Gegensatz zum Ersten Weltkrieg, besonders am Ende materielle Schäden an Fahrzeugen, Bahnanlagen und Personen durch Luftangriffe. So wurde am 19. 2. 1945 ein Zug zwischen Ballmertshofen und Dischingen von feindlichen Flugzeugen angegriffen, wobei es neben großem Schaden an den Fahrzeugen auch einige Tote bei den Fahrgästen und zahlreiche Verletzte gab. Nur einen Tag später wurde ein Bedarfsgüterzug zwischen Elchingen und Ebnat angegriffen, wobei es wieder hohen Materialschaden gab. Der schwerste Angriff erfolgte aber am 10. 4. 1945 auf einen Personenzug zwischen Ebnat und Elchingen an einer Stelle, wo für Fahrgäste und Personal keinerlei Dekkungsmöglichkeiten bestanden. Wieder gab es Tote und zahlreiche Verletzte. Die Schäden an den Fahrzeugen waren allmählich so groß geworden, daß ein erheblicher Mangel eintrat. Man versuchte zunächst, um den Fliegerangriffen bei Tage zu entgehen, den Verkehr auf die Nachtstunden zu beschränken, doch mußte diese Notlösung bald aufgegeben werden, da es auch nachts nicht mehr sicher war. Schließlich mußte der Verkehr am 20. 4. 1945 ganz eingestellt werden. Am 22. 4. 1945 zogen feindliche Truppen in Neresheim und Umgebung ein. In dieser unglücklichen Lage konnte man bei der Bahn noch von Glück reden, weil von den zurückflutenden Truppen wenigstens nicht der Viadukt bei Unterkochen und der Tunnel zerstört worden waren. Das noch vorhandene und aus der Kriegsgefangenschaft zurückgekehrte Personal bemühte sich nach der Kapitulation nach Kräften mit den zur Verfügung stehenden bescheidenen

Langer Güterzug mit Dampflok in Ziertheim
(Foto M. Aschpals)

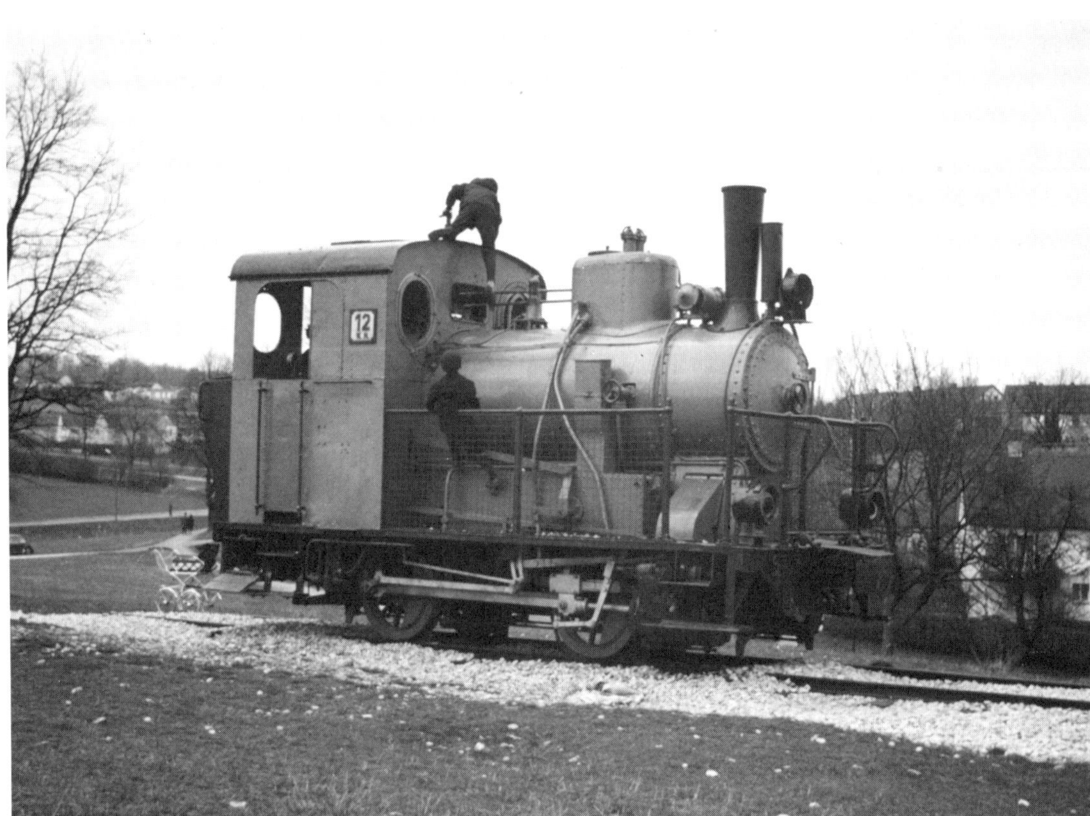

Lok 12 als Denkmal in Heidenheim; April 1968
(Foto Dr. H. Bürnheim)

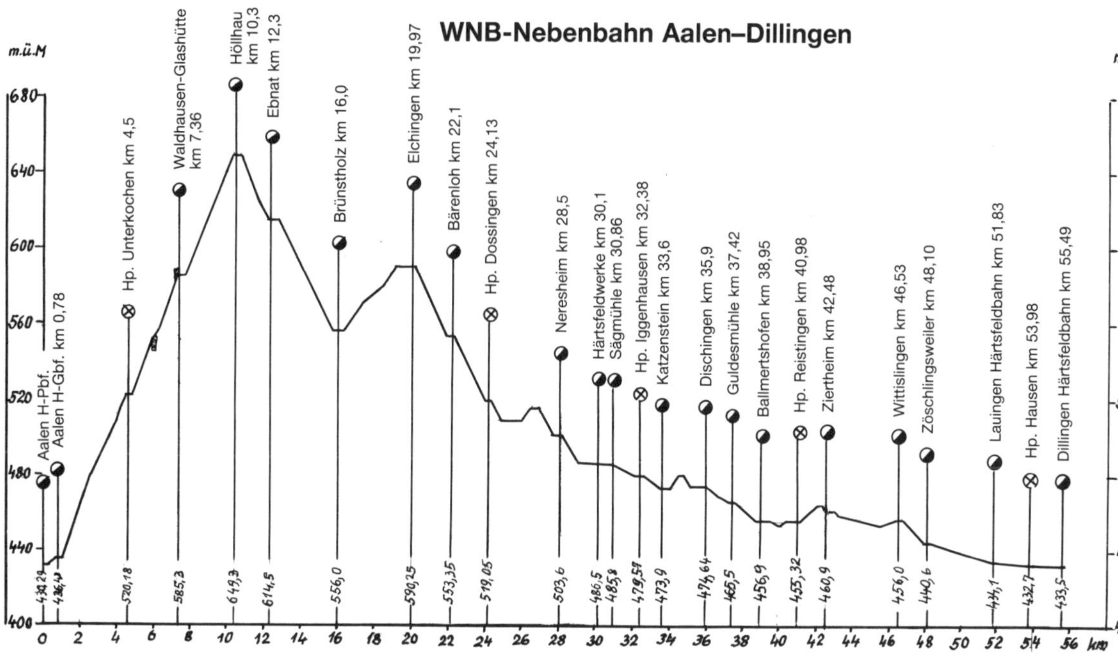

Mitteln Fahrzeuge und Bahnanlagen wiederherzustellen. Diese Anstrengungen ermöglichten eine teilweise Wiederaufnahme des Verkehrs schon am 13. 6. 1945. Eine wirksame Erneuerung in den folgenden Jahren wurde aber wieder illusorisch, da der seit der Inflation mühsam angesammelte Rücklagefond durch die am 20. 6. 1948 durchgeführte Währungsreform wieder stark reduziert wurde. Das Weiterbestehen der Bahn war wieder einmal sehr in Frage gestellt und die Direktion der WNB sah sich veranlaßt, am 12. 6. 1953 den Antrag auf Entbindung von der Betriebspflicht zu stellen, da trotz strenger Rationalisierungs-Maßnahmen die Einnahmen nicht den Ausgaben angepaßt werden konnmten. Auch die Ausdehnung des Rollbockverkehrs auf die ganze Strecke, also bis Aalen, hatte keine nennenswerte Verbesserung der Lage gebracht. Der Betrieb sollte am 1. 7. 1953 eingestellt werden.

Glücklicherweise kam es aber damals noch nicht dazu, da der als Gutachter bestellte Prof. Dr. Pirath für die Weiterführung des Verkehrs plädierte, da die Härtsfeldbahn eine lebenswichtige Einrichtung für das Härtsfeld sei. Er empfahl allerdings die Umstellung von dem teueren Dampfbetrieb auf Dieselbetrieb. Dieser Auffassung wurde auch vom Land Baden-Württemberg insofern Rechnung getragen, als es einen Zuschuß in Höhe von 950000 DM bereitstellte. Die WNB beschaffte daher kurz nacheinander 2 gebrauchte und 2 fabrikneue Dieseltriebwagen, die die Dampfloks bald verdrängten. Damals wurden auch Versuche mit einer Diesellok gemacht, die aber offenbar für die Besonderheiten der Strecke nicht befriedigten. In diesem Zusammenhang sei erwähnt, daß damals auf der Härtsfeldbahn Probefahrten mit Dieseltriebwagenzügen gemacht wurden, die von der Maschinenfabrik Esslingen für die Peloponnes-Bahn in Griechenland gebaut worden waren. Auch ein für die Spanischen Staatseisenbahnen (RENFEE) bestimmter Triebwagen absolvierte auf der Härtsfeldbahn Probefahrten. 1968 wurden Triebwagen-Garnituren für Bolivien und Peru sowie 1969 eine Diesellok für Burma dort erprobt.

Leider blieb die Härtsfeldbahn auch nach der Verdieselung nicht von Unfällen verschont. So ereignete sich am 4. 5. 1964 ein folgenschwerer Zusammenstoß zwischen 2 Triebwagen bei der Sonderfahrt eines Fußball-Vereins aus Meeresheim, bei dem zahlreiche Verletzte zu beklagen waren und die beiden beteiligten Triebwagen schwer beschädigt wurden. Der Schaden belief sich auf 300000 DM. Zu einem erneuten Unfall kam es am 22. 6. 1970, als wegen einer Gleisverwerfung zwischen Aalen

Bahnhofsanlagen der Härtsfeldbahn

Unmaßstäbliche Skizzen

Blatt 1

Bf. Aalen-H. Pbf.

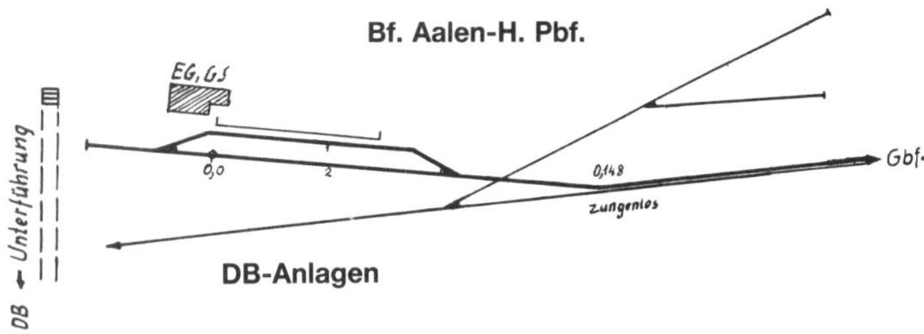

Bf. Aalen-H. Gbf.

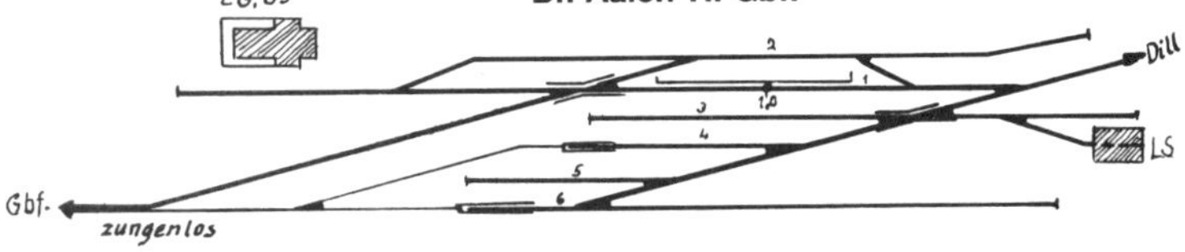

Bf. Ebnat

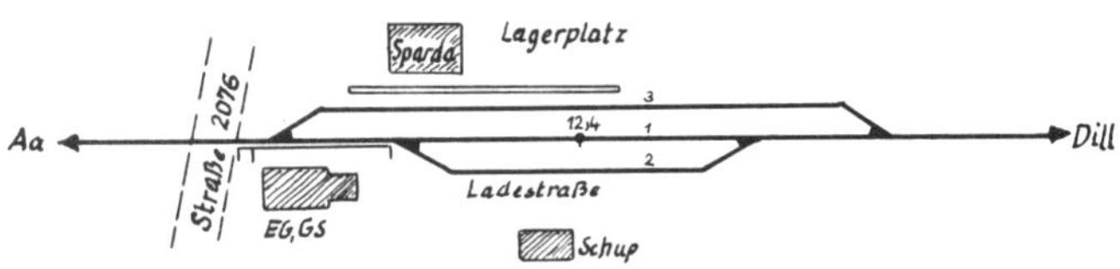

Bf. Brünstholz

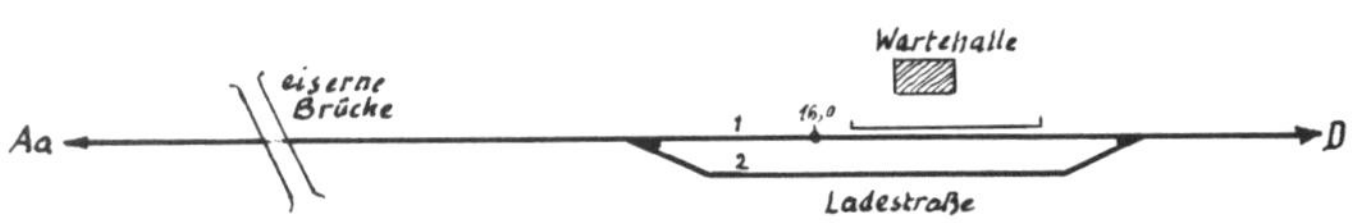

Bf. Elchingen

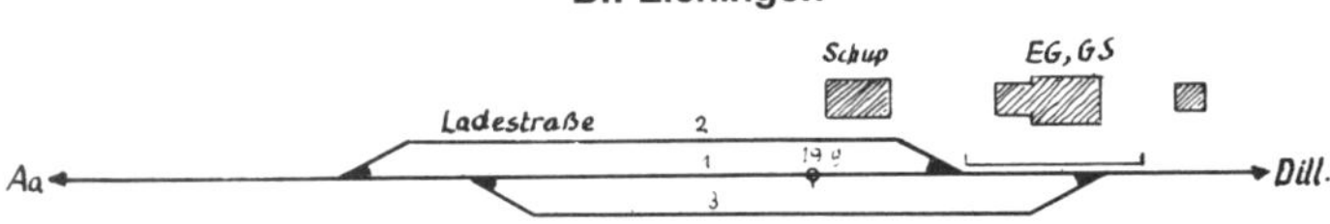

Bf. Neresheim

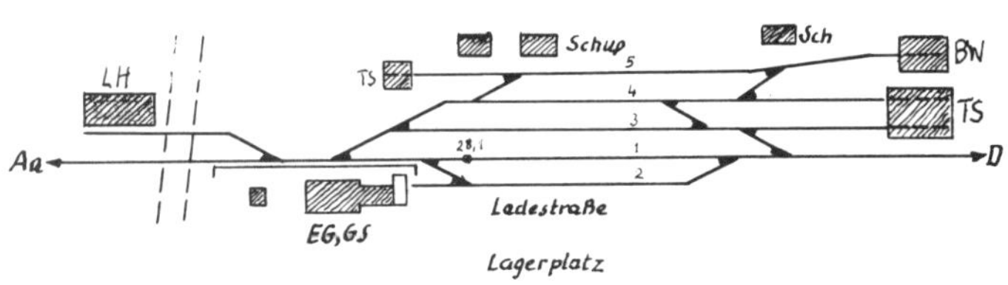

Bf. Härtsfeldwerke

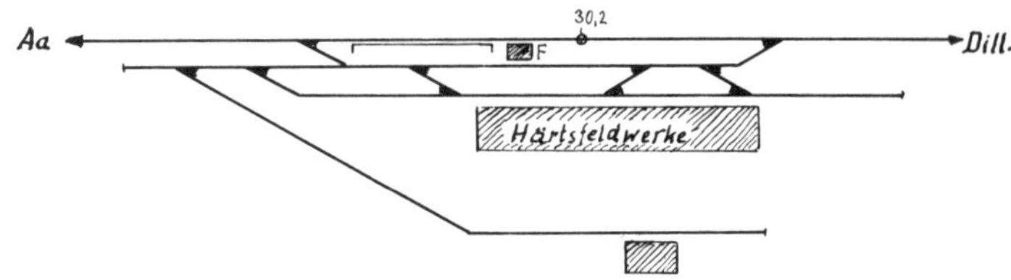

Bf. Ballmertshofen

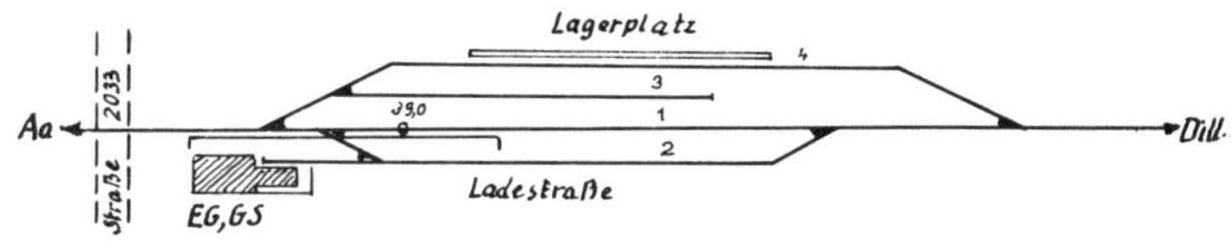

Bf. Wittislingen

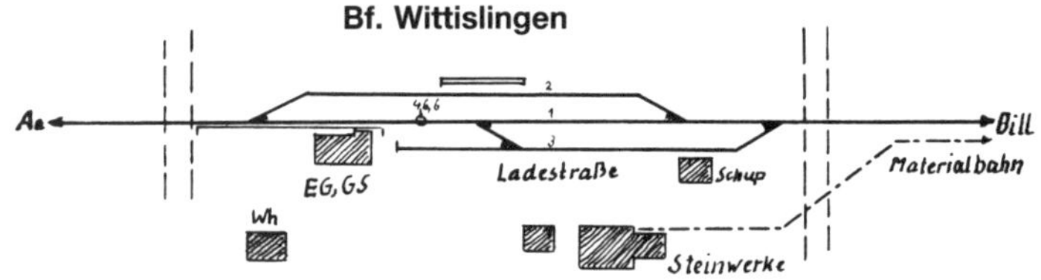

Bf. Dillingen-H. (westl. Teil)

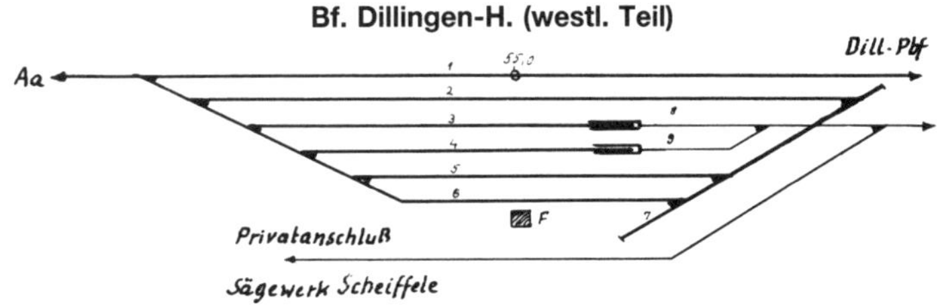

Bf. Dillingen-H. (östl. Teil)

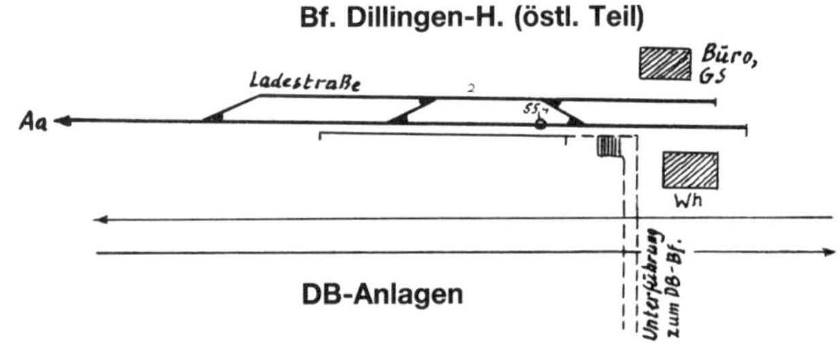

Die übrigen Stationen der Härtsfeldbahn hatten zuletzt nur ein einziges, an beiden Enden an das Hauptgleis angeschlossenes Nebengleis oder überhaupt nur das Hauptgleis (Streckengleis).

T 37 WNB in Aalen, Härtsfeldbahn Personenbahnhof; März 1972 (Aufnahme G. Wolff)

und Unterkochen ein Güterzug entgleiste. Dabei kippte ein mit einem schweren Kompressor beladener Wagen um. Eine ungewöhnliche, aber damals schon zeitbedingte Störung des Verkehrs wurde 1971 dadurch hervorgerufen, daß zwischen Aalen und Neresheim etwa 2,5 km Telefonleitung gestohlen wurden, so daß keine Dienstfernsprech-Verbindung mehr bestand. Die Instandsetzung kostete viel Geld, und man überlegte damals, ob nicht Zugfunk eingeführt werden solle, zumal in jener Zeit auch die Umstellung auf Einmannbetrieb im Gespräch war. Zur Durchführung dieser Absichten kam es aber nicht mehr, da sich die Verkehrs- und Ertragslage seit 1970 so verschlechtert hatten, daß die WNB Anfang 1972 abermals Antrag auf Stillegung stellte. Nach einigem Hinundher wurde dem Antrag stattgegeben und der Verkehr im Herbst 1972 endgültig eingestellt. Die letzten Personenzüge verkehrten am 30. 9. 1972; der Güterverkehr wurde bedarfsweise noch bis zum 31. 12. 1972 durchgeführt. In der letzten Zeit, als die Strecke noch befahrbar war, verkehrten noch einige Sonderzüge, so z. B. am 8. 12. 1972 zur Einweihung des Egau-Kraftwerks Buchmühle bei Dischingen. Viele Menschen, die Freude an der romantischen Bahn hatten, wollten Abschied nehmen von dem im Volksmund »Schättere« genannten Bähnchen. Man hatte zwar in Erwägung gezogen, den schönsten Streckenteil, den Albaufstieg von Aalen bis Ebnat, für eine Museumsbahn bestehen zu lassen, doch erwies sich dieser Plan wegen der zu erwartenden hohen Kosten für die Instandhaltung des Viadukts und des Tunnels als undurchführbar. So fielen denn bald die Gleisanlagen der Spitzhacke einer privaten Abräumfirma zum Opfer. Die Konzession der Härtsfeldbahn wurde an 2 Privatfirmen übertragen, die anstelle der fortgefallenen Schienenbahn Buslinien einrichteten.

T 31 WNB in Aalen, Härtsfeldbahn; Juli 1966 (Aufnahme F. Jäger)

4.2.3. STRECKENVERLAUF

Der Ausgangspunkt der Bahnstrecke über das Härtsfeld befand sich im *Personenbahnhof Aalen Härtsfeldbahn* (km 0,0; 430,23 m ü M), dessen Anlagen auf der Ostseite gegenüber dem Staatsbahnhof Aalen lagen; die Verbindung zwischen den beiden Bahnhöfen wurde durch eine Fußgänger-Unterführung hergestellt. Auf der linken Seite, in Fahrtrichtung gesehen, stand ein kleines Bahnhofsgebäude neben dem Bahnsteig. Nach etwa 0,15 km kam von rechts aus dem Bereich des Staatsbahnhofs ein Normalspurgleis, das sich ohne Weichenzungen in das Meterspurgleis der Härtsfeldbahn einfädelte, so daß die Strecke nun als Dreischienengleis weiterging. Bei km 0,7, am Anfang des *Güterbahnhofs Aalen Härtsfeldbahn* (km 0,78; 436,43 m ü M), scherte das Normalspurgleis wieder aus dem Meterspurgleis aus, ebenfalls mit einer zungenlosen Abzweigung, und führte zu den beiden Rollbockgruben, während das Meterspurgleis sich in mehrere Bahnhofsgleise verzweigte. Gleich nach der Ausfahrt aus dem Güterbahnhof begann das Streckengleis, das zunächst noch einige hundert Meter in der Nähe des Staatsbahngleises Richtung Ulm lag, mit der Maximalneigung von 1:36 (2,8%) zu steigen und führte im querliegenden sog. Himmlinger Tal zum Höhengewinn eine Haarnadelkurve aus, bevor es wieder in die südöstliche Generalrichtung des ersten Streckenteils zurückkehrte. Diese Steigung, die den größten aller Neigungswerte der Strecke aufwies, war der Beginn des Albaufstiegs, der etwa 10 km lang war und bis Höllhau reichte. Doch zunächst war noch die Haltestelle *Unterkochen Härtsfeldbahn* (km 4,5; 520,18 m ü M) zu passieren, die schon wesentlich höher lag als der Bahnhof Unterkochen der Staatsbahn. Gleich bei der Haltestelle

T 37 WNB in Aalen, Härtsfeldbahn Güterbahnhof; März 1972 (Aufnahme G. Wolff)

Unterkochen trat die Trasse in ein ausgedehntes Waldgebiet ein, das durch keine Straße erschlossen und nur von Fußpfaden und Holzschleppwegen durchzogen war. Nach einer Linkskurve erreichte die Strecke nun den bekannten Unterkochener Viadukt bei km 6,0 (560 m ü M), der in einem Rechtsbogen ein enges Waldtal überspannt. Nur 600 m weiter folgte, abermals nach vielen Kurven, der einzige Tunnel der Bahn und auch aller anderen WEG- und WNB-Bahnen, der Kocherberg-Tunnel, der eine Länge von 96 m hat. Nach der Ausfahrt aus dem Tunnel kam der mitten im Wald gelegene Bahnhof *Waldhausen Glashütte* (km 7,36; 585,3 m ü M), der früher einer der wichtigsten Holzumschlagplätze der Bahn war. Danach führte die Trasse eine Haarnadelkurve aus und gelangte zum Bahnhof *Höllhau* (km 10,3; 649,3 m ü M), wo sich der Scheitelpunkt der ganzen Strecke befand. Auch Höllhau war früher eine bedeutende Holzverladestelle. Von hier ab ging die Strecke steil abwärts und in einer weiten Kurve, die zum Teil durch die wasserlose Höhe des Härtsfelds führte, wurde der wichtige Bahnhof *Ebnat* (km 12,32; 614,5 m ü M) erreicht. Nach einem kurzen Abschnitt durch freies Gelände trat die Strecke abermals in ein großes Waldgebiet ein und kam, weiter mit 1:40 (2,5%), fallend, zum Bahnhof *Brünstholz* (km 16,0; 566,0 m ü M), in dem früher ebenfalls große Mengen Holz verladen wurden. Hier fanden auch vielfach die Zugkreuzungen statt. Von hier ab stieg die Strecke erneut an und strebte dem Bahnhof *Elchingen* (km 19,97; 590,25 m ü M) zu. Von Elchingen ab ging es abwärts, weiter durch Wälder über den Holzverladebahnhof *Bärenloh* (km 22,1; 553,35 m ü M) nach *Dossingen*, einem Haltepunkt, der bei km 24,13 und 519,05 m Meereshöhe angelegt war. Die Strecke folgte nun weiter den Windungen des Tales und

Aalen Härtsfeldbahn Güterbahnhof PwPost 23, Bi 4″ und 5″; April 1968
(Aufnahme H. Bürnheim)

T 37 WNB in Bahnhof Ebnat; März 1972
(Aufnahme G. Wolff)

T 31 WNB auf dem Viadukt bei Unterkochen; Februar 1967 (Aufnahme F. Jäger)

gab bald einen Blick auf das in der Ferne liegende Tal der Egau und die Stadt Neresheim mit den imposanten Anlagen des Klosters der Benediktiner frei. Kurz vor Erreichen der Straße Aalen–Neresheim machte die Strecke einen scharfen Knick nach links in das Tal der Egau hinein und verlief durch das neu entstandene westliche Stadtviertel am Sohl, wo bei km 27,04 ein Haltepunkt geplant war, dem zentralen Bahnhof *Neresheim* zu, der bei km 28,5 in 503,6 m Meereshöhe angelegt war. Die Stadt liegt zu Füßen des Ullrichsbergs, mit den weitläufigen Anlagen der Benediktiner-Abtei. Neresheim hatte ausgedehnte Gleisanlagen, ein Bahnbetriebswerk und einen großen Fahrzeugschuppen. In dem Bahnhofsgebäude hatte die Bahnverwaltung ihren Sitz. Ein weiteres, für den Bahnbetrieb wichtiges Gebäude, war das große Lagerhaus der Landwirtschaftlichen Bezugs- und Absatz-Genossenschaft eGmbH Bopfingen/Neresheim, für das die Härtsfeldbahn viele Güter zu befördern hatte.

Hinter Neresheim folgte die Bahn weiter dem hier noch ziemlich engen Tal der Egau, allerdings mit wesentlich geringerem Gefälle als vorher. Bei km 30,1 (485,5 m ü M) erreichte die Bahn den Bahnhof *Härtsfeldwerke Neresheim* mit umfangreichen Gleisanlagen, die aber meist der Firma Ulmer Weißkalkwerke gehörten. Das aus diesem Bahnhof abgehende Anschlußgleis zum Kesselhaus hatte eine Steigung von 1:29 (3,44%), war also steiler als die steilsten Streckenteile der eigentlichen Bahnstrecke. Im Hinblick auf die Sicherung des Bahnverkehrs gegen die öfters im Steinbruch stattfindenden Sprengungen hatte man einen Signalmast mit einem hochziebaren Korbsignal aufgestellt, durch das der Zug vor bevorstehenden Sprengungen gewarnt werden konnte. Nur wenige hundert Meter weiter gelangte die Bahn zum Bahnhof *Sägmühle* (km 30,85; 485,8 m ü M), in dem ebenfalls früher umfangreiche Holzverladungen

T 37 WNB in Bahnhof Elchingen; März 1972 (Aufnahme G. Wolff)

stattfanden. Auch als Kreuzungsbahnhof spielte er eine Rolle. Die Strecke folgte dann weiter dem Tal der Egau, das sich von hier ab, immer breiter werdend, mehr nach Süden wendet. Hier folgten in kurzen Abständen mehrere Ortschaften und Stationen aufeinander: Haltepunkt *Iggenhausen* (km 32,38; 479,57 m üM) und Bahnhof *Katzenstein* (km 33,6; 473,9 m üM). Diese Orte gehörten schon zum Kreis Heidenheim, nicht mehr zum Kreis Aalen. Die Strecke ging nun weiter abwärts zum Bahnhof *Dischingen* (km 35,9; 474,64 m üM). Nach Überquerung einer zum Schloß Taxis führenden Straße, kam der nächste Bahnhof mit Namen *Guldesmühle* (km 37,42; 465,5 m üM). In nunmehr fast südlicher Richtung wurden die Anlagen des Wasserwerks Brunnenmühle der Landeswasserversorgung passiert und der Zug fuhr in den Bahnhof *Ballmertshofen* bei km 38,95 ein, der in 456,9 m Meereshöhe lag und die ursprüngliche Endstation der Härtsfeldbahn war.

Bei der Ausfahrt aus Ballmertshofen wurde bei km 40,25 die Grenze zwischen den heutigen Bundesländern Baden-Württemberg und Bayern überschritten, und die Strecke gelangte bei km 40,98 zur ersten bayerischen Station, dem Haltepunkt *Reistingen* (455,32 m üM). Die Egau hat hier schon ständig Wasser, ein Zeichen, daß die karstigen Gebiete des Härtsfelds verlassen wurden. Der nächste Bahnhof war *Ziertheim* (km 42,48; 460,9 m üM), der wegen seiner attraktiven 4 großen Birken ein beliebtes Motiv für die Amateur-Fotografen war. Dann folgte auf der immer flacher und geradliniger werdenden Strecke der Bahnhof *Wittislingen* (km 46,53; 456,0 m üM); hier war die Verladestelle eines Kalkwerks, das mittels einer Materialbahn von 600 mm Spurweite mit seinem in der Nähe befindlichen Steinbruch verbunden war. Diese kleine Bahn unterquerte bei km 47,02 den Damm der Härtsfeldbahn in einem kurzen Tunnel. Bei km 47,62 war auf freier Strecke ein Gleisanschluß zu

T 37 WNB in Hp. Dossingen; März 1972 (Aufnahme G. Wolff)

einem Terrazzowerk, und bei km 48,10 kam der Bahnhof *Zöschlingsweiler* (440,6 m üM), in dessen Nähe ein Zweigwerk der Spinnerei Pfersee AG Augsburg zu finden war. Die Trasse verließ nun das Tal der Egau und wendete sich in genau südlicher Richtung dem Bahnhof *Lauingen Härtsfeldbahn* (km 51,83; 434,1 m üM) zu; er hatte seine zusätzliche Kennzeichnung zur Unterscheidung von dem Bahnhof Lauingen der Staatsbahn an der Strecke Donauwörth–Ulm. Hier machte die Härtsfeldbahn eine Linkskurve und näherte sich der Staatsbahnstrecke, der sie mit einigem Abstand auf der Nordseite bis Dillingen folgte. Vorher kam noch der Haltepunkt *Hausen* (km 53,98; 432,33 m üM). Die Bahn hatte nun die Höhen des Härtsfelds verlassen und war im Donautal angekommen, das in dieser Gegend eine beträchtliche Breite hat. Bald begannen nun die langgestreckten Bahnhofsanlagen von Dillingen, die sich an der Nordseite neben denen der Staatsbahn erstreckten. Der Endbahnhof *Dillingen Härtsfeldbahn* schließlich befand sich bei km 55,49 in 433,54 m Meereshöhe. Er lag gegenüber dem Bahnhof der Staatsbahn und war mit ihm durch eine Fußgänger-Unterführung verbunden.

Die Länge der meterspurigen Härtsfeldbahn betrug 55,49 km, und ihre Gleise waren alle auf eigenem Bahnkörper eingleisig verlegt. Die Eigentumslänge bzw. die Länge aller Gleise einschließlich der Gleise in den Stationen und der Privatanschlußgleise betrug 61,09 km. Die Gleisnutzlänge in den Stationen war 5,04 km. Im Bereich der Bahnhöfe Aalen Härtsfeldbahn Personenbahnhof und Güterbahnhof lag ein 620 m langes Gleisstück mit Meterspur und Normalspur.

Die Länge aller Streckenabschnitte in Neigungen war 48,43 km, (87,2%) und der horizontalen Abschnitte dementsprechend 7,06 km (12,79%). Ein großer Teil der Neigungsstrecken hatte Neigungen im Bereich des Höchstwertes, nämlich 11,5 km (20,75%). Gerade

Lok 11 und 12 (Bh2t) kreuzen mit Personenzügen (Aufnahme T. Alt)

Streckenabschnitte hatten zusammen eine Länge von 33,50 km (60,57%) und gekrümmte von 21,99 km (39,63%). Die größte Neigung belief sich auf 1:36 (2,8%) und der kleinste Krümmungsradius auf 80 m. Übergabemöglichkeiten zur Staatsbahn bestanden in Aalen und Dillingen; wegen des Spurunterschieds waren dort Rollbockgruben angelegt.

Auf württembergischem Boden lagen 40,25 km der Strecke und auf bayerischem Areal waren 15,24 km. Die Bahnverwaltung, Bahnmeisterei und Zugförderungsleitstelle hatten ihren Sitz in Neresheim. Besetzte Bahnhöfe waren Aalen Härtsfeldbahn Personenbahnhof und Güterbahnhof, Neresheim und Dillingen. Durch Bahnagenten bedient waren die Bahnhöfe Ebnat, Elchingen, Dischingen, Ballmertshofen, Ziertheim, Wittislingen und Lauingen. Unbesetzte Bahnhöfe waren Waldhausen Glashütte, Höllhau, Brünstholz, Bärenloh, Härtsfeldwerke, Sägmühle, Katzenstein, Guldesmühle und Zöschlingsweiler. Unbesetzte Haltestellen und Haltepunkte waren Unterkochen, Dossingen, Iggenhausen, Reistingen und Hausen.

Form- oder Lichtsignale gab es im Bereich der Härtsfeldbahn nicht. Alle stärker befahrenen Straßen, die die Bahnstrecke kreuzten, waren durch Blinklichtanlagen, teilweise auch durch Schranken, gesichert, so z. B. die Kreuzungen vor und hinter Ebnat, bei Elchingen, in Dossingen, in Neresheim, vor und hinter Dischingen, vor Ballmertshofen, vor und hinter Ziertheim, vor Wittislingen und hinter Zöschlingsweiler. Im übrigen machten die Triebfahrzeuge der Härtsfeldbahn ausgiebig von der Pfeife und Glocke Gebrauch.

An der Bahnstrecke gab es eine Anzahl Brücken, die in nachfolgender Tabelle zusammengestellt sind. Die bedeutendste Brücke war natürlich der Viadukt bei Unter-

Lok 11 und 12 (Bh2t) vor Personenzug in Neresheim; Mai 1965 (Sammlung H. Bürnheim)

kochen, der bei einer Spannweite von 85 m eine Höhe über Grund von 26 m aufwies. Es handelte sich um ein Betonbauwerk, mit 4 Bögen, das in einer Rechtskurve vom 90 m Radius lag.

Bahn-km	*überbrücktes Objekt*	*Stützweite*	*Bauart*
5,750	Trockental bei Unterkochen	85,0 m	Beton
15,824	vor Brünstholz	10,3 m	Stahlkasten
25,632	Trockental bei Dossingen	10,3 m	Stahlkasten
29,900	Egau bei der Steinmühle	17,2 m	Stahlkasten
32,810	Egau bei Iggenhausen	10,6 m	Stahlkasten
32,900	Egau bei Katzenstein	5,0 m	Stahlkasten
33,630	Bach, Katzensteiner Brückle	3,8 m	Stahlkasten
48,270	Egau bei Zöschlingsweiler	46,6 m	Stahlkasten
51,610	Zwerchbach	8,4 m	Stahlkasten

4.2.4. FAHRPLANGESTALTUNG

Nach dem ersten Fahrplan 1901/02 verkehrten zwischen Aalen und Ballmertshofen täglich 3 Zugpaare, von denen 2 jeden Tag zu den gleichen Zeiten fuhren, während eines werktags und sonntags zu verschiedenen Zeiten auf der Strecke war. Die Fahrzeiten waren mit im Mittel 120 Min. recht lang. Der erste nach der Streckenverlängerung bis Dillingen geltende Fahrplan vom Sommer 1906 wies auf der ganzen Strecke Aalen–Dillingen täglich ein Personenzugpaar und sonntags ein weiteres aus; die Fahrzeiten lagen zwischen 142 und 162 Min. Man mußte damals für die Fahrt in der alten 2. Klasse 2,80 Mark, in der 3. Klasse 1,70 Mark und für die Rückfahrkarte 4,50 Mark bezahlen. Auf dem Abschnitt Dillingen–Neresheim waren werktags und sonntags je 3 Zugpaare auf der Strecke, die zwischen 75 und 80 Min.

Württembergische Nebenbahnen AG

FAHRPLAN

der Nebenbahn **Aalen - Neresheim - Dillingen** (Donau)

gültig vom 23. Mai 1954 an

—	—	—	7.40 E	—	11.38 D	11.58	—	—	15.56	—	20.12	ab	Crailsheim	an	—	7.38	9.22	14.14	—	—	—	18.31	22.58	—	—	—
—	—	—	8.15 E	—	12.13 D	12.57	—	—	16.59	—	21.15	an	Aalen	ab	—	6.41	8.02	13.12	—	—	—	17.23	21.42	—	—	—
—	—	—	5.16	—	10.15	11.43	—	—	15.36	—	19.40	ab	Nördlingen	an	—	8.59	9.10	W 12.18	—	—	—	18.26	22.48	—	—	—
—	—	—	6.27	—	11.09	12.43	—	—	16.39	—	20.44	an	Aalen	ab	—	7.50	8.07	W 11.17	—	—	—	17.14	21.48	—	—	—
—	—	—	7.01 E	—	8.34	10.57	—	—	14.45	—	19.00	ab	Ulm Hbf	an	—	9.11	9.38 E	13.12	—	—	—	19.23	21.28 E	—	—	—
—	—	—	8.14 E	—	10.29	12.51	—	—	16.31	—	21.03	an	Aalen	ab	—	6.57	8.20 E	11.17	—	—	—	17.16	20.17 E	—	—	—
—	—	—	6.50 D	—	8.56	10.43	—	—	14.27	—	19.56 E	ab	Stuttgart Hbf	an	—	8.12 E	9.36 E	13.12	—	—	—	18.14 E	21.50 D	—	—	—
—	—	—	8.13 D	—	10.55	13.01	—	—	16.44	—	21.33 E	an	Aalen	ab	—	6.40 E	8.18 E	11.14	—	—	—	16.46 E	20.30 D	—	—	—
	302 werkt	2 sonnt	10 sonnt	310 werkt	20 samst	22 sonnt	328 werkt		32 täglich	32 sonnt	42 sonnt					301 werkt	5 sonnt	9 sonnt u samst	309 werkt auß samst		323 täglich	323 sonnt u samst	35 sonnt	37 werkt auß samst	339 samst	43 sonnt
—	—	—	8.20	—	12.25	13.20	—	—	17.25	—	21.38	ab	Aalen Härtsfeld Pbf	an	—	6.35	7.38	11.02	—	—	—	16.10	20.10	—	—	—
—	—	—	8.22	—	12.27	13.23	—	—	17.27	—	21.40		Aalen Härtsfeld Gbf		—	6.33	7.36	11.00	—	—	—	16.08	20.08	—	—	—
—	—	—	8.34	—	12.40	13.36	—	—	17.40	—	21.53		Unterkochen		—	6.20	7.24	10.48	—	—	—	15.56	19.56	—	—	—
—	—	—	8.44	—	12.50	13.46	—	—	17.50	—	22.03		Waldhausen-Glashütte		—	6.10	7.13	10.37	—	—	—	15.45	19.45	—	—	—
—	—	—	8.59	—	13.06	14.02	—	—	18.06	—	22.19		Ebnat (Härtsfeld)		—	5.54	6.58	10.22	—	—	—	15.30	19.30	—	—	—
—	—	—	x 9.07	—	x13.14	x14.10	—	—	x18.14	—	x22.27		Brünstholz		—	x5.44	x6.49	10.13	—	—	—	x15.21	x19.21	—	—	—
—	—	—	9.17	—	13.24	14.22	—	—	18.24	—	22.37		Elchingen		—	5.35	6.40	10.04	—	—	—	15.12	19.12	—	—	—
—	—	—	x 9.23	—	x13.30	x14.28	—	—	x18.30	—	x22.43		Bärenloh		—	x5.27	x6.33	9.57	—	—	—	x15.05	x19.05	—	—	—
—	—	—	9.29	—	13.36	14.33	—	—	18.36	—	22.49		Dossingen		—	5.20	6.27	9.51	—	—	—	14.59	18.59	—	—	—
—	—	—	9.38	—	13.45	14.42	—	—	18.45	—	22.58	an	Neresheim	ab	—	5.10	6.18	9.42	—	—	—	14.50	18.50	—	—	—
—	5.45	6.25	9.42	10.00	—	14.50	15.05	—	—	18.50	—	ab	Neresheim	an	—	—	—	9.30	9.45	—	14.40	—	18.42	19.05	20.45	23.35
—	5.52	6.30	9.47	10.08	—	14.55	15.11	—	—	18.55	—		Härtsfeldwerke Neresheim		—	—	—	9.25	9.40	—	14.35	—	18.37	19.00	20.40	23.30
—	x5.55	x6.33	x 9.50	x10.11	—	x14.58	x15.15	—	—	x18.58	—		Sägmühle		—	—	—	x9.22	9.36	—	x14.32	—	x18.34	x18.57	x20.37	x23.27
—	x5.59	x6.36	x 9.54	x10.15	—	x15.01	x15.18	—	—	x19.02	—		Iggenhausen		—	—	—	x9.18	9.33	—	x14.28	—	x18.30	x18.53	x20.33	x23.23
—	x6.03	x6.39	x 9.57	x10.19	—	x15.04	x15.21	—	—	x19.05	—		Katzenstein		—	—	—	x9.15	9.30	—	x14.25	—	x18.27	x18.50	x20.30	x23.20
—	6.12	6.46	10.03	10.30	—	15.11	15.30	—	—	19.11	—		Dischingen		—	—	—	9.09	9.24	—	14.19	—	18.21	18.44	20.24	23.14
—	x6.17	x6.51	x10.08	x10.40	—	x15.16	x15.36	—	—	x19.16	—		Guldesmühle		—	—	—	x9.04	9.17	—	x14.14	—	x18.16	x18.39	x20.19	x23.09
—	6.23	6.56	10.12	10.46	—	15.21	15.41	—	—	19.20	—		Ballmertshofen		—	—	—	9.00	9.10	—	14.10	—	18.12	18.35	20.15	23.05
—	x6.28	x7.00	x10.16	x10.50	—	x15.25	x15.44	—	—	x19.24	—		Reistingen		—	—	—	x8.56	9.04	—	x14.06	—	x18.08	x18.31	x20.11	x23.01
—	6.34	7.04	10.20	10.56	—	15.29	15.50	—	—	19.28	—		Ziertheim		—	—	—	8.52	8.59	—	14.02	—	18.04	18.27	20.07	22.57
—	6.48	7.16	10.31	11.10	—	15.41	16.04	—	—	19.39	—		Wittislingen		—	—	—	8.41	8.47	—	13.51	—	17.53	18.16	19.56	22.46
—	6.54	7.20	10.34	11.15	—	15.45	16.09	—	—	19.42	—		Zöschlingsweiler		—	—	—	8.38	8.41	—	13.48	—	17.50	18.13	19.53	22.43
—	7.06	7.30	10.44	11.25	—	15.55	16.19	—	—	19.52	—		Lauingen		—	—	—	8.28	8.30	—	13.38	—	17.40	18.03	19.43	22.33
—	x7.12	x7.35	x10.49	x11.30	—	x16.00	x16.24	—	—	x19.57	—		Hausen b Dillingen (Donau)		—	—	—	x8.23	x8.23	—	x13.33	—	x17.35	x17.58	x19.38	x22.28
—	7.15	7.38	10.52	11.33	—	16.03	16.27	—	—	20.00	—	an	Dillingen (Donau)	ab	—	—	—	8.20	8.20	—	13.30	—	17.32	17.55	19.35	22.25
—	7.52	7.52	13.26	13.26	—	17.30	17.30	—	—	22.22	—	ab	Dillingen (Donau)	an	—	—	—	8.10	8.10	—	13.07	—	—	17.49	19.26	20.18 E
—	8.26	8.26	14.01	14.01	—	18.06	18.06	—	—	22.58	—	an	Donauwörth	ab	—	—	—	7.30	7.30	—	12.34	—	—	17.15	18.45	19.50 E
—	8.15	8.15	10.56 E	13.08	—	17.53	17.53	—	—	20.19 E	—	ab	Dillingen (Donau)	an	—	—	—	7.50	—	—	13.23	—	17.27	17.51 E	19.05	22.19
—	8.36	8.36	11.16 E	13.31	—	18.15	18.15	—	—	20.40 E	—	an	Neuoffingen	ab	—	—	—	7.30	—	—	13.00	—	17.04	17.32 E	18.45	21.56
—	9.26	9.26	11.48 E	14.21	—	19.11	19.11	—	—	21.14 E	—	an	Ulm Hbf	ab	—	—	—	6.10	—	—	11.57	—	15.53	17.04 E	17.46	21.00

Zeichenerklärung: D — Schnellzug (zuschlagpflichtig) E — Eilzug (zuschlagfrei) x — Zug hält nur nach Bedarf

brauchten. Auf dem Streckenteil Aalen–Ballmertshofen verkehrte werktags ein Zugpaar und dazu ein weiteres in Richtung Aalen; die Fahrzeiten waren etwa 110 Min. und die Fahrpreise der 2. Klasse 3,20 Mark. In den Jahren 1910 bis 1913 blieb die Streckenunterteilung wie bisher bestehen. Es waren damals zwischen Aalen und Dillingen werktags 1 und sonntags 2 durchgehende Züge im Einsatz. Der Abschnitt Aalen–Ballmertshofen war werktags durch 2 und sonntags ebenfalls durch 2 Zugpaare bedient. Dazu kamen an Markttagen in Dillingen und Lauingen zusätzliche Marktzüge.

In den letzten Jahren vor dem Zweiten Weltkrieg zeigte sich insofern eine Änderung, als die Teilstrecken von den beiden Endpunkten Aalen und Dillingen jetzt in Neresheim endeten. Im Sommerfahrplan 1938 war für die ganze Strecke täglich ein Zugpaar und dazu sonntags, mittwochs und samstags ein weiteres angegeben. Die Fahrzeiten beliefen sich auf fast 3 Stunden. Auf der Teilstrecke Aalen–Neresheim verkehrte nun werktags 1 Zugpaar, dazu sonntags, mittwochs und samstags ein weiteres. Auf der anderen Teilstrecke Neresheim–Dillingen war der Verkehr ebenfalls täglich 1 Zugpaar und dazu sonntags, mittwochs und samstags ein weiteres.

In der Nachkriegszeit war die Verteilung der Züge recht unübersichtlich, so daß man keine Zugpaare, sondern nur noch Einzelzüge angeben kann. Die Streckenunterteilung war aber unverändert geblieben. Laut Sommerfahrplan 1954 verkehrten von Aalen nach Dillingen nur sonntags 2 Personenzüge mit einer Fahrzeit von 152 Min. Auf der Teilstrecke Aalen–Neresheim fuhren täglich, sonntags und samstags je 1 Personenzug mit 78 Min. Fahrzeit. Die Teilstrecke Neresheim–Dillingen war werktags mit 3 GmP-Zügen und sonntags mit 2 Personenzügen belegt; Fahrzeiten zwischen 70 und 80 Min.

T 37 WNB vor Umbau in Neresheim; Juli 1966 (Aufnahme F. Jäger)

T 31 WNB mit TA 1 und 3 in Neresheim; Mai 1958 (Aufnahme H. Bürnheim)

Bi 4, 12, 11 abgestellt in Neresheim; Mai 1958 (Aufnahme R. Ehlers)

Auffällig ist die damalige Begünstigung des Wochenend-Verkehrs gegenüber dem werktäglichen Zugangebot. Die Richtung Dillingen–Aalen war wie folgt bedient: auf der ganzen Strecke verkehrten sonntags 2 und samstags 1 Personenzug, während werktags kein durchgehender Verkehr war. Für die Teilstrecke Neresheim–Aalen war werktags 1 GmP-Zug und sonntags sowie an Wochenenden je 1 Personenzug angegeben, Fahrzeit 80 Min. Auf der Teilstrecke Neresheim–Dillingen wies der Fahrplan montags bis freitags 2, täglich 1 sowie samstags und sonntags je einen weiteren Personenzug aus; die Fahrt dauerte um 70 Min. Auch für diese Gegenrichtung ist eine Bevorzugung des Sonntagsverkehrs ersichtlich. Im ganzen gesehen war der Verkehr auf der Härtsfeldbahn recht bescheiden. Die Anschlüsse in Aalen und Dillingen an die Staatsbahnzüge waren nicht immer gut; manchmal gab es Wartezeiten bis zu 2 Stunden.

Der letzte Fahrplan der Härtsfeldbahn vom Sommer 1972 war schon recht bescheiden. Von Aalen bis Dillingen durchgehend verkehrten an Sonntagen 2 Züge, ebenfalls auf der Strecke Aalen–Neresheim. An Werktagen fuhren lediglich einige Züge auf der Teilstrecke Neresheim–Dillingen, nämlich an allen Werktagen 1, montags bis freitags 1 weiterer und sonntags ebenfalls 1 Personenzug. In umgekehrter Richtung war der Verkehr etwas anders, denn von Dillingen nach Aalen fuhren sonntags 3 Züge, von Dillingen nach Neresheim werktags und montags bis freitags je 1 Personenzug und von Neresheim nach Aalen an Sonntagen 1 Personenzug. Die Fahrpläne der Härtsfeldbahn waren vor 1972 auf Kursbuchblatt 424h zu finden. Im letzten Sommerfahrplan wurde die neue Nummer 758 verwendet, die aber wegen der Einstellung des Verkehrs keine weitere Benutzung mehr fand.

4.2.5. BEFÖRDERUNGSLEISTUNGEN

Aus der Grafik ergibt sich, daß die Leistungen im Personenverkehr in den Jahren des Bestehens der Härtsfeldbahn außerordentlich schwankend waren, selbst wenn man die extremen Spitzenleistungen in den Jahren 1947 bis 1949 ausklammert. Es ist aber auch deutlich zu sehen, daß der Personenverkehr von 1957 an ständig zurückging, und zwar sehr beträchtlich. Im letzten Jahr des ganzjährigen Betriebs wurden nur noch 120000 Personen befördert gegen bis zu 300000 in früheren Jahren; in den erwähnten Spitzenjahren waren es sogar über 700000 Reisende, wohl zum großen Teil Hamsterer. Der Güterverkehr war ebenfalls starken Schwankungen im Laufe der Jahre unterworfen; auch er sank seit 1947 ständig, wenn auch mit kurzen Erholungen und war 1970 bei nur noch etwa 30000 t angekommen, während in früheren guten Jahren um 70000 t pro Jahr befördert wurden. Übersichten über die Art der Güter und ihre Anteile am Gesamtgüterverkehr stehen leider nicht zur Verfügung.

WNB-Nebenbahn Aalen–Dillingen (Härtsfeldbahn)

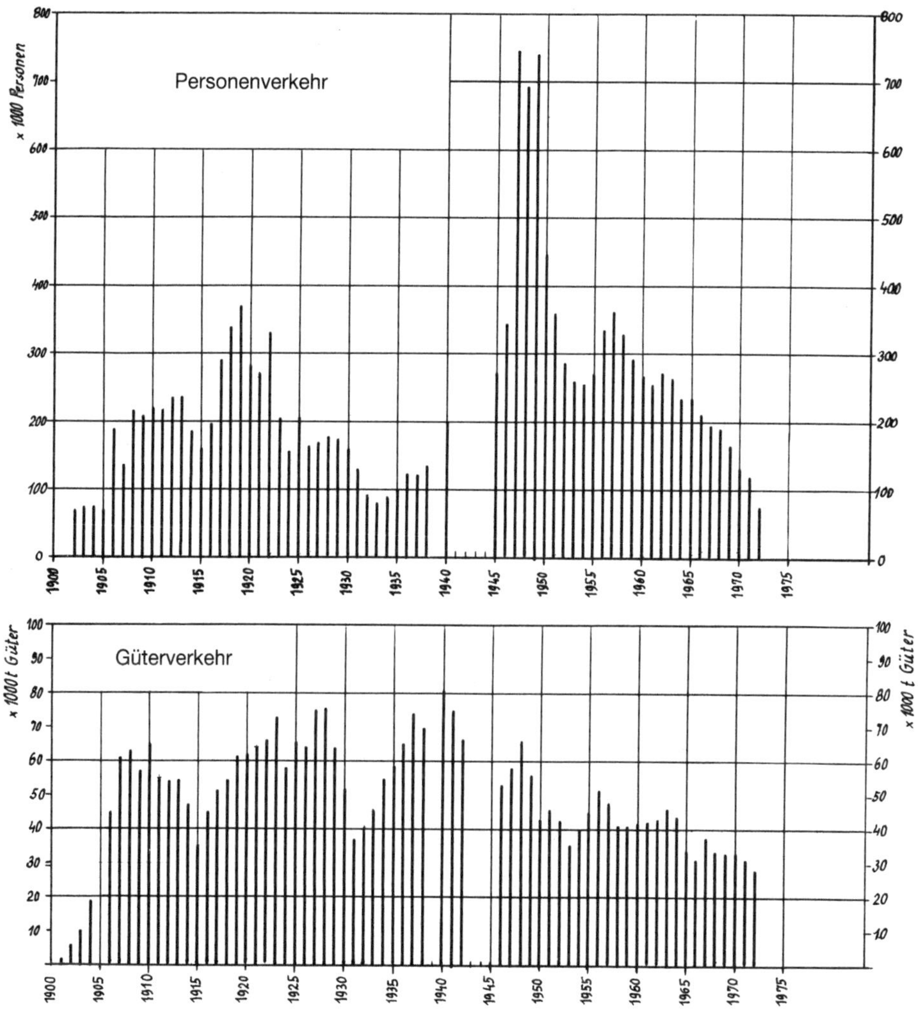

Linke Seite.
Oben: T 37 WNB im Bahnhof Dischingen; März 1972
(Aufnahme G. Wolff)

Unten: T 37 WNB im Bahnhof Ballmertshofen; März 1972
(Aufnahme G. Wolff)

Rechte Seite.
Oben: T 37 WNB im Bahnhof Ziertheim mit den 3 großen Birken; März 1972
(Aufnahme G. Wolff)

Mitte: T 37 WNB im Bahnhof Wittislingen; März 1972
(Aufnahme G. Wolff)

Unten: T 37 WNB ist nun in Dillingen angekommen; März 1972
(Aufnahme G. Wolff)

T 30 WNB mit Bi 10 und 13 ex Brünigbahn; Mai 1958 (Aufnahme H. Bürnheim)

4.2.6. DIE FAHRZEUGE DER HÄRTSFELDBAHN

Diese sind bereits in dem allgemeinen Teil über die WNB im Kapitel über die Fahrzeuge eingehend besprochen worden, so daß wir uns im folgenden auf eine Aufzählung der Betriebsnummer beschränken können.

4.2.6.1. *Dampflokomotiven*

Sehr leistungsfähig waren die Malletloks B'Bn4tv Nr. 1 bis 4, von denen Nr. 4 schon 1908 verkauft und Nr. 3 im Ersten Weltkrieg 1916 von der Heeresleistung beschlagnahmt und nach Frankreich gebracht wurde. Die beiden anderen, Nr. 1 und 2, blieben bis 1956 bei der Härtsfeldbahn. Fünf weitere kleinere Loks, die zeitweise bei der Bahn tätig waren, stammten von der Ronsdorf–Müngstener Eisenbahn, Cn2t »Solingen« Nr. 2, und von der Filderbahn Bn2t Nr. 4 ex 5 FBG »Hohenheim«, Bn2t Nr. 5 und 6 (Trakteure mit Serpollet-Kessel) sowie Cn2t Nr. 7 »Echterdingen«. Eine Besonderheit waren die Heißdampfloks Bh2t Nr. 11 und 12, die ebenfalls bis zur Verdieselung bei der Bahn im Einsatz waren. Als Ersatz für die requirierte Lok Nr. 3 kam 1920 die Dn2t-Heeresfeldbahnlok Nr. 5" nach Neresheim. Auch sie blieb bis zur Indienststellung der Triebwagen bei der Bahn.

4.2.6.2. *Dieseltriebwagen*

Im Jahre 1956 waren die gebrauchten Triebwagen der KBT als T 32 und T 33 WNB sowie die fabrikneuen Triebwagen T 30 und T 31 WNB in Dienst gestellt worden. T 33 bekam 1963 einen modernen Wagenkasten. Als letzten Triebwagen stellte die WNB den Südharzbahn-VT 14 als T 37 in Dienst. Nach der Einstellung des Betriebs auf der Härtsfeldbahn kamen T 30, T 31, T 33 und T 37 zur WEG-Nebenbahn Amstetten–Laichingen.

T 37 WNB am blinklichtgesicherten Straßenübergang bei Ziertheim; Januar 1971 (Aufnahme H. Sickert)

4.2.6.3. *Personenwagen und Triebwagen-Beiwagen*

Bei der Betriebseröffnung besaß die Härtsfeldbahn die Personenwagen Nr. 1 bis 7 in Vierachsbauart, zu denen bei der Streckenverlängerung von der Filderbahn die leichten Zweiachser Nr. 15 bis 18 kamen. Zwei weitere recht kurze Vierachser wurden als Nr. 4 und 5 von der MLB gekauft und zum Einsatz gebracht. Von der Brünigbahn wurden 1949 die Lenkdreiachser als Nr. 10 bis 13 gekauft und verwendet. Als letzte kamen 1956 zusammen mit den beiden gebrauchten Triebwagen von der KBT die beiden langen Vierachser Nr. 4 und 5. Die meisten Wagen blieben bis zur Verdieselung mit Dampfloks im Einsatz, dann wurden sie abgestellt. Aus den beiden ursprünglichen Wagen C4i Nr. 1 und 3 wurden durch Umbau mit Neukarossierung die Triebwagen-Beiwagen TA 1 und 3, später in TA 101 und 103 umbenannt, hergestellt. Zwei der ex Brünigbahn-Wagen wurden ebenfalls zu Triebwagen-Anhängern umgebaut und als TA 253/254 verwendet. Alle 4 Triebwagen-Anhänger wurden nach der Betriebseinstellung nach Laichingen überstellt und dort weiterverwendet.

4.2.6.4. *Gepäckwagen, Güterwagen, Dienstfahrzeuge*

Von dieser Gattung besaß die Härtsfeldbahn 3 Einheiten mit den Nummern 21 bis 23. Dazu kam durch Umbau eines geschlossenen Güterwagens der Gepäckwagen Nr. 24; er hatte im Gegensatz zu den 3 anderen kein Postabteil.

Im Wagenpark der Härtsfeldbahn befanden sich insgesamt 20 gedeckte Güterwagen, von denen 2 als Pufferwagen und einer als Bremswagen für das Kalkwerk ausgerüstet waren. An offenen Güterwagen gehörten zum Bestand 18 Einheiten unterschiedlicher Bauart. Weiter gab es 5 Kalkdeckelwagen, einen Rungenwagen, 16 Lang-

T 37 WNB, TA 103, 101; erste Abschiedsfahrt 24. 9. 1972 zwischen Dischingen und Neresheim (Aufnahme H. Sickert)

holzwagen mit Drehschemeln und 2 vierachsige Schienenwagen.

Für die Beförderung von Normalspur-Güterwagen besaß die Härtsfeldbahn 40 Rollböcke, die teilweise nach Betriebseinstellung zur WEG-Bahn Amstetten–Laichingen kamen. Für Inspektionsfahrten waren eine Motordraisine und zwei Bahndienstwagen für Gerätetransport vorhanden. Zur Dräsine gehörte ein einachsiger Anhänger; schließlich gab es noch einen Flachwagen für den Materialtransport zu Baustellen an der Strecke.

Leser, die gern mehr über die interessante und liebenswerte Härtsfeldbahn wissen möchten, werden auf die beiden hervorragenden Bücher von Dr. Kurt Seidel hingewiesen, die außer den Informationen über die Bahn auch noch zahlreiche Angaben über das Härtsfeld und seine interessante Landschaft enthalten. Die Bücher haben die Titel »Brücke zum Härtsfeld« (1962 erschienen) und »Die Härtsfeldbahn« (1976 erschienen). Das zweitgenannte Buch ist die erweiterte und vervollständigte Auflage des ersten.

Tabelle 20: **Entwicklung des Fahrzeugbestandes der Nebenbahn Aalen–Dillingen (Härtsfeldbahn)**

Jahr	*Dampf-loks*	*Trieb-wagen*	*Personen-wagen*	*VB*	*Gepäck-/ Postwagen*	*Güter-wagen*	*Roll-böcke*
1901	3	0	6	0	2	20	0
1904	4	0	6	0	2	29	0
1906	4	0	7	0	2	43	24
1927	5	0	10	0	3	58	24
1936	5	0	11	0	3	62	24
1940	5	0	11	0	3	62	24
1950	5	0	11	0	3	58	24
1960	2	4	10	0	4	57	40
1970	0	5	4	4	0	8	40
1972	0	5	0	4	0	5	40

4.3. **Nebenbahn Reutlingen–Gönningen**

4.3.1. VORGESCHICHTE

Im Jahre 1859 war die Staatsbahnstrecke Plochingen–Reutlingen–Tübingen–Horb der KWStE eröffnet worden, wodurch die Stadt Reutlingen einen Anschluß an das Eisenbahnnetz erhalten hatte. Später wurden noch die Nebenbahnen Reutlingen–Honau–Münsingen und Tübingen–Hechingen–Balingen gebaut. Zwischen diesen 3 Bahnstrecken lag ein Gebiet mit einigen bedeutenden Ortschaften, die bei der Planung und Ausführung dieser Strecken zu kurz gekommen waren. Diese etwa südwestlich von Reutlingen gelegenen Ortschaften waren im wesentlichen Gönningen, Ohmenhausen, Bronnweiler und Gomaringen. Es bestand jetzt die Gefahr, daß sie wirtschaftlich hinter den mit Bahnanschluß erreichbaren Orten zurückblieben. Besonders Gönningen fühlte sich stark benachteiligt, weil die dort ansässigen Gärtnerei- und Blumenzuchtbetriebe ihre Erzeugnisse immer noch zu Fuß mit der Kiepe und dem Zwerchsack auf dem Rücken zu den Abnehmern transportieren mußten. Die Abnehmer saßen aber meist weitab, so daß große und ermüdende Fußmärsche nötig waren, um die Waren zum Kunden zu bringen. Solange es überhaupt noch keine Eisenbahnen gab, hatten die Händler aus Gönningen und Umgebung diese Mühe auf sich genommen, da es keine andere Möglichkeit gab. Als aber die Eisenbahnen in Betrieb genommen wurden, erkannten die Züchter die Mühseligkeit ihrer Transporte und die Behinderung der wirtschaftlichen Entwicklung ihrer Unternehmen durch

WNB-Nebenbahn Reutlingen–Gönningen

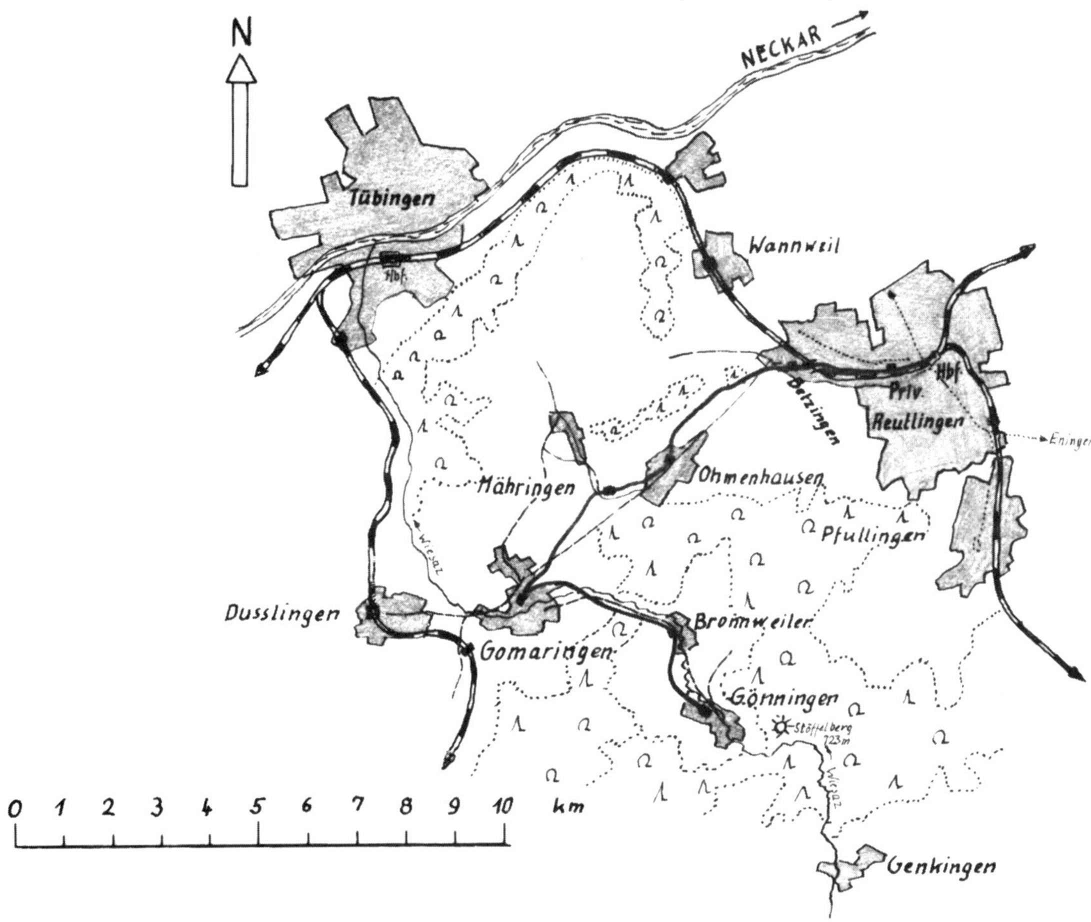

den fehlenden Bahnanschluß. Sie strebten deshalb danach, auch an eine Bahnstrecke angeschlossen zu werden. Von der KWStE war keine Erfülung ihrer Wünsche zu erwarten, weil die Erschließung der Fläche über die finanziellen Möglichkeiten der Staatsbahn hinausging. Es war daher günstig, daß gegen Ende des vorigen Jahrhunderts Württemberg vom reinen Staatsbahngedanken abging und auch privater Initiative die Möglichkeit zum Bau von Nebenbahnen gab. Um die in dieser Richtung nunmehr bestehenden Möglichkeiten auszunutzen, hatte 1896 die Gemeinde Gönningen mit der damals im Deutschen Reich beim Bahnbau sehr rührigen Bahnbaugesellschaft Lenz & Co. in Stettin Verbindung aufgenommen, um durch eine private Bahn in Reutlingen Anschluß an die Staatsbahnstrecke zu erhalten. Durch eine solche Verbindung wären die Transportprobleme bei den Samen- und Blumenzwiebelzüchtern gelöst worden und es wäre die Gefahr eines wirtschaftlichen Rückschritts gegenüber den an den vorhandenen Bahnstrecken ansässigen Unternehmen gebannt gewesen.

Dazu kam noch ein weiterer Umstand, der damals in Württemberg den Verantwortlichen Kopfzerbrechen verursachte: Es war nämlich seit etwa 1850 in Württemberg bei der Bevölkerung eine starke Neigung zum Auswandern in die Neue Welt entstanden, wodurch dem Land wertvolle Arbeitskräfte verlorengingen, die später einmal dringend benötigt werden konnten. Wenn durch den Bau weiterer Eisenbahnen die wirtschaftliche Lage gebessert würde, konnte man damit rechnen, daß diese Auswanderungswelle gestoppt würde. Alle diese Umstände trugen dazu bei, daß die Bemühungen der Gemeinde Gönningen um die Gewinnung eines Eisenbahnanschlusses von staatlicher Seite gefördert wurden, wobei sich allerdings die KWStE aus finanziellen Gründen nicht engagieren konnte.

Die Firma Lenz & Co. arbeitete die Pläne für eine Bahnlinie aus, durch welche die Gemeinden südwestlich von Reutlingen den begehrten Bahnanschluß erhalten sollten. Der Plan ging dahin, eine Nebenbahn zu bauen, die von Reutlingen über Gönningen, Genkingen, Undingen, Willmandingen, Melchingen zunächst bis Mägerkingen bzw. Stetten führen sollte. Später war an eine Verlängerung nach Gammertingen und Sigmaringen gedacht. Es wurde lange über dieses Projekt diskutiert, zu einer Ausführung kam es aber nicht.

Die Angelegenheit kam erst im Jahre 1900 wieder in Schwung, als sich die BLEAG, eine Tochtergesellschaft der WDEG, um die Pläne kümmerte und ein Konzessionsgesuch für eine Nebenbahn von Reutlingen über Gomaringen nach Gönningen einreichte. Nach einem alten Plan aus dem Jahre 1898 war sogar eine Verlängerung über Gomaringen hinaus bis nach Dusslingen im Gespräch. Die Verkehrsabteilung des Kgl. Ministeriums für auswärtige Angelegenheiten erteilte der BLEAG am 16. 7. 1900 die Konzession für eine normalspurige mit Dampfloks betriebene Nebenbahn von Reutlingen über Gomaringen nach Gönningen.

Für den Bahnbau stellten die interessierten Gemeinden unentgeltlich Grund und Boden zur Verfügung und gaben auch finanzielle Zuschüsse. Auch der Staat leistete einen Zuschuß in Höhe von 15000 Mark pro Bahnkilometer. Nach Klärung aller Grundstücks- und Finanzierungsfragen wurde im September 1901 der erste Spatenstich getan.

4.3.2. GESCHICHTE

Der Bau der Strecke schritt zügig voran, da keine allzugroßen geländebedingten Schwierigkeiten zu überwinden waren. Schon nach 7 Monaten war die Strecke fertig und, da auch die bestellten Fahrzeuge rechtzeitig eingetroffen waren, konnte am 19. 4. 1902 die erste Probefahrt stattfinden. Nach der Abnahme der Strecke durch die Behörden fanden am 20. 4. 1902 mit dem üblichen Pomp die offiziellen Eröffnungs-Feierlichkeiten statt. Unmittelbar danach wurde der öffentliche Verkehr aufgenommen. Die Betriebsführung wurde von der Württembergischen Lokaleisenbahn-Gesellschaft WLE, der bereits an anderer Stelle erwähnten Dependance der BLEAG, in Stuttgart übernommen.

Nun hatten die Gemeinden Gönningen, Gomaringen und andere im Tal des kleinen Flüßchens Wiesaz liegende Ortschaften ihre Bahnverbindung und konnten ihren Nutzen daraus ziehen. In Gomaringen entstand über die bereits vorhandenen Gewerbebetriebe hinaus eine bedeutende Industrie. Sowohl der Personen- als auch der Güterverkehr entwickelten sich recht gut und erzielten bis zum Ersten Weltkrieg beachtliche Leistungen. Am 1. 10. 1910 ging die Bahn in den Besitz der WNB über, die auch die Betriebsführung übernahm. Auch die Konzession wurde von der BLEAG auf die WNB übertragen.

WNB-Nebenbahn Reutlingen–Gönningen

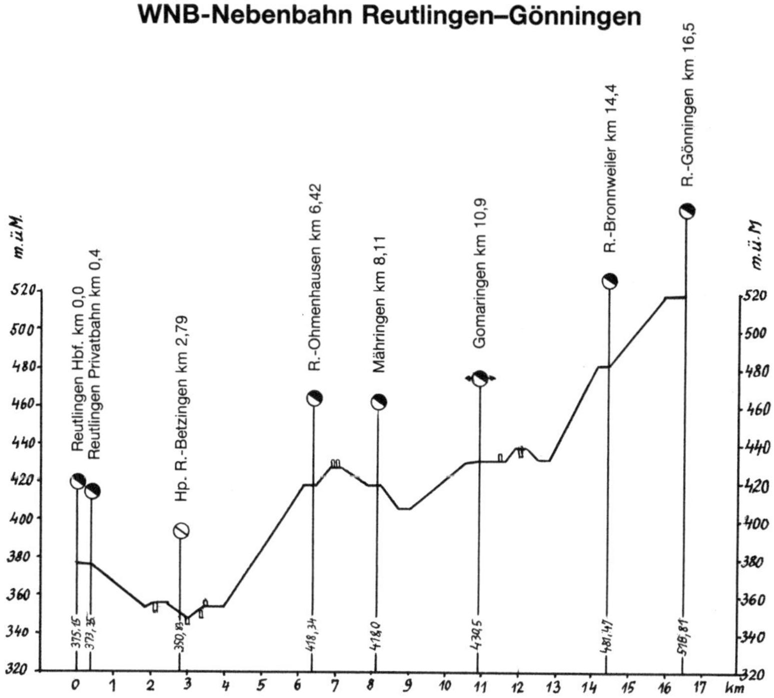

Nach Überwindung der durch den Krieg in den Jahren 1914 bis 1918 entstandenen Schäden, infolge Überlastung der Fahrzeuge und Anlagen, fehlenden Fachpersonals, Mangels an Ersatzteilen und schlechter Kohle, in den Jahren nach dem Krieg, nahm der Personenverkehr wieder kräftig zu, während der Güterverkehr rückläufig war. Im Zweiten Weltkrieg, an dessen Ende der Verkehr wegen der Zerstörung der Brücke über die Staatsbahn vom 20. 4. 1945 bis 6. 8. 1945 bis zur Wiederherstellung der Brücke eingestellt werden mußte, und der Zeit danach hat sich der Güterverkehr wieder einigermaßen erholt, doch fiel jetzt der Personenverkehr, der den Krieg, zeitweise mit Spitzenleistungen, gut überstanden hatte, ab 1951 schlagartig auf einen völlig unbedeutenden Umfang zurück. Das wurde teilweise dadurch verursacht, daß eine am 24. 1. 1949 eingerichtete, von der WNB betriebene Omnibuslinie parallel zur Bahn der Schiene die meisten Fahrgäste wegnahm, weil sie auf einer für die Einwohner der Orte günstigeren Strecke verkehrte.

Die ständige Verschlechterung des Personenverkehrs führte schließlich dazu, daß im Frühjahr 1972 der Personenverkehr auf der Schiene eingestellt wurde; er blieb für die Zukunft dem Omnibus allein überlassen. Der Güterverkehr hielt sich zwar noch einige Jahre auf einer vertretbaren Höhe, nahm aber seit 1973 ebenfalls stark ab. Die Zeiten, in denen man oft täglich 3 Güterzüge mit manchmal bis zu 20 Wagen auf der Strecke sehen konnte, sind schon lange vorbei. Das Transportaufkommen ist durch Strukturveränderungen in der Wirtschaft, z. B. durch den Rückgang der Samen- und Blumenzwiebel-Erzeugung sowie der Tuffstein-Transporte stark zurückgegangen. Wie die Zukunftsaussichten der Bahn sind, war schwer abzuschätzen. Die Auswirkungen der von der DB eingeführten Stückgut-Neuordnung machten der WNB erhebliche Sorgen, denn dadurch wurde die Nebenbahn Reutlingen–Gönningen stark in Mitleidenschaft gezogen, da sie den Stückgutverkehr gern auf der Schiene weiter betreiben möchte.

Im Jahr 1981 hatte der schlechte Zustand der Brücke über die Mähringerstraße in Ohmenhausen die Diskussion über das Schicksal der Bahn erneut in Gang gebracht. Obwohl sich die örtlichen Gremien grundsätzlich für die Beibehaltung des Schienenverkehrs aussprachen, hat die WNB am 28. 4. 1981 Antrag auf die Entbindung von der Betriebspflicht für die ganze Strecke gestellt. Wegen des geringen verbliebenen Verkehrs wurde in den vergangenen Jahren die Unterhaltung des Oberbaus vernachlässigt, so daß sich dieser in einem schlechten Zustand befand. Die Gleisanlagen in Gönningen und Gomaringen waren schon in den letzten Jahren reduziert worden, da man sie nicht mehr in dem ursprünglichen Umfang benötigte. Dem genannten Antrag der WNB wurde insoweit entsprochen, als die Genehmigung zur Einstellung des Schienenverkehrs auf dem Streckenabschnitt Ohmenhausen–Gönningen (von km 6,5 bis km 16,5) mit Ablauf des 30. 6.1982 erteilt wurde. Es wurde seither nur noch auf dem Abschnitt Reutlingen–Ohmenhausen Güterverkehr betrieben. Für den Stückgut- und Expreßgut-Verkehr wurde ab 1. 7.1982 eine Ersatzbedienung in eigener Regie mit einem Lkw eingeführt. Die Länge der Reststrecke betrug nur noch 6,5 km, womit diese Bahn die kürzeste aller Nebenbahnen der WNB und WEG geworden war. Inzwischen trat nun ein Umstand ein, der für diese Bahn das endgültige Aus bedeutete. Im April 1984 gab die mit über 80% am Wagenladungs-Verkehr beteiligte Firma Robert Bosch der WNB bekannt, daß sie ihre Gleisanschlüsse ab Mai überbaut und die Bahnverladung somit nicht mehr möglich ist. Die WNB stellte deshalb am 10. 5. 1984 erneut Antrag auf Entbindung von der Betriebspflicht. Bereits zum 1. 11. 1984 wurde das Kleingutgeschäft voll auf die DB übertragen. Die Einstellung des Gesamtverkehrs fand am 30. 6. 1985 statt. Die Stadt Reutlingen wird 4,5 km Gleis ab DB-Übergabestelle zunächst betriebsfähig erhalten und die dort ansässigen Anschließer ggf. durch DB-Fahrten bedienen. Die restlichen 2 km Gleis bis Ohmenhausen sollen abgebrochen werden.

4.3.3. STRECKENVERLAUF

Die Strecke der Nebenbahn Reutlingen–Gönningen begann auf eigenem Gleis ab Einfahrweiche 316 nördlich neben den Staatsbahngleisen Richtung Tübingen im Hauptbahnhof *Reutlingen* (km 0,0; 375,15 m ü M). Meist fuhren die Personenzüge auf einem Stumpfgleis zwischen den Staatsbahngleisen 2 und 3 ab. Nach rund 400 m wurde der Betriebsbahnhof der Privatbahn *Reutlingen Privatbahn* (km 0,4; 373,25 m ü M) erreicht, wo die Bahn eigene Gleisanlagen und ein kleines Dienstgebäude besaß; in diesem war die örtliche Bahnverwaltung untergebracht. Reutlingen Priv. war gleichzeitig Mutterbahnhof für alle anderen Bahnhöfe der Strecke und enthielt auch die Zugleitstelle. Der nun folgende Streckenabschnitt blieb nördlich der Staatsbahngleise und verlief entlang der Konrad-Adenauer-Straße und der Bundesstraße 28. Früher war bei km 1,4 ein Haltepunkt mit Namen *Gminderfabrik*, der aber aufgelassen wurde. Dann erkletterte die Strecke auf einem Damm, in einem nach Norden ausholenden Bogen, die Höhe der Brücke, auf der sie die Gleise der Staatsbahn schräg überquerte. Es folgte bei km 2,79 die Station *Reutlingen Betzingen* (350,83 m ü M). Bald veließ nun die Strecke das Bebauungsgebiet von Reutlingen und änderte die ursprüngliche Westrichtung in eine Südwestrichtung. Durch offenes Gelände näherte sich die Trasse jetzt dem Bahnhof *Reutlingen Ohmenhausen* (km 6,42; 418,34 m ü M), wo seit dem 1. 7.1982 die Strecke endete. Von Ohmenhausen aus ging die Strecke in einem Rechtsbogen zur folgenden Station *Mähringen* (km 8,11; 418,0 m ü M), die etwa 2 km südöstlich des gleichnamigen Ortes lag. Die Bahn fuhr dann ziemlich geradelinig weiter nach *Gomaringen* (km 10,9; 430,5 m ü M), wo eine Spitzkehre war und sich früher ausgedehnte Gleisanlagen befanden. Etwas südwestlich von der Ortschaft Gomaringen hat die Staatsbahn einen gleichnamigen Bahnhof an ihrer Strecke Tübingen–Hechingen. Nach der Spitzkehre wendete sich die Privatbahnstrecke in eine südöstliche Richtung und gelangte zum nächsten Bahnhof mit Namen *Reutlingen Bronnweiler* (km 14,4; 481,47 m ü M). Nach Verlassen dieses Bahnhofs machte die Strecke erst eine Rechtskurve, daran anschließend eine Linkskurve und mündete in die Bahnhofsanlagen des Endbahnhofs *Reutlingen Gönningen* (km 16,5; 519,81 m ü M) ein. Die umfangreichen Gleisanlagen dieses Bahnhofs waren schon in den vergangenen Jahren stark vermindert worden.

Der einzige voll mit eigenem Personal besetzte Bahnhof war zuletzt Reutlingen Privatbahn. Agenturbahnhöfe hat es nicht mehr gegeben. Seit der Teilstillegung waren die Bahnhöfe Mähringen, Gomaringen, Bronnweiler und Gönningen aufgelöst worden.

T 02 WEG als Gmp in Reutlingen Hauptbahnhof Gleis 2a; September 1975 (Aufnahme G. Wolff)

Brückenprobe nach dem Wiederaufbau 1946 mit zwei Württ. T 5-Loks
(Sammlung Archiv WEG/WNB)

Aus dem Höhenprofil ergeben sich die Neigungsverhältnisse der Bahn. Sie hatte auf den 16,5 km Streckenlänge eine Höhendifferenz von knapp 144 m zu überwinden, wobei die Gegengefälle aber nicht berücksichtigt sind. Auf längeren Streckenabschnitten mußte die Maximalsteigung von 1:38 (2,65%) überwunden werden. Der kleinste Krümmungsradius betrug 180 m. Die Gesamtlänge aller verlegten Gleise war 19,5 km. Von den 16,5 km der eingleisigen Strecke lagen in der Waagerechten nur 1,578 km (9,6%), in Neigungen 14,922 km (90,4%); andererseits waren gerade Abschnitte von insgesamt 10,581 km (64,1%) und gekrümmte Teile von 5,919 km (35,9%) vorhanden. Die erlaubte Höchstgeschwindigkeit war zuletzt 40 km/Std. Wegen des schlechten Gleiszustandes in den letzten Jahren konnte sie nicht heraufgesetzt werden. Betriebsmäßig interessant war früher der Bahnhof Gomaringen wegen seiner Spitzkehre. Bis zur Betriebseinstellung war nur noch im Bahnhof Reutlingen Privatbahn einiger Betrieb.

An der Bahnstrecke waren eine Anzahl Brücken errichtet worden. Auch einige Straßen überquerten die Strecke auf Straßenbrücken. Diese Bauwerke werden nachfolgend in Tabellen zusammengestellt:

Brücken der Nebenbahn

Bahn-km	*überbrücktes Objekt*	*Bauart*	*Stützweite*	*Lichtweite*
1,498	Laibach	Fertigbeton		4,0 m
1,608	Bach			2,86 m
2,303/2,337	DB-Strecke	Stahlkasten	13,25 m	12,75 m
2,88	Breitenbach	Stahlkasten	7,2 m	6,4 m
3,35	B 28	Stahlbeton	2×16,0 m	
12,203/12,211	Wiesaz	Stahlkasten	6,5 m	6,0 m

Straßenbrücken über die Nebenbahn

Bahn-km	*Straße*	*Bauart*	*Stützweite*	*Lichtweite*
3,46	Landesstraße L 384	Stahlbeton		5,85 m
6,90	Straße Mähringen–Ohmenhausen	Stahlbeton	6,34 m	5,0 m
7,04	Landesstraße L 384	Eisenbeton		7,8 m
11,417/11,421	Straße in Gomaringen	Stahlbeton	5,6 m	5,0 m

T 02 WEG im Bahnhof Reutlingen-Ohmenhausen; September 1975
(Aufnahme G. Wolff)

T 02 WEG im Bahnhof Gomaringen; September 1975
(Aufnahme G. Wolff)

Blick in Ausfahrtrichtung Bahnhof Gomaringen, linkes Gleis nach Reutlingen, rechtes Gleis nach Gönningen; April 1965
(Aufnahme H. Bürnheim)

Nebenbahn Reutlingen–Gönningen

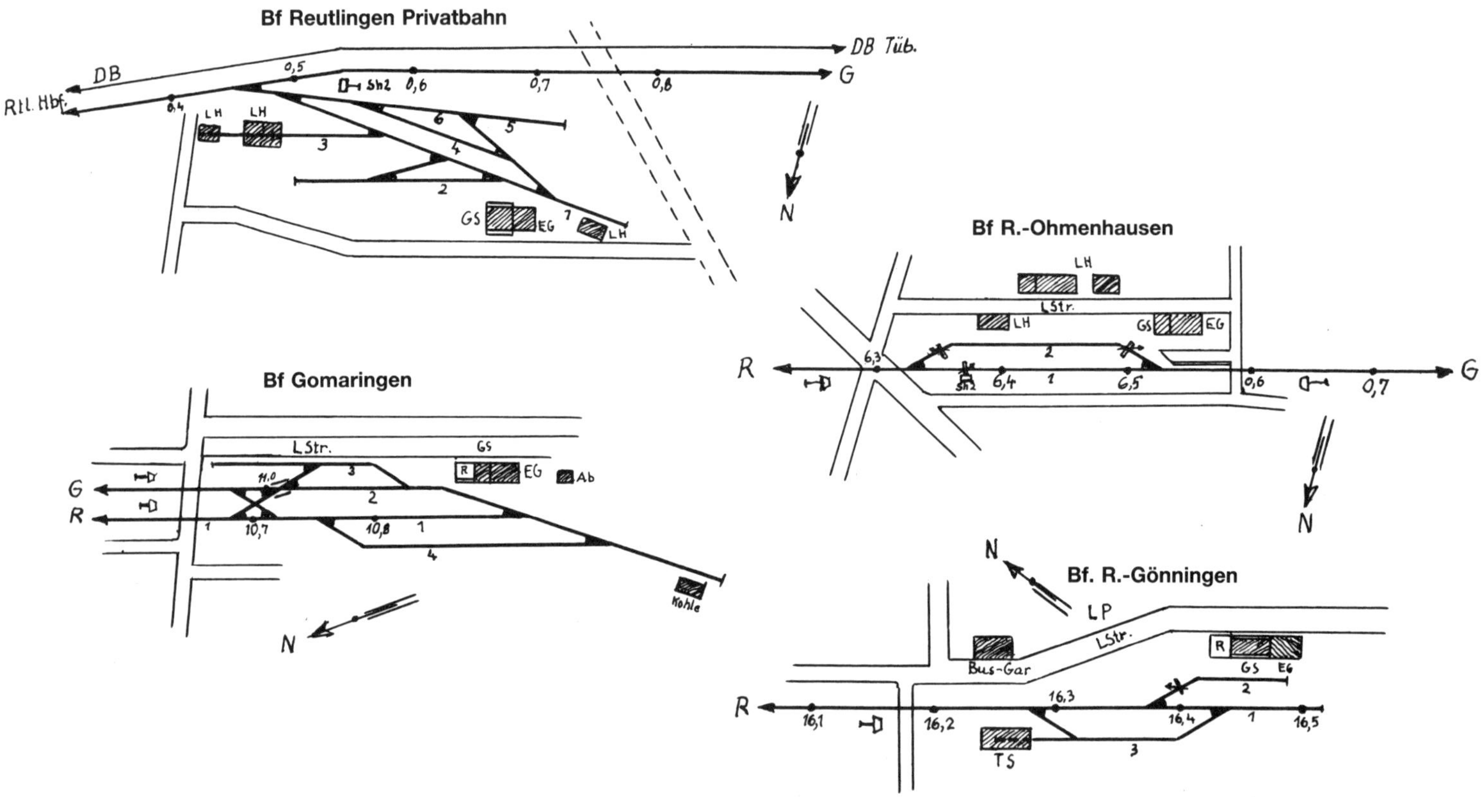

Es gab auch eine Anzahl *Privatanschlußgleise,* die meisten davon im Bahnhof Reutlingen Privatbahn:

Bahn-km	*Nutzlänge in m*	*Angeschlossene Firmen*
1,028	35	Ludwig Binser KG und Ernst Lustig, Reutlingen
1,11	160 + 53 + 52	Anlage der Bundesrepublik, früher Heeres-Verpflegungsamt
1,43	2 Äste	Robert Bosch GmbH, Firma Rieber und Firma U. A. Knapp, Reutlingen
früher	in Rtl. Priv. zur	WLZ, Firma Sütterlin. Konsum; 1971 ausgebaut
3,392	110	Spar-Zentrale (Firma Schaal-Kurtz, Reutlingen)
10,223	118	Firma Kriegbaum, Gomaringen

Ein und Ausfahrtsignale gab es nur an den Stellen, an denen das Privatbahngleis in die Gleisanlagen der Staatsbahn einmündete; das war oberhalb der Unterführungen der Straßen Unter den Linden und Gutenbergstraße. Außerdem war vor der DB-Weiche 311 für die Fahrten zum Hauptbahnhof ein Gleissperrsignal Hs 20 mit Rückstrahlschild aufgestellt. Im Bahnhof Reutlingen war eine Zugmeldestelle untergebracht.

An der Strecke gab es eine Anzahl niveaugleicher Straßenüberquerungen, die meistens technische Sicherungen besaßen:

Bahn-km	*überquerte Straße*	*Sicherung*
3,94	Straße Mark-Süd	Lichtzeichenanlage
6,30	L 384 Ohmenhausen	Lichtzeichenanlage
9,91	L 384 Gomaringen	Lichtzeichenanlage
8,14	Kreisstraße 6727	Andreaskreuz
10,68	Hinterw. Straße	Andreaskreuz
11,03	Straße in Gomaringen	Andreaskreuz
12,50	L 230 Gomaringen	Andreaskreuz

T 02 WEG im Bahnhof Bronnweiler; September 1975 (Aufnahme G. Wolff)

Bahnhof Gönningen, links Fahrzeugschuppen mit Wasserturm, rechts Güterschuppen; Blickrichtung Ausfahrt; Mai 1962 (Aufnahme G. Wolff)

In der Zeit des Dampfbetriebs besaß die Nebenbahn 2 Wasserstationen, 2 Kohlenbansen, 3 Lokschuppen mit 5 Ständen, eine Brückenwaage und 2 seitliche Laderampen. Die Lokschuppen und zugehörige Einrichtungen waren in Gomaringen, Gönningen und Reutlingen Privatbahn. An den meisten Bahnhöfen gab es Bahnhofsgebäude unterschiedlicher Größe.

4.3.4. FAHRPLANGESTALTUNG

In den dreißiger Jahren verkehrten werktags 6 und sonntags 5 Personenzugpaare. Im Sommer 1954 wies der Fahrplan werktags je ein Personenzugpaar und ein Güterzugpaar aus, dazu an Samstagen einen weiteren Personenzug von Reutlingen bis Gönningen, der nachmittags als Leerzug zurückfuhr. Die Fahrzeiten lagen bei den Personenzügen zwischen 46 und 53 Min. und bei den Güterzügen zwischen 62 und 70 Min. Zwischen Reutlingen Hbf. und Reutlingen Priv. waren weiter ein Übergabezug der DB und 2 Leerzugpaare der Privatbahn angegeben. Im Winterfahrplan 1974/75 ist nur noch eine einzige Zugfahrt von Reutlingen nach Gönningen enthalten. Es handelt sich um eine Fahrt, die den Triebwagen nach seiner täglichen Rangierarbeit in Reutlingen Priv. zu seinem Heimatbahnhof Gönningen zurückbringt. Der Sommerfahrplan 1984 für die Reststrecke der Bahn bis Ohmenhausen war recht kümmerlich, denn es gab ja keinen Personenverkehr mehr. Für die Strecke Reutlingen Priv. nach Ohmenhausen waren montags bis freitags 3 Güterzugpaare angegeben. Der Zubringerverkehr vom DB-Bahnhof Reutlingen zum Privatbahnhof wurde ebenfalls montags bis freitags von 4 Güterzugpaaren besorgt. Samstags und sonntags war kein Verkehr mehr. Die Kursbuchnummer war bis 1972: 327 a, ab 1972: 764.

4.3.5. BEFÖRDERUNGSLEISTUNGEN

Die Grafiken lassen erkennen, daß der Personenverkehr bis 1949 recht beträchtlich war und daß in manchen Jahren über 600000 Personen mit der Bahn reisten. Ab 1951 schrumpfte dieser auf einen kümmerlichen Rest von weniger als 100000 Fahrgäste pro Jahr. Deshalb war auch 1972 der Personenverkehr eingestellt worden. Der Güterverkehr war in den Jahren des Bestehens der Bahn äußerst unterschiedlich. Nachdem er bis 1918 ganz beachtliche Leistungen vollbracht hatte, sank er in den zwanziger und dreißiger Jahren stark ab und erzielte nur noch Leistungen um 10000 t jährlich. Nach dem Zweiten Weltkrieg erholte sich der Betrieb wieder und kam eine Anzahl Jahre auf Leistungen im 30000 t im Jahr. Ab 1966 ging es dann wieder abwärts und seit 1976 wurden nur noch weniger als 10000 t im Jahr an Gütern befördert. Die folgende Tabelle zeigt, welche Güterarten den wesentlichen Anteil hatten:

Güterart	*1979*		*1981*		*1983*	
	t	*%*	*t*	*%*	*t*	*%*
Stückgut, Expreßgut	1241	10,7	1049	11,0	756	9,1
Holz	406	3,5	290	3,0	—	—
Zement, Kalk	1311	11,5	210	2,2	—	—
Kohle	766	6,6	960	10,0	445	5,3
Eisen, Stahl, Halbzeug	5237	45,0	2247	23,5	2318	27,8
Fahrzeuge, Maschinen	—	—	1076	11,3	1985	23,8
Papier	133	1,1	122	1,3	6	0,1
Düngemittel	561	4,8	695	7,3	372	4,5
Chemikalien	280	2,4	121	1,3	—	—
Benzin, Öl, Gas	824	7,1	1888	19,7	176	2,1
Obst, Gemüse, Kartoff.	611	5,2	252	2,6	181	2,2
Sonstige Güter	264	2,3	652	6,8	26	0,3
Militärgut	—	—	—	—	6	0,1
Sammelgut, Umzugsgut	—	—	—	—	487	5,8
Summe aller Güter	11634	100,0	9562	100,0	6758	100,0

Man ersieht aus der Aufstellung, daß Eisen, Stahl und Halbzeuge den Hauptanteil an den Frachtgütern stellten, gefolgt von Stückgut, Expreßgut in einigem Abstand, ferner Zement, Baukalk und in den letzten Jahren auch Fahrzeugen und Maschinen.

Im Jahre 1983 wurden in Reutlingen 919 Güterwagen an die DB übergeben bzw. von ihr übernommen; das waren etwa 77 Wagen im Monat. Stückgutbahnhof war Ohmenhausen, vor 1982 auch Gomaringen und Gönningen.

4.3.6. DIE FAHRZEUGE DER NEBENBAHN REUTLINGEN–GÖNNINGEN

4.3.6.1. *Dampflokomotiven*

Der Verkehr wurde mit den 3 Cn2t-Loks Nr. 1–3 eröffnet (Humboldt 1902). Sie wurden 1910 ohne Änderung der Nummer von der WNB übernommen. Nr. 1 wurde

WNB-Nebenbahn Reutlingen–Gönningen

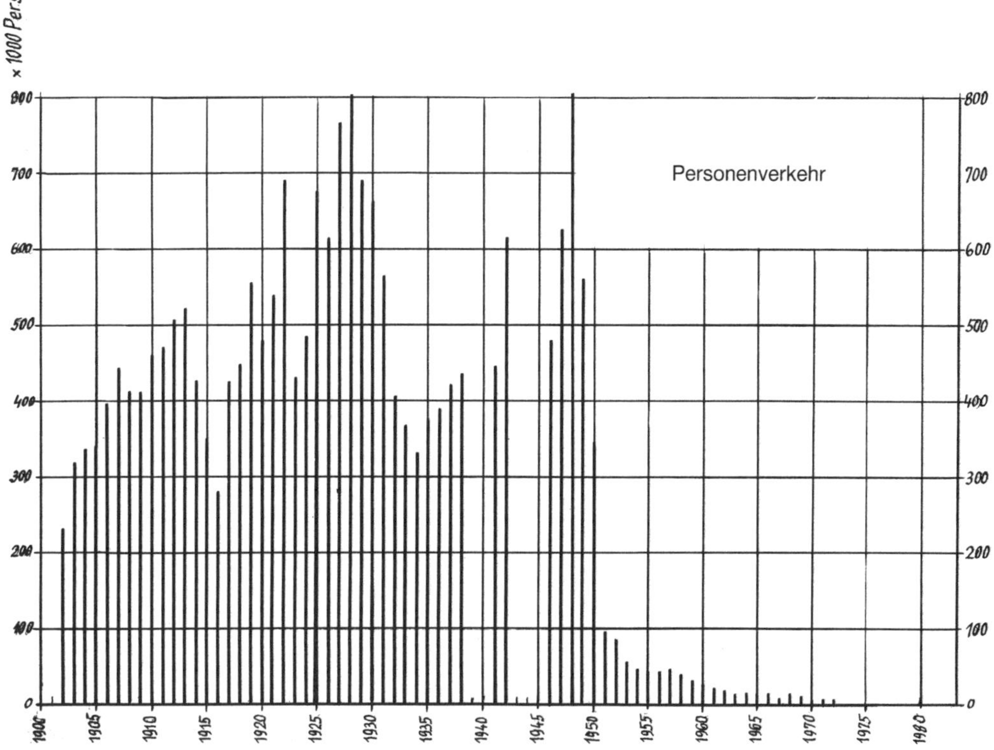

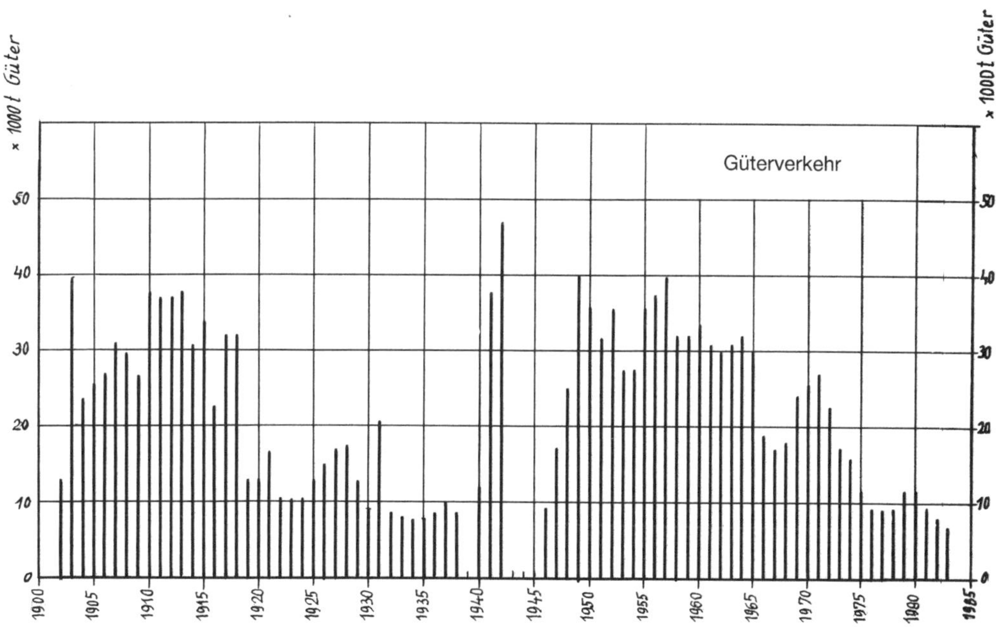

Dampfzug auf der Strecke, hinten Stöffelberg; etwa 1950 (Sammlung Archiv WEG/WNB)

1952 an eine WEG-Bahn abgegeben, Nr. 2 blieb zeitlebens bei der Nebenbahn Reutlingen–Gönningen. Nr. 3 soll schon vor 1929 verkauft worden sein. In den Jahren 1950 bis 1952 war die WNB-Lok Nr. 11 (En2t Esslingen 1911) bei der Bahn stationiert. Sie kam von Weissach und ging auch wieder nach dort zurück. Ebenfalls von Weissach wurde 1955 die Dn2t-Lok Nr. 3 (Humboldt 1906) nach Gönningen abgegeben, wo sie bis zur Verschrottung 1959 blieb. Im Jahre 1936 soll von der HzL deren Bn2t-Lok Nr. 2 (ex Lenz 2^d; Hohenzollern 1900) an die Nebenbahn Reutlingen–Gönningen verkauft worden sein.

4.3.6.2. *Dieseltriebwagen*

Als erster Triebwagen kam 1954 der T 03 WEG nach Gönningen; er blieb aber nur einige Jahre und wurde schon 1957 durch den T 02 WEG ersetzt, der viele Jahre als einziges Triebfahrzeug den gesamten Verkehr besorgte. Er wurde schließlich am 2. 3. 1979 durch den stärkeren T 07 WNB ersetzt; dieser erledigte bis zuletzt den gesamten Verkehr. Andere Triebwagen waren zum mindesten für längere Zeit nicht bei der Nebenbahn Reutlingen–Gönningen tätig.

4.3.6.3. *Personenwagen*

Wegen ihres früher starken Personenverkehrs besaß die Bahn einen großen Bestand an zweiachsigen Personenwagen. Schon in den Jahren 1903 und danach waren es 11 Fahrzeuge und in den dreißiger Jahren wuchs der Bestand auf 15 Wagen. Sogar 1950 besaß die Bahn noch 14 Personenwagen mit den Nummern 2, 3, 4, 6, 8, 9, 10, 11, 12, 13, 14, 15, 16, 17. Davon waren 1950 bis 1958 die Wagen Nr. 3, 8, 9, 12 und 14 an die WEG abgegeben worden, während Nr. 2, 6, 17 nach Weissach kamen. Im Jahre 1964 standen in Gönningen noch die Wagen Nr. 10

und 16 ziemlich verwahrlost abgestellt. Die übrigen Einheiten Nr. 4, 11, 13 und 15 waren in den fünfziger Jahren ausgemustert worden.

Triebwagen-Beiwagen hat es bei der Nebenbahn Reutlingen–Gönningen niemals gegeben.

4.3.6.4. *Gepäckwagen, Güterwagen, Dienstfahrzeuge*
Die Nebenbahn besaß die längste Zeit einen Gepäck/Postwagen mit der Nummer 21; in den letzten dreißiger Jahren soll es sogar 2 derartige Wagen gegeben haben. Nr. 21 existierte noch 1964 und wurde erst danach verschrottet.

Für das Jahr 1905 gibt die »Statistik« einen Bestand von 3 gedeckten und 2 offenen Güterwagen an; mehr Wagen scheinen nie bei der Bahn gewesen zu sein. 1950 war keiner der Güterwagen mehr im Bestand. Vermutlich waren die Güterwagen, wie auch meist bei anderen Privatbahnen, im Wagenpark der Staatsbahn im Einsatz und sind schon vor 1950 ausgemustert worden.

Über Bahndienstfahrzeuge der Nebenbahn ist nichts bekannt geworden. Es ist aber anzunehmen, daß mindestens ein Flachwagen oder ein Rottenwagen für Bauarbeiten an der Strecke vorhanden gewesen ist.

Tabelle 21: **Entwicklung des Fahrzeugbestandes der Nebenbahn Reutlingen–Gönningen**

Jahr	*Dampf-loks*	*Trieb-wagen*	*Personen-wagen*	*VB/VS*	*Gepäck-/Postwagen*	*Güter-wagen*
1903	3	0	11	0	1	3
1905	3	0	11	0	1	5
1927	4	0	14	0	1	4
1936	3	0	15	0	1	4
1940	3	0	14	0	2	4
1950	3	0	14	0	1	0
1960	0	1	2	0	1	0
1974	0	1	0	0	0	0
1984	0	1	0	0	0	0

4.4. Nebenbahn Korntal–Weissach (Strohgäubahn)

4.4.1. VORGESCHICHTE

Etwa 10 bis 20 km westlich und nordwestlich von Stuttgart erstreckt sich im Bereich des Schwarzwaldvorlandes eine Landschaft, die den Namen »Strohgäu« führt. Diese Gegend war bei der Errichtung der Eisenbahnstrecken der KWStE in der zweiten Hälfte des vorigen Jahrhunderts nicht berücksichtigt worden. Weder die in den Jahren 1846 bis 1853 eröffnete sog. Westbahn, die von Stuttgart über Ludwigsburg, Bietigheim, Mühlacker nach Bruchsal verlief, noch die 1868 bis 1872 in Betrieb genommene württembergische Schwarzwaldbahn von Zuffenhausen über Korntal, Leonberg, Renningen, Weil der Stadt nach Calw führten durch das Strohgäu, sondern berührten es allenfalls am Rande. Dieser Umstand hatte zur Folge, daß die Gemeinden des Strohgäus gegenüber den an diesen Bahnstrecken gelegenen Gemeinden wirtschaftlich benachteiligt waren und zurückblieben; sie wurden auch von der damals in Württemberg herrschenden Auswanderungswelle überdurchschnittlich erfaßt. Es entstanden daher Anfang der neunziger Jahre des vorigen Jahrhunderts starke Bestrebungen im Strohgäu, einen Bahnanschluß zu erhalten. Zwar hatte man sich schon zur Zeit der Planung der Staatsbahnstrecken darum bemüht, eine für das Strohgäu günstigere Linienführung zu erreichen, hatte aber keinen Erfolg gehabt. Vorgeschlagen wurde damals eine Führung von Zuffenhausen über Ditzingen, Friolzheim nach Pforzheim. Als die oben erwähnten befürchteten Nachteile tatsächlich eintraten, versuchten interessierte Kreise im Strohgäu, den Bau einer Bahnstrecke durch ihr Gebiet zu erreichen, die an eine der Staatsbahnstrecken anschließen sollte. Mangels hinreichender Aussicht auf Rentabilität lehnte aber die Staatsbahn den Bau einer solchen Eisenbahn ab. Erst als ein Umschwung in der Denkweise über den Bau von flächenerschließenden Bahnstrecken bei der Staatsbahn eintrat und der Staat sogar private Initiative beim Eisenbahnbau förderte, trat eine Änderung der Sachlage ein. Es bildeten sich Ende der neunziger Jahre mehrere Interessengruppen, die sich mit Plänen für den Bau einer Bahnlinie durch das Strohgäu befaßten. U. a. bildete sich in Pforzheim ein Eisenbahnkomitee,

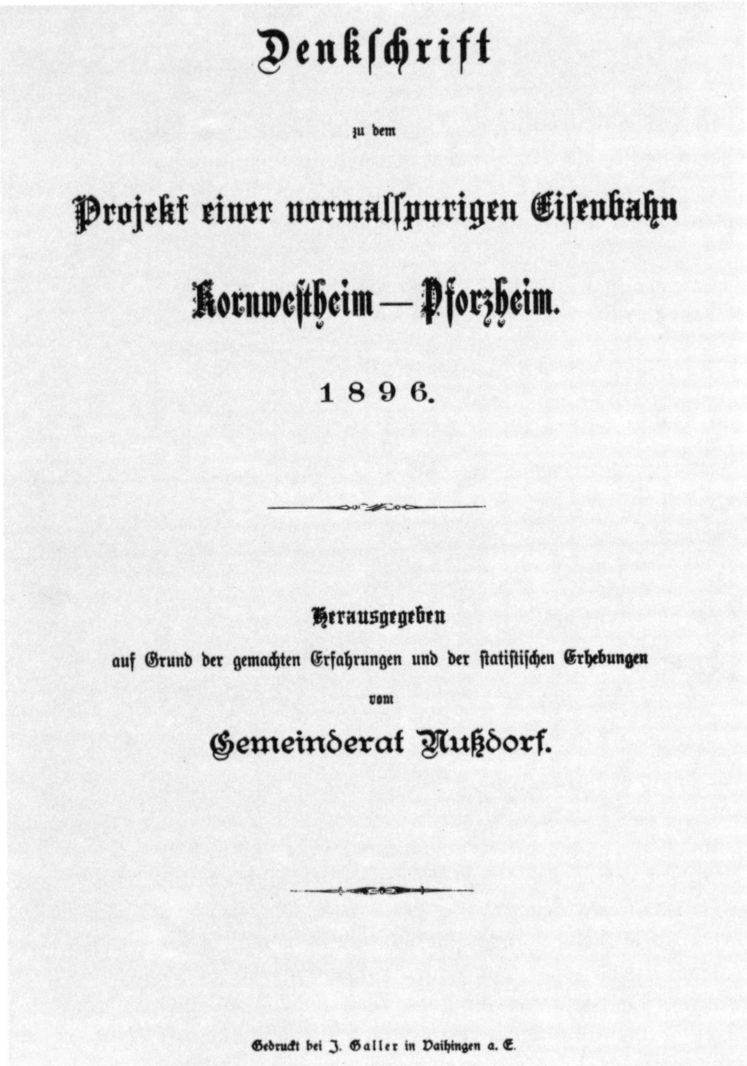
Denkschrift

zu dem

Projekt einer normalspurigen Eisenbahn

Kornwestheim – Pforzheim.

1896.

Herausgegeben

auf Grund der gemachten Erfahrungen und der statistischen Erhebungen

vom

Gemeinderat Nußdorf.

Gedruckt bei J. Galler in Vaihingen a. E.

Denkschrift einer normalspurigen Eisenbahn Kornwestheim–Pforzheim

das ein Projekt für eine Bahn von Zuffenhausen über Münchingen, Schwieberdingen, Hemmingen, Heimerdingen, Weissach, Mönsheim, Wimsheim nach Niefern (bei Pforzheim) vorschlug. Dieses Komitee suchte nun, da mit einer staatlichen Aktivität nicht zu rechnen war, für den Bau und Betrieb einen privaten Geldgeber und eine private Bauunternehmung. Nach längeren Verhandlungen konnte mit der WDEG am 1. 11. 1898 ein Vertrag geschlossen werden, in dem als Eröffnungstermin der 1. 4. 1904 festgelegt war. Im Spätherbst 1899 wurden Vorarbeiten und Geländeaufnahmen seitens der WDEG durchgeführt und die Ergebnisse den beteiligten Gemeinden zur Kenntnis gebracht. Im März 1900 wurden mit der WDEG detaillierte Abmachungen getroffen, in denen die beteiligten Gemeinden bis Weissach die Gestellung des zum Bahnbau notwendigen Geländes und einen Beitrag von 5000 Mark pro Kilometer zusagten. Auch hatte man sich im Laufe der Verhandlungen auf den Bau einer Bahn in Normalspur geeinigt und gelegentlich auftauchende Pläne für eine Schmalspurbahn verworfen. Die WDEG hatte durch Verhandlungen mit der Verkehrsabteilung des Ministeriums zunächst die Zusage eines staatlichen Zuschusses in Höhe von 15 000 Mark pro Bahnkilometer erhalten; sie wurde aber wieder zurückgenommen, weil die Staatsbahn in der geplanten privaten Linie Zuffenhausen–Pforzheim eine Konkurrenz zu ihrer Strecke Stuttgart–Bietigheim–Mühlacker–Pforzheim sah. Die WDEG mußte also den Bahnbau allein und mit Unterstützung durch die beteiligten Gemeinden finanzieren. Als alle diese Fragen geklärt waren und man mit den unmittelbaren Arbeiten beginnen wollte, stellten sich unvorhergesehene Schwierigkeiten mit der Gemeinde Zuffenhausen heraus, die für das benötigte Gelände überhöhte Preise forderte, die die WDEG nicht zu zahlen bereit war.

Da aber die Zeit drängte, war eiligst eine Ersatzlösung zu suchen. Hier sprang entgegenkommenderweise die Gemeinde Korntal in die Bresche und bot preiswert Grundstücke in ihrem Ortsbereich an. So entschloß sich die WDEG, die Bahn nicht in Zuffenhausen sondern in Korntal beginnen zu lassen, das ja auch an der Staatsbahnstrecke lag. Die Bahn sollte zunächst nur bis Weissach gebaut werden. Am 4. 5. 1901 wurde der BLEAG, einer Tochter der WDEG, vom zuständigen Ministerium in Stuttgart die Konzession für den Bau und Betrieb einer normalspurigen, eingleisigen mit Dampfloks betriebenen Nebenbahn von Korntal nach Weissach für den öffentlichen Personen- und Güterverkehr erteilt. Über die geplante Weiterführung der Strecke bis Niefern bei Pforzheim war man sich damals noch nicht klar, so daß diese in der Konzessions-Urkunde nicht angesprochen war. Dieses Projekt wurde auch später niemals ausgeführt, so daß es bis heute bei der Endstation Weissach geblieben ist. Die Konzessions-Urkunde, die durch »Allerhöchste Entschließung seiner Majestät des Königs«, wie es damals so förmlich hieß, ausgefertigt war, enthielt die in solchen Dokumenten üblichen Klauseln, wie die Dauer für 90 Jahre von der Betriebseröffnung an, das Vorkaufs-

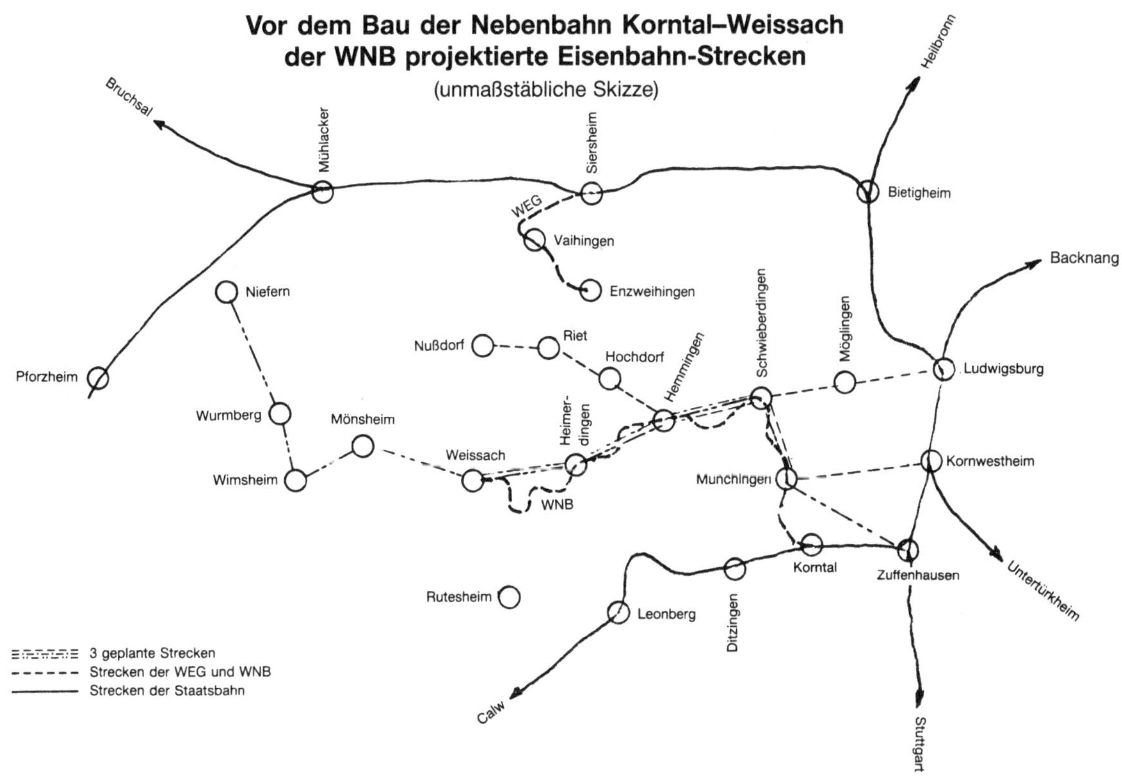

recht der KWStE nach Ablauf von 25 Jahren und den Übergang der Bahnanlagen nach Ablauf der Konzessionsdauer in das Eigentum des Staates.

Nach Klärung der finanziellen und rechtlichen Angelegenheiten schrieb die WDEG bzw. BLEAG die Bauarbeiten aus. Mit dem Bau wurde im Laufe des Jahres 1902 begonnen. Um die Baukosten niedrig zu halten, hatte man die Trasse weitgehend an das Gelände angepaßt, wodurch die Strecke viele Kurven und Steigungen erhielt. Dadurch wurde auch eine gewisse Verzögerung der Bauarbeiten verursacht, die die Unternehmerin aber einkalkuliert hatte.

In der Zwischenzeit waren nun aber einige besitzrechtliche Änderungen eingetreten, über die bereits im allgemeinen Teil über die WNB das Wichtigste mitgeteilt wurde. Dies spielte auch eine Rolle bei dem Wunsch der Gesellschaft, den ursprünglich auf den 1. 5. 1904 festgesetzten Eröffnungstermin gegen eine Barkaution von 150000 Mark auf den 1. 4. 1907 hinauszuschieben. Nach Verhandlungen der WDEG mit der Filderbahn-Gesellschaft hatte diese sich geneigt gezeigt, die Konzession für die Nebenbahn Korntal–Weissach mit Wirkung vom 11. 8. 1905 von der BLEAG zu übernehmen und in deren Rechte und Pflichten einzutreten. Gleichzeitig wurde der Name der Filderbahn-Gesellschaft mit Wirkung vom 11. 8. 1905 in »Württembergische Nebenbahnen AG« geändert.

Die Bauarbeiten an der neuen Strecke waren schon am 13. 8. 1906 beendet, so daß die Frist bis zum 1. 4. 1907 nicht ausgeschöpft werden mußte. Nachdem auch die bestellten Fahrzeuge rechtzeitig eingetroffen waren, konnte nach der üblichen Abnahmefahrt und Streckenbesichtigung durch die zuständige Behörde am 13. 8. 1906 die feierliche Einweihung der neuen, der WNB-gehördenden Nebenbahn Korntal–Weissach stattfinden.

4.4.2. GESCHICHTE

Am 14. 8. 1906 wurde der planmäßige öffentliche Personen- und Güterverkehr auf der Nebenbahn Korntal–Weissach, die bald den Namen »Strohgäubahn« im

Württembergische Nebenbahnen A.-G. zu Stuttgart.

Am **Dienstag den 14. ds. Mts.** wird die normalspurige Nebenbahn Korntal-Weissach **(Strohgäubahn)** dem öffentlichen Verkehr übergeben.

Auf der neuen Strecke werden folgende Züge verkehren:

4.30	8.40	11.53 Werktags	5.40 Werktags	7.18 Sonntags	ab	Weissach	an 8.16	11.28	Werktags 3.11	Sonntags 3.56	Werktags 8.31	Sonntags 11.18
5.35	9.44	1.01	6.44	8.21	an	Korntal	ab 7.10	10 22	2.05	2.50	7 25	10.07
5.46	10.01	(1.19)	6.58	(8.43)	an	Zuffenhausen	ab 7.00	10.06	(1.50)	2.40	7.15	(9.50)

Der vollständige Fahrplan ist zum Preis von 5 Pf. von der Bahnverwaltung der Strohgäubahn in Weissach zu beziehen.

Betriebsabteilung Stuttgart
der Westdeutschen Eisenbahn-Gesellschaft.

Eröffnungsfahrplan vom 14. 8. 1906

Volksmund erhielt, eröffnet. Vielfach wurde sie auch als »Schellabahn« bezeichnet, wegen der Lokomotiv-Glocke, die bei Annäherung des Zuges an die zahlreichen Weg- und Straßenübergänge ausgiebig in Tätigkeit gesetzt wurde. Anfangs war der Verkehr noch ziemlich bescheiden, denn es wird berichtet, daß der erste planmäßige Zug, der Weissach um 4.30 Uhr verließ, nur mit 2 Fahrgästen besetzt gewesen sei, daß sich aber deren Zahl bis Korntal auf 45 vermehrt habe. Es scheint in der ersten Zeit auch öfters zu Ordnungswidrigkeiten der Fahrgäste gekommen zu sein, denn von einem Zugführer wird erzählt, daß er widerspenstigen Reisenden recht grob entgegentreten konnte. Mit der Zeit und nach Überwindung der Anfangsschwierigkeiten spielte sich aber der Verkehr gut ein und nahm von Jahr zu Jahr bis in die zwanziger Jahre hinein ständig zu. Auch der Güterverkehr entwickelte sich bis in den Ersten Weltkrieg günstig. Natürlich gab es auch Rückschläge, besonders während der Zeit des Krieges, in dem die Bahn durch Einziehung des Personals zum Heeresdienst, Mangel an Mitarbeitern und wegen nicht lieferbarer Ersatzteile Schwierigkeiten mit der Durchführung des Betriebs und der Instandhaltung der Fahrzeuge hatte. Auch herrschte zeitweise Kohlenmangel, so daß minderwertige Kohlensorten verfeuert werden mußten. Später wurde die ertragreiche Holzabfuhr von der Ladestelle Bonlanden vor Weissach rückläufig, so daß der Bahn wichtige Einnahmen verloren gingen. Auch der Steinbruch bei Weissach, der früher seine Steinerzeugnisse auf der Strohgäubahn transportiert hatte, wurde Ende der dreißiger Jahre stillgelegt, wodurch auch diese Frachteinnahmen wegfielen. Einen gewissen Ausgleich brachte in den Jahren 1936 und 1937 der Bau der Autobahn-Teilstrecke Leonberg–Heilbronn, für den die Bahn sämtliche Materialtransporte durchführen mußte. Die Wagen der DRG wurden in Korntal übernommen und zu einer Ladestelle transportiert, die nahe der Baustelle an der Birkener Höhe zwischen Korntal und Münchingen speziell für den Autobahnbau angelegt worden war. In diesen beiden Jahren führte die Bahn Gütertransport-Leistungen von nie wieder erreichter Höhe durch.

Die Bahnverwaltung der Strohgäubahn und die WNB hatten sich schon frühzeitig für den Einsatz von Triebwagen im Personenverkehr interessiert und 1935, also in einer Zeit, als die meisten Privatbahnen noch nicht an dieses neue Verkehrsmittel dachten, einen Triebwagen zum Einsatz gebracht. Die Strecke war wegen der vielen Kurven und Neigungsstreckenteile sehr geeignet, um ein solches, damals noch neuartiges Fahrzeug nach allen Richtungen hin betrieblich zu erproben.

Dann brach in einer Zeit günstiger Verkehrsentwicklung der Zweite Weltkrieg aus und bereitete der Bahn durch die bekannten kriegsbedingten Umstände zunehmend Schwierigkeiten. Zu diesen durch Personal- und Materialmangel bedingten Problemen trat in den letzten Kriegsjahren die Beeinträchtigung der Verkehrsabwicklung durch den Luftkrieg, der sich natürlich in solcher Nähe zu einer kriegswirtschaftlich bedeutenden Groß-

Nebenbahn Korntal–Weissach, Loks 4 und 5 im Bhf. Weissach; vor 1914 (Aufnahme Karl Stadelmann)

stadt wie Stuttgart recht unangenehm bemerkbar machte. Neben Schäden durch Bombenwürfe kam es gegen Kriegsende verstärkt zu Betriebsgefährdungen durch Tieffliegerangriffe, die zuletzt einen normalen Verkehr unmöglich machten. So mußte am 17. 4. 1945 der Verkehr eingestellt werden, da die Gefahren für Fahrgäste, Personal und Fahrzeuge zu groß geworden war. Auch konnten damals bereits viele Fahrzeuge wegen Beschädigung oder Zerstörung durch Fliegerangriffe nicht mehr benutzt werden.

Gleich nach dem Ende der Kampfhandlungen bemühte sich das verbliebene Personal um eine Wiederinbetriebnahme der Strohgäubahn. Fahrzeuge und Bahnanlagen wurden im Rahmen des möglichen repariert und schon am 20. 6. 1945 konnte der Verkehr wieder eröffnet werden. Die Strohgäubahn war die erste württembergische Eisenbahn, die nach Kriegsende wieder verkehrte. Der Personenverkehr war in den ersten Jahren ungewöhnlich stark und es mußten oft Züge mit 5 bis 7 Personenwagen gefahren werden. Bei der Wiederherstellung der Gleisanlagen wurde der Oberbau verbessert, so daß später die Triebwagenzüge mit 40 km/Std. verkehren durften; für Dampfzüge blieb aber die Höchstgeschwindigkeit auf 30 km/Std. begrenzt. Zur Erleichterung des Berufsverkehrs nach und von Stuttgart, ließ die Strohgäubahn in Vereinbarung mit der Staatsbahn ab 1949 werktags morgens und abends je einen Zug bis Stuttgart Feuerbach verkehren. 1951 mußte dieses günstige Angebot für die Berufspendler wieder aufgegeben werden und die Endstation für diese Früh- und Spätzüge nach Zuffenhausen zurückgenommen werden.

Die Strohgäubahn hatte seit ihrer Eröffnung auch den Postverkehr besorgt. Dieser wurde aber am 1. 10. 1961 eingestellt. Einen saisonbedingten Schwerpunkt beim

Triebwagenparade in Neuffen; von links T 23, T 11, T 02, T 20
(Archiv WEG)

Abschiedszug bei Elchingen; 24. 9. 1972
(Foto H. Sickert)

VT 410 und 411 auf Gleis 7 im DB-Bhf. Korntal, Vorführungszug für die neuen Triebwagen; Januar 1982
(Foto M. Aschpals)

T 07 WNB im neuen Kleid; 10. 7. 1978 –
(Foto M. Aschpals)

Lok 4 WNB mit Personenzug Ausfahrt Korntal; Mai 1951 (Aufnahme T. Alt)

Güterverkehr bildete jeden Herbst der Transport von Zuckerrüben von den Erzeugern nach Korntal, wo die Übergabe an die Staatsbahn stattfand. Diese Verkehrsspitzen erforderten oftmals täglich die Bereitstellung von 40 bis 60 Güterwagen.

Von etwa der Mitte der fünfziger Jahre an setzte die Bahn in zunehmendem Umfang Dieseltriebwagen ein und verdieselte nach und nach den gesamten Verkehr. Auch den Güterverkehr mußten die Triebwagen übernehmen, so daß die Dampfloks überflüssig wurden und nach und nach abgestellt und verschrottet werden konnten. Bis in die sechziger Jahre wurden 5 Triebwagen unterschiedlicher Bauart beschafft und in Dienst gestellt.

Durch einen Brand wurde am 24. 1. 1952 der fast neue Vierachs-Triebwagen T 10 WEG weitgehend zerstört; er konnte nach seiner Wiederherstellung am 7. 4. 1952 seinen Dienst wiederaufnehmen. Am 10. 1. 1955 wurde dieser Triebwagen von der WEG an die WNB abgegeben und blieb seither deren Eigentum. Durch ein weiteres Schadenfeuer am 16. 8. 1958 wurde der mittlere Teil dieses Fahrzeugs erneut schwer beschädigt und abermals wiederhergestellt.

Leider blieb auch die Strohgäubahn nicht von schweren Unfällen verschont, die nicht durch Zusammenstöße von Schienenfahrzeugen mit Straßenfahrzeugen entstanden, sondern durch die Kollision zweier Schienenfahrzeuge. So stießen am 21. 10. 1961, kurz vor dem Bahnhof Schwieberdingen, auf der Glems-Brücke 2 Triebwagen zusammen, wodurch beträchlicher Personen- und Sachschaden hervorgerufen wurde. Infolge Ausfalls der beiden Fahrzeuge und des dadurch entstandenen Fahrzeugmangels, mußte der Fahrplan vorübergehend auf die Hauptverkehrszeiten beschränkt werden. Damals gelang es der Strohgäubahn, 2 gebrauchte Triebwagen zu erwerben und so den Fahrzeugmangel zu beheben.

Als neue Konkurrenz zu Schiene machte sich seit 1948

WNB-Nebenbahn Korntal-Weissach

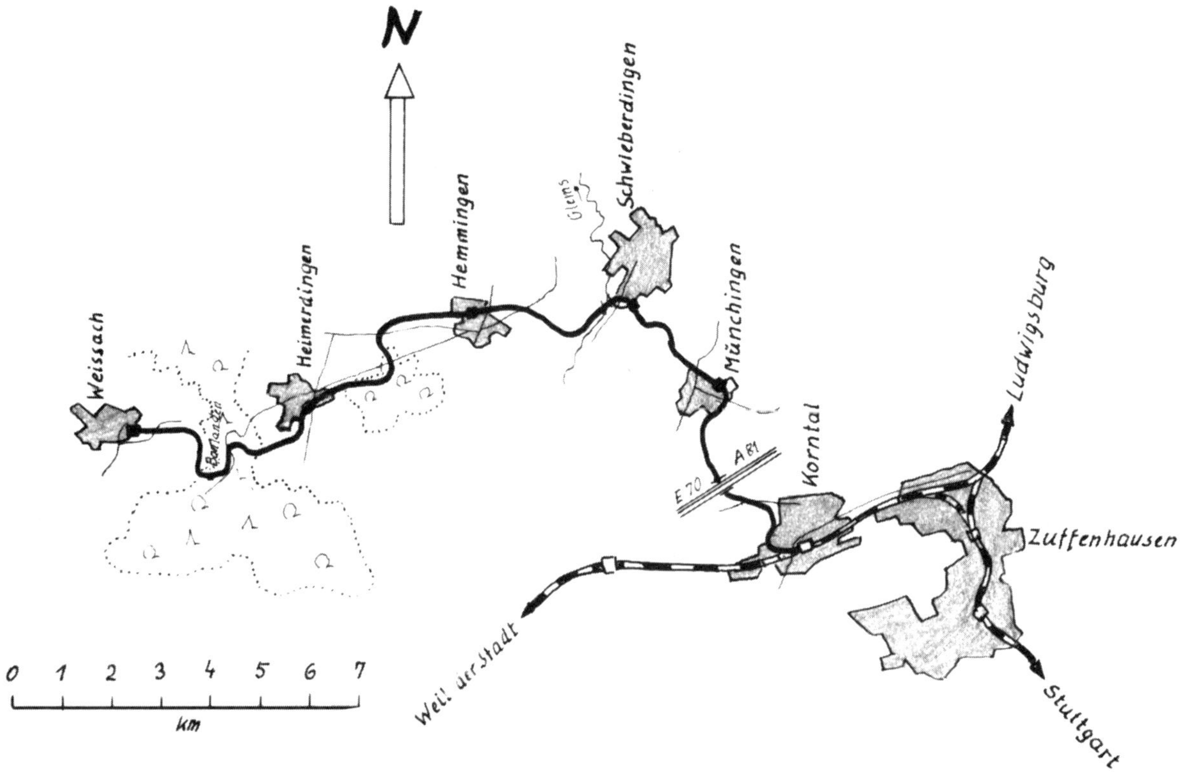

eine neu eingerichtete Omnibuslinie bemerkbar, die der Bahn viele Fahrgäste aus dem Raum Weissach entzog. Ein erneuter Unfall durch Zusammenstoß zweier Triebwagen ereignete sich am 24. 6. 1969 zwischen Schwieberdingen und Münchingen an einer unübersichtlichen Stelle. Wieder wurden die beiden Fahrzeuge schwer beschädigt und die Begleitmannschaft verletzt. Wegen Fahrzeugmangel mußten mit dem Fahrplanwechsel im Herbst 1969 mehrere Zugverbindungen ausfallen. Auch wurde damals der Sonntagsverkehr auf der Schiene eingestellt und auf Bahnbusse verlagert.

In Schwieberdingen, wo im Herbst jeden Jahres viele Zuckerrüben verladen werden, stellte die Bahn eine fahrbare Rübenverladeanlage auf. Seit 1. 6. 1975 sind die oben erwähnten Personenzugfahrten bis Zuffenhausen eingetellt worden und alle Züge der Strohgäubahn enden und beginnen wieder in Korntal.

Wie alle übrigen Nebenbahnen der WEG und WNB hat auch die Strohgäubahn unter der Abwanderung von Fahrgästen zu leiden, die sich lieber des eigenen Autos als der Bahn für ihre Reisen bedienen. Der Personenverkehr beschränkt sich weitgehend auf Berufstätige und Schüler. Da sich in Weissach ein Entwicklungswerk eines bedeutenden Stuttgarter Autoherstellers befindet, besteht auch nach dort ein lebhafter Berufsverkehr. Im Oktober 1978 entstand eine schwierige Lage für die Bahn, als entgegen den Erwartungen die Strohgäubahn nicht in den damals neu entstandenen Stuttgarter Verkehrs- und Tarif-Verbund (VVS) aufgenommen wurde. Dazu kam, daß damals einige Landwirte aus Hemmingen ihre Rübentransporte zur Zuckerfabrik von der Bahn wegnahmen und auf die Straße verlagerten. Aus diesen Gründen mußte Ende 1978 der Zugverkehr auf 4 Zugpaare reduziert werden. Die Bahnverwaltung sah sich gezwungen, entweder den Betrieb einzustellen oder durchgreifende Rationalisierungsmaßnahmen zu ergreifen. Als erste Maßnahme wurde beschlossen, den Einmannbetrieb einzuführen und aus diesem Grund den Bahnhof Münchingen

WNB-Nebenbahn Korntal–Weissach

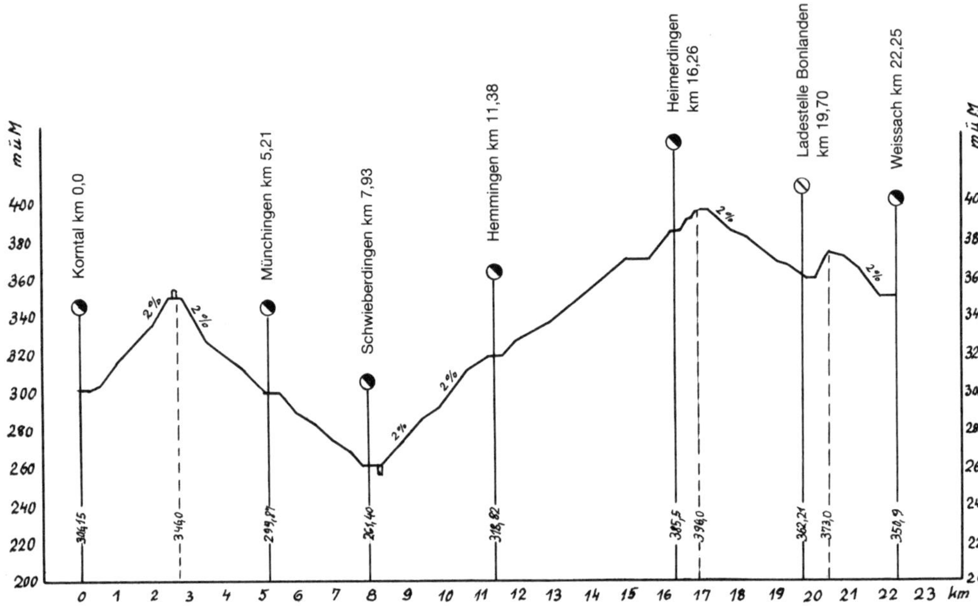

als einzigen Kreuzungsbahnhof auszubauen. Zu diesem Zweck wurden Rückfallweichen eingebaut, die nicht vom Personal gestellt werden müssen. Auch wurde für den Einmannbetrieb Zugleitfunk eingeführt, was erst einige Schwierigkeiten mit sich brachte; wegen der Topografie des Streckenbereichs gab es einen Funkschatten, der dadurch beseitigt wurde, daß die Sendeanlage in Heimerdingen auf einem Getreidesilo montiert wurde. Alle über Funk geführten Zugleit- und Zugbahn-Gespräche werden auf Kassetten aufgenommen, so daß sich die Führung eines Zugmeldebuchs erübrigt. Weiter wurde die Schaffnerkasse zum Fahrer verlegt und die Fahrgäste durch entsprechende Schilder dorthin geleitet. Schließlich wurde das Einschalten der Blinklichtanlagen dadurch erleichtert, daß im Gleis Induktionsschleifen und im Führerstand Sender zum Einschalten der Blinklichter durch Knopfdruck vom Fahrer eingebaut wurden. Eine weitere Verbesserung der Betriebsbedingungen kam am 1. 6. 1982, als die Strohgäubahn in die Stufe II des VVS eingegliedert wurde, so daß jetzt Fahrtausweise für beide Tarifgebiete in einem Fahrschein gelöst werden können; das gilt allerdings vorerst nur für Zeitkarten. Beim Einzelfahrschein fehlt noch ein Übergangsfahrschein. Im Hinblick auf die Möglichkeiten des Verbundverkehrs wurde am 27. 5. 1979 die Zahl der Zugpaare von 4 auf 9 vermehrt. Für den Winterfahrplan 1984/85 wurde eine weitere Verbesserung des Zugangebots eingeführt. Durch die Anschaffung moderner Triebwagen und Beiwagen wurden die Bedingungen für den Verbundfahrgast weiter verbessert. Der Stückgut- und Expreßgutdienst wurde auf einen einzigen Bahnhof konzentriert. Die Hausbedienung bei diesem Sektor des Güterverkehrs wurde für die Bahnhöfe Schwieberdingen und Weissach in eigene Verantwortung genommen und mittels eigener LKW durchgeführt. Ein Ausgleich für den stark zurückgegangenen Zuckerrübenverkehr wurde bisher nicht möglich. Durch Verbesserung des Oberbaus konnten bundesbahnähnliche Verhältnisse erreicht und damit die

WNB-Nebenbahn Korntal–Weissach

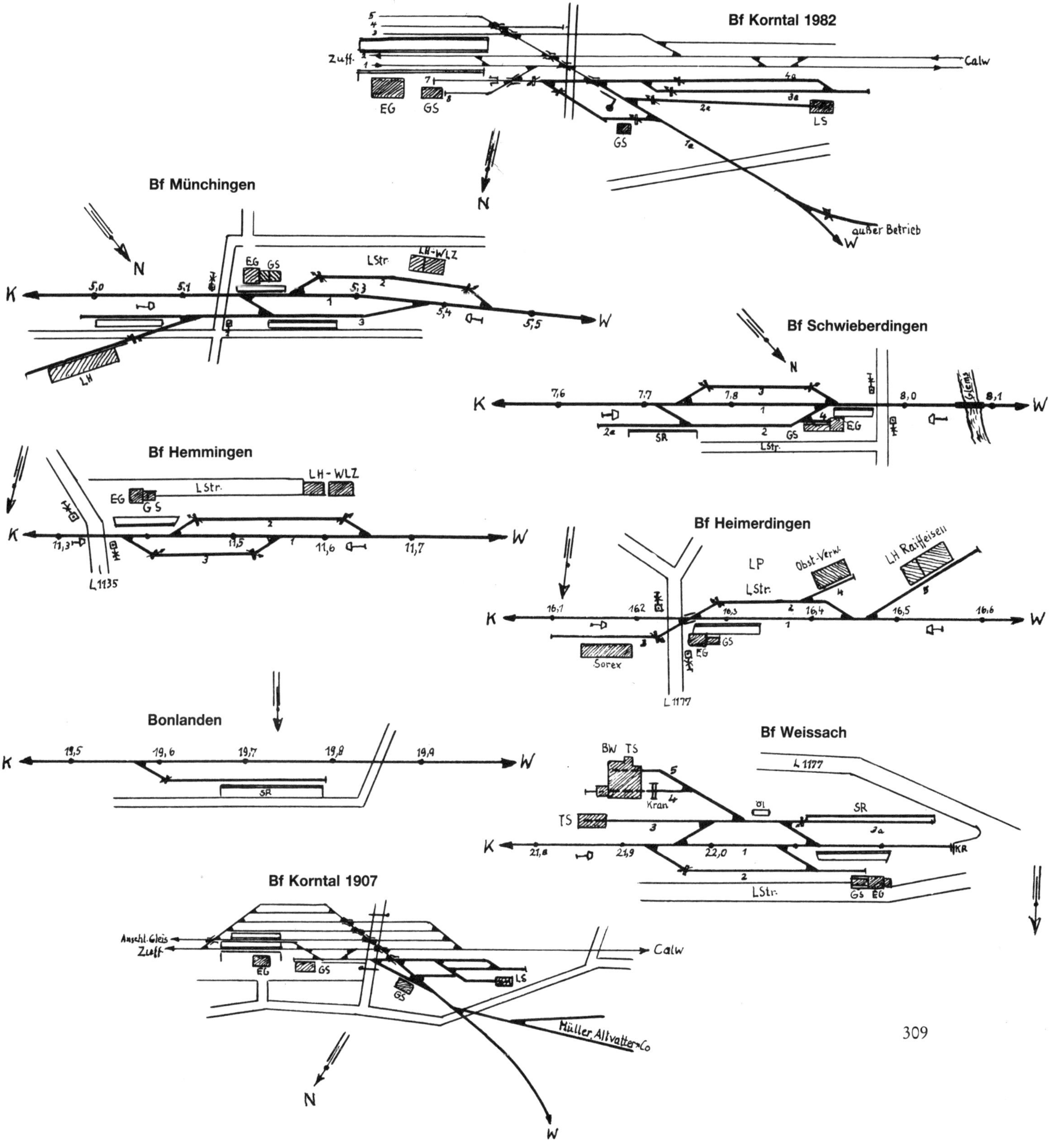

Bahnhof Korntal mit T 10 WNB auf Gleis 1; Februar 1961 (Aufnahme H. Bürnheim)

zugelassene Fahrgeschwindigkeit erhöht werden. Auch sollen Fahrkartenautomaten in den Stationen aufgestellt werden.

Die Werkstatt in Weissach wurde im Laufe der Zeit mehrfach erweitert und modernisiert. Sie ist derzeit Hauptwerkstatt für alle WEG-Bahnen und führt fast alle anfallenden Arbeiten, mit Ausnahme des Karosseriebaus, aus. Der früher oft bestehende Mangel an Fahrpersonal, wurde durch die Ausbildung von Schaffnern und Zugführern behoben. Die Entleihung von Triebfahrzeugführern von anderen WEG-Bahnen erübrigt sich seither. Seit September 1985 wurden weitere Erweiterungs- und Modernisierungsarbeiten an den Werkstättenanlagen Weissach begonnen, wobei auch eine neue Halle und eine Pumpstation entstehen.

Die Zukunftsaussichten für die Strohgäubahn sind befriedigend bis gut.

4.4.3. STRECKENVERLAUF

Der Anfang der Nebenbahn Korntal–Weissach ist seit 1978 an dem Stumpfgleis 7 des DB-Bahnhofs *Korntal* (km 0,0; 306,15 m ü M), das an der Nordseite neben dem Gleis 1 der DB angelegt wurde und vor der westlichen Giebelseite des DB-Empfangsgebäudes endet. Vor 1978 war die Abfahrtstelle der Nebenbahnzüge auf Gleis 1 oder 3 der DB; dabei mußten die Nebenbahnzüge bei der Ein- und Ausfahrt aus Gleis 3 mehrere Gleise der DB überqueren. Seit 1978 aber ist Korntal Station der Stuttgarter S-Bahn-Linie 6 und hat damnit wesentlich mehr Zugfahrten als vorher. Aus diesem Grunde wurde es unvertretbar, die Nebenbahnzüge die Fernbahngleise überqueren zu lassen; aus diesem Grunde wurde das neue Gleis 7 errichtet, von dem aus die Züge der Strohgäubahn ohne Überquerung von DB-Gleisen auf ihr

Bahnhof Korntal, Blick in Ausfahrtrichtung nach Weissach, links S-Bahn-Zug S 6, rechts WNB-Personenzug; 1980
(Sammlung Archiv WEG/WNB)

Streckengleis kommen. Dieses beginnt gleich nach der Ausfahrt aus dem Bahnhof eine langgezogene S-Kurve. Links vom Streckengleis befinden sich die Abstell- und Übergabegleise und der vor einigen Jahren neuerbaute Schuppen für die damals vorhandene Diesellok der Strohgäubahn. Auch sind dort noch einige Anlagen aus früherer Zeit zu finden, z. B. der alte Güterschuppen und ein nicht mehr benutztes Anschlußgleis zu einer Baufirma. Wenige hundert Meter weiter beginnt die Strecke zu steigen; die Steigung endet bei km 2,6 in 346 m Meereshöhe an der Stelle, an der die Autobahn Stuttgart–Heilbronn (E70/A 81) die Bahnstrecke überquert. Hier war beim Bau der Autobahn die Abladestelle für das Baumaterial. Dann geht es abwärts und in einer Rechtskurve strebt die Bahn dem Bahnhof *Münchingen* (km 5,1; 299,87 m ü M) zu. Er wurde bekanntlich 1980 zum automatischen Kreuzungsbahnhof umgebaut und hat seither 2 Bahnsteige für die kreuzenden Züge. Nach dem Verlassen dieses Bahnhofs fällt die Strecke weiter und gelangt zum nächsten Bahnhof *Schwieberdingen* (km 7,93; 261,4 m ü M), dessen Bahnanlagen im Winter 1981/82 als Stückgutbahnhof umgebaut wurden, da seit der Einstellung der Stückgutbehandlung in den Bahnhöfen Münchingen und Heimerdingen alles Stück- und Expreßgut über Schwieberdingen läuft. Ein Gleis wurde deshalb bis vor den Güterschuppen verlängert. In Schwieberdingen befindet sich der tiefste Punkt (261,4 m ü M) der ganzen Strecke. Gleich nach der Ausfahrt aus dem Bahnhof wird auf einer eisernen Brücke bei km 8,11 die Glems überquert. Die Strecke steigt weiter und führt in den Bahnhof *Hemmingen* (km 11,38; 310,8 m ü M). Das Streckengleis verläßt diesen Bahnhof in westlicher Richtung und beginnt eine weite Links/ Rechtskurve, die in den Wald am Eulenberg führt; nach

T 01″ WNB mit VB 203, 201, 202 in Korntal; August 1970 (Aufnahme F. Jäger)

dem Verlassen des Waldes wird das neue Industriegebiet von Heimerdingen erreicht. Bald danach gelangt die Strecke in den Bahnhof *Heimerdingen* (km 16,26; 385,5 m ü M). Es geht danach noch ein Stück weiter bergauf bis zum zweiten, höheren Scheitelpunkt der Strecke bei km 17,0 und 398 m Meereshöhe. Das Gleis tritt nun wieder fallend in den Bonlandener Wald ein, in dem es die erste Schleife einer zur Höhengewinnung nötigen Ausfahrung eines Seitentals ausführt. Am Rande des Waldgebiets lag die Verladestelle *Bonlanden* (km 19,7; 362,2 m ü M), an der in früheren Jahren große Mengen Holz verladen wurden. Seit längerer Zeit hat das Gleis aber keine Bedeutung mehr und ist bereits überwachsen, während die Laderampe verfällt. Die Strecke fällt weiter bis etwa km 19,9, wo nochmals ein kurzes Steigungsstück beginnt, das bei km 20,3 auf eine Meereshöhe von 374 m klettert. Dann beginnt ein leichtes Gefälle bis in den Endbahnhof *Weissach* (km 22,25; 350,9 m ü M). Kurz vor dem Erreichen des Endbahnhofs wurde ein linkerhand gelegener Steinbruch passiert, der früher der Bahn beträchtliche Transporte verschaffte. Einziger, voll mit eigenem Personal besetzter Bahnhof ist Weissach; Agenturbahnhöfe sind Münchingen, Schwieberdingen und Hemmingen.

Die normalspurige, eingleisige Strecke liegt fast ganz auf eigenem Bahnkörper; lediglich 370 m in Korntal mußten auf dem Gelände der Staatsbahn, aber außerhalb öffentlicher Straßen, verlegt werden. Die gesamte Strecke hat eine Länge von 22,25 km; einschließlich aller Nebengleise sind 25,9 km Gleis vorhanden. Von der ganzen Strecke liegen 2,056 km (9%) in der Waagerechten und 20,194 km (91%) in Neigungen. Geradlinig verlaufen 10,774 km (48%) und in Krümmungen 11,476 km (52%). Der kleinste Krümmungsradius beträgt 200 m und die stärkste Neigung 1 : 50 (2%); sie kommt aber öfters und auf längeren Streckenabschnitten vor, so daß an die Leistung der Triebfahrzeuge hohe Anforderungen zu stellen waren. Der Höhenunterschied zwischen Korntal und Weissach beträgt 350,9 m; dabei sind aber nicht die Zwischengefälle und -steigungen infolge der 3 Scheitelpunkte berücksichtigt.

Der Zugverkehr wird durch Zugleitfunk geregelt. Im Herbst bei der Rübenkampagne wird außerdem Rangierfunk angewendet. Die Einfahrt in die Staatsbahnanlagen in Korntal wird durch ein bei km 0,677 aufgestelltes Lichtsignal gesichert, das vom Stellwerk der DB aus bedient wird. Die zugelassene Höchstgeschwindigkeit für Triebwagenzüge beträgt 60 km/Std.

T 21 WNB im Bahnhof Hemmingen; Mai 1976 (Aufnahme G. Wolff)

An der Strecke gibt es eine Anzahl niveaugleicher Straßenkreuzungen sowie einige Brücken und Straßenüberführungen; sie werden in den folgenden Tabellen zusammengestellt:

Niveaugleiche Straßenübergänge

Bahn-km	*überquerte Straße*	*Sicherung*
0,579	Korntal, Weilimd. Straße	Lichtzeichen
4,744	Münchingen, Landesstr. 1145	Blinklicht u. Halbschranke
5,145	Münchingen, Flattichstr.	Blinklicht
5,547	Münchingen, Pflugfelderstr.	Blinklicht
5,756	Münchingen, Landesstr. 1141	Blinklicht u. Halbschranke
7,984	Schwieberdg., Nippenburger Str.	Blinklicht
10,582	Landesstr. 1140 v. Hemmingen	Blinklicht u. Halbschranke
11,358	Landesstr. 1135 Hemmingen	Blinklicht u. Halbschranke
13,565	Kreisstraße 1654	Blinklicht
14,380	Landesstraße 1140	Blinklicht u. Halbschranke
16,251	Landesstr. 1177 Heimerdingen	Blinklicht
17,315	Kreisstr. 1653 Heimerdingen	Blinklicht u. Halbschranke
21,395	Landesstr. 1177 Weissach	Blinklicht u. Halbschranke

Brücken und Straßenüberführungen

Bahn-km	*Bauwerk*	*Lichtweite m*	*Baumaterial*
2,685	Überf. Feldw. über Bahn	10,55	Betongewölbe
2,706/2,730	Überf. d. Autob. über Bahn	14,00	Betongewölbe
3,101	Eisenbahnbr. über Feldweg	5,00	Betongewölbe
8,100/8,123	Eisenbahnbr. über d. Glems	15,65	Stahlkasten
8,4	Eisenbahnbr. über Feldweg		Stahlkasten

In den Bahnhöfen gibt es folgende Privatanschlußgleise:

Bahn km	*Angeschlossenes Unternehmen*	*Nutzlänge*
0,50	Korntal: Fa. Müller-Altvatter (nicht mehr ben.)	
5,12	Münchingen: Gesellsch. f. Lagereibetriebe	
16,26	Heimerdingen: Fa. Sorex Export/Import	69 m
16,44	Heimerdingen: WLZ-Raiffeisen-Lager	75 m
Ferner	über bahneigene Ladegleise bediente Firmen:	
5,12	Münchingen: Gebr. Hönes, Landmaschinen	107 m
5,21	Münchingen: WLZ-Raiffeisen-Lagerhaus	161 m
7,74	Schwieberdingen: Fa. Hinterkopf	60 m
16,39	Heimerdingen: Obstverwertung Dayer & Co.	44 m

T 01" WNB im Bahnhof Heimerdingen; September 1976 (Aufnahme G. Wolff)

Über die Kopframpe in Weissach werden oft Laborfahrzeuge für das im Ortsteil Flacht ansässige Entwicklungswerk verladen.

In jedem Bahnhof, außer Korntal, befinden sich Bahnhofsgebäude mit angebautem Güterschuppen. In Weissach gibt es außerdem eine eingleisige Triebwagenhalle und eine zweigleisige Werkstatt mit einer weiteren Triebwagenhalle.

4.4.4. FAHRPLANGESTALTUNG

Diese hat sich im Laufe der Jahre erheblich geändert, weil in der Zeit nach dem Zweiten Weltkrieg die Zugfahrten immer mehr an den Bedarf der Berufstätigen und Schüler angepaßt wurden.

Im Sommerfahrplan 1938 verkehrten noch werktags 9 und sonntags 5 Zugpaare, die ziemlich gleichmäßig über den Tag verteilt waren. Die Fahrzeiten der damals noch vorwiegend mit Dampfloks beförderten Züge betrugen 55 bis 65 Min; auch war die zulässige Fahrgeschwindigkeit noch auf 30 km/Std. begrenzt.

Der Nachkriegsfahrplan für das Sommerhalbjahr 1954 enthielt für die Richtung nach Weissach montags bis freitags 9, samstags 8 und sonntags 6 Personenzüge mit durchschnittlichen Fahrzeiten von 45 Min; dazu kamen werktags 1 Güterzug, 1 Bedarfsgüterzug und 1 Leerfahrt. Die Gegenrichtung nach Korntal wurde bedient durch werktags 9 und sonntags 6 Personenzüge, ferner durch werktags 1 Güterzug, 1 Bedarfsgüterzug und 1 Leerfahrt (Fahrzeiten 75 bis 95 Min). Die kürzere Fahrzeit wurde dadurch bedingt, daß inzwischen die Höchstgeschwindigkeit auf 40 km/Std. heraufgesetzt war.

Wegen des Rückgangs an Benutzern und des Mangels

Bahnhof Weissach, Blickrichtung Ausfahrt, links Empfangsgebäude, rechts hinten VT-Schuppen mit Werkstatt; 1976
(Aufnahme G. Wolff)

Bahnhof Weissach mit abgestelltem Personenwagen Bi 6, PwPost 20, Bi 17, 11 und 13, rechts T 10 WNB; März 1962
(Aufnahme G. Wolff)

an Personal konnten ab 4. 12. 1978 nur noch 4 Zugpaare verkehren. Da sich diese Mängel allmählich besserten, wurde das Zugangebot ab 27. 5. 1979 wieder auf 9 Zugpaare erhöht. Eine abermalige Vergrößerung des Zugangebots im Hinblick auf die Eingliederung in die Stufe II des VVS fand im Winterfahrplan 1982/83 statt; im ganzen verkehren seither 15 Zugpaare, von denen 4 über die ganze Strecke und 11 zwischen Korntal und Hemmingen verkehren; durch den verstärkten Schienenverkehr wurden einige bisherige Buskurse ersetzt. Die Fahrzeiten betragen zwischen 41 und 48 Min. Das Bahnunternehmen rechnet damit, daß diese Vermehrung der Fahrtmöglichkeiten von den Einwohnern der berührten Ortschaften auch gewürdigt wird, so daß durch stärkere Benutzung der Bahn ein wirtschaftlicherer Betrieb durchgeführt werden kann. Der Güterverkehr auf der ganzen Strecke wird durch 1 Güterzugpaar besorgt, das montags bis samstags verkehrt. Die Strohgäubahn hat den stärksten Verkehr von allen WEG und WNB-Nebenbahnen. Im Kursbuch ist die Strecke unter der Blattnummer 793, neuerdings 797 aufgeführt; in Kursbüchern vor 1972 ist sie unter Nr. 327 m zu finden.

WNB-Nebenbahn Korntal–Weissach

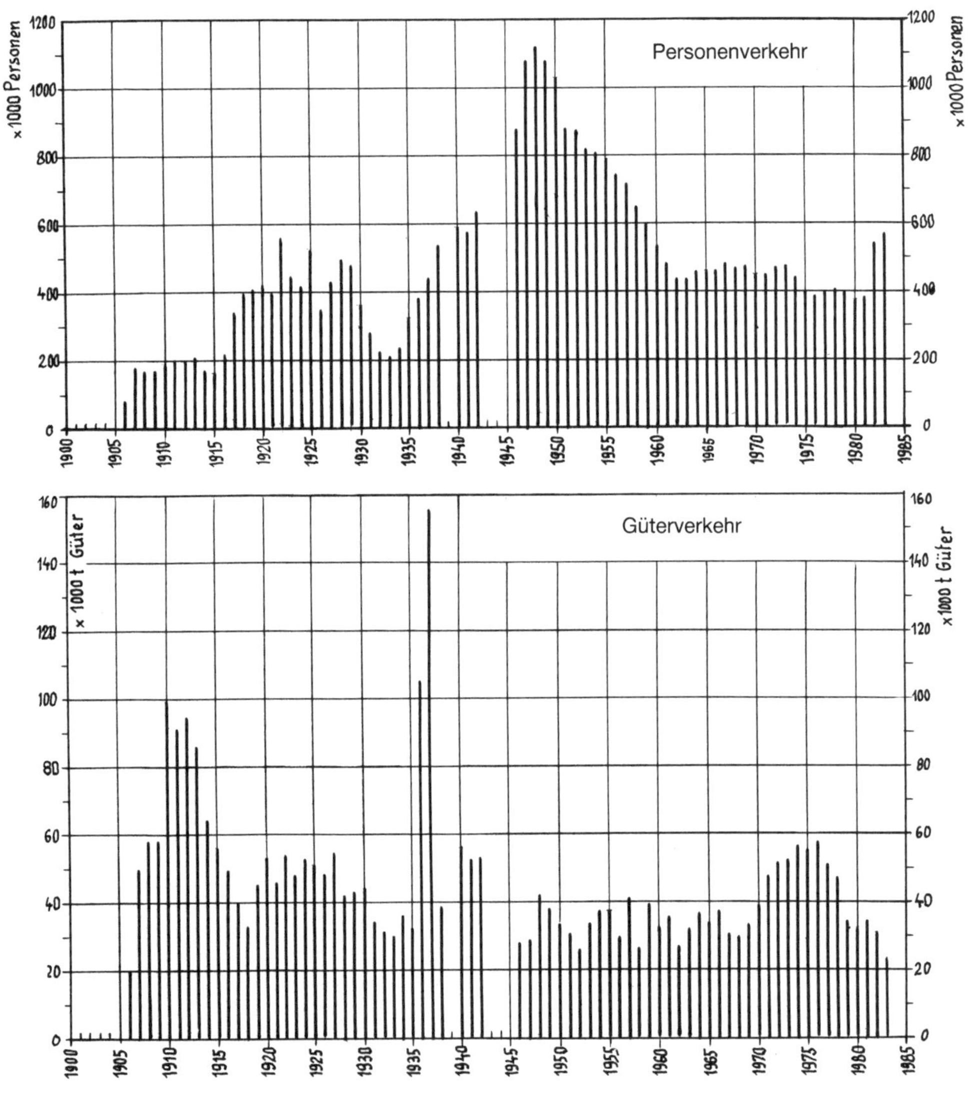

4.4.5. BEFÖRDERUNGSLEISTUNGEN

Im Personenverkehr wurden seit 1946 wesentlich mehr Reisende befördert als in den Jahren vor dem Zweiten Weltkrieg, wenn man von wenigen Jahren mit mehr Fahrgästen absieht. Erfreulich ist die Feststellung, daß seit 1982 die Zahl der Fahrgäste wieder zugenommen hat, nachdem in den Jahren 1950 bis 1960 die Spitzenleistungen der Nachkriegsjahre erheblich gesunken waren. Heute ist die Zahl der Reisenden nicht mehr weit von der 600000-Grenze entfernt. Spitzenwerte wie in den Jahren nach dem Zweiten Weltkrieg mit über 1000000 Benutzern werden aber wohl nie mehr erreicht werden. Der Güterverkehr war in seinen Leistungen im Laufe der Jahrzehnte außerordentlich unterschiedlich. Deutliche Spitzen sind zu erkennen in den Jahren 1910 bis 1913 und 1936–1937, letztere bedingt durch den Autobahnbau. Nach 1945 wurden nur in den Jahren 1971 bis 1978 Leistungen erreicht, die nennenswert über dem Durchschnitt von etwa 30000 t im Jahr liegen; Ursache war wohl der damals starke Zuckerrübenverkehr, der seither stark zurückgegangen ist. Die folgende Tabelle zeigt die Verteilung auf die einzelnen Güterarten:

Güterart	*1979*		*1981*		*1983*	
	t	%	*t*	%	*t*	%
Stückgut, Expreßgut	2347	6,9	2368	6,9	2121	6,9
Holz	2039	6,0	1287	3,8	246	0,8
Obst, Gemüse, Kartoffeln	155	0,5	197	0,6	133	0,4
Getreide	45	0,1	11	0,1	—	—
Zuckerrüben	14480	42,9	18602	54,6	12309	40,3
Nahrungs- u. Genußmittel	—	—	—	—	80	0,3
Futtermittel	1297	3,8	1417	4,2	1104	3,6
Kohle	890	2,6	599	1,6	458	1,5
Benzin, Öl, Gas	92	0,3	92	0,3	219	0,7
Schrott, Erze	76	0,2	—	—	23	0,1
Eisen, Stahl, Halbzeug	577	1,7	21	0,1	37	0,1
Nichteisenmetalle	—	—	—	—	6	0,0
Zement, Kalk, Gips	467	1,4	128	0,4	153	0,5
Bims- u. Betonwaren	150	0,5	312	0,9	—	—
Düngemittel	8772	26,1	7319	21,5	5050	16,5
Papier	557	1,6	603	1,8	—	—
Zellstoff, Altpapier	—	—	—	—	55	0,2
Kunststoffe, Chemikalien	—	—	—	—	84	0,3
Fahrzeuge, Maschinen	1570	4,6	846	2,5	334	1,6
Leder- u. Pelzwaren	—	—	—	—	12	0,0
Gummi, Pappe, Möbel	—	—	—	—	483	1,6
Militärgut	110	0,3	10	0,0	51	0,2
Sonstige Güter	156	0,3	304	0,9	—	—
Sammelgut, Umzugsgut	—	—	—	—	46	0,2
Summe aller Güter	33780	100,0	34076	100,0	23004	100,0

Man sieht, daß die Zuckerrüben den Hauptanteil mit über 40% am Gesamtgüterverkehr haben; umso unerfreulicher ist es, wenn gerade diese Artikel durch Verlagerung der Transporte auf die Straße rückläufig sind. Weitere Güter, die einen nenneswerten Anteil haben, sind Düngemittel, Stückgut, Expreßgut sowie Holz. Alle anderen Güter sind nur unbedeutend vertreten. Im Jahre 1983 wurden in Korntal 1529 Güterwagen (1981 waren es noch 1906) umgeschlagen, was einem Montatsdurchschnitt von etwa 127 Wagen entspricht. Stückgutbahnhöfe waren in den letzten Jahren Schwieberdingen und Münchingen, seit einiger Zeit nur noch Münchingen.

4.4.6. DIE FAHRZEUGE DER NEBENBAHN KORNTAL–WEISSACH

4.4.6.1. *Lokomotiven*

Das wichtigste über die Lokomotiven ist bereits im allgemeinen Teil über die WNB mitgeteilt worden.

Zur Betriebseröffnung waren die beiden Dn2tv-*Dampflokomotiven* Nr. 4 und 5 an die Strohgäubahn überwiesen worden und taten viele Jahre lang Dienst auf dieser Bahn. Vorher, wahrscheinlich beim Bau der Strecke, sollen von der Filderbahn die Loks Cn2t 3 und Bn2t 4 sich dort betätigt haben. 1908 kamen versuchsweise die beiden kuriosen Heißdampfloks Nr. 11′ und 12′ mit stehendem Serpollet-Kessel (Bh2t) zur Strohgäubahn, wo sie sich aber offensichtlich nicht bewährt haben und bald wieder verkauft wurden. Für den schweren Güterdienst wurde der Bahn die En2t-Lok Nr. 12″ zugewiesen, wo sie sich als leistungsfähiges Zugfahrzeug verdient machte. Sie wurde 1915 im Tausch gegen die Dn2tv-Lok Nr. 3 an die Filderbahn abgegeben. Lok 3 gehörte zur gleichen Serie wie die Dn2tv-Loks Nr. 4 und 5, so daß die Strohgäubahn nun über 3 gleichartige Loks verfügte. Von 1926 bis 1950 war auch die Schwesterlok von Nr. 12″, die En2t-Lok Nr. 11″, auf der Strohgäubahn tätig. Der Dampfbetrieb auf der Bahn wurde 1963 endgültig eingestellt, aber schon im Herbst 1958 soll der letzte planmäßige Dampfzug gefahren sein.

1978 hatte die Strohgäubahn von der Hohenzollernschen Landesbahn deren vierachsige *Diesellok V 82* gekauft und am 4. 10. 1978 als V 83 in Dienst gestellt. Als die neuen Triebwagen VT 410 und 411 kamen, wurde sie überflüssig und 1982 wieder verkauft. Es war die einzige Diesellok, die jemals der WEG und WNB gehört hat.

Nebenbahn Korntal–Weissach, T 07 WNB mit VB 204, 202, 206 auf der Strecke (Aufnahme Traute Uhland-Clauss)

Nebenbahn Korntal–Weissach WNB, VS 113, VM 110, T 12 WNB; 1982 (Aufnahme Manfred Aschpals)

T 12 WNB, VS 113, VB 110, 207, T 80 (ex KSchE) in Weissach; September 1982 (Aufnahme H. Roggenkamp)

4.4.6.2. *Dieseltriebwagen*

Bekanntlich hatte die Strohgäubahn bereits am 12. 12. 1935 ihren ersten Triebwagen zum Einsatz gebracht, den T 01′ WNB; nachdem er viele Jahre Dienst getan hatte, wurde er am 21. 10. 1961 bei einem Zusammenstoß mit dem T 07 WNB auf der Glemsbrücke schwer beschädigt und wegen seines Alters verschrottet. Schon eine Anzahl Jahre vor dem Unfalltod des T 01′ hatte die Bahn den damals noch der WEG gehörenden Vierachser T 10 auf ihrer Strecke zum Einsatz gebracht. Nach mancherlei Unbill durch Brände und einen Entgleisungsunfall am 3. 7. 1978 zwischen Korntal und Münchingen, bei dem er über eine 3 m hohe Böschung abstürzte, ist das Fahrzeug noch heute vorhanden und im Einsatz. Es wurde 1955 von der WNB angekauft und hat heute die neue Nummer VT 402. Als nächsten Triebwagen beschaffte die WNB am 14. 8. 1956 den bereits kurz gestreiften T 07 WNB, wieder einen Zweiachser. Nach dem Unfall auf der Glemsbrücke wurde er repariert und tat noch viele Jahre Dienst bei der Strohgäubahn, bis er im Februar 1979 an die Nebenbahn Reutlingen–Gönningen versetzt wurde. Mitte der sechziger Jahre hatte die WNB zur Beseitigung des damaligen Triebwagenmangels die beiden gebrauchten Triebwagen T 21 und T 22 WNB gekauft. Auch diese beiden Fahrzeuge hatten Pech und stießen am 24. 6. 1969 an einer unübersichtlichen Stelle zusammen. Nach der Reparatur nahm T 21 am 2. 7. 1975 und T 22 im Februar 1974 den Dienst wieder auf. Sie wurden mit dem VB 207 zu einem Pendelzug zusammengestellt. Als Ersatz für den alten T 01′ kam nach fast achtjähriger Bauzeit das Ersatzfahrzeug T 01″ zum Einsatz und zwar 1969. Er ähnelte den Triebwagen T 05 bis T 08 der WEG und bewältigte viele Jahre zusammen mit den T 07 und T 10 den gesamten Verkehr. Auch er blieb nicht von Pech verschont, denn 1975 hatte er eine Kollision mit einem LKW. Seit der Indienststellung weiterer Triebwagen ist der T 01″ als Reservefahrzeug abgestellt. 1978 kaufte die WNB von den Verkehrsbetrieben Hornburg einen gebrauchten MAN-Triebwagen, der in der Hauptwerkstatt Lengerich Hohne der TWE überholt und 1978 als T 12

Vergleichsfahrt zwischen VT 410 WNB und DB-VT 627 102–7, beide Fahrzeuge in Weissach bereitgestellt; 13. 5. 1982 (Aufnahme M. Aschpals)

WNB in Dienst gestellt wurde. Er bildet zusammen mit den Triebwagen-Beiwagen VB 110 und VS 113 einen weiteren Pendelzug.

Ende der siebziger Jahre hatte die WNB einige weitere gebrauchte Triebwagen gekauft und wollte sie nach Modernisierung für ein attraktives Zugangebot in Dienst stellen. Umgebaut wurde aber nur der von der Kleinbahn Frankfurt–Königstein stammende VT 101, der 1981 als T 19 wieder zum Einsatz kam. Er verkehrte bis zum Eintreffen fabrikneuer Triebwagen auf der Strohgäubahn und wurde dann zur Tälesbahn versetzt; heute hat er die Bezeichnung VT 405.

Weitere gebrauchte Triebwagen waren der von Kiel–Schöneberg stammende VT 80, der zeitweise an die SWEG ausgeliehen war und heute z-gestellt in Weissach steht, ferner der VT 110 der Kleinbahn Kassel–Naumburg, der 1982 an den Arbeitskreis Historischer Zug in Kassel verkauft wurde. Zwei weitere Zweiachstriebwagen, wurden ebenfalls nicht bei der Strohgäubahn verwendet und gelangten 1982 zur Hauptwerkstatt Lengerich Hohne der TWE. Alle oben angedeuteten Pläne mit den erwähnten gebraucht gekauften Triebwagen wurden illusorisch, als die beiden fabrikneuen Triebwagen VT 410 und 411 Ende 1981 in Weissach eintrafen; sie wurden bekanntlich am 17. 1. 1982 der Öffentlichkeit vorgestellt und sind seit diesem Tage im regelmäßigen Einsatz. Sie entsprechen natürlich besser den gehobenen Komfortansprüchen, als modernisierte ältere Fahrzeuge. Auf der Strohgäubahn sind somit derzeit die Triebwagen T 01″, T 12, T 21, T 22, VT 402, VT 410 und VT 411 in Verwendung.

4.4.6.3. *Personenwagen und Triebwagen-Beiwagen*

Zur Zeit der Eröffnung besaß die Bahn 6 *Personenwagen,* ein Bestand, der um 1930 auf 9 Einheiten angewachsen war. 1950 sind offensichtlich sogar 11 Personenwagen vorhanden gewesen, deren Nummern 1 bis 6, 10 bis 14 und 20 waren. 1964 war keines dieser Fahrzeuge mehr vorhanden; von Nr. 2, 3, 4, 5, 11 sind die Fahrgestelle zum Bau von Triebwagen-Beiwagen benutzt worden.

Die WNB besitzt die *Triebwagen-Beiwagen* VB 201 bis 209 (ohne 205), von denen VB 208 und VS 209 derzeit bei WEG-Bahnen verkehren. Ferner gibt es bei der Strohgäubahn die Fahrzeuge VB 110 und VS 113. Dazu kam 1982 der moderne VS 220, der zu den Triebwagen VT 410 und 411 gehört. VB 207 läuft zusammen mit T 21 und T 22 als Pendelzug und VB 110 mit VS 113 tun das gleiche mit dem T 12. Natürlich kann auch VS 220 gemeinsam mit den beiden Triebwagen oder einem von ihnen als Pendelzug verkehren.

Diesellok V 83 WNB (ex HzL) mit Güterzug; Juli 1982 (Aufnahme M. Aschpals)

4.4.6.4. *Gepäckwagen, Güterwagen, Bahndienstwagen*

Nach der »Statistik« besaß die Strohgäubahn in den dreißiger Jahren 2 kombinierte *Postwagen;* in der Fahrzeugaufstellung der WNB aus 1964 ist aber nur noch ein solcher Wagen erwähnt, der die Nummer 22 hatte; der andere müßte also Nr. 21 geheißen haben. Auch gab es nach dem Krieg noch einen zweifarbig gestrichenen kombinierten Wagen mit Gepäck- und Personenabteil, der die Nummer 250 hatte. Heute ist keines dieser Fahrzeuge mehr vorhanden.

Bei der Eröffnung des Betriebs gab es je 2 gedeckte und offene *Güterwagen,* ein Bestand, der in den dreißiger Jahren auf 3 gedeckte und 22 offene Wagen angewachsen war. Davon waren 1950 noch 3 gedeckte und 11 offene Einheiten vorhanden. Bis 1960 sind sie alle ausgemustert worden. Wie meist bei Privatbahnen, waren die Güterwagen der Strohgäubahn im Park der Staatsbahn tätig.

Über Bahndienstwagen der Strohgäubahn ist nichts bekannt geworden. Vermutlich wurden solche Wagen bei Bedarf von anderen WEG- oder WNB-Bahnen ausgeliehen.

Tabelle 22: **Entwicklung des Fahrzeugbestandes der Nebenbahn Korntal–Weissach (Strohgäubahn)**

Jahr	*Dampf-loks*	*Diesel-lok*	*Trieb-wagen*	*Personen-wagen*	*VB/VS*	*Gepäck-/ Postwagen*	*Güter-wagen*
1907	2	0	0	6	0	1	4
1927	3	0	0	9	0	1	26
1936	5	0	1	10	0	2	25
1940	3	0	1	10	0	2	25
1950	3	0	1	11	0	1	14
1960	1	0	3	0	0	1	0
1970	0	0	5	0	8	0	0
1980	0	1	5	0	8	0	0
1984	0	0	7	0	9	0	0

5. Württembergische Eisenbahn-Gesellschaft – Kraftverkehrs-Gesellschaft mbH (WEG-KVG)

Bereits im Jahre 1928 richtete die WEG ihre erste Omnibus-Linie ein, die von Ebingen nach Onstmettingen führte. Sie sollte der Entlastung der Nebenbahn Ebingen–Onstmettingen dienen, nahm aber natürlich der Schienenbahn Fahrgäste weg, so daß der Personenverkehr rückläufig wurde. Im Laufe der Jahre kamen weitere Omnibus-Linien im Bereich anderer Nebenbahnen der WEG und WNB hinzu. Dadurch entstand die Notwendigkeit, den Omnibusverkehr aus dem Schienenverkehr auszugliedern und eine eigene Kraftverkehrs-Gesellschaft zu gründen. Diese Gründung fand am 18. 3. 1955 statt. Die neue Gesellschaft erhielt die Bezeichnung »Württembergische Eisenbahn-Gesellschaft – Kraftverkehrs-Gesellschaft mbH« mit dem Sitz in Stuttgart; sie ist eine Tochtergesellschaft der WEG. Die Kurzbezeichnung ist WEG-KVG. Das neugebildete Unternehmen ist eine Gesellschaft mit beschränkter Haftung mit einem Stammkapital von 1100000 DM; sie ist im Handelsregister Stuttgart unter der Nummer HRB 1786 eingetragen.

Seit der Gründung hat sich die Zahl der Omnibus-Linien stark vermehrt. In der nachfolgenden Aufstellung sind die derzeit betriebenen Linien sowie die Strecken, auf denen Güterverkehr mit Lastkraftwagen durchgeführt wird, angegeben. Die Bedeutung der einzelnen Linienbereiche ist durch die Zahl der 1981 und 1983 beförderten Personen gekennzeichnet. Insgesamt wurden 1981 6949885 und 1983 6185506 Fahrgäste mit den Bussen der WEG-KVG befördert. Der Betrieb wird derzeit durch 86 Mitarbeiter besorgt.

Am 31. 12. 1983 verfügte die Gesellschaft über insgesamt 63 Omnibusse, von denen 15 Gelenkbusse, 6 Doppelstockbusse und 7 Reisebusse sind. Dazu kommen für den Güterverkehr 10 Lastkraftwagen.

Die WEG-KVG ist mit der WEG durch eine Verwaltungsgemeinschaft und durch Organschaftsverträge eng verbunden. Seit der Verschmelzung der WNB it der WEG ist die WEG-KVG die einzige Tochter der WEG.

WEG-KVG

Entwicklung des Omnibus-Bestands

1970 bis 1982

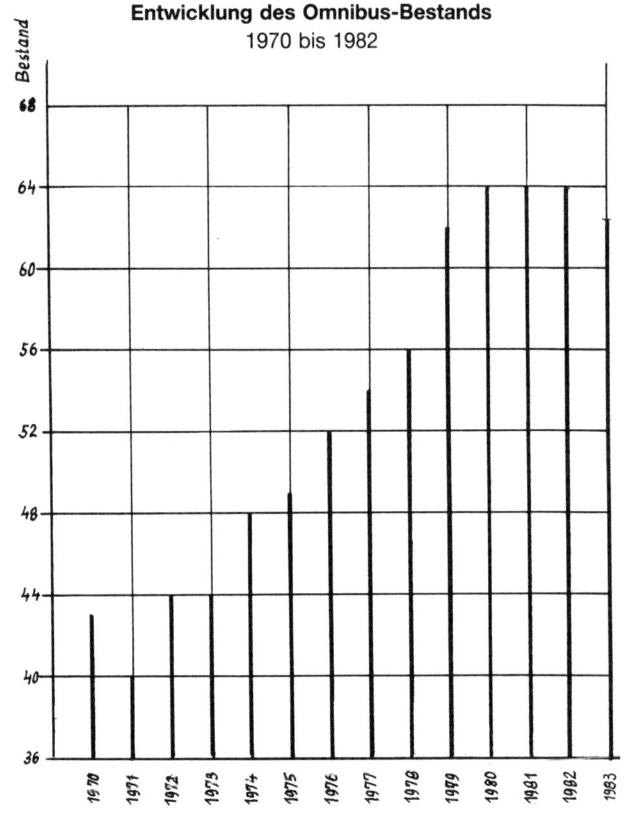

Älterer Linienbus Nr. 23; 1950 (Sammlung Archiv WEG/WNB)

Doppeldeck-Omnibus Nr. 50; 1959 (Sammlung Archiv WEG/WNB)

Moderner Reisebus Nr. 811 in Tailfingen; 1980 (Sammlung Archiv WEG/WNB)

In der nachfolgenden Aufstellung sind die einzelnen Omnibus- und LKW-Linien in der Weise aufgeführt, wie sie im Bereich der einzelnen Nebenbahnen der WEG und WNB verkehren.

Bereich Amstetten–Gerstetten

Bus-Linien: Amstetten Bräunisheim–Amstetten Schalkstetten 22,0 km
Geislingen Waldhausen–Geislingen Eybach 4,7 km
(2 angemietete Busse)
1981: 105 298 beförderte Personen
1983: 108 279 beförderte Personen
Lkw-Linien: keine

Bereich Amstetten–Laichingen

Bus-Linien: Laichingen–Ulm (1 angemieteter Bus) 36,0 km
1981: 640 beförderte Personen
1983: 1 120 beförderte Personen
Lkw-Linien: keine

Bereich Ebingen–Onstmettingen

Bus-Linien: Albstadt Tailfingen Friedhof–A. Tailfingen Langenwand 13,7 km
Albstadt Truchtelfingen–A. Tailfingen Stiegel
Albstadt Onstmettingen–A. Ebingen 12,1 km
Albstadt Onstmettingen Nägelehaus–A. Onstmettingen Rathaus 3,0 km
Albstadt Tailfingen–A. Tailfingen Lammerberg
Albstadt Tailfingen–A. Tailfingen Nank 3,4 km
Stützpunkt der eigenen Busse ist A. Onstmettingen
Lkw-Linien: bahnamtl. Rollfuhrdienst in Truchtelfingen und Sammelverkehr einschl. Rollfuhrdienst in Empfang für die Spedition H. W. Hammacher, Ebingen, im Stadtteil Tailfingen u. Truchtelfingen; 3 Lkw mit Standort Tailfingen.
1981: 1 653 862 beförderte Personen u. 4 256 t Güter
1983: 1 271 248 beförderte Personen

Bereich Gaildorf–Untergröningen

Bus-Linien: Laufen Schule–Gaildorf West 12,2 km
Gaildorf Abzw. Münster–Gaildorf Bröckingen 4,2 km
Sulzbach Laufen 2–Abtsgemünd Untergröningen 5,4 km
1981: 50 643 beförderte Personen
1983: 56 947 beförderte Personen
Lkw-Linien: keine

Bereich Jagstfeld–Ohrnberg

Bus-Linien: Lampoldshausen Hirsch–Heilbronn Busbhf. 36,0 km
Neuenstadt Stein–Heilbronner Busbhf. 24,6 km
Neuenstadt Lindenplatz–Brettach Langenbeutingen 9,5 km
Linienerweiterung über Krankenhaus a. Plattenwald 2,8 km
Busstützpunkt: Neuenstadt, eigene und angemietete Busse

Bereich Jagstfeld–Ohrnberg

Lkw-Linien: 1. Bereich Bf. Neuenstadt.
2. Bereich Nebenbahn Möckmühl–Dörzbach mit Gemeinden Widdern, Jagsthausen, Schöntal, Krautheim, Dörzbach.
Lkw-Stützpunkt: Neuenstadt mit 1 Lkw
1981: 1 535 883 beförderte Personen u. 850 t Güter
1983: 1 438 847 beförderte Personen

Bereich Korntal–Weissach

Bus-Linien: Hemmingen Schauchert–Stuttgart Busbhf. 22,6 km
Hemmingen Bhf.–Leonberg LEO-Center 11,3 km
Weissach–Ditzingen 12,6 km
Weissach–Korntal 24,7 km
Bus-Stützpunkt Hemmingen; eigene u. angemietete Busse
1981: 1 909 063 beförderte Personen
1983: 1 739 812 beförderte Personen
Lkw-Linien: keine

Bereich Nürtingen–Neuffen

Bus-Linien: Owen–Nürtingen 15,2 km
Erkenbrechtsweiler–Beuren 4,3 km
Beuren–Neuffen 3,3 km
Neuffen–Linsenhofen 3,1 km
Neuffen Lindenplatz–Neuffen Schule 1,0 km
Tischardt–Frickenhausen 3,2 km
Bus-Stützpunkt Neuffen, nur eigene Busse
1981: 487 451 beförderte Personen
1983: 417 953 beförderte Personen
Lkw-Linien: keine

Bereich Reutlingen–Gönningen

Bus-Linien: R. Gönningen–Reutlingen 19,7 km
Bus-Stützpunkt Gomaringen; nur eigene Busse
1981: 302 709 beförderte Personen
1983: 295 044 beförderte Personen
Lkw-Linien: keine

Bereich Vaihingen–Enzweihingen

Bus-Linien: Oberriexingen Linde–Vaihingen Ensingen–Panorama-/Mergentalerstraße 13,8 km
Oberriexingen Mühlstraße–Hauffstr.–Friedrichstr. 0,6 km
Kleinglattbach–Oberriexinger Weg 0,7 km
Bus-Stützpunkt Enzweihingen; eigene u. angemietete Busse
1981: 904 337 beförderte Personen
1983: 856 256 beförderte Personen
Lkw-Linien: keine

Lastkraftwagen Nr. 215; Okt. 1981 (Sammlung Archiv WEG/WNB)

Bus Nr. 721 (Aufnahme Helmut Roggenkamp)

Neben diesen Bus-Linien für den allgemeinen Verkehr betreibt die WEG-KVG noch einige **Linien im Berufsverkehr,** und zwar:

Gomaringen–Gomaringen, Firmen Naturana und Dölker KG	16,5 km
im Bereich Nürtingen–Neuffen: Firma Hülben, Bielelektrik und Leuze & Co.	9,1 km

Außer dem Linienverkehr mit Omnibussen führt die WEG-KVG auch Bus-Reisen in vielfältiger Form durch; das sind u. a. Halbtagsfahrten, Tagesfahrten und Gesellschaftsreisen, die sich über mehrere Tage erstrecken. Abfahrtsorte für diese Reisen sind Abstadt, Reutlingen, Neuffen, die Strohgäuregion und Neuenstadt (Kocher). Für derartige Fahrten gibt die WEG-KVG ein besonderes Fahrplanheft heraus, in dem das gesamte Busreise-Angebot enthalten ist.

Literatur und Quellen

Statistik der Eisenbahnen des Deutschen Reichs 1900 bis 1940

Bürnheim, Die beiden bedeutendsten nichtbundeseigenen Eisenbahn-Gesellschaften in Württemberg (VdEF-Mitteilungen H.1–4/1965)

Bürnheim, Nebenbahn Aalen–Neresheim–Dillingen (Kleinbahnhefte Nr. 3)

Gerd Wolff, Deutsche Klein- und Privatbahnen Bd. 5 (Verlag Zeunert 1977)

Dieter Höltge, Deutsche Straßen- und Stadtbahnen Bd. 3 (Verl. Zeunert 1979)

Schweizer, Nebenbahn Korntal–Weissach (Die Kleinbahn Nr. 66/1973

GES-Stuttgart, Strohgäubahn Korntal–Weissach (1981)

Kurt Seidel, Die Härtsfeldbahn (H.-W-Dumjahn-Verlag 1979)

Riehemann, Kleinbahnreise durch Baden-Württemberg (D. Kleinb. Nr. 83/1976)

Harald Schön, 80 Jahre Nebenb. Amstetten–Laichingen (Eisenb. Mag. 11/81)

GES-Stuttgart, 75 Jahre Bahnlinie Amstetten–Gerstetten (1981)

GES-Stuttgart, 75 Jahre Bahnlinie Vaihingen–Enzweihingen (1981)

Schweizer, Nebenbahn Vaihingen–Enzweihingen, (Die Kleinbahn Nr. 54/1971

1868–1968, 100 Jahre Stuttgarter Straßenbahn (SSB 1968)

B. Loercher, Geschichte der SSB von 1928 bis 1958 (SSB 1963)

Gassman, Jeanmaire, Reutlinger Straßenbahn (Verl. Eisenbahn Villingen 1977)

J. Leinfelder, Die Straßenbahn in Reutlingen (Straßenb. Magazin 7/1973)

J. Lutz, Das Ende der Reutlinger Straßenbahn (Straßenb. Magazin 15/1975)

Vehlber, Höltge, Abschied v. d. Reutlinger Straßenbahn (Stadtverkehr Nr. 11, 12/1974)

Dieter Höltge, Der Stadtverkehr in Stuttgart einst und jetzt (Stadtverkehr Nr. 5, 6/1974)

W. Zeunert, Die Filderbahn (Moderne Eisenbahn Nr. 8/1964)

Stuttgarter Straßenbahn AG, 100 Jahre Zahnradbahn 1884–1984 (SSB 1984)

G. Bauer, Jeanmaire, Die Filderbahn (Verlag Eisenbahn Villingen 1984)

Unterlagen diverser Festansprachen zu Jubiläen einzelner Nebenbahnen der WEG und WNB

Informationen durch die Direktion der WEG/WNB, teilweise aufgrund der Angaben einzelner Bahnverwaltungen

Persönliche Informationen des Autors aufgrund zahlreicher Besuche bei den einzelnen WEG/WNB-Bahnen in den Jahren 1957 bis 1975

Manuskript abgeschlossen am 11. Januar 1986

Deutsche Eisenbahn-Geschichte

Die Eisenbahn in Baden-Württemberg

Geschichte der Bahnen in Baden und Württemberg 1840 bis heute

Von Werner Walz

Bahnhöfe, Brücken und Tunnels werden ebenso bildhaft beschrieben wie die eingesetzten Lokomotiven, Wagen und die technischen Meisterleistungen: z. B. der Bau der Schwarzwaldbahn und der Geislinger Steige. Maßgebliche Persönlichkeiten, entscheidende Verträge und Verhandlungen, aber auch Irrtümer werden wieder lebendig. Eine Fülle wissenswerter Daten und Fakten, Hintergründe und Anekdoten werden gekonnt ausgebreitet.

198 Seiten, 110 Abb., Großformat, gebunden, DM 39,–

Dampfdepot: Männer und Lokomotiven

Bilddokumente aus Deutschland, Österreich, Südafrika und der Türkei 1973 bis heute

Von W. Hecht

Die richtige Ansprache aller Lokomotiv-Enthusiasten! Mit begeisternden Motiven und vielen Details, Bilder aus den letzten Dampf-Depots bestechen ebenso wie die hier vorgestellten Lokomotiven. Weiß zischender Dampf und schwarze Kohle, die Lokführer und Heizer vermitteln den Reiz einer vergangenen Epoche.

168 Seiten, 234 Abbildungen, gebunden, DM 38,–

Lokomotivbau

Rückschau eines Lokomotiv-Konstrukteurs

Von Wolfgang Messerschmidt

In der Rückschau des bekannten Eisenbahn-Konstrukteurs Wolfgang Messerschmidt werden hochinteressante Einzelheiten aus der Technik-Szene lebendig. Schon als Stipendiat der deutschen Lokomotivbau-Vereinigung und als späterer Lokomotiv-Historiker lernte er zahlreiche »alte Hasen« des Metiers kennen. Ihnen verdankt er viel.

Der lebendige, dabei praxisnahe Bericht über vier Jahrzehnte deutschen Lokomotivbaus.

132 Seiten, 126 Abb., gebunden, DM 36,–

Reichsbahn-Album

500 Bilder der deutschen Eisenbahn zwischen 1920 und 1940

Von Alfred B. Gottwaldt

In diesem Bestseller dokumentiert der bekannte Fachautor die große Epoche der deutschen Eisenbahn zwischen 1920 und 1940. 500 einzigartige, stimmungsvolle Bilder zeigen, wie es damals wirklich auf den Bahnhöfen und an den Strecken in Deutschland zuging.

Alles Typische ist hier vertreten: die Läutewerke, das Telegrafenhaus, die Bahnhöfe, die Reisenden und das Personal der Deutschen Reichsbahn.

426 Seiten mit über 500 Abb., Großformat, gebunden, DM 64,–

Bundesbahn-Album 1945 bis 1960

500 Bilder von der Deutschen Bundesbahn

Von Alfred B. Gottwaldt

Die »Jugendjahre« der Deutschen Bundesbahn – zwischen 1945 und 1960. 500 eindrucksvolle Bilder zeigen lebendig die damalige Zeit: die Hamsterjahre, den Wiederaufbau, das Wirtschaftswunder und vieles andere aus den Anfangsjahren der Bundesrepublik.

Alles Typische ist hier vertreten: das F-Zugnetz, die ersten großen Dieselmaschinen und der Rückzug des Dampfbetriebes.

376 Seiten, 500 Abbildungen, gebunden, DM 59,–

Am Ende einer Epoche – Dampflokomotiven

Von J. Michael Mehltretter

Das Bild der modernen Eisenbahn wird heute von schnellen, leistungsstarken elektrischen und brennkraftbetriebenen Lokomotiven bestimmt. Für die Dampflokomotive bleibt nur noch der historische Rückblick. Die Erinnerung daran soll der Prachtband des bekannten Eisenbahn-Experten J. Michael Mehltretter bewahren.

Mit vielen außergewöhnlichen, liebevoll gestalteten Bilddokumenten.

252 Seiten, 335 Abbildungen, gebunden, DM 69,–

Deutschlands Eisenbahn 1835–1985

Lokomotiven und Wagen · Geschichte und Organisation · Kritik und Hoffnung

Von Werner Walz

Der inzwischen weit beachtete Beitrag des MOTORBUCH-VERLAGES zum 150jährigen Eisenbahn-Jubiläum in Deutschland.

Diese große Chronik der deutschen Bahn seit 1835 zeigt alle Aspekte ihrer jetzt 150jährigen Geschichte auf: Von den Anfängen über Organisation und Technik, den Lokomotiv- und Wagenpark, bis hin zu wirtschaftlichen, politischen und sozialen Belangen, zu Kritik und Hoffnung für die Zukunft.

312 Seiten, 304 Abb., davon 41 farbig, Großformat, gebunden, DM 56,–

Dampflokomotiven – die letzten in Deutschland

Von J. Michael Mehltretter

Dampflokomotiven gehören zweifellos zu den ausdruckskräftigsten Vertretern der Technik! Beherrschten noch bis vor 30 Jahren diese schwarzen Ungetüme fast unbeschränkt das Bild der Bahn, brachte der fortschreitende Strukturwandel der Traktionsmittel Mitte der 50er Jahre die entscheidende Wende – die Dampflokomotive wurde nach und nach verdrängt.

Eine der erfolgreichsten Dokumentationen über die Dampflok!

236 Seiten, 170 Abbildungen, gebunden, DM 58,–

Der Verlag für Eisenbahn-Bücher

Postfach 1370 · 7000 Stuttgart 1

Motor buch Verlag

DB
627 102-7